I0437673

# 解密中國

### －縱橫中西看中國和西方－

### 及

### －閃電式復興的背景－

## 丘宏義 著

EHG Books 公司出版
Amazon.com 經銷

2012 年版權美國登記
未經授權不許翻印全文或部分
及翻譯為其他語言或文字
© 2012 United States
Permission required
For reproduction, or translation
In whole or part

2012 年 EHGBooks 第一版

ISBN – 13: 978-1466231757
ISBN – 10: 1466231750

獻給同愛，力虎，天生及天宜

# 目錄

# 圖解

# 前言

## 從失望到希望

1991 年，我前往中國講學和參加會議，順便到各處旅遊。到了以兵馬俑聞名世界的西安，進城的公路坑窪不平，車上感到顛簸。我以諷刺的口吻問嚮導：「難道中國連一條高速公路都沒有？」這位嚮導瞪了我一眼；她認為我背叛了我的中國文化傳統，說出侮蔑中國的話。旁邊一位才思敏捷的先生立刻代她回答：「當然有，在台灣。」

十多年後，2005 年 2 月我再次回到西安。市容完全改觀。到處都是高樓大廈。一條現代化的高速公路把機場和城市連接起來。這條高速公路直通到北京。至於我之前所問的問題–中國已經有了 5 萬 公里的高速公路網（合 3.25 萬英里）。（順便一提，台灣的高速公路的總長約為 200 英里。）目前的造路計畫，預計在 2015 年前再造出 3 萬公里的高速公路，其總長將為 5 萬 3,125 英里（8 萬公里）。這個成就的意義是，中國的高速公路的總長將超過美國的艾森豪威爾州際公路網 (Eisenhower Interstate Highway)。（按：根據 2002 年 10 月 31 日的統計，艾公路網的總長為 4 萬 6,726 英里。而自 2002 年起，基本上艾公路網沒有新發展。）從 1991 到 2005 年之間，中國歷經巨變。發展基本措施，建造高速公路僅是其中之一，新建設和發展更不知道有多少。我在思考這些問題的時候，感到非常好奇，在這麼短暫的時間內–只有一世代，中國如何能在這麼短的時間內，完成這些偉大的成就？並且從一貧如洗的窮國，一躍為影響世界經濟的重要國家？這是許多人要問的問題，也是我嘗試找出答案的問題。

## 一個問題引出另一個問題

可是一開始尋找答案，就發現其中涉及的原因很廣。每找到一個答案，就出現另一個要去尋求答案的問題。例如，為什麼在過去一百五十年內，中國從清朝初年的世界強權，淪落到幾乎亡國滅族的慘境。之後，在另一段時間內－950 到 1980 年之間，再度淪為世界上最窮困的國家。而約自 1980 年起，僅僅一世代的時間，就從地平線上如同東升的旭日，成為美國最近的一任總統口中的「戰略上的未來敵人」。要把這麼大、人口這麼多的國家，在如此短的時間裡，推動發展到現在的程度，即使在想像中都非常困難，但就表面上來看，中國卻不費吹灰之力就辦到了。

1

在尋找真正的原因時，又發現有許多歷史上的因素。自從傳說中的黃帝於將近五千年前（約西元前 3000 年）統一中國以來，基本上，中國的文化是以本土的發展為主，輸入的文化為輔。而中國文化又有一個特徵，就是自秦漢前後開始，中國雖然幾乎屢受異族（大都來自北方）入侵，可是文化始終都是獨立發展的。幾乎任何現在的中國的一切，從與西方在文化及傳統上的衝突，到中國可以在短時間內復原，都可以追溯到幾百年前，甚至幾千年前建立的文化傳統和習俗。這兩種文化有許多完全不同的特徵，下面列出最明顯的幾個。

● 自第 3 世紀起，中國不斷受到異族入侵。可是，最後這些入侵的異族自願被中國同化，他們的土地因此被併入中國的版圖。這些歷史是怎樣發展出來的？前因後果是什麼？

● 歐州和中國在歷史上有許多類似及平行的地方。例如，歐洲的歷史可以追溯到前 1300 年的希臘海倫時代 (Hellenic Period)[1]，比中國夏朝晚數百年。可是希臘文化（歐洲文化的始祖）在約前數百年已積極發展，相當於中國戰國時代的文化積極發展時期，而這兩個文化的發展，有許多類似之處。但自此之後，這兩個文化發展的政治途徑卻完全不同。自前 8 世紀周朝衰落之後，中國開始分裂為許多獨立的國家（稱為春秋戰國時代）。秦始皇於西元前 221 年統一中國，建立中央集權的國家。雖然這個朝代維持不到二十年就被推翻，可是它所建立的中央集權政治體系，卻一直延續至今。在歐洲，自 476 年羅馬帝國亡後，歐洲也分裂為許多獨立的國家。雖然在 800 年前後，查里曼大帝 (Charlemagne, 742 – 814) 曾短暫的統一歐洲，可是當他死後，歐洲又再度分裂為許多互相攻戰不已的國家。這種類似中國戰國時代互相攻戰的局面，一直延續到 20 世紀中葉 – 二戰後的核武時代才結束。一直到 20 世紀末才出現一些統一的跡象（如在貨幣及邊防上）。為什麼歐洲和中國的歷史如此不同？

● 中國從來沒有過政教合一的局面。在漫長的歷史裡，還接受了許多外來的宗教，甚至創出自己的宗教–道教。可是未曾有某一個宗教能支配全局。中國的某些朝代曾經有過建立國教的企圖，可是都曇花一現，很快就失敗了。更特別的是，雖然出現了利用宗教發動的農民革命，但從未發生過為教義或宗教的戰爭。此外，還有一個明顯的特徵，中國從來沒

---

[1] 這段時期的歷史，僅有荷馬 (Homer) 寫的《伊里亞特》( Iliad。古代特洛伊〔Troy〕城之戰），可是荷馬只寫了最後五十九天的事蹟，且大部分都牽涉到神話中的人物。現在特洛伊戰爭的歷史仍未被解密。

有建立出能持久的，基於宗教歧視的傳統（就此而言，還包括了種族歧視）。歐洲則相反。非但有了一千餘年的神權政治，而且有了不知其數為了宗教意識所發動的戰爭，並建立其他的歧視行為。直到 20 世紀末，才立法禁止對種族、宗教及其了他的歧視行為，可是在民族性上，仍舊保持了強烈的基於種族及宗教的歧視。為什麼？

- 在基於分封土地的封建制度的壽命上，中國和西方的發展也不同。雖然中國在西元前 1000 年（甚至更早）就有了相當完整的世襲分封土地制度，可是到了西元前 500 年，這種制度已經開始瓦解，之後每況愈下，未曾恢復過。可是，歐洲的世襲的分封土地制度，到了查里曼大帝死後才開始建立。這種制度一直持續到 19 世紀，其殘餘的影響到持續至今。歐洲和中國為什麼有如此不同？

- 中國在西元前 5 世紀 到前 2 世紀間的春秋戰國時期，出現了百花齊放的學術黃金時代，媲美西元前 5 世紀到 3 世紀西方的希臘時代。然而希臘的文化孕育出科學，中國的文化卻沒有，為什麼？

　　中國自西元前 5 世紀，知識開始普及於民間。歐洲則直到 16 世紀左右，知識才普及於民間。為什麼？知識的普及，造成什麼樣的結果？

- 兩千年以來，中國的書寫文字形式幾乎沒有改變。（最大的改變是白話文的興起。最近中國改用簡體字，但並非真正的改變，只是用了便於書寫的簡體字而已。幾乎所有的簡體字，都有上千年的歷史。簡體及傳統的繁體字之間的轉換很容易，還可以用電腦或電子方法，簡單幾個步驟就可以轉換。）相比之下，歐洲羅馬帝國使用拉丁文，帝國垮台以後，還是用拉丁文。可是自 12 世紀起，拉丁文就失寵了。歐洲每個國家，都發展出自己的文字（雖然這些文字多源自拉丁文）。為什麼歐洲的文字分化成不同的文字，而中國的文字卻沒有呢？

- 1966 到 1978 年間，中國發生「文化大革命」浩劫，高等學府被迫關門，但之後卻又迅速復興，為什麼？

- 歐美的民主觀念，沒有普選就沒有民主，因此有許多人攻擊中國的政治制度，大聲疾呼：「中國人渴望民主」、「沒有普選就沒有民主」等。可是據最近一次華盛頓皮尤民意調查中心（Pew Center）的調查，中國和印度人民對未來的展望之高，居全球第一、二位，而且有 70%的中國人對現狀感到滿意。而聽信民主宣傳，在短期內改變國家政治制度的俄羅斯及東歐國家，因經濟落後，使得人民對未來的展望很低。這到底

是怎麼一回事？

● 中國現在的政治體系到底是什麼？和以前的有什麼不同？和西方的又有什麼不同？

諸如以上的問題都是基本的，不少人已研究過。可是在西方，或許是因為語言、文化的隔閡，以致對許多有關中國問題的認識，往往是片面的，或帶有西方文化的偏差和成見。其中有許多意見，是來自前人的見解，而非親自花時間深入研究後所得的結論。這種做法，很容易變成所謂的「血親式放大」(Incestuous Amplification)（美國軍事用語），即中國所謂的「人云亦云」。即使在中國，前人的見解也不見得可靠。自從二次大戰結束，尤其 1980 年以後，許多學者做了不少學術上的考據工作，他們採用西方科學方法來研究中國。他們的結論可能需要修正，但這種研究方法是對的。我在尋求答案時，就參考了不少他們的意見，然後從原始資料去探索。這種做法，和我以前做天文物理研究所用的方法很類似（其實其他科學的研究也一樣）。非要了解問題及其淵源，不能下「鍵」（現在用鍵盤，不用筆了）。

撰寫本書時，我儘量保持科學上客觀的態度，保持中立，不站在任何主場。可是保持中立也是一種立場。本書的一個大命題是西方和中國的宗教觀。我持的宗教觀是不可知論 (agnostic) 的立場，即不否認神的存在，可是要承認神的存在，必須有實際可以求證的證據（宗教的經書不算實證的證據）。一個原因是，世界上宗教很多，而每種宗教都認為自己代表「真理」。唯一公平的方式就是把所有的宗教一視同仁，不偏袒任何宗教。在這種觀點下，持不可知論的態度最公允。

## 中西文化的鴻溝隔閡和分歧

撰寫這本書還有一個動機。

我在美國住了大半生的時間，發現中國文化和西方文化有許多不同的地方，甚至有許多是反其道而行。許多中國朋友都有同感。西方人對中國許多傳統及事物都相當無知；即使是所謂的中國通，大都也只知皮毛或局限於有限的面相而已。本書的另一個目的就是盡力闡述中國文化的真諦。在中西歷史上，發生許多平行的，能使以後歷史改觀的事件，可是在中國和西方卻產生出迴異的結果。

在國家思想及意識形態體系的選擇，就是一個明顯的例子。歐洲歷史

中最重要的事件之一是，西元 325 年，君士坦丁大帝一世在今日的土耳其的尼西亞召開第一次大公會 (First Ecumenical Council)，統一基督教教義。這個大公會建立了我們今所知的基督教教義，可是也使歐洲受到了千餘年神權統治，造成一切文化發展都停滯不動，甚至後退的黑暗時期 (Dark Ages)。類似的中國歷史事件，是西元前 134 年漢武帝召開的全國學者會議。在這會議中，決定罷黜百家，獨尊孔學。這兩件事相同的地方之處是，建立了以後這兩個文化的意識形態。而不同之處是，一個演變出持續了 1,500 年的，以不可捉摸的神為中心的神權政治 (theocracy)。而另一個卻建立了以人的福利為主的人本主義 (humanism) 的儒家傳統。且尊孔之後，並沒有整肅其他學說，如老子或墨子等。還有不少類似的歷史事件，可是後果卻迥然不同。在本書中，我把我想得到的這些中西文化不同，甚至不可妥協之處寫出。

## 本書的結構

本書討論的主要命題是中國在 19 世紀中葉到 20 世紀間的衰退，及近年來的復興，涉及到中國和西方在文化上的差異，有些甚至無法妥協。中國文化有深厚的傳統，部分傳統和西方的文化相反。中國的傳統來自孔子的儒學，而孔子深受《易經》影響。雖然從表面上來看，《易經》是卜卦書，然而其內容卻是哲學。主要的哲理之一是原始的循環論[2]（〈泰卦〉「小往大來」，〈乾卦〉用九「見群龍無首」，指的是沒有帶頭的，也沒有尾隨的，即事物都呈循環），沒有絕對的事物，因此就不會有不變的教條。西方的思想，直到現在，則仍舊帶有嚴重的教條主義。孔學則以人文主義 (humanism) 為本。

如要了解中國文化，就必須了解中國的傳統是怎樣建立的，及這些傳統為什麼和西方的完全不同。此外，現代中國之所以讓人難以了解，還有一個原因，即過去一百五十年裡，雖然中國在文化及政治體系上的改變不少，可是許多改變的壽命都不長。許多表面上看來很好，甚至一時被人民熱烈擁護的改變，卻都曇花一現。這樣迅速的變化，往往使得不熟悉中國歷史的人難以理解。雖然目前的中國和以往的中國大不相同，可是在關鍵結構上仍然有許多連續性，而這些連續性以不同的形式出現於目前的文化和政治經濟體系中，讓人更難以揣摩。因此，研究中國復興問題的人，必

---

[2] 現代數學混沌 (Chaos) 中也有準週期性 (quasi periodic) 的循環論。

須能夠認出這些連續性及其來龍去脈。亦即要研究這些問題的人，必須對中國文化的整體及其歷史有相當程度的了解。

基於以上的原因，我把這本書分成七大部。

前三部的目的乃是替本書的主題（第四、七部）鋪路，在最後的四部才討論到本書的主題。雖然大部分的討論都以中國歷史為主，我把我認為最重要的事件及發展為中心。可是我要強調的是這些重要事件和西方截然不同的地方。本書不是一部編年史，因此書中的討論並不特別按事件的時間順序；討論的設計乃是以一些關鍵性的事件及發展為主，突顯出中國文化的特性，並特別強調中西文化殊異之處，例如中西在宗教自由及政治自由上的觀念及習俗的不同。不可避免的，因為中國的歷史很長又很廣，只能討論我自己認為和本書主題最有關的問題。有的地方必須寫出細節，但大都以鳥瞰的方式來敘述。有些材料重複出現，但所討論的主題不同。在不同主題的地方重複敘述，讓讀者不必前後相互參照，節省時間和精力。許多討論，都以一個改變歷史方向的真實故事為楔子，所有的歷史故事都是真實的，不過我將故事戲劇化了，為的是不讓讀者感到枯燥。

## 謝啟

我首先要感激摯友朱祖凱博士。祖凱非但鼓勵我開啟這一件困難的工作，而且不厭其煩，四次讀本書手稿，並提出許多寶貴的意見和建議。祖凱是我半世紀前在台灣大學同年的同學，一生的密友。我要感謝中國科學院的李學勤教授，他給我可貴的中國斷代工程資料。我要感謝沈育美女士。她主修歷史，並在這方面工作多年．她當時視力有問題（經過手術後現在已復元），可是仍不辭疲勞，完整讀過本書，更改許多錯誤，並在文字上作了不少修改。當她自己也不清楚時，就去請教專家，找出正確的答案。我要謝謝吳育雅女士把沈女士介紹給我，並給我一些關於第三章中新仙女木事件的資料。我要謝謝美國出版中國論壇 (China Forum) 的彭之光及諸位在論壇上和我討論的人士，無法一一列出。我要向 Karl Hill 博士致上極高謝忱；他和我只在電郵上見過「面」，可是他卻不辭勞苦為英文版的文字修辭。中文版的校對工作完全由郭美鈞女士不辭辛苦地完成。沒有她的修改，這書不會有現在的面目。最後，我不知如表達對妻子江同愛最真摯的致謝，因為自一開始，她就完全支持這一項工作。

# 第一部　中國傳統文化的開始

圖 1. 函谷關今貌

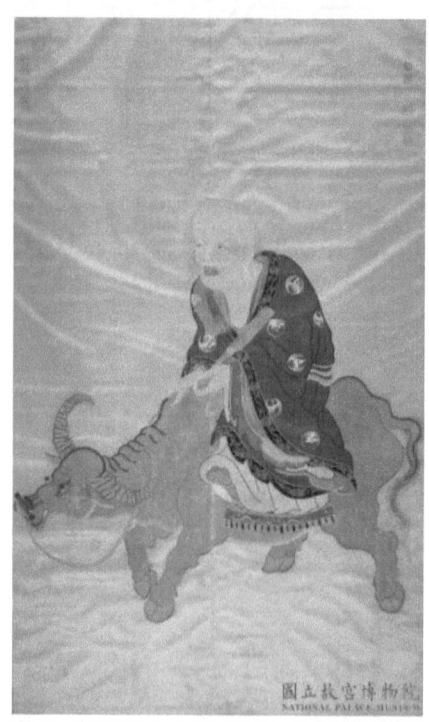

圖 2. 老子騎牛宋朝畫像(故宮博物院)

# 第一章　好奇好問的關令尹喜

## 老子走出文明地區

　　西元前 6、7 世紀間，一隻身上鋪著青布，瘦瘦的水牛，踱著緩慢的牛步，身上騎坐著一位老者。當水牛走近位於今河南省境內，為防守險要之處所設的函谷關時，老者用疲乏的眼神看了一下四周。這關是在兩座絕壁之間造出的土牆，土牆當中有一道關門。這道牆把狹窄的山谷封死了。如果不經過這關門，就無法去到絕壁的另一面。

　　當他正思考如何才能通過關口時，關門打開了，看守關門的關令（司令）尹喜及好幾個衛士出來，大聲向老者喊著，要他停下。老者在水牛背上愣住了。當這隊人馬走近這老者時，尹喜欣喜大喊：「您是偉大的學者老子。是在都城中主管皇家文件庫的老聃！真是令人又驚又喜！」就在此刻，衛士們上前，仔細檢查鞍及攜帶的口袋，未發現私貨，就退回站到尹喜的兩邊聽命。

　　「你的地位比我更高。我的記憶不行了。我能不能……」老子滾鞍下牛，不知所措。他誠懇的看著尹喜，想再道個歉。

　　「我是尹喜，負責把守這個關口。我曾拜訪過皇家文件庫，為的是找一些稅收的資料。當時您對我很和善，幫了我很大的忙，也給了我寶貴的意見，讓我了解政府應當如何管理人民。」他朝水牛看了一眼，再看了一下老子以及所攜帶的少量行李。「尊貴的老子，能否請問，是那一陣幸運之風，把您這位偉大的學者吹到我們這裡？」

　　「喔！我記起你了。你來到皇家文件庫，尋找貨物的關稅資料。記得嗎，你來拜訪的時候，我告訴你，我對國事感到極度失望。周王已失去權威，這個國家等於沒有君王。多年來，諸侯互相爭戰不已，人民飽受痛苦。許多學者拜訪過我，問我治國之道。但他們共同感到興趣的是，藉此獲得升遷的機會，這讓我非常失望。因此，我要離開這個國家，去尋覓一個人民可以和平生活的地方，沒有現代的一切享受，也沒有戰爭。我剛辭去原來的職務，來到這裡。現在我要走出你所管轄的關口，到外面的土地尋找一片安靜之處。」

　　「可是，關外都是荒野，只有蠻族才住在關外……」尹喜小心翼翼的回答，生怕得罪老子。

「他們或許是蠻族，然而他們尚未學到現代人的奸詐和心機。他們是樸實的人民，過著沒有戰爭的生活。」他停了一下，然後雙手一伸，繼續說：「在東方和西方之間，我會找到一處和平的乾淨之地居住。」

尹喜看出老子的決心，因此問道：「尊貴的老子，您能不能在這裡住幾天，讓我們可以聆聽您出關前的教誨？您的教誨可以增長我們的智慧。

老子點點頭，跟著尹喜進關。上了茶及寒暄後，尹喜把老子帶到客房－關中最好的房間，招待貴賓用。「請隨意。您要到我們的餐廳用餐，或者把飯菜送到您的房間。」同時，衛士們則拿著牛的韁繩，把牛牽入廄中。

房間相當大，可是設備簡單，除了一張大床外，就是一張大桌子，上面擺了文具 － 一疊竹簡和一套刻刀。紙張的發明，距離此時約八百年。因此，當時一般書寫的方式是，把字刻在耐久的竹簡上。「我本來想請您演講的，可是關中的人都沒有什麼學問，大部分是文盲。如果請您演講，我怕浪費您的時間。因此，我想請您將您的教誨寫下來，好讓後人受益。」

老子長嘆一聲。他未曾想到，這世界上還會有人對他的知識感到有興趣的。這尹喜可能是個小官員，但他真正的尊崇知識。平常，他是不會把自己的學識寫下來的；一般的習俗，都是學生來做這件工作。他想起，孔丘－孔子－曾來到皇家文件庫拜訪過他一次。當時，孔丘帶著一批學生同來。在那一次談話中，孔丘也提過，說自己是「述而不作」，只闡明真理，不把自己的言論寫下來。

但是老子這麼想：「我的學生都不像孔丘的學生那麼能幹、有修養及知識廣博。我很懷疑我的學生是否聽懂我的教誨。和我同輩的人，甚至後人，也許會認為我太不自謙，自認是飽學之士，所以寫下了自己的學識來。可是，如果我不寫下來，世界及後人永遠不知道我心中想的是什麼。更何況我即將到世界的荒野隱居，為何還要在乎其他人對我的想法或批評？」老子遲疑了一陣，說：「是，我想你的主意很好。可是我需要靜下來，思考一段時間之後，才能寫下來。」

「沒有問題。您願意在這裡住下，是我們的光榮。您想住多久都可以。」尹喜急忙說，毫不隱藏心中的喜悅。

聊著聊著，到了傍晚時分。晚餐已經預備好，他們兩人踱步到餐廳。而尹喜的家人早已坐下等候。低階辦事人員在他們自己的餐廳中用餐，因此在這餐廳中只有高級官員。由於老子的學術聲譽，使得這頓晚餐雖然簡

單，卻非常隆重。即使是小孩子們也非常守規矩。在這裡，一般人都很早就寢。因此，用完晚餐，敬過茶後，就各自回房休息。衛士們開始在關牆上巡邏。

次日早晨，老子開始工作了。他坐在桌前，一面啜飲著熱茶，一面整理思緒。他的房間高高坐落在關上，關外和關內景色，盡收眼底。關內屬政府管轄，關外是蠻族居住之處，不屬政府管轄。關內和關外的景色有著顯著的不同。關內蔥綠，充滿了各種的居民活動，從種田到商業交易及販賣食物的攤位。相反的，關外不僅居民稀疏，連綠地也是，這裡一片，那裡一片的。基本上來說，關外是黃土高原，這裡一個高坪，那裡一個。這景色一直延伸到地平線遠處。老子一面凝視無際的黃土高原，一面整理思緒。

## 一位暴君被迫流亡，《易經》的寫作，中國哲學的誕生

姬發於西元前 1046 年推翻了商朝的暴君紂王，建立了強盛的周朝。商朝的政權建立在非常嚴屬的奴隸制度上，新的朝代則廢除了奴隸制度。為了能有效的統治，周朝設定了七十二個封地，每一封地由王室的親戚（貴族）或推翻商朝的功臣管轄。所有的人民，包括脫離奴隸籍的人民，都成為形式上的農奴。表面上看來人民自由了，可是他們受貴族的管轄，不能任意離開所屬的封土。他們必須幫貴族耕田、做生意、製作用具。創建國家的君主姬發了解，政權的穩定要建立在人民的福祉上，因此他制定法規，給這些農人某種的自由及權利，例如置產的權利。這些農人雖然必須辛勤工作，可是有一陣子，管轄他們的地主–諸侯，也對他們有相當的尊敬。每一年，諸侯要舉行親耕典禮。親自到田裡，和農人一起耕種，以示尊重農業和提倡農作。每到年底，邀請所有的農人到王宮的大廳中，一起宴樂。

隨著時的過去，政權穩定後，最初創國君主所設立的善意行為逐漸被淡忘。之後暴君厲王（約西元前 878 – 前 828 年）發動不必要的戰爭，攻打南北地區的（蠻族）國家。這些戰爭耗費了龐大的金錢、物資，因此他開始剝削人民的自由及財產。為防止人民的批評，他雇用一些巫者到民間做特務。那些說厲王壞話的人都被逮捕，有些還被處決。當時人人自危，連彼此熟識的朋友、親戚在街上碰面時，都不敢說話，只敢目視。

某節日到了，人們在街上慶祝。有些人因距離王宮近了一點，就被衛士殺死，前去搭救的人也被衛士攻擊。憤怒的群眾開始赤手空拳和衛士搏

鬥。消息很快的傳開了，人民紛紛向王宮方向奔去，支持這些勇敢的反抗者。他們搶下不少武器，衛士只好退入皇宮。這些憤怒的人民開始攻打宮門，很顯然，王宮快守不住了。而厲王在暴民衝入王宮前，倉猝的逃走了。

有一批保皇黨跟隨厲王逃亡。這些保皇人員中，包括不少學者。他們和人民隔絕已久，不了解民情，也不知道人民有多痛恨厲王的暴政。在多年自我洗腦之下，他們的同情心和忠誠都歸向厲王。他們的逃亡並不順利，武人不斷的侵擾厲王及他的隨從，有時還威脅到他們生命的安全。好幾次，他們幾乎無法逃出困境。這群人受了不少苦。例如，有一次厲王和他的隨從，曾數日斷糧。

在逃亡過程中，這些保皇黨對厲王的協助顯得力不從心；他們能做到的，僅是讓厲王知道他們的忠誠。從逃亡中，他們學到一些東西。他們看到天下萬物的流動性和善變性。這些學者了解，沒有能永遠持續不斷的人間事；大自然中的萬物也沒有永遠不動的。幾天前，厲王還可以叱吒風雲，每個人都要順從。可是現在卻在逃命，如同以前被他欺壓的人民的命運。雖然如此，還有一個能讓厲王復位的可能。他們明白，天下萬物都遵守一種不斷在循環中的變化，好命和壞命互相交替，而美德會得到最終的勝利。

在逃亡過程中，他們親眼目睹厲王統治下的人民受苦受難的景象；以前他們從來沒有目睹過。他們明白了人民不滿的原因：稅太重，繁規太多，政府對人民的干涉太多。

這群保皇黨最後到了一座名為彘的遙遠城市（今山西霍縣），在那裡定居下來。等待時局變好。在等待的時候，這些保皇的學者希望寫出他們心中的願望－有一天，厲王可以復位。但他們也了解人民對厲王的憤怒和憎恨。如果明白的寫出願望，這本書一定沒有人願意看。最後，一位聰明的年長學者想出一條妙計。他們要把心中的願望寫成一本用來卜卦的書。

在命運無常的時候，人們可以用這本書算命。人們對這一類的書一定會讀了又讀。學者們可以把心中期待厲王復位的想法藏在書裡，隱藏在他們對大自然及人事的體悟的字裡行間。有知的讀者，可以看出他們對厲王的忠心。至少，這是他們的想法。

當時，商朝經常用來卜卦的方法－把鑽孔的龜殼及獸骨燒裂，從裂紋的方式來卜卦，再把占卜的結果刻在龜甲或獸骨上－已經不流行了。新的方法引用了陰和陽。陰代表溫柔的特質，代表地，代表女性及雌性。以一條分成兩段的線代表。陽代表天，代表男性的剛性，以一條完整的線代表。

古代的中國人相信所有天地之間的萬物被陰和陽的特質所控制。在這種信念之下，陰和陽代表大自然中的兩種力量，互補相輔和互相牽制。在這兩種力量的作用下，大自然能造出萬物之間的和諧。隨著時間的演變，很自然的開始陰和陽來卜卦，方法如下：使用三塊小板，正面代表陽，反面代表陰。把這三片小板向天丟去，掉下後會有一個陰和陽的花樣模式。共有八種不同的模式，稱為八卦。通常把這三塊小板向天丟兩次。這樣就有一套六個陰和陽的花式。一共有六十四種不同的模式，稱為六十四卦。每卦中有六個陰或陽的線紋。每個線紋稱為爻，一共有三八四爻。這些學者把每個卦裡的每一個爻安上一個卦文，寫成一本卜卦書–《易經》。《易經》包括了當時這些學者對宇宙萬物及人事的領悟，大約是中國最早的哲學書籍。它強調自然界天地之間萬物及人事中「易」的性質，即會變化的性質，以及循環的性質。這個天下萬物都在變化及循環的觀念，很早就已深深的銘刻於中國的民族性裡了。[3]

雖然《易經》隱藏了追隨厲王的學者對厲王復位的期待，然而事實上，十四年後，厲王在還沒來得及復位就去世了。可是，《易經》非但傳承下來，而且成為中國哲學之源。深深影響了所有的後人，包括老子及孔子的哲學思想。

這三八四爻中所蘊藏的訊息，包含許多當時可以想像到的人事及自然的變化。它寫得非常玄奧，目的是要隱藏這些學者對暴君的忠誠，對他復位的期望。包含萬物的循環性及希望厲王復位的訊息有：「見群龍無首。」（〈乾用九〉卦。按：這句成語現在的用法是：群眾中沒有領導者。可是原意是：群龍繞著圈子轉，指的是循環。龍意為君王。看不見首，也看不見尾。既然群龍在轉，其中一條龍就會有回到原來地位的一天，即復位。）提到厲王所犯的錯誤的訊息是：「亢龍有悔。」（〈乾上九〉卦。意思是：太驕傲高飛的龍會做出後悔的事。）對厲王干涉人民太多的訊息是：「小人用壯，君子用罔。」（〈大壯〉卦，第 34 爻。說的是：小人用暴力，君子用罔，即無為。）

## 周朝在前七世紀開始衰退

老子想到《易經》中「君子用罔」這爻的時候，他不禁點頭。「是呀，所有的諸侯國都嘗試把許多不必要的法規加之於民，這麼一來，使得人民

---

[3] 反之，在西方，亞里斯多德認為天是十全十美的，因此絕不會變化。伽利略第一次看到月球上的千瘡百孔的隕石口時，才了解到天體也並非十全十美。

疲於奔命。」他自言自語說：「政府做的愈少，愈好。」他順手抓來一片竹簡，刻上：「治國如烹小鮮。」（小鮮是小魚。烹小魚最難，因為不小心，小魚就變成一團爛糊糊的魚肉。最好的烹調方法是不要去管它。）他繼續刻下去：「人之飢也，以其上食稅之多也。是以飢。百姓之不治也，以其上之有以為也，是以不治。民之輕死也，以其求生之厚也。是以輕死。」（77 章，譯文：老百姓之所以會挨餓，是因為統治者徵收太多的賦稅，以致人民挨餓。為什麼人民不受管轄？因為統治者干擾太多，使得人民不受管轄。為什麼人民不怕死？因為統治者強作妄為，以致人民不怕死。既然無法活下去，那麼對生命也就不重視了。）老子望著外面的黃土高原，繼續想著：為什麼這個世界衰敗到如此的地步，迫使他想到一無所知的土地裡尋找一處可以隱居之所。

「我們這個朝代，中央政府的威信怎麼會淪落成這樣呢？所有應該由中央政府管轄的封地都反客為主，比中央政府還放肆！」老子自問自答：「愚蠢及為了感官的享受啊！」他開始回憶那些使周朝突然走向衰敗的事件。這些事件始於一位年方十五歲的宮女神祕懷孕。這懷孕似乎不涉及到男人，因為周朝創建之初，就已經建立了內侍（太監）制度[4]。（《史記》將此次懷孕事件歸因於神話性的故事。）這位宮女把出生的小女嬰丟棄在荒野，之後被一對逃亡的夫婦所救。小女孩名叫褒姒，長大後，美貌異常。也許因為從小就未曾享受真正的母愛，使得她患了憂鬱症，她很少笑。然而，一旦笑了，就變成更絕色的美人。

她十五歲那年，有人犯了罪，為了贖罪，便向她的養父母要了她，然後送給宣王（厲王的太子，接任王位）。宣王很快就去世，由幽王繼承王位。有一天，幽王前往後宮，發現了褒姒，他立刻墜入情網。幽王完全不聽大臣的忠告，廢了皇后，立褒姒為皇后。他被褒姒的美色所迷惑，一直想要逗她笑，可是她就是不笑。最後他想出一個惡毒和愚笨的計策。

當時，因為經常有蠻族入侵，周朝在山頂上建立了許多烽火台。一有敵人入侵，就在烽火台上舉火，便能迅速的一個接著一個烽火台傳遞下去，直到傳給所有的封地主－諸侯。每一諸侯在領到周朝的封地時，都宣誓會立即發兵救援京城。

為了逗褒姒笑，幽王發出烽火訊號。數日內，所有諸侯都率領封地內的精兵趕到京城，卻發現未有蠻族入侵。當褒姒看到他們慌忙趕到的模樣，

---

[4] 當然，很可能是宮中的王子讓她懷孕的。

不禁笑了起來，這一笑，讓幽王非常高興。於是，他故技重施，最後，所有的諸侯都不發兵。幽王叫了太多次的「狼來了」。

被廢的皇后的父親一直都想要報復。一看機會來了，就勾結其中的一個蠻族犬戎，合力派兵攻打周朝。幽王發出烽火求救訊號，諸侯們以為又是幽王的惡計，一個也不願派兵前來。幽王只好率領軍隊，在驪山和入侵的敵人大戰，結果幽王大敗戰死。入侵者大肆擄掠京城，並帶走褒姒。從此再沒有聽到她的消息了。

敵人退兵後，周朝只好遷都到洛邑，位於今河南洛陽，稱為東周。自此之後，周朝威信大減，在政治上起不了任何作用。而周朝的王室就淪落為名義上的天子，王室的主要功能乃是維持國家文獻庫，保存所有歷史文件。這就是老子到函谷關之前擔任總管的皇家文獻庫。

「迷於五官的享受是罪惡之源。」老子長嘆一聲。他再抓一片竹簡，繼續刻寫下去：「五色令人目盲……馳騁畋獵，令人心發狂，難得之貨使人行妨……是以聖人之治也，為腹而不為目……」(《道德經》12 章。意思是：過分追求五色，使得人變得盲目。過分縱情騎乘馳騁的快馬及狩獵，容易使人發狂。過分追求貴重的財貨，容易使人走上岐途。聖人治國，使人民吃飽為主，而不在滿足五官的享受。)

## 道，宇宙的創造者

思想了這麼長一段時間，也刻寫了不少文字，老子站起來，準備到樓下走走。他踱到大廳，此時，關裡的人正在舉行供奉神祇的儀式。供桌中央放有一個牌位，上面有著天神、地祇、其他各種神祇及祖先的名字。供桌上放了水果、熟肉及其他食物供品，供桌兩邊放了供奉時用的裝飾品，裝飾品中有兩隻草紮的狗－芻狗。關內的人輪流上前祭拜，祭拜時，向牌位上的天神、地祇、各種神祇及祖先祈求福祉。尹喜邀請老子上前祭拜，老子拒絕了。供奉及拜神完畢，裝飾品全被拿走。因為芻狗毫無價值，就被燒掉。之後，老子回到客房，尹喜好奇，跟著老子走進客房。

「尊貴的老子，您不參加供奉的儀式，不拜天也不拜地。你不信天地，是嗎？」尹喜問。

「當然有天，可是我認為天和我們人類毫無牽連，毫無關係。」老子答道。

「您為什麼這麼說？」

「天對我們人類毫不關心。如果祂真的關心我們，人民就不會受苦受難了。」老子繼續答道：「讓我把我的思索刻寫下來。請不要走開。讓我們繼續討論下去。」老子坐下，開始刻寫。「天地不仁，以萬物為芻狗。聖人不仁，以百姓為芻狗……」(《道德經》第 5 章。意思是：天地沒有人性，把萬物看成像芻狗一樣不值一文的東西。聖人也沒有人性，把百姓看成像芻狗一樣。)

　　「如果天和世界萬物沒有牽連，那麼天下萬物來自何處？」尹喜問道。

　　「萬物及人來自『無』–虛空，什麼都沒有的虛空，什麼都不存在的虛空。」

　　「『無』是什麼？如果『無』是什麼都沒有的虛空，什麼都不存在的虛空，那麼它就是『沒有』。什麼都沒有的虛空。這種的虛空如何憑空造出萬物和人？」

　　「其實什麼都沒有的虛空也是一種實體，一種真正的實體。以一個車輪為例。一個車輪有三十道車輻。可是使這輪子有用的是放進輪軸的空洞–虛無的空洞。我們用泥塑出陶器皿，使得這器皿有用的不是泥，而是它的內部空無一物的虛無空間。我們用窗戶和門造出一個房間，可是房間有用的地方，乃在於內部一無所有的空間，這虛無的空間使得這房間可以住人。因此，雖然可以摸到及看得到的東西有用途，可是不可捉摸的東西 – 虛無 – 才能使這些實體有用。造出的天下萬物是實體，可是創物的實體的根源是無，虛無，虛虛無無的『無』。」(《道德經》第 11 章。)

　　尹喜抓了抓頭皮，說：「我想你說得對，什麼都沒有的虛空可以使物體有用。可是什麼都沒有的虛空，怎麼能造出這包含萬物的宇宙？」

　　「我找不到適當的詞語來描述這些創造萬物的東西，因此我把它稱為『道』。道能使萬物出現及存在。讓我把我的思考刻寫下來。」然後老子繼續說：「它是不能下定義的東西，可是本身卻是完整的。它先天地而生，無形，無聲，獨立地存在而不變，可是能永恆存在。可以認為它是天地之母。我不知道它的名字，姑且叫它作『道』，只能勉強描述它的形狀。可是道廣大無邊 (《道德經》25 章)。道生一，一生二，二生三，三生萬物。所有的萬物都攜帶陽而擁抱陰。陰陽合起來成為『氣』[5]，混合適當就會產

---

[5] 西方有一個類似「氣」的觀念，稱為「第五要素」(quintessence)，其來源如下。希臘人認為宇宙由四元素組成，土、水、空氣及火，互變而產生出萬物（類似中國

16

生出和諧（《道德經》42章）。」老子一面說，一面加緊的刻寫在竹簡上。

「這些真是高深的哲學，我不太懂。可是我很高興您能把這些都刻寫下來。我相信總會有人懂您剛才所說的話。」尹喜真心佩服老子的學問。這時，有人送了飯菜進來，因此他們就坐下來，在桌子的一個角落用餐。餐畢，有人前來收拾，並送來熱茶。他們一面用茶，一面繼續討論。

「讓我們換個話題。您認為把世界攪得亂糟糟的原因是什麼？」尹喜問。

「這是因為我們有太多現代化的東西，人民有太多的智慧。在古代，深通道及知道如何去應用道的人不想去啟發民智，而是用道去教導人民的生活要純厚質樸。人民之所以難以統治，就是因為他們已經有太多智慧了。政府用聰明的計策去管理人民，只會帶來災禍。」（《道德經》65章）老子一面回答，一面繼續刻寫。「拋棄智識，聰敏和技巧，人民反會得利百倍。拋棄仁義，人民會恢復他們敬老和愛幼的天性。拋棄了技藝和稀有的珍貴寶物，盜賊自然會絕跡。」（《道德經》19章）老子一面刻寫，一面說。

「我想我了解您的觀點了。」尹喜說。可是他無法確定自己是否能同意老子這麼負面的看法。他又換一個話題。「不久您就要離開我們，去找您的理想地方。您能不能告訴我，您的理想社會是什麼？

「讓我刻寫下來。也許，有一天人民會覺悟，去過沒有現代文明及巧器的生活。我的理想生活是－」老子突然生氣勃勃。他繼續說下去，並且加速刻寫。此時他似乎在一個夢境中，「一個人民稀少的小國。有機械文明，什伯之器（《史記·五帝紀·索隱》指各種生活器具），可是人民不去使用它們。使人民愛護生命，他們就不會想要遠徙。他們有船，可是不用。他們有軍器，但不是用來佈陣演習。他們使用上古結繩記事來代替語言。他們滿足於簡單的衣食。對簡單的生活感到很快樂。與鄰國之間，彼此看得見，聽得到彼此雞鳴狗吠的聲音，而人民從生到死，不相往來。」（《道德經》80章）老子停下來，朝關外的黃土高原凝視。然後慢慢的說：「當國家間不來往，貪婪之心就沒有了，也就沒有人會犯罪了。」

尹喜不發一語，這也是他憧憬的簡單生活。可是他不敢跟著老子的腳步，走入這個簡單而和平的烏托邦。畢竟他有一個家，他希望子女們都能

---

的五行）。後來加入一個以太（aether），為組成天上最完美的天體的要素，稱為第五要素。

接受好的教育，有朝一日，能在這些封土變成的國家的政府中，謀得一個好職位。沉默了一陣後，他向老子道謝他的啟發和教誨，然後回去做關令當做的事。

數日後，老子完成著作了，他把這些竹簡重新安排一下，標上章次。他然後下樓向尹喜說：「我把著作完成了。我把它稱為《道德經》，約有五千餘字。此刻，我要向你告別了。」

尹喜向老子致謝，謝謝他費心完成的著作。他要把這著作交到王室文獻庫存檔，以備後人研究。關裡的工作人員把老子的座騎水牛帶到關門，水牛顯然已經餵飽，洗刷乾淨，牛身上的青布也洗淨了。尹喜在牛角上掛了一瓶水及一袋高粱饅頭。老子騎上水牛，關門打開了，這匹載了老子的水牛，不慌不忙的緩步踱出關外，向北走。半日後，他們消失在地平線上。

## 失落的數字：零，一個創世的理論及烏托邦

「道」是老子最偉大的發明。兩千年之後，我們還在深思，「道」到底是什麼？如老子所言，「道」是天地之母，是天下萬物之源。最接近「道」的，大約是物理學家自 16 世紀以來就追求的，最終結性及最基礎的宇宙法則。依據物理學家的看法，宇宙就是按照這些法則創造出來的。物理學家一直在追逐這些法則，已經有很大的成果，可是還沒有找到最終結性的法則。

而老子的另一個觀念–「無」，指什麼都沒有的虛空，什麼都不存在的虛空，其實就是數學家的「零」或「零集」(null set) 的觀念，或者物理學家的「真空」的觀念。可惜的是，中國自古以來的哲學家似乎都在鑽牛角尖去尋覓「無」的哲學意義，沒有把它和數學的零或物理的真空聯結起來。在老子的時代，沒有一位中國的數學家把它應用在數學上。在西方，如畢達哥拉斯 (Pythagoras，約西元前 580 – 前 500，希臘人，很可能和老子同時代) 這樣偉大的早期數學家，也沒有思索出來零的觀念。他和他的學生發現了許多和數字有關的奇妙數學 (例如無理數，即 2 的平方根等這類無盡小數)，可是始終也沒有悟出「無」或零的觀念。直到第 9 世紀，所有的數字系統中都沒有零。有人聲稱，零是在 9 世紀時，由印度數學家發明的，但也有人認為，中國數學家大約也是在那時期獨立的發明出零來。

我們到現在還生活在沒有「零」這數字的陰影之下。一位中古世紀的數學家愛昔古斯 (Dionysius Exiguus，約 500 – 600) 計算出他的時代之

後的下個九十五年內的復活節[6]日子的曆書中，引入現在西曆的計年法 – Anno Domini AD（即以耶穌基督出生的那一年為紀年的開始）時，他沒有這數字「零」可用，因此他把基督出生的那一年稱為 AD 1 年。前一年則稱為 BC 1 年（即 Before Christ，基督前一年）[7]。人們還在爭執，第三個千年禧，應當從那一年開始？2000 年？還是 2001 年？（應當是 2001 年。）可惜老子只把「無」的觀念應用在哲學上，而不是在數字系統上。我經常在想，如果命運能安排這兩位神祕主義者（畢達哥拉斯也是一位神祕主義者，認為世界被數字所控制，可是認為只被有理數所控制）會面，「零」這數字就可以早一千五百年出現在數字系統中。

現代的宇宙論對世界起源的理論大約如下：我們宇宙在空間的真空裡會出現的量子性的上下起伏（fluctuation）中創世。這些上下起伏的時間標度很短，可是產生出一個宇宙的機遇很小，要許多年–兆年級，或兆億年級–才有產生出一個宇宙的機遇。物理的真空就是什麼都沒有的空間。雖然什麼都沒有，可是潛伏於這真空中有無窮的能量（不幸到現在都不能利用到這個能量），有無數的粒子，平常不能出現，唯一能測到的就是這些量子性的上下起伏。實驗已經證明有這些上下起伏。因此，現代物理學家說，宇宙就在這種的真空中誕生出。所有的萬物都由原子造成，原子由基本粒子所造成，現在物理學家在追逐的就是在創世時，這些粒子怎樣出現的。因此，老子所說的假定–萬物及天地始於無–和這個現代物理的推理並不矛盾。（可是不能說老子發明了現代的宇宙論）。為什麼老子做這麼一個假定呢？

從《道德經》八十一章看來，老子是無神論者–他不相信中國人早就神化的「天」，也不信「天」造出萬物。他說，即使有「天」，也是不仁慈的，和人搭不上關係。既然他認為「無」是和「有」一樣的實體，甚至於更重要，對他來說，萬物來自「無」是很自然。他的宇宙論的中心邏輯，把天下萬物的起源都追溯到「道」，一個不歸根到神的本體。如前所說，這個本體和現在物理學家所追求的相似宇宙最基本法則相似。 孔子大致同

---

[6] 所有基督教的節日都按陽曆或儒略曆（及在 1582 年改過的格雷戈里日曆）計算，只有復活節（Easter）除例外，因為復活節在猶太的踰越節之後，按太陰曆計算，即春分後第一個月圓後的第一個星期日。因此每年不同，在 3 月 21 日到 4 月 25 日間，需要特別的計算。

[7] 不幸的是，他把基督出生的年分也弄錯了，至少晚了 4 年，不過這和我們目前的討論無關。

意老子對創世的看法。而西方的傳統思想把所有萬物，包括宇宙，都歸根到一個創造的神。

還有，老子的中心思想之一就是人文或人本主義 (humanism)，即以人類的福祉為中心的主義。他是人類文化中最早的人本主義者。按照老子的看法，如果「天」不能把人民的生活弄好，「天」就沒有用。實際上，這種人本主義的思想根深蒂固的嵌入中國人的宗教觀中。按照這種觀點，任何宗教的目的不是為了尊崇任何神祇（包括宗教中的創世主）的至高光榮，而是為了增進人類的福祉及福利。

長久以來，老子心目中的烏托邦一直不絕的縈繞於中國學者的思想中。每次在中國歷史上動亂（各朝各代中，中國歷經多次的動亂）的日子，學者渴望能逃到老子心目中的，簡單生活的烏托邦。在 304 到 439 年間，五胡亂華之際，大規模的屠殺及擄掠是家常事。一位學者陶淵明 (365 – 427) 把他對老子心目中的烏托邦的渴望寫成一篇短的散文《桃花源記》。這篇散文描述一位漁夫在桃花溪的源頭發現了一個老子描述的烏托邦。在這烏托邦中，人民過著老子心目中那種簡單快樂的生活。這篇文章幾乎出現在中國過去和現在的小學或中學的國文教材中。許多中國詩人、文人都用過這個主題來詠詩著作，甚至作為繪畫題材。

\*

老子生活在一個社會及階級組織正開始大變動的時代，西元前 771 年周幽王戰死於驪山之後，周朝的中央統治開始瓦解，封土的領主–諸候–的行政獨立，這些領土變成形式上獨立的國家，因此併吞的戰爭無可避免。在這段併吞的時代開始時，共有 130 個獨立的封土國，可是到了老子的時代，只有不到三分之一還倖存。在西元前 1046 年周朝建國時建立的完整諸候制度 – 公、侯、伯、子、男五等級爵位–幾乎都已不存在了。事實是，這種兼併的局面一直進行。到了西元前 475 年時，只剩下七個最強的國家 – 戰國七雄。再經過兩百多年的戰亂動蕩，西元前 221 年秦國終於統一了中國。在西元前 771 到前 221 年之間儘管戰爭極多，社會局勢極不安定，中國卻在這段期間進入了一個啟蒙及理性的時代。其特徵是所有以前官方獨佔的智識都流落到民間去，及百家學說的興起。而老子是這些諸子百家學說中最早的幾位之一，他的影響力非常大。因此，有許多學者認為老子是中國第一位偉大的哲學家。

圖 3. 漁夫發現桃花源，再尋不得

# 第二章　獨尊孔學的漢武帝
## –中國的康士坦丁大帝–

## 無能皇帝，一位孔學學者的逃亡

穿了平民服裝的叔孫通，坐在那裡感覺不平。他是一位在學術上極有成就的孔學學者，精通《五經》，特別是《論語》。他被當時的學者尊為大學者。可是他現在住在普通的房子，穿著胸無文墨的平民所穿的服裝，而不是孔子門徒所應當的長袍禮冠。同樣地的，跟隨在他周圍一百位左右的門徒，心中也同樣感到挫折。

好幾年前，約西元前 208 年，如果不是因為他急中生智，可能早已離開人間了。當時，他正在胡亥帝（秦始皇的繼承者）的朝中任職。幾乎當秦始皇一死，叛亂就如雨後春筍般的在各地爆發出來。可是環繞胡亥的都是一些阿諛諂媚之輩。他們隱瞞叛亂的真實情況，天天只發出讚美胡亥的巧言。他們聲稱這些報告叛亂的急報，都是用來誣衊剛登基的皇帝的偉大能力的鬼話。叔孫通覺得他應當盡臣子的職責，報告真實情況。

當他走近胡亥帝時，他首先說了幾句恭維胡亥治國偉功的話。然後，他很小心的遣詞用字：「皇上，您知不知道京都外面有些叛亂？其中有些已經離京都不遠了。」

胡亥帝的臉色立刻變了。「根本沒有叛亂這回事！我已經把好幾位報謊信的官員下到監牢裡了。」

「皇上說的絕對正確。我來這裡的目的不是報告有叛亂這回事。我來這裡是要報告好消息。的確有些小叛亂，可是托皇上的福，上天幫助我們，這些小叛亂已經完全平定了。」叔孫通立刻改口報喜，同時把帶來的一疊報急的竹簡藏到背後去。「沒有什麼需要擔心的事。」他補上一句。

「你藏在背後的是什麼？」胡亥帝問。

「哦，都是些謊報，不值得一看。我帶來的目的是要給皇上過目，讓皇上知道這些都是謊言。」叔孫通假裝要把這些竹簡遞過去，可是手只伸出一半。他心中希望皇上把這事撇開不論。

「只要你知道是不值一看的謊報就行了，我很滿意。把它們燒毀。我不想在謊報上浪費時間。」胡亥帝說。「還有，今夜宮中有盛大的宴會，你是一位忠心耿耿的大臣，因此我要請你來赴宴。」

沒有人敢拒絕皇帝的邀請，因此叔孫通留在宮中赴宴。在宴會中，他和其他的佞臣阿諛者不斷的恭維胡亥帝的治國才能。宴會一直持續到半夜才結束。在他離開之前，他再度恭維胡亥帝，同時向皇帝要求，指派他去視察京都以外的地區，避免未來還有人來謊報叛亂，皇帝大喜，立刻允許他的要求。

次日一早，他召集了家人及學生，要他們把細軟珍寶都裝上馬車，準備出城。由於他持有皇帝允許出城的詔書，故順利的出了城。一直到馬車隊遠離城門後，他才停下來告訴學生，匆促離開京城的原因。「這個朝代已經快滅亡了。我們要找一群有能力的起義軍，加入他們，向他們效忠。你們有什麼建議沒有？」

「劉邦帶頭的起義軍似乎是最好及最能幹的。劉邦也能賞識、歡迎人才。許多有能力的武將和精明的軍師都已經加入他的陣營。」一位學生說。

「我也聽說過他。好吧，我們去加入他的陣營。」他們大隊人馬立即開動，直奔到劉邦的軍營總部去。劉邦對他們表示非常歡迎，因為他的陣營中有武將，有軍師，有戰將，可是還缺少一流的學者。在第一次會面時，叔孫通按照孔子傳下的禮儀，穿上他最好的儒服。可是劉邦似乎不悅，皺了眉頭歡迎他。叔孫通很快就發現了原因，劉邦根本看不起學者。他把學者也納入自己陣營中的目的，無非是想招來更多能人的信服，加入他的陣營。下一次叔孫通去見劉邦時，特地換上平民的短裝（就像現在武打片中武師的穿著一般）。這樣的裝扮，使劉邦非常高興。此後，叔孫通的主要職務是告訴劉邦如何按禮儀接待有地位的貴賓，以及在某些民政方面提供些建議。

## 從冷漠到顯貴，設立宮廷禮儀

劉邦把中原所有的敵人一一擊敗後，登基為帝，廟號（死後的尊稱，因為皇帝在位時往往使用多個年號）高祖，開始了一個新的朝代–漢朝。他對那些建立軍功的人大加賞賜，而叔孫通所得到的僅是一間不太富麗的房屋，薪金也很少，因此，他很不高興。他的學生也不平。「尊敬的老師，我們跟隨您多年，就是盼望有一日您成為顯貴。現在新的朝代已經建立了，

我們卻仍然過著貧苦的日子。您能不能想些辦法？」好幾位學生問了類似的問題。

「你們要有耐心，連孔夫子在逆境時也得忍耐。國家才建立不久，這些軍人只知道如何打天下，但只有我們才知道如何治國。請你們耐心的等待，時機來到時，我不會忘記你們的。」叔孫通非常有自信的回答。

這些軍將和高官─都是在過去多年辛苦征戰時和劉邦同進同出，同生共死的伙伴 – 經常到宮中宴樂，甚至有時不請自來。他們幾乎一點都不知禮儀。飲酒時，大聲說話，放肆的笑。喝醉後，有些人還吵架，甚至動拳動腿打起架來。有些還拔出劍來，向大柱砍去，有如遭遇假想敵一樣。

高祖非常不悅，可是他不知道該如何阻止這些曾和他出生入死的伙伴們的行為，如何避免這些粗暴及喧鬧的行為。何況他還得依賴他們的支持，怎能得罪這些功臣呢？所以只能皺眉表示不悅，可是這樣的暗示，一點用也沒有。對於此種情況，叔孫通一直在仔細觀察。不久，他有了單獨和高祖一起討論國事的機會，談畢正事後，「機會來了。」他心中想。他很有技巧的把話題轉到好幾天前在宮中舉行的一個宴會上。他首先向高祖致謝賜宴，美食及美酒。高祖一聽到宴會，眉頭就皺了起來。叔孫通見機不可失，他向劉邦說：「我知道陛下對某些客人

圖 4. 漢高祖畫像

的喧嚷粗暴的行為感到不樂。我知道應當如何恢復秩序，讓他們能將陛下當作皇帝來尊敬。可是我需要有些權威，也需要有些費用，才能進行這件事。」

「你真能做到？」高祖半信半疑的問。

「當然，我可以用性命來擔保。」叔孫通很有自信的回答。

「我希望你不是開玩笑。我會給你所需要的權威及費用。」

於是，叔孫通立刻開始工作。他利用這次機會，擴充自己的班底。他先到鄉里尋找學有成就的學者，一共找到了三十多位，他便和這一百三十多位的學者開始工作。

首先，他們按照孔學的基礎經典之一，五經中的《禮記》，設計出一套禮儀，定出舉行宴會的規範，宮廷朝會的禮節，及其他相關的禮儀。接

著，他用稻草繩在地上圈出宮廷的模型，並將稻草堆放在適當的地方，藉此模擬不同的物件，包括皇位。他用了高祖所賦予他的權威，設立訓練班，把所有的文武官員都召來受訓。每一天，這群學者訓練這些文武官員按照他們所定出的禮儀及規範進行演練，包括：如何進退，如何參加宴會，以及在朝會中如何有秩有序的討論。經過一個月的訓練及預習彩排之後，叔孫通告訴高祖，一切都已就緒，他可以展現成果了。這時，正好有一座新宮殿完工。高祖便利用這個機會，設宴款待大臣，慶祝宮殿落成。按計畫，這個大型宴會將持續整天。

清早，一隊司儀就在皇宮大門前的廣場上等候客人。他們將文武官員按其職等排成長隊，在宮外等待。從宮門到宮中設宴的大廳，沿路擺設著軍事武器作為飾品。在各出入口及定點上，都站了經過嚴格訓練的負責禮儀的人員。到了預定開始的時間，總司儀就大聲宣布宴會開始，文武官員開始魚貫進入宮門。每當一位官員進入時，司儀便大聲宣布此人的職等。就位的官員，按其職等站在大廳的邊上，文官和武官分別站在兩邊。皇帝坐在大廳北面的中央。全部站好後，由總司儀率領大家，一連高聲歡呼皇帝萬歲九次。歡呼之後，司儀就令每位官員列隊到皇帝面前，彎腰致敬，然後把這些官員帶到指定的位子，席地坐下。每人一張桌子，當時還沒有椅子，就盤腿坐在草席上。這是中國人當時的坐法，此一風俗後來傳到日本，直到 20 世紀中葉，許多日本人還這麼盤腿坐著，不用椅子。每位官員由兩位內侍（太監）或宮女侍候。當所有賓客就位後，他們一起舉起瓦杯，恭祝皇帝聖體安康。每上一道菜，就倒一次酒，也再度恭祝皇帝聖體安康。在這個整天的宴會中，未曾發生任何失禮失態的行為。（訓練時已經預先警告，如有失態或失禮者，不論官職大小，都將逐出宴會。）九道菜及九巡酒之後，總司儀請所有官員起立。這是禮貌的暗示，宴會結束了。文武官員依次離席，站到大廳的兩邊，司儀帶領他們離開大廳。經過皇帝面前時，再次向皇帝致謝及致敬。他們秩序井然的離開皇宮。這場宴會極為成功，所有文武官員的表現完美到無法形容。

這次宴會中，文武官員的表現，讓高祖對叔孫通等人欽佩異常。賓客離開後，高祖皇帝坐上八人大轎回去寢宮，他充滿了無法遏抑的喜悅，說：「今天我總算嘗到了做皇帝的樂趣！」他當場賞給叔孫通 250 斤的金子（也可能是銅。當時金和銅都屬貴金屬），同時立刻把叔孫通的官職升等。叔孫通把握這個機會，替他的學生們說話：「陛下，我有許多跟隨我多年的學者和學生，他們協助我制定今日宴會上的禮節和禮儀，以及訓練這些

文武官員。希望陛下能賞賜他們一些適當的職位。」於是這些學生及學者都受封「郎」的職位（學者官）。

叔孫通回去後，做了一件非常大方的事。他把這 250 斤的金子全部分給他的學生和學者，自己一點都不留。這樣大方的舉動，當然更讓他的學生和學者對他效忠。不過叔孫通已經得到他的報酬了。他向高祖示範了孔學的重要性及用處－雖然學者們不能作戰，不能打勝仗，但在治國方面絕對不能沒有他們。叔孫通有自己的野心，他要鼓吹孔子及其宗派（以下簡稱為孔派）的學說，使其成為官方的治國方針。有了一百三十位精於孔派的學者在朝中，要達到罷黜其他學說，專尊孔子學說的目的，僅是時間的問題而已。

## 正式尊孔，「罷黜」百家

看到了孔學的用途之後，高祖對叔孫通的能力非常信任。他把這位孔學學者任命為太子劉盈的老師。高祖於西元前 195 年去世，在位十三年。劉盈繼高祖之後登基，是為惠帝。惠帝把叔孫通升為高官。叔孫通說服惠帝，恢復幾乎被秦始皇及項羽毀滅的中國文化。

秦始皇在位之際，為了加強政權方面的控制，便想壟斷所有的知識，下令除了實用的書籍，如醫學、卜卦、種樹等，民間所有非實用的書籍都得交出焚毀，而在京城咸陽的皇家圖書館中保存了這些非實用書籍，不過只供在朝中任職的學者應用。秦始皇死後，叛亂如雨後春筍似的興起，起初最強大的一位是幾乎目不識丁的項羽。他一進入咸陽，就燒了秦始皇所建造的阿房宮，其中包含了皇家圖書館。由於民間已經沒有這些書籍了，中國文化因此瀕臨全部被毀的危機。可是，當時，知識早已傳播到民間。禁書期間，有不少人冒了生命危險，偷偷的隱藏個人所擁有的書籍。

惠帝在位時，距秦始皇下令焚書將近三十年了。惠帝聽從了叔孫通的建議，下令如果任何人把私藏的書交出，就可以得到一筆獎金。數年之內，幾乎所有倖存的書都送交官府，但還是有些完全佚失了。例如，留存的《尚書》僅有二十八篇（原來的《尚書》有一百多篇。佚失的部分，可能包括了中國開國帝王黃帝的事蹟記錄）。倖存的章次中，提到的最早帝王是堯帝、舜帝及大禹，也提到了約西元前 2300 年在中國發生的大洪水。

然而，整個夏朝歷史都不見了，只有片斷保存於其他記錄中。孔子最喜愛的《六經》中關於音樂的《樂經》也完全佚失。我們現在連其內容是什麼，都無法臆測。

雖然叔孫通說服了高祖，讓他了解孔派學說在治國方面的用途，而且由於叔孫通的影響，朝廷中到處都是孔派學說的學者，可是在之後很長的一段歲月中，孔派學說的影響並不大。高祖的第一位宰相－蕭何，嚴格以法家精神執法，但他所訂制定的法律，比秦朝的寬大仁慈得多。再者，他在治國方面，基本上遵循老子的「無為」（即政府能不管的地方就不管）。他對人民所課的稅低，儘量不從事大規模的建築計畫，實際上就是讓老百

圖 5. 漢武帝

姓過著不太受政府干擾的日子。惠帝之後的兩位皇帝，都按照蕭何所制定的方針來治國。由於「無為」政策的成功，即使朝廷中有不少孔派學者，然而治國所用的哲學，基本上還是老子哲學。直到高祖的曾孫劉徹（西元前 156－前 87 年，統治期間為前 141－前 87 年）在位時（廟號為武帝），才正式確立孔派學說為治國的哲學。縱然如此，武帝也要等到祖母竇太后去世後才能執行這項政策。武帝登基時才 16 歲，起初由皇太后攝政；而皇太后是虔誠的老子哲學信徒，她深信老子哲學的原因，大約是由於老子「無為」政策的成功。（哲學上稱為黃老學派，黃指黃帝，老指老子。黃老學派表面上尊崇「清淨無為」的主張，實際上強調政治上的尊卑秩序。）當武帝親政之後，有兩個重要的理由，讓他必須統一治國的哲學（方針）。第一，經濟繁榮後，社會變得愈來愈複雜，老子的簡單哲學無法應付愈來愈複雜錯綜的社會及國家性的問題。第二，基於現實。有朝臣對武帝說，朝中有能力的官員的思路往往不同－雖然孔派學說的學者佔大多數，可是還有不少推崇其他哲學的，如法家、墨家及老子的哲學等等。雖然到了戰國末期，各家學說已有合流的趨勢，以致有了雜家的興起（漢初黃老學派就雜有法家、道家、陰陽家的思想），可是這些宗派的哲學有時會起衝突，造成人

事及政策方面的磨擦，因而對執行國家政策，形成很大的阻礙。基於此，武帝覺得非要有一個統一的主義及信念不可。

西元前 134 年，武帝召開會議，邀請所有知名的學者前來參加。會議的目的，是為了決定一套治國的哲學，作為政事的導引。武帝有一位親信的學者–董仲舒（西元前 179 – 前 104 年）。他是一位早熟的天才，12 歲能文。他是尊崇孔學的學者，也是一位以任何標準來衡量，都很偉大的學者。再者，他是一位人本主義者 (humanist)，他同情貧窮的平民（批評社會貧富兩極化，土地分配不均的話：窮人「無立錐之地」。這句話就是他所說的）。他提出意見，認為《公羊春秋》（西元前 722 – 前 477 年戰國的歷史，相傳孔子曾修改過）是「唯一能把天下萬物都統一及變成和諧」的書。他因此提出一個統一的主義，記載在他所著的《春秋繁露》中。

這個統一的治國理論以原來的（樸實）孔學為中心，但也包括了其他百家哲學的一部分，如墨家、老子、法家，甚至是陰陽家的理論。正如西方著名的例子一樣，經過熱烈的討論辯論之後，武帝有最後決定權。他喜歡這個新的治國理論（主義）。這新的理論稱為儒學，實際上就是孔派學說。可是儒學和原始的樸實孔子學說有些不同。按現在的的命名，應當稱為新孔學主義 (Neo – Confucianism)（西方所說的孔學〔Confucianism〕其實是儒學）。武帝下令確立為儒學漢朝的官方哲學或主義，而罷黜其他的百家學。因為這個新孔學–儒學–也包括了其他百家哲學的一部分，其他哲學的擁護者的抗力就不會很強了。在未有很大的阻力之下，儒學被採用為漢朝的官方哲學。

自從漢朝採用儒學之後，儒學為因應時代需要，而不斷被調整，不過基本上保留了董仲舒所定下的形式和基本元件。後來的朝代，包括被異族統治的元、清兩朝，都一直繼續尊孔的傳統，直到 1912 年中華民國成立。元朝是蒙古族成吉思汗的孫兒忽必烈 (1215 – 1294) 所建立。（元朝的朝代名改過三次，最後採用的「元」，源自《易經》「大哉乾元」。）建立清朝的是滿族愛新覺羅·努爾哈赤 (1559 – 1626)。（順便一提，現在的外蒙古或蒙古國與成吉思汗的蒙古族無關。外蒙古指漠北，清朝時原是中國疆土的一部分。1920 年代，因前蘇聯〔按沙皇時代〕的擴充政策，而將其從中國奪去，並以假選舉的方式成立蒙古國，成為前蘇聯的傀儡國。1943 年，國民政府被迫承認。前蘇聯垮台後，成為自主國。當時成立元朝的蒙古族都住在今稱為內蒙古之處，現在是中國的一部分。目前在內蒙

的蒙古族和在東北的滿族幾乎已經完全被中國同化，雖然他們仍舊保留許多原來的傳統。）

在這次會議上，武帝還接納了與會學者的另一個建議，即建立太學來訓練管理國家的人才。從實質來說，這是世界上第一所大學。是按孔子的「有教無類」的精神招收學生，只要資格符合，不論平民或貴族，都可以入學，成為太學的學生。（這不就是現代提倡的，人類不分種族，都可以進學校求學的平等觀念嗎？）有一時期，學生的總人數超過 3 萬人。以歐洲來作比較，歐洲最早的大學是意大利的波隆納大學 (Bologna University)，創於 11 世紀。然而到了現今，中國漢朝的太學早已不存在，而波隆納大學仍舊是世界上有名的大學之一。

武帝在平等主義上的另一重要成就，幾乎徹底消滅了中國的封建制度。自戰國時代起，封建制度名存實亡。漢初，高祖把宗室分封為王，又興起了另一種的封建制度。雖然這些王侯的勢力已經比周朝時代的要小很多，可是仍然很大。在武帝之前，這些宗室中，有不少人發動叛亂，漢朝國君費了很大的力氣才平定。這讓武帝決心要削減這些王侯的勢力。

武帝採納了學者主父偃的建議，以推恩到這些王侯的嫡長子之外的孩子為藉口，大幅削減了這些宗室的勢力。武帝下了「推恩令」，修改遺產繼承法。按舊的傳統，所有的財產（當時主要的財產是土地）及爵位都由嫡長子繼承。按新法，則嫡長子最多只能繼承一半的財產。新法的目的，乃是為了分割諸侯王的勢力，以鞏固中央集權制度。當時諸侯王的封地可以大到好幾個郡縣；然而，透過「推恩令」，幾代之後，封土就小到不足道了。（舉例來說，五代之後，每位諸侯王的領地只有原先的三十二分之一。）這樣一來，武帝的「推恩令」，就完全摧毀了殘留到漢朝的封建制度。此後，雖然地主仍舊可以擁有極大的土地，可是當地主死後，這些土地一定要分割，長子最多只能繼承一半。從社會的觀點來看，一般說來，從此以後，（雖然在西晉、明代又建立了比較小型的封建制度。）中國就開始進入了所謂的「富不過三代」的新紀元。到了宋朝，當科舉制度更為普及公平後，社會上鮮有類似歐洲中古時期累世富貴的世族門閥現象。相比之下，歐洲的封建制度很像周朝的制度，由嫡長子繼承。這樣的制度，

創於 814 年查里曼大帝去世之後，一直延續到 17 世紀。19 世紀時，歐洲還殘留不少封建制度遺留下的封地、爵位。

## 西方神權政治的建立：古希臘及羅馬文化被摧毀

在西方，可以和武帝統一思想，罷黜百家，獨尊儒術的功績相比的著名例證是，君士坦丁大帝一世於 325 年，在現在土耳其的尼西亞(Necaea)所召開的第一屆大公會(First Ecumenical Concil)。當時，基督教已在歐洲興起。君士坦丁大帝的母親是一位非常虔誠的基督徒，也許是受了母親的影響，君士坦丁帝在 312 年把基督教立為國教。（可能是為了討好當時勢力還很大的拜太陽為神的羅馬教徒，君士坦丁大帝本人則是騎牆派，一直到彌留之際，才受洗成為基督徒。）[8]可是當時基督教已經分成好幾派，每一派都有自己的神學主張。最重要的爭論點在於，天父上帝 (God the Father) 是否在神子基督 (Christ the Son) 之前或之後。其中有一個由阿里烏 （Arius，約 250–336）所領導的，勢力很大的教派，否認基督有神的地位（反對三位一體論 [Trinity]），認為天父上帝在神子基督之前，因此神子基督不能和天父上帝同體(consubstantial)。這就是當時幾個教派最大的爭論點。君士坦丁大帝想透過會議把這些爭論作一了結，因此在尼西亞召開會議，後來稱為第一次大公會議。

圖 6. 君士坦丁大帝

君士坦丁對召開這個會議非常熱心，甚至還出資讓有些主教前去參加。有個歷史故事是這麼說的：這些與會的主教們花了數週的時間，熱烈討論教義之後，準備了厚厚一疊的文件，仔細的寫下對所有教義的討論。他們把這疊厚厚的文件交給君士坦丁大帝過目。和武帝不同的是，武帝是親自參加討論，聆聽所有的討論之後，再做出罷黜百家，獨尊儒術的決定。而君士坦丁大帝對這厚厚一疊的文件看都不看，

---

[8] 按基督教《聖經》的敘述，「安息日」應當是星期六。可是為了要討好太陽教的信徒，君士坦丁大帝把安息日定在星期日，因為星期日是「太陽日」。按：一星期有七天，每天相應一個當時知道的行星，月亮及太陽。星期天是太陽日，星期一是月亮日……等等。現在訛傳星期天是『主日』的原因是因為基督於星期日復活。這是後人加的解釋而非真正的歷史。

在所有參與會議的主教等眾目所視之下，把這厚厚一疊文件放在會議廳裡的大火盆中燒了。這些又驚又奇的主教們目瞪口呆，驚駭得不知如何是好。君士坦丁大帝只說，應當利用這次大公會議建立一個統一的教會，未來所有的人都要遵守這教會定出的教義，此後這個敕令就建立了天主教會（The Catholic Church，Catholic 的意思是統一）。這麼一來，就把阿里烏派屏除於外了，雖然後來他們還活躍了好個幾世紀。似乎在以後的年代裡，天主教篡改了基督教《聖經》，把有些篇章取出禁掉。1946 年在埃及發現了一套草紙本的福音，稱為諾斯底福音 (Gnostic Gospel)。其中有約翰及多馬 Thomas 寫的福音，在某些地方，特別是和基本教義有關的部分，與現在的版本不同。（多馬福音在現在的新約版本中沒有。）另外 19 世紀發現的《馬利亞福音》（馬利亞是耶穌的生母），其中提到，基督的復活是門基督徒的幻覺，而不是真正的復活。現在研究《聖經》的學者認為目前的版本不是原來的，可是事隔多世紀，許多原始文件佚失或深藏在梵蒂岡內，不易做深一步的研究。

*

董仲舒把《論語》（孔子學生把孔子所說的話的記錄下來所成的書）中樸實的孔學擴充成為儒學（新孔學）的功績可以媲美一位西方神學家。這位西方的神學家是第 4 – 5 世紀間希帕的奧古斯丁 (Augustine of Hippo, 354 – 430)。在他的書《上帝的城市 City of God》中把樸實的基督教教義擴展為我們現在所知的基督教教義。過程中，他引入早期希臘人的觀念–宇宙中有一個萬能的主宰[9]，以及柏拉圖的觀念 – 在我們的世界之外還有一個十全十美的世界，即天堂。他加強了原罪的觀念。（所有的人一出生就帶有原罪：亞當和夏娃不遵守上帝的禁令 – 不能吃智慧之果，而被逐出伊甸園。）所有的人要信耶穌才能得救，才能被上帝赦免這原罪。到現在，「得救」還是基督教用來說服信徒的最重要教義之一。奧古斯丁所定出的教義，直到 13 世紀才有些改動（在十字軍東征後的湯馬斯．阿奎那 Thomas Aquina [1225–1274] 加以修改）。

除了這兩項互相平行之處之外，西方和中國所走的路線完全不同。在西方，和天主教會意見不同的人，就遭到迫害或殺害。最大的宗教迫害發生於 1480 – 1834 年的西班牙異端裁判所 (Spanish Inquisition)，那裡特別設計了許多酷刑的刑具，現在在博物館中還可以看到。死者及受難者不計

---

[9] 在《舊約》的《創世紀》中只說上帝創造世界，『全能』是後來奧古斯丁加上去的。

其數。在基督教興起的過程中，任何異教的物品或書籍，甚至是希臘人愛好的戲劇及羅馬人愛好的戶外運動會（包括奧林匹克運動會），全部被禁止。即使最高的學術機構－柏拉圖學院（Plato Academy，現在學院的英文名字 Academy 就來自此學院）也不免被迫害。東羅馬帝國皇帝查士丁尼一世在位時 (527 – 565)，以「妖言惑眾」的口實關閉此一學院。所有的學者四散，許多人避難於阿拉伯。主教們甚至還慫恿鼓勵信教的狂徒，把任何認為是異教的書籍物件焚毀或摧毀。例如，多世紀以來，持西方學術牛耳的亞里山卓圖書館－這圖書館是許多科學發明及文化的起源地，如第一次量度了地球的週長，醫學解剖學的發明，等等，甚至於基督教的舊約《聖經》也在這圖書館中第一次被翻譯成希臘文－也不免受劫，多世紀以來收集的五十萬冊草紙本書籍全部被宗教狂的基督暴徒焚毀。而最具悲劇性的是亞里山卓圖書的最後一位科學家。這是一位女性。從任何標準來衡量都是第一流的人才。她的名字是希巴夏（Hypatia，約370 – 415），精通物理、數學、天文，任這所圖書館新柏拉圖哲學學院的領導。由於當地的一位總主教色雷爾 (Archbishop Cyril) 對她恨之入骨，經常在傳教時慫恿鼓勵教徒把她殺害。有一天在她去圖書館工作的路上，一群屬於色雷爾主教的教堂的宗教狂暴徒攔住她，把她拖下馬車，打死後，還把身上的肌肉用鮑魚殼挖下，把她的屍首焚毀。而鼓勵及慫恿這些暴徒做這些惡事的色雷爾於死後還被封為天主教的聖。自這一段大規模的滅異端運動之後，歐洲就進入了神權時代，史稱為黑暗時代 (Dark Ages)。文化幾乎只限於神學（唯一把科學保留住的火苗大約就是對於基於太陰曆的復活節日子的計算）。從第六世紀到第十世紀的黑暗時期中，西方的文化幾乎完全被毀滅。例如，沙孚克理斯（Sophocles，約西元前 495–406，是希臘三大悲劇作家之一）所著的一百多篇劇本只有七篇流落在海外得以倖存，其他的完全佚失，只有部分保留在其他的文獻中。所有科學的發現，包括如何量度地球的直徑及周邊長，也都佚失，我們所知的都來自其他文獻中關於這些發現的描述。後來歐洲的文藝之所以能夠復興。

同樣發生焚書事件，為什麼西方文化在焚書之後幾乎完全被摧毀，而中國文化卻如西方傳說中的火鳳凰，很快的從灰燼中復活呢？在中國，周朝以前，所有的學術都由官府所控制（如成語「學在官府」或把學問稱為「王官之學」）。周朝自西元前第八世紀衰微之後，諸侯國被合併的很多，精通學術的貴族在失去爵位及財產之後，只好到民間求生。他們把學術知識傳播到民間。不到數十年，所有的學術都已經流傳到民間，甚至到後來，官府還要到民間尋找有知識、有能力的人。可以說，知識已經屬於人民，

是人民的財產；人民當然會盡量保存自己的財產。還有，秦始皇沒有要焚書的信徒，而且在位期間不長。從他的焚書令到漢惠帝恢復中國文化，期間只有三十來年。因此，雖然有損失，但大部分的中國文化都得以倖存。

在西方，從古希臘開始，就盛行奴隸制度，一直到 476 年羅馬帝國衰亡後才消失。使得如亞里士多德、柏拉圖，甚至偉大的數學音樂家也是神秘主義者畢達哥拉斯等人，非但擁護奴隸制度，而且反對把知識傳授給平民，聲稱「不能讓沒有地位的人知道」[10]。有一位畢氏的門徒，對外洩露了無理數（如 2 的平方根等）的發現，不僅被逐出師門，後來還被其他門徒丟進海中淹死。另外，亞里山卓圖書館更是國王的禁臠，他們的研究成果都不讓人民知道。人民只知道他們交的稅，其中有一部分是用來支持這些學者的研究，卻完全不知道研究的內容，當然也不會知道這些研究成果的可貴。一旦出現了宗教狂徒，就沒有人挽救這些寶貴的文化了。

## 中國各種非孔哲學（「異端」）和孔學的和平共存

另外值得一提的是，武帝下令罷黜百家的詔書中，沒有說要懲罰去學這些學說的學者。事實上，武帝並未禁止人們去研究這些學說，只是在選用政府官員時，這些學說不在列選的標準之內。當時完全未因為研究其他學說而發生流血事件；沒有焚書，更沒有類似「異端裁判所」的迫害。任何人都可以去追求、研究這些被罷黜的百家學說，只是他們從這些「異端」所學到的知識，在政府選用官員時沒有用處。官員的職位在當時是一種極大的誘惑－因為這幾乎是唯一可以找到的好職業。因此，對被罷黜的百家的研究從來沒有中斷過，只是規模小多了。許多儒學的學者，包括從高官職位退職的人（他們大多是極有成就的儒家學者），在年老或退職後，以研究這些被罷黜的百家為業餘消遣，其中最流行的是黃老之術及老子莊子的哲學。在西方，基督教深深的和其教義和文化聯繫在一起，不能分開。與儒學不同的是，儒學的目的在治國。而神學在治國方面並不一定有實用的價值。要保持及傳播某一宗教的信仰，必須要具有獨佔性及排他性。

\*

---

[10] 無論歐美的立法，，這種把社會分等級，造成種族、宗教、文化等歧視的西方傳統延續至今。

孔子姓孔名丘。是一位沒落貴族的後代。他在世的時候，名氣不是非常大。他是第一位把教育普及到民間的人，他有一句名言，「有教無類」，即任何階級的人都可以受教育。（在西方，尤其是美國，到十九世紀許多大學不收黑人，到了 20 世紀中葉才讓黑人自由進入公立學校，與白人一起受教育，不再受種族限制。）孔子似乎不在乎收到多少學費，他曾說過

「自行束脩以上，吾未嘗無誨焉」，即只要帶「束脩」來見我的，我從來沒有不傳授教誨的。束脩是一串十條的乾肉，是古代普通的見面禮，類似現代到別人家裡拜訪時，所帶的一束花、一瓶酒，僅是薄禮。人們聲稱孔子一生中教過三千位弟子，有七十二位學完六經。中國的第一部歷史 –《史記》– 列出三十六位門徒。孔子的學生都依照其「有教無類」的精神教導學生，因此形成了一個很大的孔學網絡，宣揚他的教導。有一度，類似希臘的堅忍主義者斯多葛學派（Stoics）的墨家（墨翟創立的一派），比他更流行，有更多的信仰者。墨家主張過簡單的生活，提倡和平。他們有自己嚴密組織的公社，有的成員高達九百人。公社的

圖 7. 孔子

集團組織也許是亂世中一個可以合作倖存的組織。可是在漢朝成立以後，漸漸恢復了社會秩序，因為墨家的苦行主義–過度儉樸刻苦的生活較難為人所接受，追求公利的理想也和統治者的利益的衝突愈來愈大，再加上缺乏好的領導者，這些公社就慢慢的消失了。從另一方面來看，孔子的教學精神及其在教學方面的實踐卻繼續不停，因而孔子的門徒愈來愈多。

從西元前 771 年周朝開始衰微，到在西元前 221 年秦始皇統一中國期間，百家興起。孔子的哲學有一優勝之處，它不像法家那麼極端，把君主定的法律尊為至高，完全不考慮到人性的因素。也不像老子的「無為」哪麼消極。孔子提出的是一個衡量了各種因素的觀點的哲學。他的教誨以中庸，忠誠，有信有義，奉獻心及寬恕為中心。可是他不主張無條件的寬恕。有一次學生問他：「以德報怨，何如？」他的回答是：「何以報德？以直報怨，以德報德。」（如果用了恩德去報酬不公平的待遇，那麼用什麼去回報恩德呢？要用公平正直來回報怨恨，以恩德去回報恩德。）這和西方基督教《新約《聖經》》中「把另外的面頰轉過去挨打」的說法不同。事實上，在最近對於數學上的遊戲理論（博弈論（game theory））中「犯人兩難的選擇」這命題的研究中，證明了孔子的說法（西方有時稱為「銀

律」）是最有效的方法。他的另一句名言（在《論語》）是：「己所不欲，勿施於人。」（不要把自己不喜歡的事物加諸於人。）基督教《新約《聖經》》中有一句類似的話（〈馬太福音〉七章 12 節，〈路加福音〉七章 31 節）：「你們願意人怎樣對待你，你們也要怎樣對待人。」（實際上，英文的說法把這兩個句子倒過來，「對待他人就像你們要他人怎樣對待你一樣。」，即「己所欲，施於人」。）從文法上來說，孔子用的是兩句否定語氣，而基督教《新約《聖經》》用的是兩個肯定語氣。文法上這兩種說法的意義完全相同，可是從實用觀點，這個微妙的肯定及否定語氣的差別可以造成許多分歧。這在後記中會討論到。

再者，和老子一樣，孔子不相信任何宗教，雖然他的態度要比老子的更緩和。用現代的說法，他屬於不可知派（agnostic，即對神的存在採取不可知的懷疑態度，需有實際上的證明才會相信。〔所有宗教經典提出的「證明」都不算證明〕）。在《論語》中，他的學生說他：「子不語怪、力、亂、神。」即孔子不討論牽涉到「神怪、武力、叛亂（悖亂，暴亂）及超自然的鬼神」的事物。換句話說，他不相信宗教所依賴的神蹟或神話。在《論語》的〈先進〉一篇中寫到「季路問事鬼神。子曰：『未能事人，焉能事鬼？』」（連人都沒有侍奉好，怎麼能去侍奉鬼〔神〕呢？古代鬼和神往往不分。）學生繼續問下去：死是什麼一回事？孔子的回答是：「未知生，焉知死。」（生的道理都沒有搞懂，怎麼能懂得死？）在另外一個談話中，有人問他，應當去拜高地位的奧神還是低地位的灶神。（這問題可能是和政治有關的隱喻。）他的回答是，如果你有了很大的過錯，拜什麼神都沒有用。可是，他也沒有否定鬼神。有一次他生病了，他的學生去看他，問他向天祈禱過了沒有。他回答說，早已祈禱過了。還有一次，人家問他怎樣去祭祀神，他的回答是：「祭如在，祭神如神在。」（在祭祝祖先時，好像祖先就在祭台上，祭神的時候，就好像神就在祭台上。）他並沒有真的說有神，而他的意思是，如果要祭神，就要誠心地去祭。在《左傳》裡，寫「吉凶由人」，即吉凶由人自己決定。在另一篇中〈襄公二十三年〉中寫：「禍福無門，唯人所召。」吉凶禍福在於人事的好壞，不在於鬼神的威靈。實際上就把鬼神的作用否定了。實際上，孔子繼承了許多西周及東周的思想，都認為天依人而行。所謂的天命就是民生和民意。周公以來強調「天命靡常，唯德是依」（天命無常，唯一可以依賴的是品德），把周人的宗教重心由「神」轉成「人」，孔子心儀周公禮教，因此繼承了周初以來的這種以人為本的人文精神（即人本主義）。

　　孔子對宗教及鬼神的態度成為後代儒家的典範，以後各朝代對宗教政策的中心導引。雖然每一位儒家學者都可能有自己的宗教信仰，他們總是追隨孔子以人民福利為本的人本主義，認為宗教的目的都是用來輔助人民，使人民有裨益，而不能把宗教的教義放在高於一切之上，尤其在人民的福祉之上。（西方基督教的「十誡」中的第一誡就把上帝放在所有一切之上。）因此中國從來沒有受到教權的統治之災。這也許是中西文化思想及歷史上最大的不同，而這種特色至今依然存在。

# 第二部　中國宗教思想的發展

圖 8. 堯帝

圖 9. 舜帝

圖 10. 大禹治水圖

圖 11. 在浙江紹興的大禹墓

# 第三章　早期人類歷史上的兩個大洪水
–中國大洪水及基督教《聖經》中的諾亞洪水–

## 洪水來了

　　太陽才剛出來，他已經在檢視待會兒下田所需的工具，一付石鋤、一把石鐮刀、一束粗麻繩。他正準備離家–山坡上低處的茅屋，他得下山去，到自己的田裡工作。此時，他的妻子正在餵家裡養的牲畜，一群雞、豬、狗和一條牛。今天，他準備要開墾另一片的田地來種粟，這是當時的主食。

　　他不經意的朝地平線上看了一眼。看到的都是熟悉的景色，直到看不見的地平線上，都是起伏的小坡地。不過他注意到，地平線上的遠處有一絲的銀線；這銀線似乎環繞著整個地平線。同時，他也聽到了好像是遠處沉悶的打雷聲。他不知道這聲音及銀線是什麼，因此他決定等一等，看看到底是什麼。他注意到，這銀線好像在變寬、變長，沉默而低的聲音也越來越響，終於他可以看出是什麼了；是使他感到非常恐懼的洪水！況且這次的洪水似乎比前幾年所經歷過的更可怕–來得太早、太大。他急忙向妻呼喊：「趕緊把重要東西搬到山上！」他的幾位 8 到 15 歲的兒女也趕緊過來幫忙搬東西，他們辛苦的把平日所貯藏的五穀，搬到山坡高處，直到他們可及的最高處。眼看這打雷似的洪水聲音愈來愈響，他們的搬運速度也加快起來。到了下午，洪水開始升高到山坡上。他親眼目睹洪水淹沒了自己辛辛苦苦開墾及種植了莊稼的田地，最後連建在山坡上的茅屋也淹了一半，然而他仍舊感到幸運。因為他和家人已經把許多重要的物品搬上山，所有的家畜也都移往安全的高地。之後他看到水上漂浮著的物品–樹幹、樹枝、木板，及臨時搭起的木筏，他認出木筏上的人，是他的舊識。他們僅帶著隨身的物品，他們被洪水沖到這山。最後，這些人都登上陸地，總算保住了性命；可是他們的財產都損失了，這時洪水已經高到把茅屋完全淹沒。

　　他很快的生了火，用搶救出來的大鬲（中國石器時代用以煮粥的三足中空陶器），燒煮粟米粥，餵養這些又冷又餓的難民。這些難民互相訴苦，他們的巫師沒有預測出此次洪水的發生。洪水起初慢慢的來，可是分秒不停，他們趕緊尋找能在水上漂浮的物品，然後紮成木筏，他們上了木筏，任由洪水把木筏沖到哪裡就算哪裡，最後沖到這山，幸好有人居住，讓他們可以暫時居留，而且有人給他們東西吃。在絕望中，他們和族長商議，

但都想不出任何好的計策，只好請族長乘了木筏去見君王堯帝，請他想辦法治好這洪水。

## 治洪及中國第一個朝代

堯帝的宮中擠滿了人，都是他治下各族的族長，他們所住的土地都發生了洪災。他們到堯帝的宮中求救：「堯帝呀，過去我們曾經遭遇洪水，不久洪水就退了，因此我們還可以種莊稼。可是最近幾年來，洪水愈來愈凶猛，來得又早，時間又長，有時過了種莊稼的時節才退，人民種不出莊稼，都在挨餓；且房子也被沖壞，財產損失不少，請您想想辦法，救救我們。」

堯帝是一位穿了鹿皮及簡陋麻布衣的老者，他說：「你們來的正好，我正要找你們開萬族族長會議。很高興你們前來，有兩件事要和你們商討。第一，我年老力衰，想要找一位能繼承我職位的人；第二，你們今天來到這裡，是要討論洪水問題，但先討論繼承人的問題。」

一位族長說：「您的兒子丹朱不錯，相當聰明，可以請他接任。」

「你們不知道他的為人，他會騙人，奸詐，喜歡與人爭執，他不行。你們之中有沒有願意接任的？」

族長們彼此對看，沒有人願意接任。最後，一位族長說：「我們都來自各地的小族，不知道如何治理有許多族的大國，您能不能在您的周遭找出合適的人？」

另一位族長打斷了這位族長的話，說：「我聽說都城中有一位叫舜的人，德行又好，能力也強。」

沒有族長提出異議，堯帝想了一下，說：「好，我可以任命他為管理山林池泊的官員，先觀察他。現在我們來討論洪水的問題，請你們匯報洪水的情形。」

一位族長報告說：「我巡視過遭洪水的區域。洪水爆發後，把山圍住，把低的山谷全部淹沒，洪水來勢洶洶，造成災害。大浪滔天，只見水，不見地，百姓受苦，到處都是哭泣和哀歎聲，您一定要找到能治理洪水的人，讓百姓能正常生活。」

「我會指派一位專門治洪水的人，並給他足夠的資源。你們能不能推薦一位這方面的專家？」

「把這工作交給鯀去做吧，他經常說他如何會治水。」一位族長說。

「我聽說鯀非常剛愎自用，不聽人言，不服從命令，他經常讓族人陷於險境。」

「我們想不出其他的人，讓我們試一下他的才能吧！」

「好吧，我就任命他治洪水。」

## 大禹治水患

堯任命鯀治水，並任命舜管理山谷的樹林及湖泊中的魚業。堯帝把他的兩位女兒嫁給舜。堯帝的女兒非常讚揚舜的工作能力及品格，堯帝決定把帝位傳給舜。經過所有族長的同意，在某個吉日，堯帝舉行了隆重的典禮，把權柄轉讓給舜，自此他便退休，成為國中的長者元老。雖然他仍不時貢獻些治國的意見，可是不再管理國事。

繼位後，舜帝召開萬族族長會議。他先謝謝這些族長的支持，然後開始討論國事，「鯀已經治水十年了，然而洪水的問題不僅未解決，反而變得更糟。許多以前沒有淹水的地方，現在卻成了水患地區，我們必須換人治水。我打聽過了，人們都推薦他的兒子禹，你們的意見如何？」

許多以前來見堯帝的族長都已經去世，新的族長們的精力都很充沛，知道的事物也多。一位族長同意，說：「我也認為禹是很好的人選，十年來，他和他的父親鯀一起工作，可是他的父親不聽禹的建議。禹主張造渠道把洪水引導到大河，如果無法引導，就造渠把洪水引導到專讓洪水氾濫的低窪地區，這樣就淹沒農地了。可是鯀相當固執，築土壩來堵住洪水。可是土壩都被水沖走，造成更大的水患。我想禹能做好治洪水的工作。」其他的族長都同意這位族長的說法，於是就無異議的通過了。

舜帝立刻指派禹治水，同時，舜帝把鯀放逐到遙遠的邊疆地區，不久就在那裡把他處決，以息民怒。

禹首先巡視洪水淹沒的地區。他登高山勘察地形，然後擬定出一個計畫。他帶著工作人員，按計畫疏通河道，讓洪水可以流向大河，不能流去的就引導到低窪地區（類似現代治水患的方法）。因著父親鯀失敗的教訓，禹不停指揮工人努力工作，他奮鬥了十四年之久。傳說在這十四年之間，他經過他的家門三次，可是為了工作，他連進去探望家人的時間都沒有，最後，他終於治好洪水了。

因為禹的偉大功業，舜帝就推薦他為自己的繼承人，所有的族長都熱烈擁護這個決定。在某個吉日，舜帝把帝位禪讓給禹，自治水成功後，人們尊稱禹為「大禹」。

大禹年老時，他遵從古例，找了一位繼承者，可是這位繼承者比大禹更早去世。在大禹能指派另一位繼承人之前，他就不幸去世了。大禹的兒子啟開始了權力鬥爭，主敵是一位異母兄弟有扈氏，一場大戰後，有扈氏戰敗，啟罰有扈氏終生為牧羊奴。啟就這樣開始了帝位世襲制度，建立了中國第一個朝代，稱為夏朝。

＊

這就是堯帝、舜帝及大禹的事蹟，都被記載在中國最古老的歷史書《尚書》倖存下來的好幾章中。可是，中國學者一直都在懷疑，這些事蹟幾近傳說，是否真確？甚至有些學者還懷疑是否有大禹這個人？我們怎樣知道大禹是否真有其人？或者，就這些傳說而論，歷史早已佚失的夏朝，是一個真正的朝代呢？

## 傳說還是事實？古代的天文觀測及現代科學介入解密

中國很早就有專司觀測天文的官。當時的傳統是，所有的重要職位都是世襲的，因為可以把擔任這職位所需的知識一代一代傳下去。當時的天文官是堯帝時代建立了曆法的天文學家羲的後代，按傳統，天文官的職稱也是羲，這位羲官每天晚上觀察天象，把重要的現象報告給史官記下。

時當西元前 1953 年陽曆 2 月，羲官很不解那一段時期的天象。每天晚上，他把頭皮抓了又抓，就是不懂。在過去數十日內，四枚行星開始從夜晚的天空中消失，只有在日出之前的短暫時間中才在東方地平線上面出現一下，太陽一出來以後就看不見了。這事愈來愈神祕，因為這些行星愈來愈靠近。「這些行星在搞什麼鬼？難道在開行星會議嗎？」羲官每天晚上集中精力，從傍晚一直觀測到天亮，每天晚上都看到同樣的現象，這些行星就如同被一根線牽住似的，愈來愈靠近。「什麼原因？是否天發怒了？天快樂？天在開玩笑？」羲官無法解釋所看到的天象，他和皇廷中的巫師們討論多次，沒有一位知道是怎麼一回事。

不降王（約西元前 1980 到 1920 年之間的夏王），號稱夏朝的第十二位君王，也感到好奇。有一天晚上，他決定和羲一起觀察天象，觀察這四枚行星聚在一起開會的奇景。當晚，不同色彩的萬星出現，在銀河兩邊，

點綴了黑暗的天空。銀河把兩枚亮星，牛郎和織女星分開，好像不許他們見面似的。可是在萬星之中就是看不到一枚行星。天氣很冷，可以感到刺人的朔風，藍黑色的天空中不見雲，只見星，非常美麗，可是氣溫很低，不降王穿了厚厚的皮毛披風，還覺得冷，他有些後悔了，為了要看沒有行星的天空，他放棄了溫暖的臥室和陪伴他的美女，而來到荒郊受凍。

「朝這裡看，第一枚出現了！」羲大聲呼喊，果然，第一枚行星在曙光中開始從地平線上昇，瞬間，第二枚出現，然後第三枚、第四枚。「真是奇景！」不降王讚嘆著，話還沒有說完，最不可思議的事發生了。第五枚行星水星也出現了，在這四枚亮晶晶的行星之下，不降王伸手出去，發現這五枚行星都在兩個手指之內（按我們的算法，約在四度以內），「真是難以想像，這五枚行星和珠串一樣。記史者，把這件奇景記下來！」王說。這位記史者–皇家史官–很負責的記錄下王所吩咐的。「一定是吉兆，當我們的王朝天看的時候，這五枚行星才聚在一起。」天文學家羲答道，王宮中的巫師們對這件不尋常的事談了又談。而這五星齊聚的事，就成了普遍流傳的傳說事蹟。

＊

不幸的是，夏朝的歷史在後來動亂的時期佚失了，不過西元前 470 前編的具權威性史書《春秋》（由於中國古代只有兩個季節，春及秋，因此春秋也用來代表紀年）中提到過這事。《春秋》記載的是一部分的周朝自西元前 1046 年建國到前 470 年的周朝及其諸侯國的史事，這部史書中有一個關於夏史中五星齊聚的記載：「禹時五星累累如貫珠，炳炳若連璧。」

按照現代天文的計算，五個行星齊聚（即在地球上看，這五枚行星都很接近）稱為「相合」(conjunction)，是一件相當普通的事，約每二十年一次。絕大多數的五星齊聚都發生在白天，肉眼看不到，這是因為水星離太陽極近，只有在日出或日落前後短暫的時間，才看得到。事實上，許多人一生中都沒有看過水星，甚至不知道它的存在。因此，肉眼看得到的五星齊聚一定要在日出或日落前後的這短暫的時間中出現，這就很稀奇了。

按現代天文學家的計算，在 5000 年前後的兩千年內，肉眼可以看到的五星齊聚只發生過一次，就是按陽曆計算，西元前 1953 年 2 月 26 日的那一次。這個隨手寫下的五星齊聚的記錄，毫無疑問的確立了夏朝一定存在的事實，而這五星齊聚的時間正好在不降王在位時期。

＊

9 月的某一天，天氣非常好，萬里無雲，氣候宜人，夏日的炎熱已經過去，天高氣爽，人民都在做自己的行業。京都的市集正是交易的尖峰時間，市場中擠滿了買賣的人，眾人大聲討價還價。突然，天空暗了下來，眾人驚惶，一個黑色的圓物體把太陽慢慢吃掉，發生日蝕了；可是國家天文師沒有提出將發生日蝕的預兆。「災禍來了！沒有預兆的日蝕！天發怒了。」眾人於驚慌中大叫，找出各種能發音的東西，奮力敲擊，想藉著這些噪音，趕走吞掉太陽的妖怪。賣食物小販敲鍋子，賣藝的音樂師打鼓，市場大亂。過一陣子，這黑黑，圓圓的妖怪終於離開了，太陽重新露臉，可是眾人的敲擊聲持續很久，直到覺得妖怪不會再回來才停下。

同一時候，王宮中也大亂。當太陽再度出現後，仲康帝（約西元前 2043 - 前 1961 之間的夏朝第四位君王）召開緊急會議。會議中大怒：「我給兩位天文師豐富的薪金，很大的封地，他們的職責是要訂出曆法的時節，告訴農民什麼時候播種。最重要的是，他們要準確的按照先祖定下的法則，預報日蝕和月蝕。這次他們完全沒有盡職，有沒有人知道他們為什麼沒有預報日蝕？」

一位年長的官員走上前說：「我聽到一些消息，他們日夜大宴，在晚上醉醺醺，因此無法觀測天象。他們定出的時令完全錯誤，許多農民報告說，由於他們定出的時令錯誤，以致錯過了種莊稼的時間。」

「絕對要重罰這些惡賊，下令逮捕他們，捉到後立刻處死！」

＊

這就是人類史中第一次對日蝕的記錄，記在尚書中的〈胤征〉中，記的是征討這兩位失責天文學家的命令。由此來看，這兩位天文學家被處死的事情應該可靠。事實上，西方許多關於早期天文的科普書中都提到過這件處決的事。

不幸的是，現在有可靠的證據，證明〈胤征〉這一章是 300 年左右偽造出來的，因此使得這件事情變得不可靠了。中國最早的正史《史記》，也提到過這次的征討，但所敘述的原因，未提到未能預測出日蝕，而是在時令曆法上的失責，使祭天地的時節錯誤。

即然〈胤征〉是偽造的，而《史記》提到兩位天文學家被處死時，也未提到過日蝕，是否有過這場日蝕？這次的日蝕的確發生過。因為《左傳》中提到，夏史中記載過仲康治內的日蝕，發生的時候是當太陽在「房宿」（相當現在的天蠍宮），9、10 月左右。（原記錄是：「辰不集於房，瞽

奏鼓，瞽夫馳，庶人走」。瞽是盲人，盲人聽覺靈敏，故以前音樂師大多是由盲人擔任。瞀夫是農夫。）[11]

*

為什麼夏朝的歷史這麼重要？首先，這是中國有歷史以來最早的朝代。其重要性可以和基督教《《聖經》》中講到猶太民族早期歷史的各章相比，如〈列王紀〉(Kings)、〈歷代志〉(Chronicles) 等。第二，這朝代的重要事件的年份和周朝於西元前 1046 年建國以前各朝代的年份都緊緊相連。周朝建國以後的歷史大都齊全，可是如果想了解中國在周以前的歷史，必須斷定這段時間內的大事的年份。第三，這朝代因為治理了中國歷史上重要的洪水而開始，對中國文化的重要性，不亞於基督教《《聖經》》中，諾亞時期的洪水對西方文化的影響。

中國很早就建立了誠實記錄史事的傳統，可是，不幸的是，中國歷史學家沒有紀年的習慣。（就此而言，西方紀年的習慣是從埃及開始的，開始紀年的年份是西元前 4241 年，當時中國還在仰韶文化時期，恐怕連文字都還沒有。）更糟的是，每一個朝代的帝王都以自己登基的那一年算成第一年，而且幾乎所有漢代及以後的帝王在位期間都改過年號，每改一次，又從第一年開始。但幸運的是，中國歷史學家有仔細記錄天上的現象的習慣，特別是那些不尋常的現象，如日月蝕及行星逆行（即行星在天上眾星運行時，有時會停駐，或以反方向逆行一陣子，再向前行，逆行的現象以火星最為顯著）等。以這些天文現象作為標誌，現代歷史學家幾乎能把所有中國歷史上的日子，都按西方順序紀年的年份登錄出來，不過所有在西元前 1000 年以前的中國歷史年份，都無法很確定；主要是缺乏歷史資料，包括天文現象。這就是以上所述的兩個天文現象具這麼大的重要性的原因。

夏朝歷史的神祕性終於獲得解決，即使不能說完全解決，至少可以說有一大部分被解決了。1995 年，中國政府開始了一個前無古人的工程，稱為夏商周斷代工程（即斷定年代的工程），目的是正確的斷定出中國最早三個朝代的歷史紀年。這項計畫牽涉到兩百餘位專家，從天文學家到核子物理學家及史學家、人類學家、考古學家等等。

2000 年，這些專家們發表了研究報告，從放射性的斷代（大都基於碳 14 同位素的放射性）及其他資料，將夏朝建國的年代定在西元前 2071年。這計畫也證實了：約於西元前 1600 年（上下數年）夏朝被商朝推翻，

---

[11] 這日蝕的重要性是，它是有史以來人類第一次日蝕的記錄。

而商朝也於西元前 1046 年被周朝所推翻。這個涵蓋甚廣的研究工程計畫也證實了大禹是真有其人。遺憾的是，到目前為止，還不能確定《左傳》中提到夏史中仲康治內發生的日蝕，到底在哪一天？專家們提出，一共有四個可能的日子：西元前 2043 年 10 月 3 日，西元前 2019 年 12 月 6 日，西元前 1970 年 11 月 5 日，和西元前 1961 年 10 月 26 日，因為仲康是夏朝的第四位君主，可能的年份大約是後面兩個。

*

毫無疑問的，夏朝的確存在，大禹的確是創立夏朝的君王。可是，中國史上記載的大洪水呢？大禹是否真的把傳說中的中國大洪水治好？

依目前考古發現，仰韶新石器文化如「滿天星斗」般分布於東北、華北、華中、華南等各地，分區發展。可是到了堯、舜及夏等三代時，中國文化的發展重點以黃河流域為中心。這條河的流域，包括支流，在中國整個歷史中都是飽受水患的地區。《尚書》中除了〈堯典〉之外，另外有一章說到商朝的遷都，官方的理由是經常泛濫的洪水。因此，毫無疑問的，在那個時候，洪水是中國發生的最嚴重的大自然災禍之一，很可能是最嚴重的天災。

《尚書》中有兩篇－都是經考證，不是後人偽造的篇次－講到大禹的事蹟。有一篇〈禹貢〉（大約是早期戰國時代寫的）講到他治水的功績，這一篇把他的功績寫得很詳細。按照這篇的描述，他所治的水非但包括黃河流域一帶，還包括許多其他河流，其中有的在中國南方。大禹治水的方法是前文所說的疏導。可是，即使在機械文明時代，使用極度靈巧大型的推土機等，至少也要數十年，才能完成這一篇中所描述的這麼偉大的工程。因此，可以懷疑的是，在大禹的一生中，是否能完成這個偉業？他可能把黃河流域附近的一些洪水災區治好。可是，就和許多古代的神話一樣，每傳說一次，就變本加厲。更可能的是，治水由大禹開始，而整個工程很可能是整個夏朝功績的總括，每一代君王都做了一些貢獻。

我的意見是，大禹代表的是中國的精神。大禹是否治了一個極大的水患，還是大禹是治這些水患的不同君主的總稱，並不重要。中國大洪水的最重要的一項意義是，大禹以前的兩位君主（可能還有更多以前的君主），堯帝和舜帝，都不把洪水看成「天」－從一個狹窄的意識來看，「天」相當於西方宗教的上帝－降下來懲罰人民「罪惡」的災禍。這些洪水來了又去－河流的洪水通常在春夏之交時出現，秋天以後就退去了。毋寧說，君王和人民都認為洪水是一種自然界的現象，和任何超凡的宇宙主宰－「天」

（或上帝）－無關。在這種意識形態下，洪水是可以透過人類的集體努力去治好的大自然災禍。大禹的成功，即使是局部的成功，給了中國人一個信心：人們可以馴服自然，可以征服自然。

事實上，在整個中國的歷史記錄中，超凡的神力－神的能力－都居於次要地位。再者，按照《尚書》各篇的記錄，堯帝、舜帝及他們以前的君主，都把人民的福祉看成國家中最重要的事務，這樣的思想轉變成中國治國的箴言和教誨，成為後來戰國時代興起的百家哲學的政治理想的主要架構，包括後來成為主流的孔學儒家。這兩種特徵－無論有沒有「天」的助力，人可以征服自然，及人民的福祉是最重要的國務－就設定了以後中國文化發展的步伐及方向。

## 冰河時代，黑海的泛濫及基督教《聖經》的諾亞洪水

和古中國大洪水相應的西方天災當然就是諾亞 Noah 時期的大洪水，描述於基督教《舊約《聖經》》中（〈創世記〉5 章 28 節到 9 章 17 節），從某種意義說來，諾亞大洪水定下了超凡萬能的上帝的神學，祂可以釋放出無可比較的威力，懲罰人類所犯的罪惡。這洪水變成縈繞於各時代的基督徒的心中的意念。在中古時期，教會及教徒都誌認諾亞洪水為一個主要的世代之一[12]。的確在 19 世紀早期，大部分的（西方）地質學家都在專注於去找出諾亞洪水的地質證據，可是，這些努力所發現的不是洪水，而是冰河時代，這個發現改變了絕大多數的地質學家的習慣性思路。現在，幾乎所有的地質學家都把諾亞的洪水認為是神話。可是，最近的海洋學研究，又用另一種眼光來看這次的洪水。海洋學家發現了約在七千餘年前有一個地中海泛濫黑海地區的地質事件。這泛濫很可能就是諾亞洪水神話的起源。

*

黑海，這個在希臘神話中，特洛伊大戰（木馬屠城記發生處）後，傑孫 (Jason) 和他的亞哥水手 (Argonauts) 尋找金羊毛時所航行的大海，一直是一個謎。不少歐洲及亞洲的河流，包括流經歐洲數國，令人迷醉的多惱河 (The Danube)，都流到這個介於歐洲和亞洲之間的內陸海，再經由

---

[12] 那時期有一些基督徒認為世界一共有六個世代：創世、大洪水、亞伯拉罕、大衛、猶太人在巴比倫被困、基督的出生。每世代的時間為 1000 年。當時的信念是，世界將於基督出生後 1000 年毀滅，這就是為甚麼有許多邪教專在第三個千年禧時鬧事的主要原因。

把歐亞大陸在黑海南岸分界的博斯普鲁斯海峽 (Bosporus) 流入地中海，這海峽也把土耳其的伊斯坦堡分割為在歐洲及亞洲的兩部分。

黑海是半鹹水海，深度約 6000 英尺，相當於 2000 公尺。可是表面一層 – 到約 600 英尺或 200 公尺的深度，其水的鹽分為地中海的海水的一半（地中海的鹽分和其他海的鹽分幾乎完全一樣），而黑海的下層–600英尺以下，其鹽分則和其他海水的鹽分一樣，底層的溫度和表面上的溫度一樣，不過在這兩層之間的溫度更低，這種的溫度分布稱為逆溫層 (inversion layer)。逆溫層會引起對流，而對流是唯一海底深處和表面能交換的物理過程。在海洋中，對流能把表面的氧氣輸送到海底，因此海底也可以有生物。造成對流的原因是由於溫度的差別而引起的微小密度的不同，冷的海水會向下沉，底層的水向上流。可是，因為黑海海底的鹽分比表面上的高一倍，高到即使海底的溫度比當中一層的溫度要高，這些溫度的差別還不能克服由於鹽分不同的密度差別，因此不能造成對流的現象。黑海海底的水中因此沒有氧氣，成為一個死區，更糟的是，所有向下落的生物廢料都會腐爛分解，分解出的化學物質中包括對幾乎所有海洋生物都具劇毒性的硫化氫，因此黑海的底層是沒有生物的死區。

同樣使人感到不解的是博斯普鲁斯海峽，流入黑海的河水流經這海峽，透過愛琴海 (Aegean Sea) 及馬馬拉. 德尼茲海 (Marmara Denizi)，最後流入地中海。這海峽的寬度不一，最窄處僅半英里（約 0.8 公里），因此水流的流速也不等，最快的流速為每小時 5 海哩（約 10 公里）。可是，在這海峽底下，有一條逆流的河流，把地中海的鹹水灌入黑海的底層。很早以前，水手們就發現有這麼一條隱藏在海峽底的逆流河。他們發現，把一籃的石塊沉到這逆流的河流，這逆流的河水的拖力大到可以把船隻逆著表面的海峽流水的方向駛入黑海，因此，這條海峽似乎是一個傳說中的永動機[13]，能順流把船隻從黑海駛入地中海，也可以逆流把船隻從地中海駛入黑海。

1961 年 10 月 18 日，正當冷戰高峰時期，一艘載滿研究器材的海洋研究船查因（Chain〔鏈〕）號，從美國麻省的繁魚角 (Cape Cod) 的伍茲荷爾海洋學院 (Woods Hole Oceanographic Institute) 出發，前往黑海勘查，這是第一艘冒險進入黑海的美國研究船。事實上，這艘船開啟了一

---

[13] 永動機是不需要外加的能量而能永遠運動的機械，在 19 世紀被證明違反了能量不滅定律而被否定。這裡作為比喻。

系列的，範疇極廣大的，把整個黑海作科學勘查的研究。在下個 30 年代中，從世界各國來的海洋學家都合作努力收集數據，不斷的沿著黑海的海岸挖掘出代表地層演化的岩芯樣品 (core sample)。這些岩芯代表不同時期的沉澱物。

探測初期，任職於哥倫比亞大學拉蒙地球觀測所 (Lamont – Doherty Earth Observatory) 的兩位美國科學家萊因 (William Ryan) 和皮得門 (Walter Pitman) 的腦中，逐漸出現了一個雛型的理念–黑海現在的形態大約是最近一次冰河融化時發生的自然大災禍所形成的，這次融化大約在 10,000 年前開始，和許多偉大的理念一樣，在他們想出這理念之前，一位保加利亞的科學家狄米特羅夫 (Petko Dimitrov) 獨立想出了一個類似的理念。在一封日期標為 1993 年的信裡，狄米特羅夫聲稱他有「能令人信服的證據，說在 9750 年前，黑海的海面要比現在的要低上 100 公尺。」

透過了令人又羨又妒的國際科學家之間的美好合作，包括許多前蘇聯的科學家，最後得到了關鍵性的證據。在這些從黑海沿岸挖掘出的岩芯樣品中，發現了土生於地中海的化石貝殼，經過碳 14 的測定，約為 7,600 年前，這些化石都在同一深度的地層發現。這個證據說服了所有的海洋學家，7,600 年前，這些貝殼在很短期間內從地中海被帶到黑海，然後沉澱在土中。同時，這些泛濫流入的海水都沉到黑海的海底去，這些海水的鹽分比表面層大，因此不能產生對流，不久黑海底層就變成死區。這些準確的碳 14 斷代也證實了狄米特羅夫的構思。

最近一次的冰河時代（冰河的週期約為十萬年）在 2 萬年前到達高峰。哪時，地球表面的冰層厚到把地球表面的海面降低很多，使得當時的海平面要比現在的低 400 到 500 英尺（130–160 公尺）。在這高峰後，冰河開始融化，在 1 萬 3,000 年前，冰河融化，海平面上升，水流入黑海。可是冰河化盡後的五百年，一個稱為新仙女木事件（Younger Dryas）的地質事件[14]又把冰河帶回一部分，歐洲的氣候回復到冰河時代的氣候，雨量稀少，河流枯乾，沒有淡水流入黑海，黑海變成一個和外界隔絕的大湖，黑海的一個支流–現在的博斯普魯斯海峽–完全被堵塞，這些堵起來的沙石

---

[14] 新仙女木事件是指一個氣溫陡降的時期。稱為「新」是對照更早之前的冰河期，仙女木(Dryas)是在寒帶繁盛的物種，地層中可找到仙女木花粉，代表當地氣溫極低。在最末一次冰期結束之後，全球本已開始暖化，但地層中又再度發現更上一層(越上層表是越晚形成的)短暫的包含仙女木花粉的岩層，因此以「新 younger」形容這次比較晚近的事件。

形成了一座天然的土壩。7,500 年以前，這個新仙女木事件 Younger Dryas 事件突然消失，又恢復充沛的雨量。

此時，冰河大融化後，海面升高，升到比目前約低 50 英尺（約 15 公尺）的高度。升高後的海面比黑海高 500 英尺（160 公尺），一絲的細流流過被堵塞的不完整天然土壩。起初流速慢，但隨著堵塞的沙石被沖走，流量加快，加速的流水把更多的沙石沖走，使得流量更多，然後又沖走更多的沙石，最後，整個的天然土壩都被沖走了，這河流變成一條流向黑海的湍流。從一條細流變成急促的湍流所需的時間，估計為 30 到 90 日，天然土壩一旦被沖走，地中海的海水就向黑海長灌而入，能限制流速的，僅是由於湍流而帶來的阻力。經過工程上的估計後，斷定在最快地區，流速為每小時 50 英里（80 公里），流到波士普羅斯海峽入黑海的盡頭後，這些水就從 500 英尺（160 公尺）的高空灌入黑海，總流量估計為每日 10 立方英里（40 立方公里），相當於兩百個美國尼加拉瓜瀑布的流量，它能在一日內把美國最大的水庫胡佛水庫裝滿。這個巨大的瀑布一定會在黑海沿岸的海岸區造成地震，其沉重的雷鳴般的聲音，聲聞百里。可是，因為黑海很大，海平面每日只升高 6 英寸（15 公分）左右，海岸線向內陸以每日 1/4 英里（400 公尺）的速度移動，大部分灌入黑海的海水密度比淡水的還高，因此都沉到海底去，把淡水浮在表面。這樣急促的湍流持續了一年之久，然後黑海的和地中海的海面相當。

在黑海泛濫之前，黑海沿岸比海平面低 500 英尺（160 公尺），因此氣候一定比高地的溫暖得多（如中國新疆吐魯蕃盆地）。加上具有幾乎無限的淡水水源，使得這些沿岸低地變成理想的農地。一般古人類學家認為，農業首先出現在世界兩個地方 –黑海的沿岸是其中之一（另一個是中國的黃河流域），然後逐漸擴散到世界各處。基於其他證據，在黑海泛濫之前 1000 年，黑海沿岸已經有了很繁盛的農業。因此，在黑海泛濫的時候，一定有目睹這場大災禍的人。

我們僅能臆測，面對泛濫的沿著黑海沿岸的居民的慌張心態及對這大災禍的恐懼和震驚。他們生活所依的黑海，海面逐漸上升，雖然速度是慢慢的，但卻不停上升，低窪地區首先被淹沒，然後是高地變成島嶼，沒有辦法阻止海面的上升，就好像有一位憤怒的神祇，狠狠的發洩怒氣。可以確定，那些住在博斯普魯斯海峽附近的居民毫無倖存的機會，可是住在離海峽較遠的居民，唯一的希望是逃生，那些住在高地的居民，一定要迅速聚集所有能找到的材料，製造出船或木筏以逃命。他們幾乎被迫放棄所有

的財產，唯一真正能帶走的是農業知識、語言，及建造東西物品的能力；
一旦他們到了泛濫的黑海淹不到的高地後，他們必須重建生活，重整農地。
他們可能得從事擄掠－擄掠那些住在高地的原居民的土地及資產。不過這
麼一來，他們就必須冒著和原居民爭戰而喪失生命的危險。有些可能繼續
遷徙，直到沒有人居住的荒野或沙漠地區。

　　從對於印歐族的基因世系圖及語言世系圖的研究，發現從巴勒斯坦到
安納托利亞（Anatolia，小亞細亞的舊名）的農人，有大批向歐洲各地遷
徙的現象。當他們從一個地區移居到另一個地區的時候，不可避免的是和
新地區的居民通婚。無論他們到那裡去，他們一定帶著祖先目睹的可怕洪
水故事，這個無法阻擋的洪水，把他們房子淹沒。把平地淹沒的大洪水故
事，一代一代傳下去。吟遊詩人把這些故事消遣性的吟唱出來，不可避免
的是，在講這些故事時，一定加油添醋的渲染，帶入了神話的成分，包涵
了神祇的憤怒和寬恕。這樣的遷徙，把這些人民散布到世界各處去，遠達
中國的新疆，很可能就是在五胡亂華時，產生過小小作用的大夏
(Tocharians)[15]。

　　我們所知道的，西方歷史紀錄中的第一位吟遊詩人是希臘的荷馬
(Homer)，他的兩本書，《伊里亞特》（Iliad）和《奧得西》（Odyssey，
或譯《奧德賽》）莫立了希臘文化的傳統－也是歐洲文化的傳統[16]。這兩本
書敘述了希臘的特洛尹之戰。可是寫的時候已事隔許多世紀，所根據的是
吟遊詩人傳了又傳的故事，當把這段故事說了再說的時候，往往不可能避
免的將事實和神話混合聯繫在一起。這種的混合聯繫往往是有意加入的，
為的是讓聽眾感到興趣及著迷。

　　毫無疑問的，在荷馬以前，一定還有非常多的吟遊詩人。有些他們的
口述有些變成美索不達米亞 (Mesopotamia) 地區的著作。如索馬的《列王
記》（Sumarian King List），其中提到一場大洪水的故事，這還不是唯一的

---

[15] 最近在新疆發現一具保存良好的 3000 餘年前的女屍（現稱為小河公主）為高加
索白人。很可能是大夏民族的祖先。大夏民族屬高加索族（歐洲的白人），西元
265－519 年中國五胡亂華時曾經立國為大夏。他們於 11 世紀時完全被中國人同
化，語言已佚失，可是在其墓地的壁畫中看到洪水及船隻。

[16] 這兩本書敘述了希臘和特洛尹城 (Troy) 之戰最後五十九日，及之後到黑海取金
羊毛的史蹟。但因其中涉及許多神話故事，很難相信這兩個史詩所述的歷史。這戰
爭的歷史至今尚未被解密。

洪水故事。一本印度的古老經書 *Sataphtha Brahmana* 記錄另一個洪水的故事：一條大魚警告門紐 (Manu)–印度神話中的第一個人，將有一場洪水來消滅整個人類，門紐造了一條船，掛在這魚的角上，這魚協助門紐把船行駛到山頂上一個地方，因而可以在洪水之後倖存。同樣的，在伊朗（波斯）的宗教–（拜火教，Zoroastrianism）的經典中，也有洪水的故事。在這故事中，洪水來到之前，第一個人雅瑪 (Yama) 造了一艘大船，把所有他能找到的動物都帶到船上。所有這些神話故事都和諾亞洪水的神話很相似。

這些有關大洪水的故事中，和基督教《舊約》的諾亞洪水神話最近似的是，一個保存在六枝柱子上的石板的，很詳細記下的故事，石板的名字是尼普爾 Nippur（現在正在世界巡迴展覽），年份約在西元前 1700 年。（一般《聖經》專家肯定寫作舊約的時間不可能早於西元前 900 年。最早的是〈約書亞記〉(Joshua)，描述諾亞洪水的〈創世記〉(Genesis) 的寫作時間相當遲，約在西元前 150 到 300 年。）

圖 12. 尼普爾 Nippur 土板，唯一的諾亞洪水記錄

這塊石板上的洪水故事和諾亞神話故事的相似之處令人驚奇。在尋找長生不死的祕訣時，烏魯克 (Uruk) 國王吉爾蓋美希 (Gilgamesh) 從一位智者烏那必許丁 (Utnapishtim) 處得知，將有洪水發生，索馬的上帝恩基 (Sumerian God Enki) 向烏那必許丁洩露出，所有大神之神長恩利爾 （Enlil，類似希臘的神長宙斯 [Zeus]）準備要毀滅所有的人類，因為他們太吵鬧。接著，恩基要烏那必許丁造一艘大船，把全家，所有的財產、家畜，及所有的野生動物、工匠等都帶到這艘船上。上了船後，暴風雨來了，將所有地面的東西都掃到海中。六日六夜後，海上風平浪靜。烏那必許丁放出一隻燕子和一隻鴿子，沒多久，牠們都回來了，因為找不到地方可以棲身。數日後，他再放出一隻烏渡鳥（raven，烏鴉的一種），沒有回來，這就說明洪水退了。不久陸地出現，於是，烏那必許丁就祭祀奉獻恩基神，恩基神又勸神長恩利爾和人類講和。一般研究基督教《聖經》的學者專家認為，《舊約》中的諾亞洪水故事直接或間接來自吉爾蓋美希版本的洪水神話。

## 神權政治在中國沒有生根

自從人類記事以來，無論在中國或西方，宗教在人類的文化中就佔了重要的地位。雖然在中國佔的是次要的地位，可是在印歐文化中，宗教發展出神權政治 (theocracy)。當然，黑海及其他文化從一開始很可能早就有很強的、基於神話的傳統；即使他們原來沒有這種傳統，但當遭遇到來自自然界威力的洪水，遠超過人類所能克服的自然大災禍之後，人們覺得受到一種挑戰，必須承認大自然的背後可能有一個超自然的力量。當時，對黑海附近的居民而言，黑海可能就是他們的整個宇宙。當他們面對不斷上升的海平面之際，一定認為世界即將毀滅。這個無法阻止的洪水變成一種呼喚，要人們去冥思，自然界中是否有一個比人們更有威力的超自然力量，即神。

有史以來，人類就不斷遷移。從黑海沿岸遷出的居民，後來透過通婚，直接或間接變成整個印歐文化民族的祖先。他們關於大自然災禍及後來得救的神話傳統，演變成宗教裡的中堅教義，而宗教也變成他們社會中的最主要的力量及傳統。即使到了今天，雖然神權政治在工業化的西方社會中已經幾乎不存在了，宗教的力量仍舊非常強大，宗教的教條及箴言仍舊主宰了社會的思想及習俗。

自從中古世紀科學出現以來，有很長的一段時間，宗教的神話在科學界中的影響非常大。例如像牛頓這麼偉大的科學家，在他的晚年，他一直想要以科學來證明基督教《舊約聖經》裡的記事。18 世紀初，當地質學萌芽的初期，諾亞洪水的神話主宰了這門科學的思考，地質學家的主要任務似乎是嘗試著用地質的證據來證明地球曾發生過一場全球性的洪水–即按基督教《舊約聖經·創世記》中所說敘述的，諾亞洪水把整個地球都淹沒了。

當地質學家提出地球以前曾經有過冰河時代的觀念之際，這門科學就走到了一個轉捩點。一位 19 世紀初居於領導地位的地質學家阿卡西茲 (Louis Agassiz) 首先提出地球歷經冰河時代的學說（後來這學說變成地質學的基本定理，現在已為所有正統的地質學家所接受）時，他遇到的阻力之大，難以想像，可是，他有許多讓人無法否定的證據。有一天，他帶了一位非常有地位的地質學家，在牛津大學任教授職的拔克藍牧師 (Reverend William Buckland) 去看他的證據，這位牧師是極端擁護基督教《聖經》上的洪水災禍派的人，他們登上一座山，阿卡西茲指給拔克藍牧師看，在岩石上冰河磨損的痕跡時，就在那裡拔克藍立刻改變他的看法，接受了冰河的假設。從此之後，在地質學中，對於過去曾經發生幾乎毀滅

人類的洪水假設就毫無立足之地了[17]。目前地質學家正在研究黑海泛濫的原因，已經不是為了證明發生過把地球完全淹沒過的洪水，而是想要了解地球。可是，在搜尋科學真理的時候，他們發現黑海泛濫正好可以解釋諾亞神話的起源。

## 中國記史，人類及自然現象的事件的傳統

相比之下，中國歷史中，宗教的角色似乎是被動的。和西方的早期文化一樣，最早期的中國文化中也有不少創世的神話，這些神話都是當時中國許多不同氏族的文化中很重要的一部分。號稱為中華民族的始祖的是黃帝。他是第一位把所有在他附近的氏族都征服及總合為一個具有國家雛形的大族的領導者。《史記》的〈黃帝本紀）〉申稱黃帝建立了「史」的傳統。我們不知道為什麼他要建立「史」的傳統而不建立宗教，我們只能作些臆測。毫無疑問的，被征服的各氏族的文化中都有自己的神話。按現在片斷的歷史記載，這些氏族神話之間都有不少矛盾之處，如果特別重視一個氏族的神話，可能會把好不容易建立好的，還很脆弱的統一局面破壞。一個避免分裂的方法就是強調對於真實事件的記載–史，而不強調無法證實的神話。

黃帝用了一個很有技巧的方法，把這些神話擠到政治及行政的後面。《史記》記載，黃帝最早克服的是九黎族（即族長為蚩尤的那一族），這是一個非常注重神話及巫術的民族。這些神話和巫術後來很可能都可以演變成某種的宗教，可是黃帝沒有這麼做，也沒有禁止巫術和神話；反之，他把這些被征服的各族的巫術和節日，變成他新氏族傳統的一部分，在這些民族的節日中大肆慶祝。可是慶祝之後，在政事上沒有作用。有些節日沿用至今，例如，太陰曆的 5 月初 5 的端午節，原來是江浙地區的吳越族慶祝夏天來臨的節日。（後來因為西元前 5 世紀，這一天，愛國詩人屈原自溺於汨羅江，因而有了龍舟競賽及棕子的習俗，變成一個大節日。）

---

[17] 實際上，地球上根本沒有足夠的水可以把大部分的地球上的陸地淹沒，絕大多數的水已經在海洋中。理論上來說，其他的水可能來自地球的南極（北極沒有陸地，因此如果所有的冰都化了，就和杯中的冰塊一樣，變成水以後密度增加，因此水位不會上升）。可是最多也只能把海平面升高數十來尺。接著的問題是，這些南極的冰不可能立刻融化掉，而且融化掉以後，也不可能在數十日內又結凍起來。

　　中國還有另一次建立宗教的機會，這就是第一個我們有些可信任的歷史的商朝（約西元前 1600 – 前 1046 年）。這個朝代，巫術主宰了社會思想，每一件商王或貴族要去做的事，必須經過巫師的占卜。他們在龜殼或動物的肩骨上鑽了洞，在火上燒裂，看燒裂的花紋來定凶吉，然後把要占卜的事刻在這些龜殼或肩骨（簡稱為甲骨）上。20 世紀初，在商朝的首都–現今河南安陽，發現了大批甲骨。商史大都已佚失，我們對商朝的歷史的了解大都來自這些甲骨上刻出的文字（甲骨文）。令人感到奇怪的是，商朝的文化沒有更進一步創立出宗教來，他們的宗教意識似乎一直停滯在迷信的範疇。到了下一個朝代周朝，重點又轉回到歷史上，將歷史變成周朝的傳統。周朝晚期–西元前 600 到前 200 年，中國的啟蒙時代來臨了。這段時間，哲學思想百花齊放，但沒有一個哲學是基於宗教信仰的。（墨子是最富有宗教思想的一位，他信鬼神，可是他並沒有創立宗教。）

　　再者，在黃帝治下，當然也有洪水。可是當時的社會，雖然已經有了農業，可是漁獵及採集仍佔重要地位[18]，因此，洪水對生活的影響較小。只有在農業發展成為主要的生產方式後，洪水的問題才變得重要。到了堯帝、舜帝、大禹的時代，中國已經轉變成以農業為主的社會，洪水對人民的影響自然就變得密切了。可是在中國的歷史中，從來沒有經歷過像黑海泛濫時那麼巨大的天然災禍，中國的大洪水僅是河水的泛濫，一條河流的泛濫或一系列河水的泛濫，而如大禹所示範的，這些洪水都能被人們治好。從另一方面來看，黑海泛濫的規模之大，是無法阻止的，甚至在我們的時代也可能無法阻止。

　　因此，似乎從一開始，無論什麼原因，環境的條件或機遇，中國的文化就走上了和印歐世界的文化迥然不同的道路：印歐世界走向宗教，中國走向史。在下個四千年中，這兩個文化分道發展至今。

---

18 黃帝、蚩尤、炎帝都是傳說時代的氏族領袖，黃帝與炎帝曾有阪泉之戰，相傳炎帝號為神農氏，他們最早從事農業。

# 第四章　天－不可知論者的上帝

## 一個省級的慶典

　　河南省南部，泌陽和桐柏兩縣交界處，陳莊鄉境內，有一座山名為盤古山，又名九龍山，距泌陽縣城北約 15 公里。盤古山海拔 459 公尺，但在當地的高度只有 300 公尺，無人覺得它宏偉。然而此座山草木蔥籠，乳白色的雲霧飄蕩在山巒間。它的歷史很古老，曾歷經最近一次（於一萬多年前結束）的冰河時期，覆蓋著數公里厚的冰層，因此山上奇石嵯峨。山上有一座大廟，歷史可以追溯到唐代，距今約一千三百年，平常朝拜的人不多。每年的農曆 3 月 3 日前數日，盤古山突然熱鬧起來，充滿了朝聖者，總數可達數十萬人。3 月 3 日的前三天爲頭會，期間山上山下人潮如織，各色香火會會旗迎風招展，鑼鼓喧天，香煙繚繞，車輛絡繹不絕，如長龍般排列十餘公里。廟會期間，每日趕會的人不下十萬，3 月 3 日當天更盛，數十萬人紛至沓來，到處都是虔誠的信眾。更有遠道而來的善男信女為了第二天能提前祭拜，前一天晚上長途跋涉後，還得露宿在盤古廟內，心誠可鑒。

圖 13. 河南九龍山盤古廟

　　附近數里內及山上都搭了彩棚，形成廟會。會期三天或五天不等。山上山下，人潮熙來攘往，特別是自發組織起來的各路盤古社響器班子，三月初三這天一早，便在會首的帶領下，沿途燃放鞭炮，吹吹打打，和香客遊人一起登上山頂朝拜。昔日單純的燒香拜佛，朝山祈雨會，而今變成了物資交流會，文藝演唱會。山上山下，五台大戲對唱，十幾個民間歌舞團、說唱團、雜技團各顯神通，從盤古山頂到陳莊河畔，歡聲笑語，熱鬧非凡。各地客商蜂擁而至，競相經營，農機、農具、農藥、種子、化肥、針織、百貨、飲食乃至家畜家禽等，都擺攤上會。山中的林果、中藥材、花生、山芋、大米、食用菌等土產品紛紛拍板成交。

　　這些朝聖者大都來自附近城鎮，但有些來自鄰近省分。他們來到此地慶祝一個特別的節日。慶祝的中心點是一座古老的廟，在名譽掃地的文化大革命時代，廟的一部分被破壞，如今已經完全修復，而且規模更大。朝

聖客排隊祭祀廟中的男女神祇，主神是一座高大、赤腳、3 公尺多高的神像，坐在殿內中央的粗製大凳上。頭上有一對角，肩披槲葉，腰束葛條，手持日月明鏡，目光炯炯，氣度和善。兩側分立穿傳統中國皇帝衣著的天皇、地皇、人皇和黃帝、堯、舜、禹、湯塑像，個個氣度不凡。這裡是趕會民眾最集中的地方。大殿的東西兩側建築古樸典雅，分別供奉著財神、觀音菩薩、關公等。在後院可以不時看到替人「求子」或「還願」的小戲班。廟裡其他神祇，從孔子到佛教、道教的神，和這位赤腳大神相比，都屈居後座。

這位赤腳，頭上長了角的神祇是誰？為什麼他比其他各教的神祇高一級？

他的名字是盤古。按照中國的傳說，他是宇宙的創世者。

## 中國創世神話

宇宙洪荒之際，無形無態，只有混沌一團。宇宙像一枚雞蛋，天地都在內；二者合一，不分開。整個宇宙就是一團的混沌，盤古在其中出生。經過了一萬八千年的孕育，盤古甦醒了。他把這團的混沌攪動，把輕的天（喻以蛋白）和混濁而重的地（喻以蛋黃）分開；輕的天浮在上面，重的地沉在下面，神祇住在天上，聖賢住在地面。在這時候，盤古不斷成長，盤古每天變化九次，在變化中，每一日把天推高一丈，把地也向下沉一丈。一萬八千年後，天極高，地極深，盤古變得又大又長。當盤古不斷成長之際，他把天和地繼續分開，最後天和地之間的距離達到九萬里。盤古再活一萬八千年後死去，他死之前，把泥捏成人及其他動物。

盤谷死後，身上的毛髮變成植物，頭和四肢變成（中國的）五嶽，血液和眼淚變成河流，雙眼變成太陽和月亮，呼吸氣變成風和雨，聲音變成雷，視線變成閃電，骨骼變成岩石及礦物。他捏出的人和動物不斷繁殖，布滿了世界。

*

這就是中國的創世神話，這個神話的歷史很悠久。中國中原四周的邊疆部落也有類似的神話，其中不少可以推溯到前數世紀的中國文獻的記載。最完整的描述，要到西元 250 年左右，才由一位名為徐整的作家，在他的《三五歷記》中寫出，也就是前面所敘述的。不過中國人似乎不把創世的這段事蹟看得很重要，這和西方的傳統不一樣。儘管西方基督教《舊約·創

世記》只有這麼簡短的一句話「起初上帝創造天地」，但到任何一個角落，幾乎都可以看到敬拜上帝的教堂。而中國人並沒有把創世和任何宗教信仰聯繫在一起，在這一點和西方完全不同。在西方，敬拜創世的上帝的傳統並非起源於基督教。古希臘，可能自希臘文化開始起源之際，就造了宏大的廟宇敬奉宙斯 (Zeus)；祂是主宰管理宇宙的神。基督教的敬拜創世主的傳統，大致來自希臘文化。

前面提到的，每年一度有相當大規模的慶祝盤古創世的廟會，這慶祝仍是河南省附近地方性的慶祝。（然而慶祝的規模可以和其他許多國家，包括許多歐洲小國的國家性慶祝相比。）事實上，在任何佛教或道教的祈禱中，很少提到開天闢地的盤古。除了這座廟宇及其廟會外，其他地方很少有盤古廟，供人們燒香，更少有為了慶祝盤古而舉辦的廟會。中國太陰曆的新年是最大規模的節日，持續將近一個月之久，從太陰曆 12 月中旬到次年 1 月中。這段慶祝期間，各處充滿了祭祀天地和各種神祇的儀式。在這些祭祀和祈神的儀式中，微不足道的灶（竈）神卻是一位很重要的神祇。每年的 12 月 23 日，祂都會返回天上述職，報告一年內每人家中發生的一切事；每家都希望祂只報告發生的好事，隱瞞壞事，因此，會特別祭拜祂。在所有祭祀典禮中，善男信女要燒許多香，焚燒大批的紙錢—這是另一個世界的通行貨幣。而在這些供奉祭祀中，顯而易見的是，沒有盤古大神的份。沒有人祭祀祂，沒有人燒香，也沒有人燒紙錢，什麼供奉都沒有。

那麼，中國人供奉的到底是什麼神祇？

## 天–不可知論的上帝

幾乎所有的宗教思想都起源於對自然及祖先的崇拜，特別是那些對本族或本國有特別功績的祖先，古代的中國人也不例外。事實上，在中國早期文化中，對祖先的祭拜佔了很重要的地位。考古學上發現，在中國很早期的仰韶文化時代的文物中（約西元前 5000 年，或離現在七千年），就有向祖先祭祀的證據。將近四千年前的文獻《尚書·甘誓》（大禹的兒子啟在和他的異母兄弟有扈氏作戰爭王位時所下的戰令）中，就提到打勝仗後在祖廟中祭祀祖先牌位的典禮，時約當西元前 2050 年。這些祭祀禮中供奉的中心是祖宗的牌位。確實來說，這個風俗幾乎一直延續到今日。直到 20 世紀末，幾乎每個姓氏都有祠堂，祠堂中供奉的就是顯耀的祖宗牌位。文化大革命時代，這些祠堂（連同其他廟宇）雖多數被摧毀，但倖存的仍

舊不少。在今日，對祖先的祭祀，雖不如過去那麼重要，但有了新的意義－變成中國傳統習俗的一部分。

就如其他早期文化一樣，中國人也敬拜自然，向自然的敬拜通常延伸到這些文化的意識中創造自然或主宰自然的本體。希臘文化－西方文化的前身，創造出一套圍繞著創造自然或主宰自然（即宇宙）的本體的神話，其他文化，如巴比倫、索馬及猶太民族都有關於創世的神話，這些神話在這些文化以後的發展中，扮演了很重要的角色。可是，和其他文化不一樣的是，中國人對自然的敬拜並沒未在以後的文化發展上發揮重大影響。其中一個因素，可能是中國文化起源於對事件的記錄 – 歷史，而歷史所求的是對記錄的忠實，因此，不能證實的神話的角色就不重要了。西方的漢學家往往直接跳到這個結論說，由於中國人對創世神話的不看重，故對宇宙的起源沒有興趣。這是一個對中國文化了解上的極大誤解，因為老子和孔子都發展出和神話無關的，不可知論或無神論的宇宙起源理論[19]。他們的理論 – 宇宙從「無」中創世 – 和現代的宇宙學並不矛盾。既然中國人覺得創世並不牽涉到神話，因此就覺得沒有必要在神話上大作文章。現在，除了一些基督教基本教義派－認為必須完全按照《聖經》的字面義解釋一切，包括創世及洪水在內的教派－以外，一般（包括基督教中很重要的一支，天主教）都不相信宇宙真的能按《舊約》所說的，在七天內創出。

在中國，代替西方萬能的上帝是宇宙的創世者及主宰的思想是，自然本身 – 天及地 – 就是宇宙的主宰。中國人把這兩者抽象化了，供奉為神。天和地不像是西方上帝或古希臘的宙斯這一類人性化了的神。天和地都非常偉大：我們都臣服於高不可及的天，而地是養育我們的本體；抽象的天和養育我們的地卻是我們無法了解的本體。在天和地之間，天要比地高一級，因為天高不可及，而我們日日接觸到地。在早期的宗教儀式中，祭祀的主要對象是天，可是地和自然界中的大物體（如山，河）也都是陪祭的對象。《尚書·舜典》這一章特別提到如何祭祀天、地和自然，當堯帝禪讓皇位給舜時，有下面的描述：

「在正月的一個吉日，舜在堯的太廟中接受了禪讓的冊命。他觀察了北斗七星，（按每一星）列出了七項政事，於是以「類」禮向天

---

[19] 不可知論 (agnosticism) 是無神論 (atheism) 的一種。無神論根本上就否定了神的存在，而不可知論認為是否有神屬於不可知的知識。西方大多數不可知論者認為，要證明先有神這種本體的存在，才能去談信仰，因此對所有宗教的經典都採取是屬於不可信的神話的態度。

帝（上帝）報告了繼承帝位的事，又以「燊」禮祭祀了天地四時（四季），以「望」禮祭祀了山川，然後諸神。」

這些祭禮都以天為主題。這一章的祭禮發生的時間約在西元前 2400 年。隨著時代演變，天的重要性愈來愈大。雖然認定了天（大自然）的至高地位，同時天也愈來愈變成不可知，和人們沒有接觸或直接的關係。即使認為宇宙創世於「無」的無神論者老子，也承認天的威權，可是他否定了天和人事之間的關係。孔子生病時，還向天祈禱過，雖然他坦承對天無知，也不了解生及死。

雖然天不可知，可是在早期的中國政治中，天佔了重要的地位。當奪取政權時，經常宣稱已經獲得天命。約西元前 2050 年，當禹的兒子啟和異母兄弟有扈氏作戰爭王位時，啟宣稱「天」給他訓令去擊敗有扈氏，打勝戰後，成立了夏朝。西元前 1600 年，當成湯開始革命，推翻夏朝的最後一位君主 － 暴君桀時，在數了桀的罪惡之後，他聲稱自己不敢違反上天給他的，要他去推翻桀的訓令。把桀推翻後，他成立了商朝。之後，商朝的一位君主盤庚想以避開洪水的籍口，把首都遷移到殷（即現在的安陽附近）的機會，改革貴族們奢侈腐敗的行為，因為這些貴族都不願意遷移，盤庚也引用了天的訓令來強迫執行遷都。西元前 1046 年，當周武王要推翻商朝的最後一位君主–暴虐的紂王時，非但聲稱自己有了天的訓令去推翻商朝的紂王，還立下了允許用革命推翻政權的原則。在《尚書·康誥》的最後一段中，他說：「惟命不于常。」（天命不只幫助一家）在〈多方〉一章中再度提到，當君主行暴政之時，就失去了天委託他管理國家的統治權了。（類似的詞句在《尚書》中提到不少次。）換句話說，這些早期的革命者，也許為了說服

圖 14. 武王和他的革命軍

人民跟隨他去推翻暴虐政權，再三闡明他們有上天所託付的權柄去革命的原則，而最重要的理由是，天並沒有授權給一個朝代可以永久管理；哪一個政權對人民不好，天就授命給人民把這政權推翻。這個原則就把「君權神授」的宗旨完全否定了。最接近自稱受天之命「君權神授」的君主可能是商朝最後的一位君主–紂王，《尚書·西伯戡黎》中提到，一位朝中的官員向紂王報告說，國家的行政不行，必須趕緊快改革，否則國家就快滅亡，紂王的回答是：「我不是受命於天嗎？」這位官員說：「你的罪惡已經多到無法數算了，你怎麼敢說你還受命於天？」西方不了解為什麼中國有這

麼多朝代的原因。在歐洲，這種「君權神授」的觀念一直受到教權的支持，一直到法國大革命才把這觀念完全推翻。中國人則認為，當一個朝代太腐敗了，人民就有權推翻，再去建立一個新的朝代。

因為周武王聲稱自己有天的訓令來治國，因此他自稱為「天子」，自此以後，「天子」就變成皇帝專用的名詞，直到 1912 年清朝的宣統帝被迫遜位為止。

＊

因為中國對大自然的崇敬並沒有發展出宗教，因此西方的漢學家往往下斷語說，中國的哲學家只對人和自然的關係有興趣，對宇宙的起源不重視。這句話只說對了一半，因為早期的哲學家，如老子及孔子都有創世的理論。老子把創世的過程歸屬於「道」，而孔子提出類似的「元」。可是他們的主要關懷是如何增進人民的生活品質（人本主義），對宇宙的起源的興趣則佔次要地位。西方對宇宙的起源始於古希臘，當時有許多哲學家思考和臆測宇宙的起源。到了基督教興起後，理性的追求受到壓抑，代之以教義的理論。一直到文藝復興之後多年，才有所改變。西方對非宗教性的宇宙創世的興趣是相當最近的事。

毫無疑問的，中國人在宗教思想方面，天扮演了一個很重要的角色。祭祀敬拜天地的傳統，可能要比堯帝禪讓帝位給舜帝的時候還要早許多。清朝，最重要的廟宇可能是北京天壇。在每個太陰曆的新年日，皇帝要親自到天壇舉行非常隆重的祭祀天地及其他神祇的典禮。從古代周朝起到 20 世紀初，中國的婚姻典禮中，最重要的一項是拜天地，只有當新郎和新娘一起拜過天地之後，才能算是正式成婚。甚至拜天地就成為婚姻的代名詞。在新年的慶祝活動中，拜天地也是最重要的典禮（拜竈神不在新年日）。中國的神祇很多，許多是做了令人欽佩偉大事蹟的人，被封為神祇。可是封神祇時，最隆重的是請皇帝下敕令（有如天主教封聖一樣），敕令中一定寫上，「奉天之命，把某人封為神」。福建和台灣人最崇仰的神是媽祖，真名為林默娘，虔誠信奉佛教。非常精於游泳，終身未婚。每次大風浪有船翻了，她就去救人，她救人無數。有一次，她的父親打漁時失蹤，她跳到海裡找父親，數日後，她自己和抱著父親的遺體一起被沖到岸邊，海邊的人民認為是奇蹟，認為她是守護神，造了廟祭祀她。清朝康熙帝時，人民申請封她為天后，敕令中也提到奉天之命。

雖然沒有人正式宣布過天是宇宙的主宰，可是從所有的一切古代文獻來看，天是高於一切神祇的主宰。從這一點來說，中國人的宗教觀應當屬

於一神教，雖然這個神－天－是不可知的，非人性化的。中國有許多人性化的神祇，但都在天之下，類似天主教封的聖[20]。在這種信念之下，西方的上帝也在天管轄之下[21]。西方漢學家大都堅持中國的宗教是多神教，其實是錯誤的，中國的宗教意識是一神教 (Monotheism)。和其他宗教斷然不同之處是，因為天是不可知的，因此從某種意識來看，天是不可知論的上帝 (God)。再者，和西方宗教（基督教、猶太教、伊斯蘭教等）不同的是，沒有一個「天《聖經》」，即歸屬於天的《聖經》。沒有人敢聲稱有「天《聖經》」這本書。[22]

在中國漫長的歷史裡，進入中國的宗教很多，某些時代還相當興旺。中國從來沒有為了宗教教義戰爭。（借宗教名義造反的，卻有不少的例子。然而這些都不是為了教義而戰，基本上是借宗教來煽動農民起義。）對西方而言，這是不可思議的事；對中國來說，卻是天經地義的。可能的原因之一是，中國人的潛意識中，無論神祇地位的高低，所有宗教的神祇都在天之下，都受天的約束，這種意識也延伸到傳入的宗教。當時，傳入的宗教沒有經濟及政治能力，只好臣服於這種的意識，沒有必要爭神祇的高低地位；更沒有能力和必要，為了宗教教義之爭打戰。相反的，西方自羅馬滅亡後，不知道發生了多少為了教義的戰爭。其中為了復活節是哪一天也打過戰－所爭的僅是一日之差。搞垮教權的十字軍東征是名符其實的宗教戰爭，延續了數個世紀，因此而死亡的人無數。當教權衰微，產生新教後（即現在天主教之外的基督教），還繼續發動不少為了教義的戰爭。其中規模最大的可能是 1618－1648 的三十年戰爭，這場戰爭代表的是新舊教的教義之爭。這場戰爭幾乎牽連了所有歐洲國家。當資源短缺時，還曾將農具當作武器。歐洲人幾乎死傷了半數。現在中東的連年戰爭亦可視為宗教戰爭的延續，雖然真正的原因是為了爭奪資源。

\*

[20] 事實上，中國人把所有的神祇，包括西方唯我獨尊的上帝，都放在天之下。在 17 和 18 世紀中，這種不同的習俗造成許多衝突，造成百年禁（基督）教，到 1842 年鴉片戰爭後，中國才被迫開禁。見下一章。

[21] 康熙帝要所有基督教教堂都把他寫的匾「敬天」掛上，就代表這種信念。教皇最後下令要把這匾拿下，造成百年禁教。見下一章。

[22] 在前漢末期，有不少以迷信入官門的投機分子，聲稱他們擁有號稱「天書」的所謂「緯書」，可是這些「緯書」沒有大作用，有些投機分子甚至被處死。見下一章。

　　雖然天主宰了中國人的宗教意識和各種活動，可是沒有一本聲稱是奉天之命寫出來的聖書（如基督教的《聖經》和伊斯蘭的《古蘭經》）。沒有任何人膽敢聲稱任何書是天下了敕令寫出的，這也和西方的宗教不同。（中文的「天書」有另一種意義，指的是無法看懂的書，而不是指天所寫的聖書。）可能的原因之一是，天是管理人類活動的至高權威，在人間最高權威是皇帝，連皇帝都不敢寫出奉天之令的宗教書，還有誰敢斗膽聲稱任何一本書是天所寫的？也許原因是，朝廷中，在理性方面最具權威性官員大約是史官，史官雖然沒有實權，可是由於數千年來，他們寧可送命也要忠於史蹟的傳統，沒有人敢叫他們寫出不確實的偽史。史官重事實的真相，絕不會認同帶有神話性的，聲稱是天寫的聖書。

　　天在中國人的宗教意識上的重要性遠超過任何神祇或教義。祂是一個抽象的，不可知的（agnostic）主宰，正因為祂不可知，其影響力反而更大。雖然孔子不談「怪、力、亂、神」，當他生病時還向天祈禱過。實際上他對天非常尊敬，他寫出許多如何祭祀天的規則。而老子還說過一句對天有信心的話：「天網恢恢，疏而不漏。」可是中國人一方面崇拜祭祀天為宇宙的主宰，一方面往往對天不信任，覺得天意不可測，甚至許多時候對天感到失望，覺得天不可靠，因而對天發怨。因為君主聲稱得天之命而有統治權，每當君主不賢，使人民痛苦時，人民就把怨氣轉到天上。《詩經》是最早人民歌聲的記錄，其中有好幾首怨天的歌。有一篇〈雨無正〉充分表達了對天的怨氣。（其中用天來暗指第一章裡提到的暴君周厲王。）第一段翻譯如下：

> 浩浩老天聽我講，你的恩惠不經常。
> 降下飢荒和死亡，天下人都被殘傷。
> 老天暴虐太不良，不加思考不思量。
> 有罪之人你放過，包庇惡行瞞罪狀。
> 無罪之人真冤枉，相繼受害遭禍殃。

　　這類對天又尊敬又不信任的心態，在語言中，尤其是成語中充分表達出來。一般說來，雖然對天還有某種信心，但不是無條件的順從。對天表示信心的有：

> 天網恢恢，疏而不漏。（無神論者老子所說。）
> 老天有眼。
> 天無絕人之路。
> 天命不可違。

天有好生之德。

等等。

對天表示懷疑的有：

天意難測。

老天沒眼（如上面引用的《詩經》中的一篇）。

謀事在人，成事在天。（帶有宿命論者的色彩。）

人定勝天。（人可以改變天的安排。）

天道無常。

等等。

在另一成語中，更可以看到中國和西方，包括伊斯蘭教，對天「上帝」的看法的最大不同。西方的一句對上帝絕對臣服的名言是：「我把一切交給上帝去安排。」好的，壞的，都讓上帝安排。這句話在有些伊斯蘭國家變成一句口頭禪。在這些信仰中，最重要的是祈禱。如果靈驗了，就說，上帝（阿拉）聽到我的祈禱了；如果不靈驗，就怪自己或其他事物。總而言之，上帝絕對不會錯的。例如，考試前祈禱，如果考試考好了，就歸功給上帝，祂聽到我的祈禱了；如果失敗了，原因是我沒有好好準備。絕對不會怪罪上帝。（在中國，如果到某個廟祈禱某事不靈驗，就可以再換另一個廟燒香祈禱，直到找到靈驗的廟為止。）約十數年前，一架埃及民航機失事，乘客、飛行員、服務人員全部罹難。在記錄飛行狀況的黑盒子內發現聲音記錄，只聽到副駕駛員以埃及話自言自語：「我把一切都交給阿拉（Allah，伊斯蘭教的上帝）去安排。」經過很長的調查後，美國民航局斷定飛機的機械沒毛病，而是這位副駕駛員故意撞毀這架飛機。一般的看法是，這位副駕駛員的心神突然進入了一種宗教式的恍惚心態，而將飛機按他心目中所幻覺到的阿拉的意旨撞毀。（中國的說法應當是，他信教過分入迷，迷到走火入魔。）中國有一句和「我把一切都交給上帝安排」類似的話：「聽天由命」，但這句成語表達的意思和西方完全不同，「聽天由命」的意思是無路可走，完全絕望的人的說法。在中國，讓老天去安排一個人的命運，是最沒有出息的意識。有出路的人往往抱持「人定勝天」的意識看法。（宿命論者最多持了「謀事在人，成事在天」的看法。）當沒有其他的方法可以選擇時，只好聽從老天的安排了。西方的宗教意識，是一切事物都聽從上帝的安排，表達出的意識是，對上帝絕對的信仰和順服。在中國的意識是，雖然有老天爺在主宰宇宙，一切還要靠自己的努力

才行。這在中國大洪水的實例中也可以明顯看出。也許這又是中西文化殊異的另一面。

另外一個中國特有，而西方沒有的哲學觀念是：「天人合一」，意思是，天道（宇宙自然的法則）和人事合而為一。很早的時候，中國人就主張人本主義，認為所有的一切都應當從人民的福祉著想。中國人的哲學思想以天為中心，認為自然界的法則是天所賦的至高法則，而天應當把人的福祉看成最重要。因此很自然的，「天人合一」就變成中國的中心哲學思想，把宇宙自然的法則和人事的法則聯繫在一起。這也許是中國最重要的哲學思想。秦朝之前的諸子都已經有這種的想法。漢朝初年，一位漢朝的宗室劉安所撰的《淮南子》中提到不少關於「天人合一」的哲學。董仲舒倡天人感應的說法，把它整理為有系統的思想。宋朝的朱子和二程（程顥和程頤二兄弟）再把這學說擴大，成為人生修養的目標。這種的原則，深深銘刻於中國人的思想中，從藝術到執法、到庭園，都可以看到這種「天人合一」思想的影響。以執法為例，以前處決犯人，大都在秋天之後，因為秋天來到後，草木枯萎死去，到處死氣沉沉。從「天道」說來，天已經把植物植物「處死」，因此天也會允許政府把犯人處決。

「天人合一」的思想在藝術，尤其是繪畫中，特別明顯。西方早期的繪畫（及雕塑）以神和人為主（希臘的神其實就是人的縮影），風景畫要等到文藝復興後才流行。即使在文藝復興時期，繪畫也是以人和希臘神祇為主。中國的繪畫則以山水為主，古代有名的畫家往往只畫山水，對人像則偶一為之，大部分專畫人像的畫家的地位都不高，經常被人們當作畫匠。清朝著名人像畫家郎世寧 (Giuseppe Castiglione, 1698 – 1768) 來自意大利，他引進西方繪畫人像的傳統，正好填補了中國缺少人像畫家的缺陷。

中國畫中的山水代表天的自然，山水畫的題材是自然界中令人心爽胸寬的高山、流水、飛瀑、樹木。山水畫中常常以與自然和諧的人物為輔，即和大自然接觸的人物；山水畫中從來沒有看到與自然毫無關係的人物，如商賈，甚至連賣東西的灘子都沒有。（如果在山水畫中看到麥當勞的肉餅店，豈不大煞風景？）中國山水畫中的人物，如漁夫、樵子、農人、及在林中下棋的儒生（所謂的漁樵耕讀），都是以自然為生或日常和自然接觸的人，連寺廟都不常看到（即不看重宗教）。這就是天－以自然代表之－人合一的一種象徵。山水畫中的人物都很小，似乎只用來作為點綴，人的

臉往往都小到看不清楚。這樣的畫意，一方面表明天人合一，一方面又表明和天相比之下，人的渺小。當然，從繪畫觀點來看，光畫山水也可能太單調一點，加上小小的人物，畫面就好像活了起來。可是，從另一方面來說，在山水畫中點綴一些小小人物，就會覺得畫面有了人性，並且表達出天人合一的哲學思想。

　　總而言之，天有許多面貌，從我們頭上的蒼天，到宇宙的主宰，到真摯的憐憫心，對人和人事的漠不關心，甚至毫無關聯，到能掌握人類命運的主宰，到人類自我的意識，人類的悲慘命運等等；是一種可以去信仰的神，但又要人類求自救的本體。西方人批評中國人對宗教意識有矛盾，可是宗教本身也是一種矛盾。

# 第五章　白馬寺–宗教進入中國

## –中國歷代至今的宗教–

## 一個導出把佛教輸入中國的夢

　　西元 67 年的一個宜人的日子，不太熱，有溫和的風，太陽從散布天空各處的雲朵之間射來。後漢明帝（57 – 75 年在位）獨自在南宮的花園中散步。此時繁花盛開，動物園中的異獸正自得其樂的伸懶腰。當他朝天空注視時，一個巨大的人突然在空中出現，從他的容貌來看，絕對是外國人而不是中國人，也不是來自北方的胡人，整個身體都呈金色；他在空中不發一聲的優雅飛行著，好像一點也不費力似的，他的長袍在微風中飄蕩，頭頂上發出跟著他飛行的白色光芒。明帝又驚又奇，朝左右看，一個隨從都沒有，他大聲呼喊，可是皇宮異常靜寂，太靜寂了，這位飛行的人物經過明帝數次，可是並沒有傷害明帝或有和明帝接觸之意，他的微笑似乎向明帝保證，他沒有惡意，他在花園中飛行了一陣之後，就轉向西方飛去，不久就在天空中消失了。

　　明帝不知如何是好，他大聲呼叫：「來人呀！來人呀！你們在哪裡？」他一連叫了幾聲。

　　這一次有回應了，「皇上，什麼事？」一位親信內侍（即後來所稱的太監）急忙問道。

　　明帝從床上坐起，身上全是冷汗，在燭光之下，他認出親信的臉，同時他也可以看到另外幾個驚慌的臉，其中有他的愛妃，內侍送來一條熱毛巾，把他額上的冷汗擦了。他突然意識到，剛剛做了一個奇特的夢，所看到的都是夢境，靜下一陣後，再繼續睡。

　　次日早晨，在朝會中把正事討論好以後，明帝告訴大臣們前一晚所做的夢，「看起來這位金人是一位神，祂是誰？」

　　朝中一位博學多才的官員說：「到西域的商人經常說起，遠處有一位神，那裡的人們造了寺廟供奉禮拜這位神，祂身上披了金葉，名字是佛陀，可能就是皇上在夢中看到的這位神。」

　　「西域離這裡有多遠？」明帝問。

「大約有好幾個月的路程。一百多年前，本朝的張騫已經打通到西域的通道，並且和沿途國家建立了良好的外交關係，我們可以派遣使者到西域尋找，看看這位佛陀是誰。」

「那就趕緊派遣使者去。」明帝下令

圖 15. 洛陽白馬寺

於是就把一隊十八人的使者送去尋找這位佛陀，由蔡愔和蔡景率領。他們啟程往西行，日行夜宿，越過沙漠不毛之地，登上帕米爾高原，最後在高達 15,000 英尺（4,572 公尺）的明特克山口 (Mingteke Pass) 穿越過蔥嶺，一直到大月氏國。（India-Scyths，古國。因常遭別國入侵，自中國不斷向西遷移，最後到了現代的阿富汗國之北，蔥嶺之西，中亞細亞阿姆河 [Amu-Dar'ya] 之東，現在的烏茲別克 [Uzbekistan] 國內。）這隊人馬在街上行走時，看見兩位剃了光頭，穿了橘黃色衣袍的人在向一群人說話，他們感到好奇，停下來聽。他們帶來的翻譯，將這兩位穿了橘黃衣袍的人所說的話告訴這隊人馬。在他們的演講中，不斷聽到了佛陀的名字，他們二人在向聽眾宣揚佛陀的偉大。

「這兩位一定知道佛陀是誰。」當宣道完畢後，帶頭的大使詢問這兩位的底細，他們來自一個稱為天竺（現在的印度）的國家，他們是佛教僧人，正在宣揚偉大的佛陀的教義，他們的名字是迦葉摩騰 (Kasyapamatanga) 和竺法蘭 (Dharmaranya)。知道了這隊人馬的來意後，兩位僧人把這大隊人馬帶到附近的一座佛教寺院，寺中供奉的是釋迦牟尼

(Sakyamuni, 全名 Siddhartha Gautama, 565 – 486BC) 的神像, 這尊高大的神像上飾有金葉, 事實上, 這尊神像和明帝的描述很接近, 帶隊的蔡使者立刻邀請這兩位跟他們回到漢朝的首都洛陽去, 這兩位僧人立刻應允。

回程路上, 這兩位沙門 (印度語 śramaṇa, 對佛教僧侶的稱呼) 極勤快的學習中國話及中國文字。他們帶了一尊佛像和一些佛教經典, 也許是為了尊敬這些佛教文物, 馱這些佛器的是白馬。回到京城後, 明帝熱烈歡迎這兩位僧人, 他們住在當時相當於外交部部長的私宅中, 被尊為貴賓。同時, 明帝下令建造一座按佛教傳統規格的寺院。

次年初, 即西元 68 年, 寺院建好了, 這兩位沙門住進寺院中, 把佛經和佛像都放進去。為了紀念白馬將佛經和佛像, 從大月氏一直馱到洛陽的功勞, 便將寺院命名為白馬寺。這兩位僧人將餘生用於把帶來的佛經翻譯為中文, 不時宣道。

這就是佛教如何進入中國的官方故事。其實, 在這兩位胡僧來到中國之前, 早已有來中國宣道的佛教傳教者沿著絲路, 跟著商人來到中國, 很可能在白馬寺之前好幾個世紀。即使如此, 白馬寺的故事是最為人所熟知的。在以後漫長的年代中, 雖歷經戰火, 這座寺院所受的毀損不大, 許多古蹟都倖存。宋代的死敵金國, 在 1175 年還在寺院東南處建了密檐式的舍利磚塔, 屹立至今。現在, 白馬寺是中國的重點文物。

## 佛教 – 中國文化的一個新成分

中國文化建於史, 著重於人事的記載, 因此很少有神話所描述的奇蹟。引入佛教之前, 中國宗教意識為基於不可知論的天的抽象意識, 而文化中也少提到天能創造出扭轉命運的奇蹟。可是, 自從人有了自我及對世界萬物的意識以來, 不論男女, 在他們的命運中往往感覺受到變化無常, 不可捉摸的事件的威脅; 不論自然界發生的, 如狂風暴雨、旱災和水災等等, 或本身、親人朋友的生命健康情況等, 都捉摸不定。即使生活在有制度的現代科學文化社會的我們, 仍舊面對許多不能控制或預測的問題。在原始社會中, 幾乎所有的事件都帶有無法捉摸的成分。除了突發的洪水、旱災、火災、疾病, 人的生死更為無常。對於這些無法捉摸的命運, 人們在靈性上最好的寄託是, 有一位能扭轉命運的本體, 即神, 而宗教就提供了這種需要。連持 (對鬼神) 不可知論者的孔子都承認這種寄託的功能, 在他所寫的《周易. 觀卦. 彖辭》中有這麼一段:「聖人以神道設教而天下服

矣。」（聖人利用天的神道教導百姓，天下人都會服從統治了。）佛教所提供的就是大批的神話和對神蹟的許諾。不管現代的文化如何高，人民仍舊需要這種靈性的寄託，只是程度較少。最近天主教教宗去世，許多信徒要求把教宗封為聖，可是封聖的標準之一就是要有兩個歸功於他的奇蹟，聲稱有過由於教宗而產生過的奇蹟的教徒不計其數。

佛教引入前，中國也有過創立宗教的嘗試，可是都沒有創立出一個有教義的宗教。中國早期的宗教大都限於向天和祖宗的祭祀。因為天不可信，因此就轉向迷信的方向。夏朝沒有什麼宗教；因為剛立國不久，所重視的是對國王的的忠誠。到了商朝，祭祝祖先和巫術佔了生活中很重要的地位，至少在貴族和國王的朝廷中如此。每一個貴族都有自己的宗廟，幾乎每做一件事－從行獵到遷居到旅行到宴客，或結婚，都非要由巫占卜不可。通常占卜的方法是利用龜殼或牛肩胛骨，把要占卜的事稟告神靈，然後在龜甲或骨上鑽一個洞，用火去燒，從燒出的裂痕來占卜凶吉，再將此事刻在龜殼或獸骨上。（20 世紀在殷朝舊址殷墟中發現了許多占卦用的龜殼及獸骨，我們對商朝的許多認識來自這些占卜用的龜殼及獸骨。）

商朝之後的朝代，周朝（西元前 1046 – 前 249 年），巫的地位降低，占卜之風也衰微。到了戰國時代（西元前 403 – 前 222 年），因為連年戰爭，對天、祖宗，或任何神明的祈禱和祭祀，幾乎都沒有什麼用。漢朝建立之後，社會安定繁榮。最弔詭和令人不解的是，漢武帝罷黜百家，獨尊不信「怪、力、亂、神」的孔子之後，朝廷和社會卻更迷信了，董仲舒在其將儒學作總括的《春秋繁露》中，造出既帶有迷信又帶有向神要求奇蹟的求雨和止雨的儀式。漢武帝好方術 – 即和西方煉金術類似的方術，把帶有神祕主義的陰陽家所崇奉的迷信引入儒學之後，另一種原始宗教開始流行。這是從儒學發展出來的，稱為「緯書」，原因是用「經」的反義字「緯」來表達這些往往和經書相反的陳述。事實上，緯書是模稜兩可的預測或讖語，因此可以稱為「謎書」。寫「緯書」的讖語甚至變成了學者晉身之道，不過也有不少人因此送命的。當漢朝走向衰微之路時，連皇帝也不知道自己的命運，因此讖語大為流行。西漢末年，王莽就充分利用讖語，取得權位。讖緯之學大行其道是在東漢，將漢朝帶向敗亡的黃巾革命，一開始也是基於讖語的一句口號。

一般正統的儒學學者都反對緯書。南北朝開始查禁，但一直到隋朝（589 – 618 年）才全面禁止。再者，從漢末到唐朝，佛教逐漸傳播到中國各處，因而也使緯書走向下坡路。

## 和佛教競爭的中國土生土長的宗教 – 道教

佛教不是唯一流行於中國的宗教。面對外來宗教，有些中國學者創出了中國本土興起的宗教–道教。道教的道字很容易令人聯想到道教是老子創出的。老子是無神論者，反對任何組織（原始的無政府主義），因此更不會創出一個有組織的宗教。道教的中心思想始於《周易》的陰陽和古老的五行。（《尚書．洪範》就提到了五行。時間約在西元前 2050 年之前。）五行的理論認為宇宙由五種元素組成：金、木、水、火、土，這和希臘的四種宇宙的要素：地（即土）、水、風、火類似，陰陽的理論認為宇宙中有兩種互補互輔的力，剛和柔的力，剛力是陽（代表是天和男性），柔力是陰（代表地和女性），這是周易的中心思想。到了商朝，巫師已經把陰陽五行編織出一套神話及方術。到了在前 221 年統一中國，以及將以前造的長城結連在一起的暴君秦始皇的時代，這些神話非常盛行。秦始皇非常相信能使他長生不老的方術及神話。有這麼一個故事，他派方士徐福攜帶童男童女及精通百藝的工人共三千人，前往神話中描述的，東海的蓬萊、方丈、瀛洲三個仙山島上去尋找長生不老藥。以後這些童男童女和百工就下落不明。直到現在，中國還有一個傳說，這些童男童女及百工到了日本，他們的後代就是現在的日本人。可是日本人堅決否認這個傳說。

漢初，最流行的治國哲學是老子的無為，因此就產生了環繞這位最後離開函谷關，前往蠻荒之地的老子的神話。即使在西元前 134 年武帝尊孔和儒學之後，老子仍舊是很流行的傳說人物。當佛教開始廣為流傳之後，許多佛教的神祇也被引入中國，這些新引入的神祇開始凌駕於老子及中國開國英雄–黃帝之上[23]。擁護黃老的人決定要把這兩位變成佛教中的神，因此學者中開始了一個把黃老封為佛教的神祇的運動[24]。 西元 140 年，一位儒學學者襄楷開始傳播一個謠言，說「老子入胡化為佛」（老子離函谷關去外國，成為佛陀）。在他上給皇帝的書中，他把這謠言告知漢桓帝劉志（統治期為 147 – 168 年），強調老子是一位偉大的神。就這樣開始了對

---

[23] 傳說中黃帝最後被仙人把他和他的一家帶到天上成為長生不老的仙人，後來研究長生不老的方術之士將黃帝視為一個研究的對象，和老子共稱為黃老。這和黃老哲學同名，可是內容和意義完全不同。

[24] 據大陸研究道教的學者朱越利認為：黃老之學在政治上失勢之後，一些人轉而研究養生之術，使黃帝作為醫藥、養生之祖的形象日益突出。黃老之學與神仙方術結合，產生了早期道教組織「黃老道」。所以黃、老不是佛教神祇。

老子的敬奉禮拜，把他的《道德經》認為是這一宗派的「聖經」，這時還沒有「道教」這個名稱。這段時間，有人寫出不少關於這一宗派的經書，這些經書中包括許多方術，如煉長生不死的藥、如何以呼吸來煉「氣」等及其他神祕秘的方術，另外，也包含許多神話，有的來自佛教經典，而佛教經典中的神話，有許多來自印度本土所創的印度教 (Hinduism) 的神話[25]。這尊崇黃老的宗派的經典中有一部名為《太平經》，這部經書提倡孔子的倫理觀念與和平主義，可是也充滿了許多豐富的神祕主義資料，如魔術及預測未來的讖語。這套經書認為可以透過苦修及煉藥的方法變成長生不死。佛教宣揚的是基於印度哲學的輪迴，人死後可以復生為人或其他動物，受一生中所為的好壞所決定，佛教也認為，透過佛教定下的規律的苦修，人可以脫離輪迴，成為長生不死的羅漢 (Arhat) 或佛陀[26]。這時傳入中國的佛教屬於所謂的小乘派 (Hinayâna)[27]。

*

　　約西元 130 年，蜀地即現在的四川省，一位崇黃老派的人張陵自稱得到老子本人的口授，造作道書。他創了一個宗教，尊老子《道德經》為「聖經」。這個宗教的組織屬於自助會之類，所有加入的人要交五斗米，因此稱為「五斗米教」。張陵以符水為人治病，以食物救濟窮人，在道書中宣稱「道」即是「一」，要按「道」意治國，道教之名在他的書中第一次出現，以後就成為這一宗派的正名[28]。他的信徒愈來愈多。這時漢朝已經衰弱，西元 190 年，他的孫兒張魯自立為蜀的統治主，以教治蜀，這是中國少數的政教合一的政權之一。西元 215 年曹操大軍來到蜀地，張魯率領一家人到曹操大軍前請降。因為他和平投降，曹操封他為王，讓他繼續傳播道教，繼承他的子孫都稱為天師。以後所有的朝代都承認這宗教，並把天師封為官職。到了清朝，因為清朝崇佛，把官職降低，可是並沒有免

---

[25] 佛教脫胎自婆羅門教，但強調眾生平等，西元前 6 世紀創立，到阿育王時廣為流傳，後來才被復興後的婆羅門教－印度教取代。

[26] 佛陀 (Buddha) 是佛教神祇的通名；釋迦牟尼是大佛陀。

[27] 小乘（Hinayâna，又稱希那衍那）是原始佛教，修悟得成不再受生死果報之苦的阿羅漢。Buddha 是佛陀，簡稱佛，指自覺、覺他、覺行圓滿的聖者，通常指釋迦牟尼。原始佛教其實是無神論，佛涅槃後，為便於傳教，才將佛、菩薩偶像化。大乘（Mahâyâna，又稱摩訶衍那）是第 1 世紀出現的佛教，修行的目的是成佛。唐僧帶回中國的就是大乘佛經，小乘是大乘派給的貶稱。

[28] 張陵所創為五斗米道，據朱越利的說法道教之名始自北魏寇謙之「清整道教」。

去，只是對道教的傳教加了許多限制。到了中華民國於 1912 年成立後，才去除所有宗教的官職。

曹操把張魯封侯的主要原因大約是安撫教徒，而且可以監視道教的活動，以避免曹操和其他當時的軍閥花了不少時間和軍力平定的黃巾叛亂，後來朝代沿循曹操的政策的原因也類似。現在，中國政府也採用類似的政策，以監視宗教團體的活動。中國政府甚至將中國的基督教和國外的隔離（特別以梵蒂岡為中心的天主教），設了愛國者教會等。

中國的道教宮觀（道教的廟）分布各處，和佛教共為主要的兩個宗教。道教的著作極多，明朝把所有的著作綜合為《道藏》。

## 宗教導引的黃巾叛亂

在張陵建立道教之後，另有一支道教，稱為太平道，以《太平經》為經典。可是這一派牽涉到政權的爭奪，領導太平道的是張角、張寶、張梁等三兄弟，他們以神祕主義廣收教徒，以符水治病，治不好的就說是不虔誠。他用收來的金錢救濟窮人。因為當時漢朝的政治非常腐敗，信徒愈來愈多，不久達到數十萬人之眾。張角決定要推翻漢朝，自立為王。以讖語的方式來鼓吹革命，讖語是：「蒼天當死，黃天當立，歲在甲子，天下大吉。」古代，天也是統治王的代名詞，因為他崇信黃老，黃天指的是他自己，因此這句讖語的意思是，現在朝廷的氣數（命運）已盡，要他去替代。根據張角的策，將於甲子日起義，之後，天下會大吉。

張角所擬定的計畫是，他的三十六路大軍要在西元 184 年 3 月 5 日（甲子日）在各城市同時起義。不幸的是，在京城的領導人物被擒，招出叛亂的計謀，因此在預計革命的一個多月前，朝廷就有了準備。張角只好倉促攻打城市。也許是響應黃天當立這句口號，這些教徒軍兵都頭帶黃巾，因此也稱他們為黃巾黨（史書稱黃巾賊）。

他們人數眾多，因此攻佔了不少的郡城。各地的地方官聯合打擊黃巾黨。雖然張角很快就在戰爭中陣亡，可是餘黨要再過十五年才陸續被消滅。在這十五年中，各地方官的勢力大增，最後漢朝政權由曹操獨攬。當時的皇帝漢獻帝變成終生傀儡。曹操和劉備和孫權在赤壁大戰，曹操大敗。之後，劉備和孫權的勢力大增，中國進入著名的三國時代。這場不成功的革命之後，太平道就完全被消滅了。五斗米道變成唯一崇黃老之教，稱為道教。

## 五胡亂華

曹操在有生之年無法消滅劉備和孫權，他死後，兒子曹丕才統一了中國。然而不久之後，政權被曹操的一位大臣司馬懿的後裔所奪，創立了西晉（265－316年）。由於連年爭戰，國力已經衰微，再加上西晉八位王子爭奪皇位，影響到國防；同時北方各族胡人的勢力大增，胡人開始入侵中國。

約在四世紀初（時當西晉末）某一早春的日子，在現在陝西省境內的長城上面的某一觀測台上，站了一位軍隊的小隊長。他正在做例行的瞭望工作。平常，他的隊伍應當有三十餘人，可是現在，因為八位威權極大的王子正互相作戰，爭奪王位，許多守望觀測台的軍隊成員都已內調。他手下連自己只有四人。事實上，守望瞭望台的軍力單薄得很，只有隔一個或兩個觀測台才有少到不能再少的守軍。

剛剛過了春分，至少再一個多月以後，這片北方的黃土地才會開始變綠。等到那時，過著遊牧生活的胡人才會來到，把他們的牛羊趕到草地上吃草。這些胡人通常都很友善。他們之中有許多會說漢語，事實是，這些胡人沒有自己的書寫文字，所有的書寫都用中文。這些胡人是很好的貿易商。這位隊長和他的手下，經常把長城內商人交給他們的貨物從高高的城牆上，用繩子垂下去，和這些胡人以貨易貨。他們垂下去的貨物有絲綢、棉布、衣著、大米等等。胡人的貨物有羊毛、獸皮、獸角，有時還有小羊、小牛等。胡人的牛羊的品種比長城內的好。這樣的交易可替他和手下帶來一筆可觀的利潤，也能替以貨易貨的商人帶來很厚的利潤。畢竟中央政府送來的補給時有時無，如果沒有這種交易，他們就無法過活。當然這樣的交易是不合法的，可是不能說他們不顧道德，因為他們從事這種走私的交易的目的，僅是為了求生。

忽然，他看到遠處有飛揚起的煙塵，揚得太快，太高。平常的牧牛牧羊胡人絕對不會把牛羊趕得這麼快，而且時間上也太早了一點。他一面凝視，一面想，到底讓這些塵土飛揚的原因是什麼？不久，他看到帶頭的騎士高高舉起的旗幟－他們是入侵者！他立刻下令手下的兵士點燃烽火。燒著的狼糞立刻冒出大黑煙，直達雲霄，很遠處都可以看得到。很快的，下一個瞭望站的烽火狼煙也直達雲霄。一站傳一站，敵人入侵的消息，在幾個時辰內就傳到京城了。可是他很明白，目前內戰正激烈交戰，西晉政府會派遣軍隊來協防長城的機會很小。不抱任何期望的他，眼見敵人愈來愈近，不久就可以看到帶頭的胡將所攜帶的旗幟上胡人的標誌，胡兵架起雲

梯，開始攀爬，一個接一個的爬上來。後面的胡兵如潮水一樣的湧來。他手下只有四名兵士，如何抵抗這麼多的入侵胡兵？而且，他已經盡責，點燃烽火報信；無可奈何，他只好舉起雙手投降。這些胡兵從他的瞭望台衝到下一個瞭望台。輕易的佔據以後，再到下一個瞭望台。不久整個長城上都站滿了胡兵胡將，他們一直衝到最近的關口；他們很容易的佔據了這個關口，他們立刻打開關門。騎著馬的胡將胡兵一擁而入，接著來的就是車隊。胡人侵略者就這樣，輕易入了關。一旦進了關，就開始攻打並佔據關內的城市，一直佔據到西晉的國都洛陽。在下一個一百三十六年間，至少有五個不同的胡族（其實不止五族。主要的是匈（奴）族、羯族、鮮卑族、氐族、 羌族五族）進入了中國北方。他們一個接一個統治了中國長江以北的地區。在這期間，這些胡人一共成立了至少十六個國家及朝代，這就是歷史上稱為五胡亂華的時代（304 – 439 年） [29]。

*

以上所說的僅是五胡亂華入侵的一幕而已，在西晉成立之際，因為才剛打過幾十年的戰爭，中國的人口大規模減少，若想增加人口，就必須允許歸化（即放棄遊牧生活過像漢人以農為主的生活）的胡人到中國居住。可是由於生活習俗不同，有時會發生摩擦。有些胡人到晉朝做官。其中有一位胡人的後裔劉淵（？– 310 年）。他的遠祖是匈奴人冒頓，和漢高祖講和，漢高祖和冒頓結拜為兄弟，還把一位公主嫁給他，因此他就改姓劉，自認為漢朝的宗親。劉淵是晉惠帝（統治期 290 – 306 年）朝中的一位大將軍。他趁著八王之亂，於 304 年在現在的山西省離石縣宣布獨立，自立為王，將自己的朝代稱為漢（後來改名為趙）。他的兒子劉聰率兵不斷的攻打西晉的城市，戰敗兩次，終於在 310 年獲勝，攻入京都洛陽劫掠。此時晉朝只好退到長安，於 316 年被攻佔，晉王被俘。大臣在倉促之間南下渡過長江，於 317 年擁立了另一位皇族司馬睿為皇帝，史稱東晉，以長江的天險來抵禦佔據了北方的胡族。

## 南北朝–佛教交替興起與被壓仰

---

[29] 遊牧民族侵入中國建立的政權，可分為兩種：1.滲透王朝–如五胡十六國、北魏等。2.征服王朝–如遼、金、元、清朝等。滲透王朝是指逐漸移入中原地區的遊牧民族，趁中國政權衰亂時，奪權建國，例如：西晉八王之亂時，匈奴劉淵起來建國，然後派人攻入洛陽，擄走皇帝、宗室。事實上，早自西漢時代，匈奴就已陸續移入長城之內，為漢朝守邊。

　　這段期間，長江把中國分為兩個南北對立的朝代的局勢：北朝及東晉、南朝，北朝為胡族所統治，主要是五個大族（匈奴、羯、鮮卑、氐、羌），間或有比較小的族如大夏。這些胡族之間爭戰不已，每一個朝代成立不久就被推翻，因此，每個朝代的統治期很短，從兩年到數十年不等，有時還有好幾個朝代同時存在，因此都稱為國（五胡十六國）。一直到 386 年北魏成立後，才開始統一起來。胡族大都沒有自己的文字（鮮卑有原始的文字），故沿用漢人的文物制度。可是也有所創新，如府兵制、均田制、租稅制度，這些制度為後來朝代所沿用。南朝起初被晉所統治，於 420 年被推翻。以後由四個朝代，宋、齊、梁及陳所統治，到隋文帝時再次統一中國，才結束了這段痛苦的歷史。

　　在這段胡族彼此爭戰期間，姦殺擄掠是常事，因此中國的北方變成人間地獄，悲慘的情形可以和羅馬帝國亡後，歐洲在蠻族的連年爭戰下的情形相比。在中國，每逢北方遊牧民族的朝代更換之際，就會發生大規模的屠殺，不分種族，漢人和胡人都遭殃。最大的一次可能發生於一位漢人冉魏所建立了朝代。這個朝代雖僅維持了兩年，但一旦兵勝，就下令大肆屠殺羯族人。羯族人高鼻、深目、多鬚，因此大屠殺的對象就是這樣面貌的人。有許多漢人因多鬚，不幸也被殺了，短短三日之內，殺了二十餘萬人。這種人間地獄卻成了傳播宗教的沃土。就在這段時間，非但有胡僧來中國傳教，從中國前往印度求經和學佛學在的和尚也不少，之後成為佛教的傳統，前往西方學佛學和求經。自後漢（約西元 25 年）初起到唐朝，歷史上記載的，來到中國的胡僧就至少有七十二人，而從中國到西域求經和學佛者至少有兩百餘人。現在看來，這些數目似乎不算多，可是要了解，當時到西域，除了冒生命的危險外，每一個單程的旅程時間就將近一年，要越過高山的山口，最低的也在海拔 4,000 公尺，這就不是普通人會去做的事情了。許多取經人在路途上停留，造廟宇、造紀念建築，西元 366 年樂樽禪師請工匠建造在第一個石窟，成為信眾修行、弘法的場所，後經歷代僧眾增鑿，成為千餘窟，所以又稱「千佛洞」。建造以後，這些取經人不斷的在敦煌的一個石室中雕佛像、繪壁畫等，共集有一千年的藝術。從繪畫到雕像、書籍等都有。（已失傳的唐朝的《秦婦吟》就在這個洞中發現。）19 世紀中，英國人發現這個洞窟，把許多寶物載回英國，遺留下來的還不少，現在敦煌石室成為中國的國家重點文物區。

　　180 年，中國的佛教廟宇總數少於兩百間。到了 500 年，全國有 4 萬間以上的佛教廟宇。270 年，佛教的僧人（和尚和尼姑）數目為 2 萬

4,000 人，佔的人口比例約為千分之三[30]。到了北魏（386 – 556），僧人的數目突然大增，最多時到 2 百萬之眾。到了隋唐（589 – 907），僧人的數目減到 50 萬到 20 萬不等，仍舊是相當大的數目。佛教最盛時期可以說是南朝的梁朝（502 – 557）。開國帝梁武帝蕭衍篤信佛教，除了在政治和立法上有所作為之外，他還大力提倡佛教，使得廟宇如雨後春筍似的興起，中國僧尼的數目增到十數萬人。他甚至宣布要放棄王位，去當僧人，他一共當了三次僧人，每次都要勞動大臣以鉅資把他「贖」回。他對經學極有研究，為了加強對佛教徒的管理，曾下令撰成《出要律儀》，制定佛教僧尼的行為規範，還親自為佛教僧尼定下禁斷酒肉的戒律。他定出的戒律一直被佛教僧尼所採用。在這一點上，他的功績和一位天主教的住持，努西亞的聖本篤 (Benedict of Nursia, 480 – 547) 相似。聖本篤定出隱修制度，稱為「本篤會會憲」(Benedictine Rule)，列出每日修道者的職責，如祈禱、用餐以及每日的計時等。到現在不少修道院還遵守他所制定的制度。

中國佛教僧人大增的原因，不完全因為修行的僧尼受了教義的吸引而獻身學佛。有許多人去當僧人的原因是可以免兵役和徭役，而且廟產的田地也不必交賦稅。從國家經濟觀點來看，這是稅收、兵源和勞力源的一大漏洞。梁朝在富裕的南方，因此僧尼寺廟雖多，在經濟上的負擔仍舊可以過得去。可是在北方，寺廟僧人的免除兵役、徭役以及賦稅，的確是國家人力和經濟上的極大負擔。北朝魏太武帝拓跋燾治內（423 – 452 在位），因為大臣崔浩等篤信道教，便在他面前竭力抨擊佛教。佛教的盛行，佔去了大量勞動力。而拓跋燾為了要進行統一戰爭，必須徵召青壯年人入伍，因此下詔徵召寺院沙門 50 歲以下的強壯者還俗服役。等滅了競敵西涼以後，大批佛教徒遷往京都，而佛教徒往往利用鬼神方術來擴大其影響。太武帝為了提倡儒學，於西元 444 年發出滅佛詔令。但由於太子（他是一位虔誠的佛教徒）的保護，部分廟宇得以保存，不過佛教勢力已大減。到了太子繼位之後，佛教才得再次興旺。事實上，中國各朝代對佛教的態度呈現出矛盾，一個皇帝反對佛教，另一個則大力提倡。西元 444 年滅佛之後，460 年魏文成帝（452–465 在位）又大力提倡佛教。他下令在山西省大同

---

[30] 自西元 220 年黃巾黨叛亂起到西元 265 年之間，中國動亂不已。到西元 270 年時，官方統計全中國的人口還不到一千萬。這數字很可能偏低，因為根據《三國志》魏蜀吳三國人口總數只有 760 幾萬，但據《晉書·地理志》西元 280 年人口數為 1616 萬，不數年，人口增加一倍有餘，顯然不可能，趙剛認為即使是 280 年的記載。也極可能嚴重偏低。

縣的一個石灰岩山－武周山（又稱雲岡）建造極大的石窟，在其內建造佛像。工程浩大，直到 494 年，同一朝代的孝文帝時（拓跋宏，在位期471–499）才完工。總計洞窟 53 個，主洞 21 個，佛像 10 萬個，加上飛鳥走獸等，後來的朝代陸續增加佛像及其他雕刻。這樣規模的佛教神像的石窟在中國有三個（另兩個是河南洛陽龍門石窟和河南鞏縣石窟，都在北魏孝文帝在位時期，西元 493 年開鑿，且歷代都擴充規模）。其他小的佛教石窟造像不計其數。

　　唐朝佛教極盛，武則天還大力尊崇佛教。因為佛教寺院消耗國家財富和人力資源，有遠見的政治家如狄仁傑、姚崇（兩位皆是盛唐名相）、韓愈等人及當時的宰相李德裕都反對佛教。到了唐武宗（841–847 在位）時，寺院的土地又大量擴大，大幅減少國家稅收。於是在西元 845 年開始滅佛，史稱「會昌滅佛」，這並非要銷毀所有的佛教寺廟，主要是針對有大量土地的寺廟。共拆了四千多間寺廟，收回寺院所擁有的良田數千萬頃，收回奴婢十五萬人，被迫還俗的僧侶有二十六萬餘人。在唐武宗頒布的詔書中，說明滅佛的原因，除了經濟的原因外，還帶有現在認為是狹隘的民族主義的意味：「今天下僧尼的數目太多，都等待別的勞動者、農人來養他們，而他們的生活奢華，所造的寺廟具皇宮氣派……我朝高祖，以武平定禍亂，以文來管理華夏，只這兩點，就可以治國，區區的西方宗教如何能和我們抗衡？貞觀和開元時都已經改革（佛教）過，可是積弊還在，因此為了要濟人利眾，不能不執行。」這次的滅佛雖然規模很大，可是還留下一大批經調查後認為是真心禮佛的僧尼，此後天下還有寺廟數千間。

　　唐朝滅亡以後，中國再度分裂，史稱五代十國。其中後周世宗於西元955 年，也是為了經濟的原因，再度滅佛，只有以往皇帝敕頒的寺廟得以保存，其他的必須關閉，僧尼還俗。這是最後一次滅佛。這次滅佛以後，北方佛教勢力大減。以後的每一朝代都監視著寺廟內僧尼的行為，使得寺廟不再成為逃稅者和避免兵役以及徭役者的天堂。從某種方面看來，佛教和政府之間建立了一種默契，自此以後，再沒有大規模的滅佛政策。

　　以上就是佛教徒聲稱的四次滅佛的行動，稱為三武一周。（另一個未提及的是北朝周武帝在 567 年的滅佛，其經過、動機大致與其他滅佛相同。）中國的滅佛和西方迫害基督教主流天主教之外的其他宗教（包括基督教其他支派）的動機不同。在西方，純粹是為了鞏固天主教的教權，而以教義的名義進行迫害。而在中國，雖然在滅佛的行動中包括信仰的成分，但大部分還是基於經濟上的原因。當佛教過於興盛時，消耗國家的經濟，

就以尊儒的籍口滅佛，但並未以另一個宗教機構來替代。即使建立了國教，也維持不久。如北魏太武帝毀佛，尊寇謙之道士為國師，以道教為國教；唐武宗崇信道教，不久因修道服丹藥而亡。這些對宗教的迫害和對宗教的支持（如建立國教）都不持久。每一次滅佛之後，經過幾個皇帝，佛教又再度興起。每一次建立了國教，不久就被廢除。

## 其他宗教：伊斯蘭教，景教，祆教，以及猶太教

除了道教和佛教之外，最大的宗教就是伊斯蘭教。伊斯蘭教在教主穆罕默德 (Mohammed, ? 570 – 632) 建立回教國 Arabia（中國古時稱為大食國）後不久，就傳到中國。

西元 751 年，正當唐代，一位中國學者杜環隨高仙芝軍西征蔥嶺以西的地方，兵敗被俘。（這次兵敗，把造紙的技師也俘了去，一般歷史家認為這是第一次將造紙技術從中國傳到阿拉伯，以後再傳到歐洲。）他在阿拉伯各地遊歷，762 年回國之後，寫下了見聞，惜原書已佚，然而在別的書上提到了他對伊斯蘭教（又稱回教[31]）的敘述。618 – 626 年間，四位伊斯蘭教的傳教士（稱為大賢）來到中國傳教，穆罕默德是文盲，可是對知識非常尊敬。（6 世紀後半葉，東羅馬皇帝查斯丁尼一世以妖言惑眾的口實關閉了具有九百年歷史的柏拉圖學院，其中許多學者逃到阿拉伯，受穆罕默德的庇護。）據伊斯蘭教的記載，穆罕默德曾說過：「學問雖遠在中國，亦當求之。」651 年，阿拉伯帝國第三任哈里發（阿拉伯是政教合一的國家，Caliph 相當於教宗兼國王）奧斯曼 (Uthmän ibn Affän, 577 – 656) 派遣使節到中國。見到了唐高宗。使者介紹了哈里發建國的經過、當地習俗和伊斯蘭教的概況。中國伊斯蘭教史的學者認為這是伊斯蘭教首次進入中國。以後伊斯蘭教和中國有不少的接觸，從這一年到宋末 (1278)，阿拉伯帝國一共派遣了四十七位使節來到中國。中國政府還協助伊斯蘭教徒在中國設立清真寺 (mosque)。

成吉思汗向中東的侵略，迫使大批的中亞人、波斯人和阿拉伯人東遷到中國避難，更進一步把伊斯蘭教帶到中國。這些新遷入的居民大部分被編入「探馬赤軍」，鎮守在帕米爾高原之東，在蔥嶺區的邊疆，成為屯兵，平時從事生產，戰時應召入伍，伊斯蘭教徒一般都接受了宗教以外的中國文化，對中國的貢獻很大。元朝 (1264 – 1368) 的高官中有不少伊斯蘭教徒。事實上，明朝推翻元朝時，許多開國英雄如常遇春等都是伊斯蘭教徒，

---

[31] 回教的名稱來自信仰伊斯蘭教的回紇族。

而現在世界聞名的中國偉大航海家，最遠曾航行到非洲東南的馬達加斯島 (Madagascar) 的三保太監鄭和 (1374 – 1433)，來自雲南的回族（即信奉伊斯蘭教的民族），他下西洋七次，最後一次，不少船隊隊員登陸了阿拉伯半島到麥加朝聖。回國後，繪製了「天房圖」描述該地。

　　大多數的中國伊斯蘭教徒都屬於遜尼派 (Sunis)，據 1985 年的統計，中國的伊斯蘭教徒總數約為 1400 萬人，現在中國還有許多只信奉伊斯蘭教的少數民族，和中國人民和平相處。事實上，即使在文化大革命最黑暗時期，其他的宗教多多少少都受迫害，可是伊斯蘭教徒仍舊不放棄他們的信仰（其他亦然）。除了有些宗教上的習俗（主要是食物上的習俗）之外，他們原則上都和中國人同化了。男的不蓄鬚，女的不以頭巾包髮。中國人沒有禁食某種食物的習俗，可是伊斯蘭教義中有許多禁食的食品，最重要的也許是不能食用豬肉。一般中國人都尊重伊斯蘭教徒的習俗。

*

　　還有不少其他宗教進入中國，可是大都衰微了，或被其他宗教所吸收。西元 7 世紀阿拉伯建國，將伊斯蘭教定為國教之後，促使部分的其他宗教教徒遷移到中國，其中有波斯的祆教 (Zoroastrianism)。因為教義中有對火的禮讚，禮拜火天神，因此中國又稱其為拜火教。受到北朝中的北魏、北齊、北周及南梁各朝代中朝廷的支持，北魏和北齊皇帝、太后甚至率領百官奉祀火天神，興盛一時。絲綢之路上，有不少祆教的廟（祆祠）。會昌滅佛期間，也受到連累，以後逐漸衰微，到現在只有殘存的祆教廟廢墟。

　　其他進入中國的宗教還有猶太教，在中國稱為一賜樂教，大約來自以色列 (Israel) 的譯音。唐朝時期進入中國後，曾拜見皇帝。因為猶太人在歐洲飽受宗教迫害，他們向皇帝要求能自由信奉自己的宗教，皇帝應允，還把敕令刻在碑上（現藏於美國芝加哥費特轉博物館 (Field Museum)），保障他們宗教信仰的自由。一賜樂教的主要根據地在開封，建有他們的會堂(synagogue)。以後因為和漢族、回族（伊斯蘭教）通婚，會堂裡又沒有人傳教，逐漸衰微，現在開封還有一小支。

## 佛教對中國文化的貢獻

　　這些進入中國的宗教，尤其是佛教，在中國文化的發展上，有不可磨滅的貢獻。注重史的真實性的中國文化缺少的是有幻想性的神話，而這種缺陷在美術上最容易看到。和同一時期的希臘相比，中國的建築缺少像希臘那麼宏偉的廟宇，栩栩若生的神像、人像雕塑，也缺少希臘特有的戲劇。

佛教的引進帶來了不少新的文化成分–中國從迷信進入有教義的宗教，而佛教本身就是一個很重要的文化新成分。此外，佛教還帶有大量的神話，這些都是傳統中國文化所缺乏的。隨著佛教傳教士進入中國的，還有西域各處的建築，特別是印度的建築，這些輸入的文化中，甚至可以看到波斯和希臘文化的痕跡。上述提到的雲岡石窟，僅是佛教在建築及藝術上的貢獻之一而已。佛教也傳入中國的塔式建築。塔起源於印度的浮屠，中國佛像的雕刻也深深受到印度雕像的啟發和影響。

但最重要的還不是這些看得見的文化。佛教的引入，帶入了大量的經典，這些經典，為中國的文字、文章、文學、思想等加入了新成分，各朝代翻譯出的經典不計其數。翻譯時，從這些經典中新創的字彙和成語就達數萬之多，即使有一大部分後來因為不常用而不流行，但保留在中國語彙中，經常應用到的仍舊非常可觀。一些來自佛教的字彙，如：剎那 (ksana，瞬間)、涅槃 (nirvana，超脫)、瑜伽 (yoga) 等等，而方言閩南

圖 16. 景教十字寺的廢墟

語中經常用的「無法度」(沒有辦法) 也來自佛經。翻譯的佛經往往難懂，而難懂的原因不是文字難懂，而是意義難懂，要解釋這些難懂的意義，就不能用古文，而要用當時會話的口語，即白話。(到了現在，當時的白話已經變成現在所稱的文言文。) 而佛經中用到不少的邏輯觀念，分章分節分段，這是科學的組織方法，以組織的解剖文體來做陳述，這是中國古文中所缺少的。中國在文學方面，一直到了唐宋才開始有小說戲劇，中國的長篇歌曲和小說的體裁似乎都受到佛經中故事的影響，例如：馬鳴 (Aśvaghoṣa，約西元 1 – 2 世紀人，後被尊為佛教菩薩 (Bodhisattva)) 本人就是一位大文學及音樂家，他所著的《佛所行讚經》(Buddhacaritakāvya Sūtra, Life of Buddha)，其實是一部長達三萬字長的敘事史詩，中國名著《孔雀東南飛》的形式和此一著作的 5 世紀初的譯本相似。宋明之後的雜劇、傳奇、彈詞等受到華嚴 (Buddhavatamsaka – mahavaipulya Sutra, Garland Sutra)、涅槃 (Mahāpari – nirvāṇa – sutra) 等經的影響很大，例如：《水滸傳》、《紅樓夢》的結構運筆，受這兩部經的影響之處很多。

在思想方面，中國將印度傳入的佛教思想發展成禪宗思想。禪宗思想滲入宋朝理學，成為儒家思想和佛家思想的混合體。就此而論，中國儒學

接受了佛學思想，但沒有接受它的宗教儀式和神祇，這是中國受外國來宗教文化影響的一大特徵。

## 早期傳入的基督教

18 世紀以來，基督教在中國成為一個最具爭議性的宗教。起初，中國是張開雙手歡迎它，就和歡迎其他宗教一樣。最早在中國流傳的基督教是聶斯脫留派 (Nestorianism)，在中國又稱為景教，創教的是君士坦丁堡的主教聶斯脫留 (Nestorious, ? – ?451)，景教 (Nestorianism) 在中國也流行一陣子。景教是基督教的一支，為康士坦丁堡 (Constantinople) 的內斯托流士 (Nestorius) 創於西元 428 年，其教義和第二章提及的阿里烏 (Arius, 約 250 – 336) 派的類似。這是最主要的基督教「異端」，它的教義和基督教不同的地方是，它強調基督的神性和人性的各自獨立性，因此這二者之間的聯繫疏鬆。這種和天主教定出的教義不同的宗教當然不容於教廷。428 年和羅馬教廷分裂後，日漸向東傳播。約於 5、6 世紀間傳入中國新疆，7 世紀傳入中國內地，唐貞觀 9 年 (635) 主教阿羅本 (Olopen) 來到長安，唐太宗給與禮遇，請他在皇宮的藏書樓翻譯帶來的《聖經》，並不時向他問道，貞觀 12 年 (638) 准他傳道，並由政府資助他造波斯寺 (後改名為大秦寺，即景教禮拜堂，又稱十字寺)，曾經流行過一陣子，後來在會昌滅佛期間，也遭波及，一度在中原絕跡。到了元朝，景教又再度傳到中國，當時相當盛行一陣子，教徒人數達 3 萬餘人。後來天主教傳入，才日漸衰微，現在已經成為歷史陳跡。歐洲的景教屢遭天主教的排擠，在西班牙異端裁判所期間 (Spanish Inquisition, 1480 – 1834)，遭教廷處以酷刑和死刑的迫害後，在歐洲完全絕跡。然而在中東 (伊拉克、敘利亞等地) 還有不少教徒，伊斯蘭教並沒有加以排擠，允許他們繼續他們的宗教信仰，可是不許傳教。

## 天主教進入中國 –異 國英雄利瑪竇

天主教傳入中國，最早的是約 1300 年的喬瓦尼. 達維諾 Giovanni da Montecovino (1247–1348) (聖芳濟 Franciscan) 來到中國為第一任主教。最有名的發生於 1583 年，進入中國的兩位意大利修士 – 利瑪竇 (Matteo Ricci, 1552–1610) 和 羅 明 堅 (Michael

圖 17. 異國英雄利馬竇

Ruggieri, 1543–1607）。利瑪竇於 21 歲時加入天主教耶穌會為修士，之後被送到葡萄牙學葡萄語。1577 年被送到葡萄牙在印度的殖民地果亞(Goa) 傳教。1580 年成為神父，奉命到澳門學中文。次年隨同羅明堅到中國傳教。他們首先乘船到西江岸的肇慶（廣東省），在那裡，他們設立了一間教堂，起初他削髮，穿僧衣，聲稱是僧人，將教堂取名為仙花寺。他繪製了《山海輿地圖》，刻印流傳，仿製了地球儀、日晷，很得人器重。後來請了老師教他《四書》，把《四書》譯成拉丁文，這是最早的譯本。在廣東住了十年後，覺得僧人地位不如儒生，就留鬚髮，會客時穿絲綢。北上江西南昌，結交儒士官員，之後他的上司命令他到北京傳教。他準備了一批貢品，以修改曆法為名，北上進貢，可是未獲准駐在北京。他在南京結識了徐光啟。1600 年，以進貢為名，獲准前去北京，進貢了天主圖像、天主母（聖馬利亞）像、鑲珍珠的十字架、自鳴鐘等。明朝廷認為他的天文及地理方面的知識對中國有用，便授與他官職，在宮中修理時鐘。他把《幾何原本》和天文、地理、測量等書譯成中文，對早期中國科學的發展有很大的功勞。他在中國時期，所介紹的是托勒密 (Ptolemy) 的以地球為中心的天文學。（因為 1590 年伽利略鼓吹哥白尼以太陽為中心的理論的書《論運動》出版時，利瑪竇已在中國。將哥白尼學說介紹到中國的是另一位於 1620 年抵達的耶穌會士金尼閣 (Nicolaus Trigault, 1577–1628)。）

利瑪竇最明智的一個決定，就是在傳教時，容忍中國人拜天地、祖宗和尊孔的習俗，認為和基督教十誡中的第一誡（解釋為基督教的上帝為唯一的神）並不矛盾。他往往從儒學中引出意義模稜兩可的句子來作為對天主教教義有益的解釋，可是西方及當時在中國的其他傳教士卻不完全贊成對祭祖宗和尊孔習俗的容忍。他吸收了不少教徒，包括著名的中國曆學及天文學家徐光啟，耶穌會的教士跟隨利瑪竇祭祀和尊孔的傳統。利瑪竇於1610 年去世，葬在北京大學附近。他的墳墓在文化大革命時遭到損害，現已修復，是受保護的中國重要文物之一。利瑪竇在中國歷史上的地位和聲望很高。

## 熱烈的歡迎變成爭吵，最後變成侵略

16、17 世紀，葡萄牙和西班牙傳教士在中國沿海傳教，一秉他們在南美侵略蠻橫的作風，要中國人採取西方姓名，和採用西方習俗。非但信者不多，還引起中國人對天主教教士的厭惡，種下對天主教不滿的種子。利瑪竇去世之後，天主教的修道會 (Catholic Orders) 開始對中國感到興趣，

利瑪竇棄世 22 年後，1632 年，在菲律賓的首府馬尼拉的多明會 (Dominican) 和方濟會 (Franciscan) 前來中國傳教。他們基於基本教義主義，不滿意中國人祭祖和尊孔的傳統。由於這些天主教傳教會之間的政治摩擦，這兩個傳教會便向馬尼拉大主教報告耶穌會對中國祭祖尊孔習俗的容忍立場。1635 年，馬尼拉大主教向教皇烏爾邦八世 (Pope Urban VIII, 教皇治期 1623–1644) 提出簽呈，請教宗當局注意在華耶穌會對中國「偶像崇拜及迷信行為」過於寬容，當時教皇沒有回應。1643 年，多明會在華會士黎玉范 (Juan Baptista Morales) 親自到羅馬教廷，對耶穌會提出 17 項指控。教廷為了打擊葡萄牙在中國傳教的壟斷（利瑪竇和其他耶穌會教士都是葡萄牙的耶穌會派遣的），同年任命黎玉范和西班牙方濟會的栗安當在中國監教。兩年後，教皇英諾森十世 (Pope Innocent X, 教皇治期 1644–1655) 批准了多明會的指控，禁止中國教徒祀孔祭祖。在華的耶穌會特派衛匡國 (Martin Martini, 1614– 1661) 於 1654 年前往羅馬教廷申訴，解釋祀孔和祭祖是社會習俗，不具宗教性質。1656 年，教皇亞歷山大七世 (Pope Alexander VII, 教皇治期 1655–1667) 重做裁決，同意耶穌會在華的傳教方針，並且批准了衛匡國所做的四項建議。西班牙的多明會不服，要求教廷回答，1645 年英諾森十世的禁令是否有效。1669 年，教皇克雷芒九世 (Pope Clement IX, 教皇治期 1667–1669) 發出第三個指令，宣布 1645 年禁祀孔、祭祖以及 1656 年允許祀孔、祭祖的兩次決定都有效，具體情況由傳教士自行判斷。1676 年，在華傳教的西班牙多明會教士閔明 (Philippe Marie Grimaldi, 1689 – 1712) 在馬德里 (Madrid) 出版《中國歷史政治宗教論集》第一卷，公開抨擊耶穌會的傳教方針，著重攻擊有關禮儀的問題。三年後又出版第二卷，把有關中國禮儀的問題再加抨擊，使得中國禮儀問題的爭論更為激烈。

在教廷的積極支持之下，法國的天主教也加入進入中國的行列。1687 年，法王路易十四 (Louis XIV) 派遣白晉 (Joachim Bouvet, 1656–1730) 以修訂曆法的名義來到中國，在北京成立法國耶穌會，此後法國教會內部反對葡萄牙耶穌會在華傳教方針的意見逐漸取得領導地位。1693 年，法國耶穌會在華總代表在福建向信徒發表通知，不許信徒祀孔祭祖，不許使用「天」及「上帝」兩個稱謂（按：《尚書》中稱天為「上帝」）。1692 年，一位法國在華耶穌會教士李明 (Louis Daniel Le Comte, 1655–1728) 回國後寫了《中國現狀新志》和《論中國禮儀之爭》，介紹儒家思想並批評西方商人對東方文化的無知，引起法國教會中一場大規模的爭論。法國大主教諾阿耶和索邦神學院發動輿論攻擊耶穌會對華傳教方針，並譴責李明的

著作，禁止出版。1701 年，教皇克雷芒十一世（Pope Clement XI，教皇治期 1700–1721）派特使鐸羅（Charles Thomas Mailard de Tournon, 1668–1710) 到中國處理有關中國禮儀問題的爭執，進一步打破葡萄牙對於在華教權的壟斷。1704 年，教皇下敕令，禁止教徒奉行中國禮儀，並命令各大小教堂取下康熙親題的「敬天」匾額。這時，康熙已經了解西方傳教士在華的爭執，並應耶穌會之請，於 1700 年御批「敬天及事君親，敬師長者，係天下通義，這就是無可改處。」為了維護主權，在鐸羅在華期間，康熙帝屢次指出：「近來自西洋所來者甚雜……（要）定一規矩……命後來之人謹守法度。」並嚴斥在華教士「妄論中國之道」，干涉中國內部事務。在祀孔祭祖問題上，下令：「自今之後，若不遵守利瑪竇規矩，斷不准在中國住，必逐回去。」凡遵守中國法度的，可到政府內務省領取在中國傳教的許可，在中國合法居住，但鐸羅藐視康熙帝禁令，於 1706 年離京南下。次年公布寫給教士的公函，不許使用「天」和「上帝」的稱謂，違者開除教籍 (excommunicate)。公函發出後，在華的法國派傳教士（大都是多明會和少數方濟等派），拒絕領傳教許可而歸國。耶穌會和部分方濟教會教士、奧斯定會 (Order of Saint Augustine) 教士願意遵守中國法度，得到中國當局所發的許可，留下傳教。因為鐸羅藐視中國禁令，被逐出境。1710 年，克雷芒十一世重申鐸羅禁令，於 1715 年頒布「自登極之日」敕令通諭，宣布教士不得再提起中國的禮儀問題，並且命令在華教士必須遵守這項禁令。在教廷嚴令之下，在華的教士紛紛離華，只剩下少數在宮廷中任職不傳教的教士。1720 年，克雷芒十一世派特使嘉樂（一作嘉祿。Jean Ambroise Mezzabarba）前往中國，企圖說服康熙帝接受教皇禁令，讓天主教教士繼續在華按天主教禁令傳教。康熙帝在接見時，對教皇禁令「與中國道理大相悖謬」之處，嚴加駁斥。由於教廷堅持執行禁令，干涉中國內政，康熙乃全面禁止天主教在華傳教，並且指出，教皇的禁令只能「禁止爾西洋人，中國人非教皇所可禁止。」嘉樂無可奈何，只好宣稱談判失敗。

圖 18. 康熙帝

1721 年離華後，和教廷提出八項准許的妥協措施，企圖緩和這局勢，可是天主教中爭論如是。1742 年，教皇本篤十四世 (Pope Benedict XIV) 又重新明令禁止八項准許，清朝則以全面禁止傳教對抗之。中國自此進入所謂閉關時代，大部分的基督徒都轉向地下，1840 年，還有約三十萬名基督徒。鴉片戰爭後，新教和天主教再度進入中國後，

一直執行這個禁止祭祖及祭孔的禁令。

1939 年，羅馬教廷又頒布關於中國禮儀的問題的訓令，聲稱 1742 年本篤十四世的禁令「在現代已完全失去約束的作用」。之後，天主教方面認識中國人的祀孔和祭祖是一種的儀式，並不帶有承認這二者是替代尊崇上帝的意味。可是這時，中國已和日本陷入全面抗戰，所有一切傳教工作幾乎完全停止。戰後，當傳教工作可以再度開始之際，人民政府成立，所有西方傳教工作全面遭到禁止，直到如今仍未解禁。

\*

自統治期長達六十三年的乾隆帝於 1799 年去世後，中國開始走向一段又長又痛苦的下坡路。1842 年的鴉片戰爭中被英國擊得一敗塗地之後，清廷被迫割讓香港和開放五個港口通商。此外，在大城市內設立了由外國人管轄的租界，也不得不允許開放傳教。這次的傳教帶有深度的復仇性，這些跟著砲艇後面來的傳教士，用極端殖民地性的侵略方式來傳教，造成教案紛起，最後爆發仇殺教士的義和拳叛亂事件。實質上，這次叛亂的結果是顛覆了清朝政權，中國開始進入現代化。可是中國並沒有如傳教士所企望的，變成基督教國家。1946 年，基督徒的數目只有一百萬人左右。全面逐出外國傳教士後，中國自行組織教會。目前的基督徒人數反而增加，和伊斯蘭教徒的數目相彷。

在這場及後來的幾場戰爭中，中國都大敗，被迫訂了不少不平等條約，其中和傳教有關的如下：除了開放教禁以外，並答應發還教堂舊址。1858 年簽訂的天津條約中，又答應外國傳教士進入內地傳教。1860 年中法北京條約簽定時，法國傳教士在條約上私增條款，允許教士在中國各地購買田產，自由建造，其他國家仿效，於是傳教士大量湧入，足跡遍及中國各處，這時許多糾紛開始出現。

這些傳教士企圖改變中國習俗，掠奪民間土地並恣意詆毀孔子和儒家學說，將佛教及道教貶為邪教。以中國被迫簽訂的不平等條約[32]為根據，干擾中國地方行政，破壞中國主權；妄指廟宇、會館、公所和民宅為舊置教堂，迫令歸還；任意出入地方官衙，並盛設禮規，擅作威作福；在傳教中，挑撥教徒和非教徒的糾紛（一如在羅馬亡後的宗教狂徒），凡教內人犯案，都包攬訴訟，曲意庇護教徒，不法教徒往往依仗這些傳教士跟著砲艇後面來所得到的淫威，欺凌平民，詐取錢財，霸佔田產，魚肉人民。

---

[32] 所謂的不平等條約就是侵犯或破壞中國主權的條約。

（中國人稱這批依了基督教教會的淫威，欺凌中國一般人民的人為「吃教者」。）凡此種種惡事，動輒引起公憤，使群眾積恨為仇，紛紛自發起來組織反洋教的武鬥，因此各地教案頻繁發生。自 1848 年到 1911 年辛亥革命推翻滿清期間，發生過、有記錄的教案達 600 多起[33]，其他小的教案不計其數。清朝屢次要求各國對教士和教會約束，都遭各國反對，而政權搖搖欲墜的清朝，無力秉公處理這些教案，為求安寧，只好袒護教士和教會。1898 年，還頒布了一系列保護教會的規定，承認外國教職人員和中國地方官員的地位相等，清朝政府這種屈服喪失主權的立場，更進一步造成人民對教會的憎恨和厭惡，使得彼此的爭執更加白熱化，最後造成義和團（清朝後來稱為「拳匪」）之亂，引起八國聯軍入侵。事件發生後，由孫文（孫中山）所領導的，推翻腐敗滿清政權的革命日漸受到人民的支持，十三年後，革命成功，成立中華民國。

就在這一段時間，中國大眾稱洋人為「洋鬼子」。（義和團把與洋人有關者叫做「毛子」，從洋人到依附洋人的教民，分等為十毛子，依次為：大毛子、二毛子、……到十毛子，而洋鬼子的稱呼應更早，最晚 19 世紀中葉就有了。）這個在憤怒中封給洋人的「頭銜」造成了更多的誤解和對立，傳教士們把「洋鬼子」譯成「foreign devil」，即「外國魔鬼」。當然，鬼子是一個貶洋人的稱呼，（二次大戰，中國人稱入侵的日本軍隊稱為「日本鬼子」。）可是傳教士們的譯文更把這種貶洋人的稱呼再貶上一大截，變成西方的一個大忌諱。在西方，魔鬼又稱撒旦（Satan，希伯來〔猶太〕語為「敵人的意思」），是和上帝對立的惡魔。「外國魔鬼」這一詞把西方人稱為基督教中的最大惡魔，那還了得！這一點更煽動了西方人對中國人的仇恨。可是，中國沒有這樣的觀念。中國的鬼是死了的人的靈魂，傳說中能做許多壞事，而鬼子是做惡毒壞事的人。如果把這些西方傳說中的魔鬼、超自然的妖精、中國的鬼子和鬼定程度，西方的魔鬼是至惡的惡魔，底下就是妖魔（fiend），專搞小亂的小妖精（elf），及頑皮小鬼（goblin），沒有介乎其間的超自然妖精。中國最惡的是妖精（如《西遊記》中的各種妖魔），可是這些妖精都能被中國的神祇降服，最低的是鬼，相當於西方的 elf 或 goblin，只能搞小亂。一旦來了土地神－職位最低的神－就被降服了。而中國的鬼子則介乎妖魔（fiend）和鬼之間，因此，把中西各種妖精惡魔集合在一起，從至惡到最小惡的排序應當是：魔鬼撒旦、中國

---

[33] 附錄中列出歷史上兩個重要教案經過。第一件是利瑪竇去世後不久在南京發生的，第二件是有名的天津教案，牽涉到曾國藩。

（各章回小說中）的妖魔 (fiend)、鬼子、鬼以及小妖 (goblin 或 elf)。洋鬼子的意思是妖精之下的惡棍，介乎妖魔及鬼子之間的惡魔，比外國的「魔鬼」要低上一大截。不幸的是，這個鬼子和魔鬼的誤解使得當時宗教意識很強的西方，抱了要征服一切邪教的，唯基督教至上的「十字軍精神」來中國加本加厲的侵略、作惡。

## 義和拳（武術）之亂，原始正義

中國武術在民間廣為流傳，有不少宗派，其中有一派稱為義和拳，流傳於山東。由於歷代的宗教集團（例如白蓮教）不斷有叛亂行為，明清對宗教管制很嚴，雖然義和拳注重拳術，可是被清朝誤認為宗教而加以壓抑查禁，故轉成地下祕密組織。1895 年（按當時的算法是甲午年），日本向中國挑釁，一場海戰，中國海軍幾乎全軍覆沒，中國又被迫簽訂更多不平等條約，德國乘機把山東全省強行劃為自己的勢力範圍，各國的教會也趁機在山東擴充勢力，縱容、包庇不法「教民」（中國教徒，即吃教者）魚肉人民，群眾對教會積恨成仇，各地反教會的起義暴動接踵而起，義和拳於是成為反對外國勢力的重要組織。

1898 年 10 月義和拳在山東冠縣起事反洋，以閻書勤為首，聯合直隸省（現為河北省）威縣的義和拳領袖趙三多，聚眾燒毀經桃園教堂，佔領犁園屯，成為義和拳反帝國主義起事的先聲。次年 10 月，朱紅燈及本明和尚等為首的義和拳在平原縣等處也起義，於是，山東和直隸兩省的反教會的起事連成一片。

起義之後，傳教士們要求清廷加以鎮壓，山東巡撫張汝梅建議招安義和拳為團練，並將義和拳改名為義和團，默許一般拳民練拳，但追捕懲辦武裝鬧事的拳民。這麼一來，並未消滅義和拳，而其他祕密結社，如大刀會、紅拳會等都趁機加入義和團，變成合法化。主要參加者都是社會底層的勞工大眾，貧困、愚昧、沒有好好受過教育，因此他們反抗的方式一如過去漢朝黃巾以來就採取的方式，如神壇等，而派別則以《易經》的八卦（乾、坎、艮、震、巽、離、坤、兌）代表之。神壇是敬神、練拳、聚會和議事的場所，類似西方的教堂 (church)。他們的神祇極多，幾乎任何佛、道，及小說中提及的神話人物都可以變成他們的神祇。他們提出的口號是「扶清滅洋」。這對受盡了西洋教會及其中國籍的「吃教者」欺凌的人民，是一個很吸引人的口號。當時，因為外力入侵，民生凋蔽，官府橫徵暴斂，洋貨充斥，造成人心抑鬱積憤。民眾將所有怨恨集中在和西方人最常接觸

到的洋教，因此反教反洋成燎原之勢。

西方國家在教會的壓力之下，要求清朝消滅義和團。清廷分成兩派：一派主張「剿」，另一派主張「撫」。（如宋朝對待《水滸傳》中，描述得有聲有色的宋江造反時的招安政策。）前者認為義和團起源於明朝和清乾隆統治末期發動過叛亂事件的白蓮教，因此必須加以鎮壓和消滅。後者認為清朝在三十多年前才平定了 1850–1864 之間太平天國的叛亂，再加上一連串的外患，如果剿滅義和團，將帶給清朝很大的危險，因此主張「招安」，然後操縱利用[34]。兩派的勢力均等。這時正當戊戌政變（光緒帝要改革政治，事機不密，被慈禧太后得知，處死六位主張改革的官員–六君子，軟禁光緒帝）之後，各皇族爭奪皇位，想要廢掉光緒帝。因為處於內爭，清朝舉棋不定。後來頒下一道實際上是主張招安的諭旨，各國公使認為清朝縱容義和團。法、美、德、英等國公使發出照會，要求清朝全面鎮壓義和團，然後又脅迫總理事務衙門，說如不答應，就要本國派軍艦來華，實行武裝干涉。（1900 年 2 月各國軍艦於直隸灣示威，限兩個月內除滅拳匪，否則將代為執行。）這時中國正面臨被瓜分的危機，而剿滅義和團的大軍又失利，義和團破壞了所有的鐵路。各西方國家的軍隊已開入中國，包圍北京。義和團持了扶清滅洋的旗幟，得到北京居民的支持。西方各使館氣勢洶洶，更增加清廷的疑慮，清朝派大臣剛毅和趙舒翹等「視察」義和團後，於 6 月 13 日承認義和團合法，准許他們進入北京城，這時各國包圍的大軍被義和團擊敗。1899 年 12 月，袁世凱代替毓賢為山東巡撫，由於毓賢入京極誇義和團忠勇可恃，得有神助，慈禧召見，明白的予以袒縱，認為民氣可用，造成義和團控制北京、天津一帶，1900 年 5 月破壞鐵路、電線。6 月義和團大舉入京，焚燒教堂、教民住宅，焚掠北京精華區，百姓紛紛逃難，北京成了恐怖悲慘世界[35]。

這時西洋各海軍將領商討，俄國建議各國軍隊聯合作戰，並要求把所有防禦設備交給各國共管，中國守軍不肯，交戰失利後，清朝已無路可走，

---

[34] 郭廷以教授認為：清代白蓮教亂後，鄉團維持地方治安，白蓮教徒散歸鄉里，此輩大多練拳棍，義和拳是白蓮教雜採道教的信徒，其信仰與教士、教民本不相容，在山東與教民互鬥已久，後因教案擴大，清廷下令查辦，巡撫張汝梅將義和拳歸入鄉團，名曰義和團，無異承認其合法地位。

[35] 中國名作家林語堂的《京華煙雲》就從這裡寫起。

於是宣戰[36]。清軍和義和團聯合防禦北京，全國各地飽受教會和教民魚肉之苦的人民紛紛響應，大肆燒毀教堂和屠殺傳教士、教民及使館人士，無論善惡，都被殺死無赦，許多中國的傳教士也遭到殺害。當中有一段小插曲，證明即使在清朝，也還是具有遠見的政治家。英國在上海總領事向英國政府建議，如果和北京政府決裂，最好能和湖廣和兩江總督取得諒解，保護教民和在華的外僑，英國政府絕對支持。劉坤一和張之洞總督於接到清廷的支持義和團的命令後，以這些命令為「矯詔」為理由，拒絕受命，反而接受了英國的建議，因此這些南部地區沒有受到兵災。張、劉二位的「抗命」大幅降低了清朝對地方的統治權，也導致 1911 年孫文在武昌起義成功後各省擁護革命，紛紛「獨立」，因而使得在 1912 年 2 月 12 日隆裕太后宣布退位，結束了中國四千多年的皇帝統治制度。

＊

以下就是歷史了。有了當時現代化的武器，八國（英、法、日、俄、德、奧、義、美）聯軍終於把手持大刀長矛的義和團擊敗。中國被迫訂辛丑條約，除了賠款四億五千萬兩銀子，分三十九年付清，加上利息為九億八千二百多萬兩。北京設使館區，中國人不許入內居住。從北京到山海關駐外國軍隊，並答應許多其他苛刻的條件。義和團事變雖然失敗，卻大幅迫使中國人體認到，來自外國的侵略者是中國的最大敵人。中國年輕知識分子紛紛設法圖強，許多加入孫文鼓吹革命的行列（也有走體制內改革的立憲運動）。也種下了後來五四運動啟蒙改革運動的種子。

英美兩國事後檢討，認為義和團事件的起因是中國人的愚昧和對外國的不了解，這兩國把所得的賠款設立獎學金，稱為庚子獎學金，送中國學生到這兩國留學，以增進中國人對外國的了解，這些獎學金造就了一代多的中國學者，從法律到科學·工程到人文都有。

再從另一方面來看，發動義和團運動的是普通平民，大多是沒有受過高等教育的勞動大眾，他們受了欺凌，能做到的就是團結起來，報之以原始性的報應（raw justice）。當然，從國際法律來看是不對的，西方就以國際法律的觀點來處理這事。可是，利用國際法律來欺凌無知的人民，本身就是一件不道德的事－合法而不道德。中國受了欺凌的人民用屠殺傳教士、

---

[36] 事實是，1900 年 6 月，端郡王載漪因對洋人懷恨，偽造公使照會，激怒慈禧。慈禧聲言欺人太甚，下詔宣戰。郭廷以說：慈禧一任感情衝動，枉顧時世，公然對所有的外國宣戰，誠古今中外絕無僅有之舉。

教徒和焚燒教堂來報復，是不合法的事，可是並不能說不道德。可是，義和團是華北民眾用傳統文化來捍衛自己的權益，也是既荒謬又悲壯的民族主義行動。最近發生的一件事，和義和團的作為很像，可是沒有大宗流血。這就是伊朗擄美國大使館人員為人質的事。英美為了石油的原因，干涉伊朗內政，在美國支持下，伊朗在 1920 年代建立了巴列維 (Pahlavi) 王朝。巴列維利用石油的收入和美國的援助，推行社會經濟發展計畫。由於計畫過大，造成經濟嚴重失調，通貨膨脹，物價上漲，貧富懸殊。自 1977 年下半度起，各地反政府暴動紛紛興起，而美國則仍舊竭力支持不受歡迎的巴列維王朝。1979 年，國王被迫出國，反對國王的伊朗什葉派 (Shites) 宗教領導霍梅尼 (Ayatollah Ruhollah Khomeini，Ayatollah 是什葉派宗教領導的頭銜) 回國組織政府，實行政教合一的統治。他煽動群眾對美國的仇恨，1979 年 11 月，暴徒攻入美國大使館，將所有的館員都擄為人質，直到 1981 年才達成釋放人質的協議。雷根總統就職時才釋放人質，從國際法來說，這是極端不合法的事，然而起因還是美國對伊朗內政的干涉，激起伊朗百姓的公憤。無論有沒有法律根據，伊朗採取了原始的報應手段進行報復。

## 基督教對中國文化有無貢獻？

所有進入中國的宗教中，以基督教最具侵略性，把中國固有的文化習俗肆意抵毀之外，還引起許多戰爭，讓中國喪權辱國，許多人並因此喪命。現在就這些流血、喪失中國主權，以及使中國受了將近一百年的辱國事件，心平氣和的討論，基督教，是否和佛教一樣，對中國的文化有正面的影響？

自利瑪竇 16 世紀末把基督教引進中國後，最大的影響是使中國人了解，在孔學儒學之外，還有科學這門學科。而西方的入侵，則使中國人體會西方「船堅砲利」的可怕。因此從朝廷到民間都開始了解科學和基於科學的工技的重要性。雖然科學和工技（科技）跟著基督教進入中國，科技並不是基督教的產品。事實是，科學和工技與基督教一直都處於既恨又愛 (love－hate) 的關係。利瑪竇進入中國不久後，歐洲正進行一場科學史上的大迫害。16 世紀一位波蘭天文學家哥白尼 (Nicholas Copernicus) 花了大半生的時間，研究天體，特別是行星的運轉，認為當時天主教認可的，源於第二世紀天文學家托勒密 (Ptolemy) 的天文體系（把地球看成宇宙的中心）是不正確的。太陽才是宇宙的中心，地球和其他行星都繞日轉。由於哥白尼的理論和天主教的信念相悖（基督教《舊約聖經》中暗含地球為宇宙中心的意識），直到他臨死時 (1543) 前才將其理論印成書。按照一

位在他彌留時在側的朋友的說法，就在他去世的那一天，他才看到印出的書。儘管哥白尼懷著恐懼，他的書出版後，沒有多少人注意，只有剛成立新教的馬丁·路德 (Martin Luther) 和他的信徒竭力反對。（馬丁·路德是極端的基本教義派。）當現代物理之父伽利略 (Galileo Galilei, 1564–1642) 以自己所發明和自製的天文望遠鏡指向天穹觀測行星和銀河後，認出了哥白尼學說的正確性。和許多天才一樣，他也有恃才傲物的傾向。他大力鼓吹哥白尼的學說，這才引起了天主教的注意。教廷開始調查哥白尼的學說，認為這學說違反教義，因此「荒誕不經」，便把這學說禁了，把伽里略交給宗教法庭審判。伽利略被迫承認哥白尼學說的錯誤，之後伽利略和哥白尼的書被查禁。可是在一些開通的新教徒國家如荷蘭，這些書都能自由的印行。這事發生在 1613–1620 年間。後來，因為有壓倒性的證據，1835 年教宗發出解禁這些書的敕令，然後把科學和信仰劃界，不再干擾理科科學。非但如此，後來天主教的神職人員對天文學有很大的貢獻，例如，創現代大爆炸宇宙論 (Big Bang Theory) 的勒美特 (Abbé Georges Édouard Lemaître, 1835 – 1966) 就是一位神父。

可是並非所有基督教支派都對宇宙的研究採取開通的態度。科學是一把不講人情的雙面刃，它的應用可以造出侵略中國的堅船和利砲，可是也能用它來否認宗教中的宇宙論和創世論。16 到 17 世紀間有一位愛爾蘭的主教厄謝爾 (James Ussher, 1581–1656) 把基督教《舊約·創世記》中記載的人物的壽命加起來，聲稱《舊約》中的上帝創世時間是紀元前 4004 年。19 世紀地質學剛興起時，主要的任務之一就是證明創世的年份和諾亞時代洪水的存在。可是地質學家很快就意識到，地球的歷史很悠久，至少有數億年（現在斷代為 45.5 億年），根本沒有能把世界都泛濫的洪水（神話的最可能的來源是黑海的泛濫，見第三章）。現在，天主教和許多新教支派都接受了這科學理論。（科學理論的意義和普通一般的意義不同，普通說某事太理論化，意義是，這事缺少實際上的根據；而科學中所稱的理論，是一套能非但合乎邏輯，自合〔沒有自相矛盾的成分〕，而且基於前人所發現的，對於有關的自然界現象的觀測或實驗，所建立出的邏輯解釋，絕不是憑空捏造出的臆測。）可是，美國有很強的基本教義派，堅決反對科學的宇宙論、地質學，以及進化論。他們捏造出一批偽科學（所謂的創造學理論 (creationism) 和最近發明出的智慧設計論 (Intelligent Design)，聲稱只要數千年，洪水就可以把美國最壯觀的大峽谷沖積出來（地質學家認為至少要好幾千萬年）。這些偽科學聲稱所有證明進化論的化石證據都是上帝造出來唬騙科學家的。（一位名科普學家卡爾·沙根

(Carl Sagan) 批評這麼可笑的偽科學說，他不相信上帝會這麼惡毒。）這些基本教義派甚至想把這些偽科學以立法的手段放入中學教程中。（已被美國最高法院裁定違憲。）即使是現在，對科學方面持開明態度的天主教和許多新教，仍舊有和科學相悖的地方。其中一個例子是對幹細胞 (stem cell) 的研究。幹細胞是還沒有分化 (differentiated) 的細胞，即胚胎的細胞，這種細胞在成長時能分化成不同的細胞，如眼、耳、皮膚等。如果能研究出幹細胞的功能，很可能就可以醫治現在無法醫治的癌症，也很可能讓失去了肢體的人重新長出肢體等。可是研究幹細胞要用到胚胎的細胞。（大都來自死於腹中的未產胚胎，或新生胎兒的胎盤。按某些基督教支派教會或教徒對《聖經》字面解釋，認為這些和攜帶人的生命的胚胎細胞同體，因此反對。縱使不把這些胚胎拿來研究，在研究過程可能要把這些胚胎毀滅，即「處死」。）從一方面說來，基督教對於能協助他們傳教的現代的科學文明表示敬仰，可是在另一方面，又對科學在和他們教義相悖的地方加以阻擾，因此基督教和科學的關係既帶愛又帶恨 (love-hate relationship)。

我說了這些的原因，不是反對基督教，而是闡明，科學並不是基督教的產物；20 世紀前，現代科學大都是基督教國家的產品，可是並不能說是基督教的產品。那麼，基督教在其他方面的貢獻呢？

先說基督教的貢獻，在這麼多傳教士和來自外國的教徒中，不少真正抱了愛人的教義來奉獻、服務中國人的。他們在 19 世紀末在中國造了不少的學校和醫院，這些仁慈和善意的作為是可歌可敬的。卻因少數（按犯罪學家估計，百分之幾就很多了。（即使美國本土也承認美國犯罪率極高，可是只有百分之一的人口在監牢中服刑。）這些不法教民或傳教士的作惡，就把其它傳教士的善意全部一筆勾消，即使如此，在把學校和醫院制度傳到中國這件事上，他們的確有不可抹滅的功勞。當然，中國也派遣留學生出國學習，可是西方傳教士在經營他們所設立的學校和醫院時，同時也訓練出為數眾多的醫院和學校管理人才，加速了中國的現代化。

在其他方面，基督教對中國文化的貢獻遠不如佛教，有幾點原因：我想，最重要的是，當佛教進入中國的時候，中國文化正在「青少年」時代，舉凡建築、藝術，甚至文學、宗教，都沒有成型。佛教的進入，正好補上這個缺口。當基督教進入中國時，中國文化早在元、明兩朝已邁入世界的至高峰，跟著基督教進入的文化以和宗教無關的西學為主，如數學、地理學、醫學、製器等。反之，基督教帶進的宗教文化卻企圖把中國的祀孔祭

祖的數千年習俗毀滅，以及把中國的孔學儒學和其他多元性的文化毀滅，代之以一個對中國人說來是陌生的，對中國文化具高度破壞性的宗教文化。

基督教的主要教旨是「拯救人的靈魂」，最重要的教義是「原罪」－所有的人一生出就有罪，非要信耶穌基督，靈魂就不能得救。原罪的來由根據《舊約·創世記》，上帝最初造出的人是亞當和夏娃，亞當和夏娃因為違反了上帝的禁令，在伊甸天堂花園中偷吃了智慧的禁果而被逐出天堂。基督教把握這一點，大作文章。更進一步認為所有的人都是亞當和夏娃的後裔，因此一生出來就有罪，稱為「原罪」[37]。信了基督教，原罪和所有在人間犯的罪過都由耶穌頂了過去，靈魂就可以得救。佛教沒有這種觀念，說一生出來，不分青紅皂白，都繼承了最早的祖先犯了的罪。佛教注重人們在人間犯的罪，引入了如果人犯罪就要下地獄的理論，也引入了許多解脫的方法，主要是悔過和做善事，所謂「放下屠刀，立地成佛」、「苦海無邊，回頭是岸」等等，而在靈魂的拯救方面，有了「輪迴」[38]的說法：今生做了善事，來生就得好報，投胎在富有的人家。好好修行，就可以脫離輪迴，成為不死的羅漢或佛陀。在這方面，佛教供應了種種的選擇，而基督教不談來世，只有對靈魂的拯救的說法，而且要等到世界末日到了才能升天。非但如此，非要信基督教才能得救，其他宗教都沒有用。聽起來似乎像在賣某種產品，不買就不能得救。

除了拯救靈魂和原罪的教義之外，基督教中所說的重要教義，在中國早就有了，基督教的教義中最重要之一是所謂的金律，一般認為是〈馬太福音〉 7:12：「所以無論何事，你們願意人怎樣對待你們，你們也要怎樣待人。」（在〈路加福音〉 6:31 重覆過）這句話孔子早就說過了，可是用的是文法上雙否定的語氣：「己所不欲，勿施於人」（用基督教《聖經》的說法，「你們不願意別人怎樣對待你們，就不要依樣去待人。」）（在《論語》中說過三次。）以孔子的說法，基督教所說的可以寫成：「己所欲，施於人。」原意是好的，可是在實踐方面，演變成的是「己所欲，*非強施於人不可。*」這樣豈不是意味著：自己信的教，就要強迫其他的人也信同

---

[37] 戰國時代的荀卿（荀子）也有一個類似的理論，人之初，性本惡。可是按他所言，惡性可以用適當的教養來更正。

[38] 輪迴 Saṅsâra （英文譯為 The Wheel of Transmigration）是印度教的觀念，認為生和死都呈連續性。一種的解釋是，萬物的生命都在一個大輪上，被光照到的是生命，沒有光照到的就是死。這輪慢慢轉動，因此生與死交替。如果在生之際做了好事，死後再生就會有福。如果在生做壞事，再生以後會受苦。

98

樣的教；自己有了某種制度，也要強迫別人非要採用同樣的制度不可？歐洲史上有不計其數的例子，以暴力去強迫別人信教，連美國對最近的對伊拉克的侵略，動機雖然是為了要搶石油，可是卻以強迫伊拉克實行美式民主為籍口。《新約》中有好幾段說到孝順父母，愛你的鄰居（例如：〈馬太福音〉 19:19：「當孝敬父母，又當愛人如己。」）（英文是「愛你的鄰居就如愛你自己一樣」，中文的一個譯本譯成「愛人如己」。）這就是中國墨子早就說過的兼愛，孝敬父母和愛人如己都是中國提倡的固有美德，孔子說過，而墨子更把「兼愛」視為理所當然。可是，在 21 世紀以前，歐洲基督教國家及美國在兼愛方面有一個最大的污點，就是對不同種族及不同宗教的歧視。似乎只有同種族同宗教的人才夠資格享受兼愛。18、19 世紀甚至於到 20 世紀初歐洲人在非洲及亞洲有色人種的殖民地的許多所作所為令人髮指。而對有色人種，特別是黑人的歧視和迫害一直到 20 世紀末才開始改進。姑且不談對有色人種的歧視，即使對白種猶太人的歧視，也要等到希特勒在二次大戰期間，把六百萬無辜的猶太平民處死了，戰後由於自咎才逐漸去除這種歧視。可是在中國，儘管有地方主義的對外鄉人的歧視，各朝代的政府並沒有對任何種族或宗教加以歧視；自古以來，中國社會中最大的「肥缺」是政府的高官，可是選拔大都按照考試成績，不偏袒任何宗教、種族或個人。（除了某些時代，如兩漢的捐納和政治不明清的時代，如明清後期時的捐貲，可以用錢捐個官位。）伊斯蘭教徒當高官者屢見不鮮，非但如此，對讀書少、民智不發達的邊疆或少數民族，還有保障名額。（美國在 80 年代才開始，確認少數民族權益的措施〔affirmative action〕。）在中國，北宋後期的科舉制度開始對北方人採保障名額，明代始對少數民族都給了保障名額。《新約》中說到「有人打你的右臉，連左臉也轉過去由他打。」（〈馬太福音〉5:33。另見於〈路加福音〉6:29。）這句很易讓人覺得是退讓主義的話，可是公平來說，〈馬太福音〉的那一段中，還有一句上文：「你們聽見有話說『以眼還眼，以牙還牙』。（按：這是基督教《舊約聖經》中寫的：〈出埃及記〉21:24，〈利未記〉24:20，〈申命記〉19:21。）只是我告訴你們，有人……」語氣中代表的不是完全的退讓主義，而是不要事事斤斤計較，能寬恕時就寬恕的意思，可是這句話也帶有無條件寬恕的意味，使人容易誤解；孔子一直在說寬恕，可是不是無條件的，他說的話，語意較清楚，當學生問：「以德報怨，何如？」孔子的回答是：「何以報德？以直（公平正直的處理）報怨，以德報德。」現代在商業中廣用的博弈論 (game theory) 研究出來，這是社會行為中（從商業到執法）最有效益的一種做法。

有一條基督教《聖經》中一字不提的，而在《論語》中提到多次的，就是「中庸」之道。孔子強調中庸：深惡極端。事實上，各朝代都重視中庸，中庸是中國文化重要的成分。著名的英國李約瑟（Joseph Needham, 1900–1995）也許是當時代最對中國最瞭解的漢學家，他把中國和西方文化作以下比較：中國文化似乎有一種內存的穩定性，無論朝代的變遷，或外族的入侵，中國的基本社會結構沒有大變化。相比之下，西方的社會制度中有一個隱形的不定時炸彈，會不定期爆炸。中國文化似乎有一種類似高等動物的，使體內情況穩定（homeostasis）[39]的機構，就如現代機械裡保持穩定的反授機構，可是更為複雜。當中國走入一個似乎走不出的死巷子時，最後中國自己會找到出路，從這死巷子走出。有幾個最近的例子。19世紀末，20世紀初，中國落後，走進了八股文的死巷子，飽受侵略，面臨亡國之災，可是中國改變了自己的意識形態及習俗，把西方好的文化中國化以後引用，然後自己從這死巷子裡走出來。文化大革命時，西方認為中國不可能走出來；結果，非但自己走出來，而就像西方傳說的火鳳凰，從灰燼中再生，變成今日世界的第二強國。

有許多關於中國如何自己會走出來的理論，可是我認為，有兩個很重要和互輔的因素。第一就是中庸之道。中國的思想反對任何極端的意識形態。另一個就是《易經》的原始循環論－世界上沒有永恆的局面，因此中華文化裡也沒有永恆的意識形態。即絕對不能變的教條（武斷不能更改的定論）。在這種的意識之下，需要改變，就能改變，見風轉舵。中國歷史中，從來就反對教條。接受教條，但也可以改變教條。接受了能符合中庸原則的教條，可是不接受不能變改的教條，同時又能容忍不同的信念。這在宗教的接受方面，可以看出。中國不反對宗教，可是不拘泥於教條。舉個例子，一個人死了以後，家屬請了和尚來超度，往往也請道士來消災。

中國人不怕接受改變，如果這改變有用；而西方文化傾向於認為教條是不可變更的。許多事，不分青紅皂白，先問和他們信任的教條有否衝突，就按這種邏輯來做決定。這種過分信任教條的態度，在美國的政治中非常明顯。在西方歷史上，例子更不勝枚舉。西方科學對教條的挑戰始於伽利略。他對傳統的亞里士多德的思路提出質問。（天空不是完美的，因為用他發明的望遠鏡，可以看到月球不是一個完美的球體，有許多坑洞。）教

---

[39] 體內情況穩定（homeostasis）是一種高等生物用來穩定體內的情況的機構，用來抗衡外來或入存的不穩（如疾病），類似電子線路裡的反授機構。舉例來說，一個鋼琴家失去一根手指或一隻手，仍然可以用其他手指或另一隻手彈出感人的音樂。

會的勢力很大，因此伽利略在這場爭執中敗了，可是他帶頭的對教條的挑戰卻大勝了。再舉一個例子，美國和西方對種族的歧視，起初是奴役黑人，後來是在各方面的歧視，不得和白人通婚，不得進入白人的餐館等等。這枚不定時炸彈在 1967 年爆炸了。馬丁路德·金恩牧師領導的民權運動，把美國攪得天翻地覆，只好立法改變。由宗教引起的，幾乎長達 20 個世紀的反猶太人運動，導致了屠殺六百萬猶太人的大災禍，也是一枚不定時炸彈的爆炸。

## 今日中國宗教運動的簡單評論

雖然基督教宣揚的教義在中國的宗教及傳統文化中都有，可是宗教不是邏輯，信的人也不講邏輯，只講信念 (faith)。中國也有不少真正為了基督教的教義而信教的人，但面對不法傳教士和教徒的惡行之下，有些中國教徒就想脫離西方教會控制，因而發動了所謂的自立運動。其實在 1870 年代，就有廣東儒生陳夢南於信奉基督教後，提倡中國教徒應當自行傳教，以免被譏為洋教。自此之後，華人自辦的教堂增加。義和團運動失敗後，一些民族意識強烈的基督教徒受到很大刺激，開始組織不受外國教會管轄的教會。五四運動後，反帝國和反封建的革命運動日益高漲，1925 年 5 月 30 日，為爭取中國工人的工資，學生在上海英租界遊行，被英國巡捕（當時警察的稱謂）開槍打死十人，打傷十幾人，稱五卅慘案。這事件更加速了自立運動，不過些自立運動都沒有獲得政府的支持。又因牽涉到中國共產黨於 1927 年發動的革命運動，這些自立的教會後來被迫解散。抗日戰爭後，又開始了一次的自立運動，但在當時國共爭戰之際，自立運動無法發展。

1950 年中華人民共和國成立後，所有外國的傳教士都被迫離華。在新成立的中國政府倡導下，中國基督教又開始一次自立運動。發表宣言，指出新教傳入中國的一百四十餘年間，基督教於有意無意間和帝國主義建立了關係。在官方支持下，召開了第一屆中國基督教全國會議。1954 年成立了中國基督教三自愛國運動委員會，這時的基督教徒總數目大約少於 100 萬人，文化大革命期間，基督教活動幾乎完全停止。1980 年鄧小平開始改革後，中國基督教徒在中國的傳教不再受到限制，舉行了第三屆中國基督教全國會議，成立了新的全國性的教務機構－中國基督教協會，在中國各處出現了基督教三自愛運動委員會和教務機構。歷史悠久的金陵神學院 (Nanjing Union Theological Seminary) 復校之後，還新設立了一批地方性的神學院校，印行中國少數民族文字的《聖經》等。三自愛運動聲稱要

把所有的基督教支派都統一起來，這是中國目前官方支持的基督教組織，官方聲稱這就把基督教各支派都統一了。組織這基督教協會的目的是控制宗教活動，避免教權凌駕於政權之上。以政治控制宗教中國自古已然，從唐代對僧侶的度牒制度就開始了。

這種官方的想法很天真，未曾了解為什麼歐美基督教有這麼多支派的原因。即使天主教所有教義都由梵蒂岡來解釋，都還有不少支派，如上面說過的關於中國禮儀問題，有能容忍的有不能容忍的派別。在新教中，所有教徒都能自行解釋《聖經》的涵義（天主教徒不得自行去解釋《聖經》），而基督教的《聖經》的書寫時間，從《舊約》到《新約》，歷經將近一千年或更長，作者及編輯者不知其數，因此其中有許多自相矛盾的地方。（如《舊約》中要「以眼還眼」；而耶穌說要寬恕。持平來說，孔子的《論語》中也有不少自相矛盾的地方。）而且，《聖經》中有許多語意不明之處，容許多種解釋，每一個認為新教的教會解釋錯誤的傳教士都能自由創立一個新的教派。舉例來說：耶穌死前說過，他死後不久就要回來，而回來之後，世界就要毀滅。希伯來（猶太）彌賽亞派和基督教的預言派以及在《聖經》中都提到的在千禧年將發生的事件，因此有許多教徒認為世界末日和千禧年有聯繫。一位 18、19 世紀間的牧師米勒 (William Miller, 1782 – 1849)，研究了《舊約》的〈但以理書〉(Daniel) 和《新約》的〈啟示錄〉(Revelation) 後，斷言世界末日將於 1843 年 3 月 21 日（春分）和 1844 年 3 月 21 日之間降臨，他的信徒都受到鼓勵並信從這個預測，到了所預定的日子，世界末日並未降臨，於是米勒和他的跟隨者再定出一個世界末日的日子 – 1844 年 10 月 22 日，結果那一天來了又去，沒事。他的跟隨者之後把這件事稱為「大失望」(Great Disappointment)。然而在這幾次預測失敗後，他的信徒反而更多。（這就是上面說的，宗教不講邏輯，只講信念。）1863 年，信徒之間意見不合，此後陸續分裂為：安息日會 (Adventist)、傳教安息日會 (Evangelical Adventists, 1845)、生命和安息聯盟 (Life and Advent Union, 1862)、上帝教會 (Church of God, 1866。又稱第七日教會 (Seventh Day))、一般性上帝教會會議 (Church of God General Conference, 1888。又稱阿伯拉罕信仰 (Abrahamic Faith))，以及基督教安息會 (Advent Christian Church, 1860)。每派的教義略有小異，可是信徒們卻把這些「小異」看得很重要。一般說來，這些分支都認為安息日在星期六而不是一般基督教說的星期日。其實安息日派是對的，猶太教和伊斯蘭教都遵從這傳統，可是以星期日為基督教安息日，自君士坦丁大帝召開第一次大公會議起，為了討好拜太陽的羅馬教，把安

息日改為星期日（太陽的日子），因此歷史已經很久，社會的一切時間表都按照這定義安排，更改不易。一般說來，這些教徒們避免食肉和刺激品。

因此，基督教分支為不同的派別是不可避免的事，同一個米勒創出的支派，在十數年中就分支為五派。（以佛教來論，自傳入後，就分枝出不少宗派，連中國自己創出的禪宗也分成南北二派。）自 19 世紀起，世界上基督教新教支派不斷成立，現在至少有將近五十大支派。中國政府把所有的基督教派都統一起來，表面上看起來是組織成統一陣線，可是忽略了宗教是不講邏輯的人類行為之一。只要有少數教徒認為其他教會對基督教《聖經》的解釋不妥，就會成立自己的教會。因為中國政府不許設立教會，因此成立的大都是地下的組織，可是只要這些組織不大，純為了信仰成立的組織，沒有公開的活動，中國政府的政策似乎是睜一隻眼閉一隻眼的讓他們繼續下去，如果太過招搖，或想組織地方性或全國性的教會，就會禁止。

中國的政策似乎還是沿襲明、清及以前歷代的政策，如果一個宗教團體過大，就會有叛亂造反的可能–在中國漫長的歷史中，這類的造反不計其數–因而要禁止。清朝對義和拳沒有一貫的政策，故導致拳民之亂和八國聯軍的侵略，更是前車之鑑。最近在中國被禁的法輪功，原因也是在於其組織過於龐大，信徒崇信過度，又不受政府的牽制。在中國人民政府之前的中華民國政府，也有過同樣的禁令：19 世紀末，出現了勢力相當大的宗教，稱為一貫教，清末時圖謀叛亂而被禁。中日戰爭期間，其教主和日本侵略者合作，因此戰後被中華民國禁止，到台灣解除戒嚴後才解禁。在這一點，中國的政策和西方完全相悖；西方在宗教上一向沒有信仰的自由，馬丁．路德創了新教之後，還打了不少的宗教戰爭，有過好幾次的大屠殺，現在的西方人認為自由信仰是他們爭取到的自由。可是在中國的歷史裡，各朝代政府一直都不會干涉信仰上的自由，只是不允許有過分龐大的宗教組織。在美國，基督教的宗教組織已經龐大到能以基督教教義左右國家的政策，如之前提到的幹細胞研究的例子，這是中國政府和中國大多數人民絕不允許的現象。

還有一個中國民族性和西方不同的地方，就是中國人自古以來似乎有對神祕主義迷信盲從的傾向，從漢朝的讖緯之學到明朝開國元勳之一的劉基（伯溫）所寫的〈燒餅歌〉，都是讖語式的神祕主義。即使將近七百年之後，還有人深信〈燒餅歌〉的預言。（美國也有類似的神祕主義，如許多人仍舊相信不明飛行體 UFO，雖然科學方面已經做不少研究，斷定所有

報告的實例都有疑點，可是迷信於這類神祕主義的人畢竟屬於少數。）舉個實例：現在中國還有不少深深相信氣功萬能的信徒，甚至深信氣功可以治洪水這類荒謬不實的事。氣功源自隋唐道家的著作中（如《太清調氣經》、《延陵君修養大略》）所說的養生方法，這方法強調精、氣（先天禀賦及後天培養出的能力）、神的保養和鍛煉，而以「氣」為其理論和實踐的基礎，因此得此名。其「功」之中有吐納、行氣、煉氣、坐忘等等。道家認為許多疾病可以以呼吸（吐納為其中的一種）的方法來治療。（以呼吸來治病，美國也有例子，可是大都是利用有規則的呼吸，甚至於打坐，把緊張的心態鬆馳下來，因而能使身心健康，但這並不是說呼吸的本身能煉出功來；太極拳－氣功的一種－也以有規則的慢動作使人把緊張的心態鬆馳下來，也具有同樣的功效。）在美國，醫學界曾經對氣功有過一陣的興趣，可是在做了許多實驗後，發現多數的氣功神祕效應和在美國流行過一陣子的心靈心理學 (parapsychology) 類似，不可捉摸（即不具科學上的可複製性〔reproducibility〕），因而不認為這是一種科學。因而氣功仍舊停留在神祕主義的範疇。

神祕主義很容易造成一般人的盲從，這種盲從，在中國要比西方國家更容易變成時尚，幾乎所有中國歷史上宗教引起的革命，都來自對神祕主義的盲從。這正是目前中國政府絕不能容忍的事。目前，這種中國和西方在宗教自由的基本觀念上的相悖，是中西文化不能妥協的幾個重要點中之一。

自中國開放後，許多西方的傳教士都想到中國傳教，其中以天主教為主，許多較小的基督教支派也想到中國擴展；當然，他們不會像 19 世紀那麼專橫了。況且中國的祀孔和祭祖的習俗也改變了很多。可是中國目前的政策是要發展出自己的基督教，不受西方管轄，因此絕對禁止西方傳教士到中國傳教。再說，中國社會已經開始變富有，對基督教的了解也更深刻，19 世紀下半葉和 20 世紀上半葉時，西方傳教士在貧困的中國曾佔有的優勢，如今已經不存在，天主教的總部梵蒂岡一直想和中國建立關係，把中國的天主教徒放在教宗統治之下，可是，鑒於天主教和中國清朝康熙帝的一段交涉，及 19 世紀下半葉在中國發生的許多教案，中國的天主教也許就像東正教一樣，永遠和梵蒂岡脫離關係了。在宗教歷史上，幾乎沒有分裂後再統一的宗教支派，我所知道的唯一分後再合的例子是，在 1378 年，羅馬和法國東南的亞維農 (Avignon) 的紅衣主教們各選出一位教皇，造成天主教歷史中的唯一雙包案（有一位教皇和剛去世的約翰二十三世同一頭銜）。到了 1417 年才同意，選出馬丁五世 Martin V（任教皇期

為 1417 – 1431）為教皇，結束了這宗雙包案。再說，中國政府也絕不會同意讓一個外國的教宗管理中國的教徒 – 若是如此，怎樣向中國喪失過主權的那一段歷史和犧牲的生命財產交代呢？

還有，現代中國人對宗教的意識還是和古代一樣：宗教是一種去得到福祉的工具，而宗教本身不是信仰的目的。中國人很少有要把全身全心都向上帝奉獻的意識；在西方，建造教堂是一種對上帝的奉獻–因此要造出宏偉、建築有特色的教堂出來，即使花了一國的財力也會去做。（話又說回來，北魏也造了宏偉的雲岡石窟，可是在其他朝代就沒有這樣大力的提倡宗教了。）什麼事都要向上帝祈禱；如果成功，都歸功於上帝的福祉，如果失敗，就會找出原因，絕不會說上帝不靈驗。而中國建造廟宇的目的，為的是有一個可以求福祉的地方，是一種實用的工具，和水電等日常實用的東西沒有太大的不同；因此，幾乎廟廟相同，看過一座廟，就等於看過所有的了。（有一批到中國旅遊的西方人，看到第一座廟時，非常欽佩，可是到了旅遊將結束時，導遊說到了某地，一位女士趕緊說：「請別告訴我，又要去看另一座廟！」）在西方，教堂中的繪畫是名家（如米開蘭基羅〔Buonarroti Michelangelo, 1475 – 1564〕）畫出的國寶，而中國廟中所的畫大都是地方性的畫匠所畫的，畫藝尋常，俗不可耐之外，題材幾乎千篇一律。大多數人，沒有事就不去廟中拜佛，即所謂的「無事不登三寶殿」。如果一個廟不靈驗，就去另一個，登三寶殿的目的是求福祉，也是求心靈安靜的地方，以實用價值為主。似乎歐洲的年輕人也開始有這樣的傾向。去教堂的年輕人也愈來愈少，許多教堂都依賴遊客或政府的支持（如德國的稅收中有百分之 7 左右用來支持宗教）。

現在，中國的基督徒數目比 1946 年的增加了不少。在帝國主義的砲艇支持之下，基督教在中國傳了將近一百年的教，但在 1946 年時，也只有 100 萬名左右的教徒。也許這都是傳教徒的惡行所引起的反基督教意識。使人感到弔詭的是，自中國開放之後，在嚴禁外國傳教士來中國傳教的政策下，教徒的數目反而增加很多，現在教徒的數目大約有 2000 萬人，比 1946 年多了二十倍，但仍舊僅佔人口百分之二弱，而在另一個類似情形的國家–日本中，情形也好不了太多，日本的社會要比中國的更具封閉性，儘管基督教可以自由傳教，現在的教徒數目仍舊在百分之三上下。

## 附錄：兩件在中國發生的教案分析

### 教案一：西元 1616 年的南京教案。

南京教案發生在 1616 年，於利瑪竇棄世後六年。事件的發起人是南京的一位沈官員。沈官員 1615 年到南京任職。當時，天主教在南京建立了教堂，教務有很大的發展。1616 年，這位官員向皇帝上了幾封奏疏，極力批判天主教的教義和教徒，認爲他們對皇帝和中國文化都很不尊重。他站在儒家的立場上，提出了種種理由，列舉了一系列證據，完全否定了天主教，甚至說天主教的曆法也破壞了中國人的道德秩序。

沈官員最初的兩次嘗試並沒有成功，第三次他聯合了皇帝的一位親信和其他幾位高官共同攻擊天主教。一些傳教士被逮捕，官方宣布天主教的一系列罪行，傳教士們被迫回到南方。他們所建立的教堂被拆毀，一些墓地也遭到破壞。這次教案持續了三年的時間，1621 年沈官員被撤職，天主教又重新恢復了活動。

分析：明萬曆末年的南京教案，作爲基督教入華後第一次大規模中西文化衝突表面化的標誌，載入史冊。我們所熟悉的，是天主教與儒、佛的衝突，也即中西文化衝突的結果，導致了南京教案的發生。對此，應是沒有疑義，然而，除此以外，這事件的時空，也向我們昭示事件的發生並非偶然。從史的發展角度而言，有必要追尋萬曆末年政局演變的脈絡，將南京教案這一晚明重要政治事件，置於當時廣闊的政治社會背景之中，進行歷史性考察。揭示政局與教案的關係，事件的發生，固然有中西兩種不同質文化的相互衝撞，以及利瑪竇死後，有些傳教士改變了他生前謹慎的多在上層傳教的做法，向民間擴大傳播的緣故，但也與當時朝中政局變化有密切關係。換言之，萬曆年間政局的波譎雲詭，對天主教與西學的傳入，有著舉足輕重的影響和作用。

萬曆自登基以後，依靠首輔張居正，銳意整飭吏治、改革經濟，頗見成效。但張居正死後，萬曆親政，這種自上而下的政治改革便戛然而止，朝事日益敗壞。中葉以後，萬曆不理朝政，政治腐敗日甚，經濟搜刮日厲，統治危機疊現。到此時，不同於列朝的末世危機，由於社會經濟的迅速發展，中國封建社會經濟結構發生變化，處於古代社會向近代社會過渡的前夕，社會內部各層面都湧現了變革激流，而西方傳教士入華適逢其時。當社會面臨深刻變動之際，明朝政壇中代表變革的政治派別也就應運而生，這就是被反對派指爲東林黨的士大夫清流派。萬曆中葉以後，兩種政治勢

力形成並展開激烈鬥爭，一是以東林黨爲核心的士大夫清流派，秉承時代氣息，堅決主張改革腐朽政治；另一則是以浙黨爲首的，包括浙、楚、齊、宣、昆黨在內所有東林的反對派，他們以因循守舊爲特徵，堅決維護腐朽政治，反對改革。明末黨爭劇烈，是非鉅細難以全部加以定性分析和判斷，因此我們難以跳出黨爭的框架，從時代特徵上把握封建士大夫中的清流和濁流，區別改革和保守，判斷進步和倒退。以東林爲核心的清流派與以浙黨爲核心的反對派之間的鬥爭，在萬曆中葉以後持續不斷，根本上是要改革或守舊的鬥爭。當時政局雖然多變，但萬變未離其宗，士大夫改革派和保守派兩大政治勢力間你消我長，鬥爭始終貫穿其間，使危機疊現的朝局波瀾起伏之餘，卻也有規律可尋。基督教傳教士恣意詆毀中國儒家及傳統祭祖文化，正好成爲反基督教的導火線。（摘自王春瑜主編《明史論叢》）

　　從某種方面來看，這次的反基督教教案與康熙年間的基督教（天主教）和中國禮儀之爭，兩者之間有一個相同之處：南京教案之發生牽涉到中國政治上黨派之爭；而天主教和中國禮儀之爭牽涉到天主教梵蒂岡之內各宗派之爭，因爲天主教傳教士中不乏有識之士，認爲中國的祭祖及尊孔和基督教的教義並無衝突。

## 教案二：天津教案

　　1870 年 6 月 21 日，天津教案發生。1960 年法軍強佔天津名勝望海樓爲領事館，強佔民地，修建教堂、育嬰堂，搜羅爪牙，拐騙人口，早爲民衆痛恨。1870 年 6 月，天主教育嬰堂因流行病傳染，死亡了三、四十名所收養的嬰兒，屍體潰爛，慘不忍睹，激起公憤。同時直隸河間拿獲拐犯王三紀，靜海拿獲拐犯劉金玉，供詞牽涉教堂。6 月 18 日，天津捕獲迷拐幼童罪犯武蘭珍，自供系教民王三主使，並涉及教堂。此事哄傳後，人心大憤。於是天津民衆萬人於 20 日聚集育嬰堂前，要求入內檢查。正當該堂負責修女同意民衆代表入內時，法國駐天津領事豐大業（中文譯名）聞報趕至，將民衆代表轟出堂外。豐大業又於 21 日午後，持槍闖入三口通商大臣衙門，開槍恫嚇，要崇厚派兵彈壓。出衙後，路遇天津知縣劉傑，豐大業公然向劉傑開槍，擊傷劉傑隨從高升，還聲稱：「我不怕中國百姓！」祕書西蒙（中文譯名）也鳴槍威脅。民衆怒不可遏，當場擊斃豐大業和西蒙。隨後焚毀法國領事館、教堂、育嬰堂及英、美教堂數所，打死外國傳教士、商人多人，其中法人 17 名，俄人 3 人，英、比、意各 1 人。史稱「天津教案」。事發後，英、美、法、德、意等 7 國軍艦集結天津、煙臺一帶海面示威。23 日，清政府命直隸總督曾國藩查辦，接著又派李鴻

章會同辦理。曾、李以「但冀和局之速成，不顧情罪之當否」爲辦案方針，討好侵略者，竟然判處民眾爲首者 20 人死罪，25 人充軍，天津知府劉光藻、知縣劉傑發配黑龍江，賠款 497,000 多兩重建教堂，10 月並派崇厚到法國道歉。曾國藩對這事件的處理，引起舉國上下無比憤慨。其在京同鄉將他在湖廣會館誇耀功名的匾額打碎燒毀，曾國藩自感「內咎神明，外慚清議」，稱病不出，1872 年 3 月病死金陵。而天津人民不僅將民眾鬥爭情況繪於扇面印賣，進行宣傳，並且每年在天津教案發生的日子，群眾都要沿當年打教堂路線舉行遊行。隊伍中還有人扮裝成被殺害的烈士以示悼念。這一習俗，直到抗日戰爭爆發才停止。

分析：這個教案是一件大事，有兩個重要原因：

（1）歐美帝國的領事館一意庇護傳教士，而傳教士為了傳教，不惜討好一些有困難的人民，有許多莠民流氓乘機變成教徒，以得教堂和傳教士支持，使得受到欺壓的民眾感到不滿。以查辦天津教案的主角曾國藩為例，他在早期時已經上疏討論這些領事、傳教士和教堂的不法偏袒行為：「凡教中案犯，教士不問是非，曲庇教民；領事亦不問是非，曲庇教士。……雖和約所載，（這時已經建立了非常不平等的「領事裁判權」）中國人犯罪由中國官治以中國之法，而一爲教民，遂若非中國之民。」及「教堂近年到處滋事，教民好欺不吃教的百姓，教士好庇護教民，領事好庇護教士。明年法國換約，須將傳教一節加意整頓。」（實際上直到 1900 年義和團運動爆發，這個問題始終沒有得到解決。）

《天津條約》簽定後，使得以侵略行為的傳教進一步公開化和合法化，從根本上改變了基督教傳教士的社會地位，使他們漸漸從中國的東南沿海滲入到北方腹心，甚至逼近了京都之地的京、津地區。而他們給這一地區的鄉里民眾所造成的印象，就是倚仗堅船利砲和不平等條約爲後盾的入侵者。他們的到來，在一定程度上改變了中國社會原有的結構，在晚清社會系統的內部，形成了一種新的抗衡舊有勢力，挑戰舊有秩序的力量，打破了舊制度下社會的寧靜。首當其衝的是教會勢力向官僚集團權威的挑戰。傳教士們憑藉不平等條約取得治外法權，爲了擴大自己的聲望和勢力，吸引更多人入教，還把已經取得的治外法權延伸到教民階層。在天津教案發生前後，地方官給朝廷的奏摺中，常有對於教士干涉訴訟不滿的申訴：「無識愚民，或因訴訟無理，或因錢債被逼，輒即逃入教中，教士聽其一面之詞，爲之出頭庇護……百姓之積恨所以日見日深，教士之聲名所以日見日壞也」；「乃比年以來，各省教民恃爲護符，作奸犯科，無所不爲。

而傳教士一味袒護徇庇，且有從旁扛幫插訟，與地方官爲難」；「凡教中犯案，教士不問是非，曲庇教民，領事亦不問是非，曲庇教士」；在這點來說，教士對訴訟的干預使官員的威望受到嚴重威脅。

有大批的入教者則是受其經濟、社會地位的限制，基於現實需要而入教。他們入教的目的或是爲了度過一次饑荒，或是爲了贏得一場訴訟，或是爲了能免去演戲、供戲、廟中祭祀等這些社會公益活動的攤派，而教會的賑濟，教會根據條約所享有的特權以及入教可免除賦稅以外的攤派，如此種種都滿足了這類在社會上無所依靠的人群的需要，使他們把自己的命運放到了教會的支配之下。成爲「吃教者」。此外，更有少部分特教者「以入教爲護符。嘗聞作奸犯科，訛詐鄉愚，欺凌孤弱，佔人妻，侵人產，負租項欠糧錢，包攬官事，擊斃平民，種種妄爲，擢發難數。」

基本上來說，基督教的傳教和本身教義完全相悖，爲了傳教，不惜違反了十誡的訓令。中國人民被欺壓已久，不顧性命爭取公允。在曾國藩審判這些「逆民」之時，被審者往往衆口一詞，說：「只要殺我便能了事，將我殺了便是，何必拷供。」又說：「官辦此案我的是國家的事，我等雖死亦說不得，但不能令洋人來辱我。」

（2）另外一個因素是中國人的愚昧，雖然傳教士對這種的愚昧也要負很大的責任。中國的廟宇大門常開，誰都可以進去。可是「外國之堂終年扃閉，過於祕密，莫能窺其底裏」，「但見其入不見其出，不明何故。」因此產生了不少不實的謠言。實際上早在咸豐年間就有基督教「剖心剜目，以遺體爲牛羊（實際上傳教士所做的乃是解剖屍體以定出死因，可是中國人無知，認爲褻瀆遺體，一如中古時代的西方）；餌藥采精以兒童爲螻蟻；采婦人之經血，利己損人；飲蒙汗只迷湯，蠱心惑志」的說法，到了同治元年更有「家有喪……私取其雙睛……其取睛之故，以中國鉛百斤，可煎銀八斤」的謠言[40]。這些早年遍行於南方的謠言，隨著基督教的發展也散播到了北方一帶，對天津地區有所影響。據曾國藩處理津案的報告：「惟此等謠傳，不特天津有之，即昔年之湖南，江西，近年只揚州，天門及本省之大名，廣平，皆有檄文揭貼。或稱教堂拐騙丁口，或稱教堂挖眼剖心。」這些完全不實的流言的共同之處，就在於渲染洋教如何殘害中國人的性命（及收括中國人的財產，對待中國人如芻狗）。可是，話說回來，即使是這類純粹出於臆測的訛言，也滲透著一些「天朝子民」高人一等的

---

[40] 實際上，在中古時期，有些基督徒也發散謠言，說猶太人把小孩拐走，在宗教儀式中用，並用器官煉藥等，把許多猶太人以巫罪判刑處死。

優越感，它們力圖表明華夏民族的鮮血是寶貴的，「惟其銀必取中國人睛配藥點之，而西洋人睛罔效。」這種「天朝上國」的偏見，強化了人們在反洋教鬥爭中滋生的民族自衛意識和非理性的排外心態。

（3）可以下一些結論，第一，以槍砲逼迫另一國接受本國的文化是絕對錯誤的，無論用心多好（就如現在美國「建立依拉克民主制度」的行為一樣）。第二，要了解對方的社會和文化情況。第三，非但要平等相處，而且一定要有對方能接受的地方。例如：美國的牛仔褲和搖滾樂文化（無論有多少人不贊成）到處流行，不請自來，政府再禁也禁不了。可是要強迫中國採取美國的政教半合一政策，便遭遇到很大的阻力和反對。

# 第三部　中國是怎樣開始的

# 第六章　北京原人

## 最後的一位北京原人

一個寒冷的早上，在俯瞰一片大平原的一個山洞前面，有位勉強有五英尺高（152 公分）的直立人形，軟弱的倚在一塊突出的巨石邊上。他的前額很小，面孔低而扁平，眉峰粗壯，向前突出，左右互相連接，顱頂正中有明顯的矢狀嵴，吻部前伸，沒有下頦，有扁而寬的鼻骨和顴骨。以我們的標準來看，他長得很奇怪，雖然他的輪廓、上肢，特別是下肢，都很像人，

圖 20. 北京人採集

他似乎一生都直立行走。這一日，深藍的晴天萬里，只飄著些浮雲，天上飛的都是現在在化石裡才能找到的鳥，正在尋覓獵物，在下面的草原上和稀疏的樹林中，他可以看到扁角大角鹿、披毛犀、德氏水牛等等，在現在只有在化石中才能找到的怪獸，在草原上警惕的啃草吃。他心裡想著，多好的行獵機會呀，可惜他力氣不夠，只能望著草原興嘆。雖然按我們的算法，他才三十歲出頭，可是他的肌肉已經軟弱，舉動不便，而在好幾個月圓月缺之前，他的所有的同伴都已經一個一個死去，他的雌伴在好幾個月

圖 19. 人類學家心目中的北京人

圓之前就死於難產，最後一位保持火不滅的人在幾個日落之前也死了，只剩下一堆冷冷的灰燼。他長嘆一口氣，他，又稱為北京人，是他們這社區中最後的一位。他很餓，可是所有的食物都已經食盡，而他虛弱到連出山洞去收集可食植物的體力都沒有了。他又長嘆一口氣，掙扎蹣跚的回到山洞裡，坐在一塊大石上。把臉用毛茸茸的手遮蓋著，等待自己最後時刻的來臨。

就和美國名小說中的最後的莫西根族人 (The Last Mohegan) 一樣，他，造石器工具工人，可能不是真正的最後一位北京原人。但可以很確定的說，在真正的最後一位北京原人在地球上走過之後，好幾次的冰河時期已經降臨在地球上過了。至少要二十到七十萬年後，在 20 世紀初現代的人才在

北京附近的一個山頭的山洞中發現他－這位石器工人、看火人、獵人、收集者，他的社區和他遺留下的石製工具。這時他的遺體、工具，他燒過的炭，被不知多少紀代積下的沉積物所覆蓋。

*

統治了中國 268 年的清朝於 1912 年 2 月 12 日結束，那一天，代六歲的宣統皇帝－愛新覺羅·溥儀－攝政的隆裕太后，以宣統帝的名義發出退位詔書，將中國的統治權移交給剛由孫逸仙所成立的中華民國。在這個新世紀，一切都充滿了希望。雖然在中華民國成立不久，中國的統治權就被北洋軍閥所奪去，可是中國想要急忙趕上西方的運動已經開始，已經擬定了要應用中國廣大資源的計畫，而且很積極的進行。1918 年雇用了一位瑞典地質學家及考古學家安特生 (Johan Gunnar Andersson, 1874 – 1960) 協助中國探礦。

在隆裕太后以宣統帝名義退位前好幾年，清廷已經廢除了孔子創立的傳統私塾教育以及有一千多年歷史，用來選拔人才的科舉考試，代之以西方的學校教育制度。在安特生來到中國之際，好幾批的中國學生已經到過西方的大學學習西方文化。在幾乎可以學習的每一科系中都有求學的學生。這些科系包括歷史、文學、哲學、科學、工程、考古等等。他們攜帶了所學的專長回國，以非常的熱心和極高的士氣，準備替中國服務，積極的建國。

## 布達生 (DAVIDSON BLACK) 和裴文中的發現

在這些年輕的中國學者中有一位專長於人類學的裴文中 (1904–1982)。在他和其他中國學人的協助之下，安特生開始探測，從北京附近開始。雖然沒有探測到什麼值得開採的礦，可是他們的發現卻震驚了世界，而且得到的成果要比任何礦產的發現有更深遠的影響。1921 年，北京附近的居民把安特生等人帶到一個稱為周口店的地方，位於北京西南方向的一個山區。在一個山洞中，安特生等人在石灰岩區發現了一些石英碎片。安特生就大膽聲稱，在這裡將會發現化石人。之後就很積極的挖掘，1921 年和 1923 年發現了兩枚牙齒，經判斷為人牙。六年後 (1927 年)，進行大規模和有系統的挖掘，又發現了一枚人牙。基於這些發現，一位來自加拿大，當時在協和醫院任解剖部門負責人的醫生，也是科學人類學家步達生 (Davidson Black, 1884 – 1934)，聲稱已經發現了一個以往沒有發現過的新原人種。他將這新人種命名為拉丁學名 *Sinanthropus pekinensis* （北京

系中國原人）。很快的，這個又長又彆扭的名字被一位美國古生物學家葛利普 (Grabou, 1870–1946) 簡化成「北京人」，這名詞以後就不脛而走。在後來繼續發掘的工作中，找到屬於四十幾個北京人的遺骨，有十四個頭蓋骨，好幾個下顎骨、臉骨、肢骨及牙齒等。1929 年裴文中獨自組隊開掘，發現了一個完整的頭蓋骨。在當時，北京人的發現非但轟動全世界，在中國當然更為轟動。名戲劇學作者曹禹還寫了一篇以〈北京人〉為名的話劇，現在這部話劇已經是中國戲劇中的經典名作。

發現不久後，學界研究出來，北京人和另一個於 1890 年在爪哇（印尼國的主要島嶼）發現的，稱為爪哇人 (Java Man) 的原人類似，可是北京人要比爪哇人晚。可惜現代的斷代（斷定年代）方法不能應用在這些寶貴的樣品上。1937 年中日戰爭爆發後，一些好意的美國人想要安全的保護這些珍貴的樣品，不讓侵略的日本人奪去–其中有五個頭蓋骨、一些其他的骨骼（有些完整，有些半完整）、有些碎片、147 枚牙齒，他們把這些考古寶物偷運出去保存。自那時起，這些寶物就下落不明。有人猜測，載運這些化石的商船可能被擊沉。直到今天，中國考古人類學家一提起這事，還對這些「通往地獄之道上面鋪的是好意的磚」的「好意」咬牙切齒。1950 年中華人民共和國成立，1966 年又開始挖掘，透過裴文中不懈的努力，又挖到了一個幾乎完整的頭蓋骨。現在已經有不下四十片的肢體殘片，以及不下十萬件的石器工具等。用現代的科學斷代方法，斷定北京人在這洞中居住的時間約在 20 到 50 萬年以前。事實是，從北京人居住的山洞裡沉積的垃圾厚度來看，北京人似乎在這山洞中居住了二十來萬年。最後因為沉積物的堆積愈來愈多，幾乎達到洞頂，因此不得不放棄而移居他處。

北京人的外貌和現在的人類的外貌，說像不像，說不像也像。他的平均頭蓋容量（即腦的大小）為 1043 c.c.（立方公分。幅度 850 – 1300）–要小於現代人的 (1350) 小，可是在幅度方面卻有部分重疊。他的頭骨輪廓較平，額要小，頭上有明顯的矢狀嵴，下接一個強有力的下巴。頸蓋骨非常厚，比現代人的厚一倍。有粗壯的眉嵴骨，一個大的上顎，幾乎沒有臉頰的下巴，從大腿骨的大小，估計他的高度為 1.56 公尺（5 尺 1 寸）。

最令人感到深刻印象的是他們社區式的生活。用火（不知道他們會自己打出火來，還是從自然中發生的火如閃電把樹林燒著火裡取得火種），能製造出原始的工具，以及用動物的骨及角來製出工具。他們精於行獵和採集。他們顯然已經知道烹飪，可是生活似乎很艱苦。他們存在的時間和冰河時期重疊，因此生活條件惡劣，死亡率高。很可能北京人不是現代中

國人的遠祖，而是大自然在演化出現代人類的一段數百萬年的一段時期裡的「實驗人種」之一。

北京人的發現在當時有很高的科學上的重要性，因為對整個世界來言，這個發現解決了演化過程中「失去的一鏈」的神祕問題。這問題在 19 世紀中非常流行。在華萊士 (Alfred Russell Wallace, 1832–1913) 和達爾文 (Charles Darwin, 1809–1882) 分別提出進化論以後，有許多宗教分子（基於基督教《聖經》上帝造人的教條）提出質疑，因為當時還沒有發現在一般靈長類（猿、猴）和現代人類間的化石（失去的一鏈）。這發現顯然證明有這類的化石。

自從中華人民共和國成立之後，中國有過許多使社會不穩的政治運動，可是這些政治運動似乎並沒有對中國的考古人類學家的勤勞工作發生重大影響。這段期間，中國（歐美也在世界其他各處，主要在非洲）發現了許多原人類－和人類同一系的似人動物。在中國發現最古老的原人有元謀人 (Yuanmou Man) 和泥河灣人 （Nihewan Man。這些發現都以發現地為名，都在雲南）。這兩種原人都已斷定約在 70 到 170 萬年前[41]，他們留下的遺物證明他們知道應用火及畜養家畜。

幾乎所有現代人類學家和考古人類學家都同意，現代人 *homo sapiens*，源自非洲。最早在非洲發現的原人的年分是七百萬年前。一般的理論是，這些在中國發現的原人也都來自非洲。很容易可以了解，這些原人後來移居到歐洲和中東。可是自從不知多少紀代以前，中國的西部就被幾乎不可攀越的高山和又寬又急的河流圍住，的確，他們無法從非洲乘船航行到中國。至少可以問：在兩百萬年前還沒有造船和航行的技術，他們怎樣越過這些陡峭的高山和越過這些寬而急的河流來到中國？

## 原人越過蔥嶺來到中國

中國的正西方展開著世界上最高的平原－帕米爾高原，被世人譽為「世界屋脊」。在中國這一邊的高山稱為天山，緊接另一個在中國境內的高山群－崑崙山脈。山的高度都在 2 萬英尺（6,000 公尺）以上；最高峰是波貝達峰 (Pobeda)，高度是海拔 24,000 英尺，或 7 公里以上。可是因為緯度低（北緯 40 度），氣候相當溫和，雪線在 12,000 英尺 (3,700 公

---

[41] 用的是古地磁法，會有相當大的誤差。

尺）。事實是，所謂中國和歐洲貿易的絲路[42]就在這些山中蜿蜒的穿折而過，從中國通到中東然後到歐洲。在航海技術發展以前，絲路幾乎是中國和西方交流的唯一通道。

實際上絲路是一個通稱，有不同的路線；一般說來，有北道、中道和南道，看時局而定。在每一道中，還有不少的分道。可是無論走哪一條路，總長度都在數千英里（上萬公里）上下。對貿易商而言，要走完全程的距離太長了，因此大多數的貿易都透過中間商。從中國運去的商品可能要好幾年才能到達歐洲，反之亦然。沿著這條通道，商人把貴重的中國商品如絲綢運往歐洲，把金銀羊毛等運到中國。宗教如佛教、伊斯蘭教（回教）就是沿著絲路傳到中國。名傳西方的馬可孛羅也從絲路到達中國。成吉思汗的大軍也透過這條絲路，越過帕米爾高原，擄掠征服歐洲和中東。

因為天山處於相對說來低緯度的地區，因此山裡長滿了植物，其中有許多可食用的，如野生蔥和薊。雖然這些山脈鄰近塔克里瑪干沙漠（在新疆中部塔里木盆地），但山仍舊非常碧綠。（順便一提，塔克里瑪干變成沙漠是相當最近的事，可能在最近的冰河時期以後。）

圖 21. 天山山脈

事實上，這地區的舊中國名是蔥嶺[43]，這名字可能來自山上的可食野蔥，或者因為中國人用蔥來形容碧綠。無論從那一條絲路走，在整個帕米爾高原中只有幾個容易越過的低窪山口 (mountain pass)。幾乎所有的絲路都要經過這些山口，最低的是塔勒革依山口 Torugart Pass（亦稱 Turugart，吐尔尕特），最低點的高度也有 12800 英尺（3904 公尺）。另一個貿易商喜歡的低窪山口是在塔勒革依山口之南的明特克山口 (Mingteke)，最低處的高度為 15383 英尺（4691 公尺）。（相比之下，美國黃石公園北部的名勝特頓嶺〔Teton〕最高峰也只有 13700 英尺〔4178 公尺〕）。相傳唐僧玄奘在取經時就經過這山口，顯

---

[42] 中國沒有給從中國到中東、歐洲的山路命名。絲路這名稱是德國人 Ferdinand von Richthofen 在 1868-1872 年間命名的，德文是 Seidenstraße，即絲路。現在廣用的是英文名 Silk Road。

[43] 古代蔥嶺是軍事要地。一般說來，蔥嶺指的是疏勒到葉縣之西的蒲犁之間的天山山脈。

然的，明特克山口只有在溫暖的月
分才能穿越，可是塔勒革依山口幾
乎全年可過。因為高度，氣候善變，
即使在夏天，也能在幾小時內從亞
熱帶的氣候變成化成似冬季的氣候，
有濃霧、寒風、甚至有冰雹。

於 1985 年，中國開拓了從新疆通
往吉爾吉斯斯坦 (Kyrgyzstan) 的公路，
經過吐爾尕特山口，把這山口另命為

圖 22. 原人跋涉萬里走過的山口，
現在是通商的「口岸」

「口岸」，和港口同義，為到各「斯坦」國通商及交通的要道。在這一帶
可以看到數量驚人的古蹟，如殘墟、堡壘、佛教寺廟、清真寺、數百年到
千年以上的古墓等。在一般說來是碧綠的景色裡，可以看到點綴這些美景
的冷泉和小湖，在山谷中有許多蓋滿小石子的沖積平原，栽培了農作物的
田地已經代替了曾經在不知紀代前生長過的草原。除了一些新建築外，這
山口看來和兩百萬年以前，遠在人類史前的景緻和自然的地理構成幾乎完
全一樣。

是否有這個可能，從氣候和其他方面來說，原人可以一批又一批的從
非洲經過中東，越過明特克山口或塔勒革依山口，或其他山口來到中國？
我們知不知道在元謀人或泥河灣人的時代，在這些遙遠的地區的氣候是否
溫暖宜人，能讓他們越過這些山口？換句話說，我們能否知道當時的氣溫？

我們的確有方法可以定出古世界的溫度，而且可以一直追溯到三百萬
年以前。在極北的寒帶，落地的雪花在春夏天也不會融化，因此一直積成
厚冰層。有些地方的冰層的厚度以英里計算，這些就是古代水的「化石」。

科學家發現，如果去量水中的氧的同位素，就可以計算出水從海洋蒸
發時的溫度[44]（這些蒸發出的水變成雲，在北方寒帶下降成雪）。冰島的
冰柱的厚度達數英里，用了挖掘出的冰柱樣品，就可以量到地球以前的溫
度，一直可以量到四十二萬年前的溫度，可是若用海底地層的樣品來量氧
的同位素，就可以一直量到三百萬年前的溫度。從這些溫度記錄中，發現
冰河時代以週期性出現，每一個週期約為十萬年。事實上，我們在一萬年
以前才從最近的一次冰河時代出來。而在兩百萬年以前，有一個不知原因

---

[44] 氧有三種穩定的同位素，原子量各為 16、17 及 18。如果溫度高，蒸發出的水
的高原子量氧的含量就會大。這些水氣變成雲，在寒冷的地方下雪，成為冰層。把
冰層的水分析，可以知道海水蒸發時的溫度。這方法很靈敏。

的全球變暖現象。在週期性的冰河時代的最暖時期，地球的平均溫度要比現在的高上攝氏 5 度（華氏 9 度）。我們知道，高平均溫度指向一個更高的低緯度溫度，因此，在兩百餘萬年前，明特克山口和塔勒革依山口的溫度可能要比現在高上十來度（攝氏）或十八度（華氏）。

在歷史上，人類的活動和氣候（特別是溫度）有密切關係。例如，羅馬帝國的高峰期（中國戰國到漢末）時，正在氣候溫暖的時候－甚至比現在還溫暖。歷史學家聲稱，因為寒冷氣候將使農作減產，造成社會不安，飢荒、戰爭甚至瘟疫發生。有一位西方歷史學家芭芭拉. W. 托克門指出，在第二千禧中期，歐洲經歷了「中古溫暖期」。在這一時期中，歐洲文化開始脫離黑暗時期，藝術和繪畫興起，溫暖氣候使得農作物盛產，因而社會財富大增，開始了一連串的建造大教堂的運動。

想像一下，二到三百萬年以前的這個景象：當平均溫度比現在高上攝氏 5 度之際，這些來自非洲的原人在歐洲和中東漫遊的時候，會發現登上帕米爾高原不是件難事。在這些溫暖期間－典型地，這些在週期性的冰河時代之間的溫暖期的長度約為 2 萬年－植物茂盛，造成草食和肉食動物生態的興旺時代。在他們漫遊的途中，他們在低緯度的地方找到採集和行獵的天堂。有些可能被敵人追趕而不得不往高山逃去－就如數十年前在歐洲發現的，六千年之前逃向高山的「冰人」(Ice Man) 一樣。他們登上帕米爾高原。如果他們運氣好，就會發現這些山口，越過後，就可以到下面的

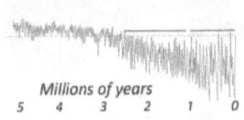

Millions of years
5 4 3 2 1 0

圖 23. 太古溫度記錄

低地去。正如早期的貿易商一樣，越過帕米爾高原，可能不會在一個原人的一生中做到，可能要好幾世代的時間才能越過塔勒革依山口－或其他的山口－來到中國。可是他們有的是時間，好幾千年都可有。他們越過山口後，會在下面找到肥沃的土地；有茂盛的原始林和草原。當然也有在草原上啃草的動物和食肉的捕食動物。隨著時間過去，這些原人會深入中國，有的最後會到達我們現在稱為雲南的地方。無論這地方的高度，它還是一個溫暖的亞熱帶地方。他們在那裡生活，留下他們的工具、灰燼、吃完的獸骨等。這些遺物就在地下等待，等待，等待了 2 百萬年後，被另一批原人的後裔－我們－發現。

兩百多萬年前，全球暖化開始降溫，即在每個冰河時期溫暖期的最高溫度逐降，但仍舊能和最近的最高溫度相比。當然，這些最高溫度有上有下，其上下在攝氏 2 度之內，在那些溫暖的二、三萬年間，以人類的好奇心而論，非但可能，而且可以說是必然地，新種和舊種的原人種會穿越過

明特克山口或塔勒革依山口來到中國。對這些好漫遊的原人來說，世界的屋脊並不是一個大的阻礙。當這些原人變成更進步之後，連大洋也不是大阻礙－早期的原人在各海島內都有，從南太平洋上的島嶼到印尼到澳洲都有。這些原人都是探險家；明特克山口或塔勒革依山口變成他們通往中國及更遠地方的超級公路中的關口。

儘管在中國發現了許多原人－還有藍田人等等，他們大概都不是現代中國人的遠祖。如果這些原人，如元謀人、泥河灣人，演化成現代的中國人，他們就和其他地方－在帕米爾高原之西－演化成的人類脫節。有了兩百萬年的演化時間，這些帕米爾高原以東的人－包括日本人、美洲原居民－就會和帕米爾高原以西的人的人種完全不同。可是現代的人類，無論種族，實質上都有同樣的基因－不同的地方就是決定了膚色和其他次要的特徵的微小部分的基因。這些種族分岐的發展似乎在 7 萬年前開始出現，那時人種之間的通婚開始減少，因此各自發展出的外表形態開始不同。可是科學家相信，就基因相同這件事，便可以證明所有的人類來自同一祖先。似乎我們現在找到的古原人，如法國的克羅－馬農人 (Cro－Magnon Man)、德國海都堡人 (Heidelberg Man)、荷蘭尼安德塔人 (Neanderthal Man)、爪哇人、北京人……都是大自然在演化成人類過程中的不成功犧牲品（可是有許多人類學家爭辯，也許人類的血管中也流有這些原人的血液）。

因此，毫無疑問的是，現代的中國人一定是相當遲的現代人種的後裔。這些中國人遠祖的現代人跟著更早的原人的足跡，穿越過明特克山口或塔勒革依山口，或其他的山口來到中國。這些遠祖不太可能在早於 10 萬年（上一次冰河的高峰期）之前來到中國。實際上，

圖 24. 山頂洞人

到現在為止，在中國發現的最近代的，和現代中國人能接上的原人（實際上已經很進步了，有相當高級的工具及陶器等）都不會早於 10 萬年，如山西省陽高縣發現的許家窰人，年代最近的大約是在北京西南周口店，發現北京人的山頂上的一個山洞中裡發現的原人，稱為山頂洞人，年代為 1 萬 8 千年前，這已經在最近一次冰河時代的末期了。山頂洞人已經有現代中國人的輪廓；再者，他們的社區和現代社會的形態很相似。他們的洞分成上下兩部分，上面是住區，下面是葬區。在人骨的附近發現了紅色的粉末，可能有些宗教的意義（紅色可能代表血）。發現了骨製的針和飾物，手工相當細緻，表明他們已經有了美感。很可能他們已經發明了衣服。他們居住的時代正當冰河期之末，因此生活一定非常艱辛，可是這些惡劣的

生活環境並沒有阻止他們發展出相當高度的文化，他們很可能就是現代中國人的祖先。山頂洞人之後，中國文化開始打開新的一頁。

# 第七章 穿了獸皮衣的女人

## 仰韶文化，最早的中國文化

約當西元前 4800 年（6800 年前），冰河時期才結束不久，世界開始變暖。在黃河的支流東滻河的東岸有一個小村落，這個村落被一條大致說來是圓形的人造壕溝所圍繞。壕溝深約 5 公尺，寬 20 公尺。整個村落沿南北方向分成兩區，以一條小溝渠為界。南區是住宅區，住屋大致呈圓形，偶爾也有方的。這些房屋的地面沉在地下約 1 公尺，房子當中有一支土柱，這土柱支持著一個粗糙，稍加割切的樹枝搭的房頂骨架。在這些骨架上厚厚地蓋著茅草，這種被稱作「半穴居」的住屋住起來冬暖夏涼。所有的房屋都至少有一個爐灶，用來取暖和烹飪。爐灶邊上有一個小甕，用來裝當夜沒有燒完的紅熱炭火餘燼，作為次日再次點火的火種。爐灶上有一個大的，烹飪用的土鍋。典型的入口門面對南方，房子內幾乎沒有什麼家具，只有一兩排低土牆。這些低土牆的邊上，有好幾個陶罐、陶缽，用來貯藏殼類、食物以及種子。南區有一間相當大的房子，約 30 公尺長寬，作為公眾集合用。這間公眾集合的房間中有不少大陶罐，藏有往年收成後沒吃完的穀類。整個村落約有 50 餘座住屋，以月牙形面向這公眾集合大廳。所有的房屋和公眾集合大廳之間有道路連接。在圍著村落的壕溝外面的東面，有一個製陶作坊。在這裡把陶土製成器皿，畫上色彩，再加以焙燒。陶窯燒製的溫度已達攝氏 900 度以上。村裡小溝渠的北面是墓地，整個村落的面積相當大，寬長約兩百餘公尺（佔地約 5 公頃）。

半月銀光下，看不到任何活動，也聽不到任何聲音，除了一些小蟲的吱鳴聲音外，村落似乎非常靜寂。可是當第一道曙光在東方出現時，村落突然活躍起來：公雞開始喔鳴，狗開始吠叫，不久女人一個個從這些屋裡出來。幾天前，司天的人已經報告，傍晚的時候，紅色的大火星（天蠍座最亮星 α，或心宿 2，英文名是 Antares）已經在東方地平線上出現，是開始到田地工作的時令了。很快的，這些女人集合成組，從一個公眾的儲藏屋中拿出農具–石鋤、石斧、石鐮刀、粗繩等。她們越過了這個溝渠，走向一片在溝渠南部的已經開墾的土地。幾乎一到墾地之後，她們就開始工作。有的以石鋤 – 綁在樹枝上的，敲打過出的尖銳石片–來鋤地，準備下種；有的開墾新的田地；有的用粗製的石鐮刀除草。有一小隊採集可食植物；一批到附近的草原採集飼料草；另一批到林中收集燒火的柴木。一位女人，顯然是領袖，仔細審查準備好要下種的田地，她認可後，用手在地

123

上挖出小洞，從掛在腰間的小陶罐中拿出幾粒種子，放在小洞中，再把土蓋上。

　　所有的女人都穿了衣服。更正確的說，是兩片長麻布，上面縫起，套在肩上，在腰上紮了一條粗繩。幾乎所有的女人身上都掛了飾物，有挖了洞的海螺、硬殼果、骨珠穿成的項鍊以及其他飾物等等。領袖的穿著最「華麗」，是前後兩片獸皮。除了偶爾遇到困難，如石鋤敲到石塊或樹根時，發出我們聽不懂的呼聲外，她們一聲不響，而且幾乎不停的工作。這位穿了獸皮的女人不時朝太陽看一眼。當太陽近乎天頂時，她發出一個聲音，用手勢把工作的女人招來。她們放下工具，集中在一個帶來的大圓鍋周圍，用手掏出煮熟的黃粱來吃。一面吃，一面以我們不懂的語言交談，不時笑著。吃完後，又回去工作。當太陽快落下時，這位穿了獸皮的女人再次招呼這些工作者，並以雙手作筒狀向在草原採集牧草和可食植物，在樹林中採集柴木的女人招喚。她們聚攏後，一起合作把牧草、可食植物和柴木捆綁成包，分別以簡陋的扁擔扛回村落，直接走向公眾集合的大廳。

　　就在這批女人到田地工作和採集的時候，一批只穿了纏腰獸皮的年輕力壯的男人也從住屋中出來。他們走向一個公共的獵具儲藏區，把漁獵的工具拿出，工具有直樹枝前面綁有尖石的長矛、石斧、石刀和石核。漁具中有帶反刺的魚矛和魚叉，以獸皮繩當釣繩，繫有反刺的魚鉤等。他們在樹林中消失，然後在樹林後面的一片河邊草原上出現。他們立刻分散，到處偵察草原，發現了幾隻在草原上啃草的食草獸。這些獵人包圍了一隻啃草獸，慢慢縮小包圍圈。當他們走近時，就擲出長矛，投出石核。當一隻動物倒地後，他們一起上前將這獵物以長矛刺死。打漁的漁人走近河岸，按情形用魚鉤、魚叉或魚矛捕魚。他們漁獵一整日，所得頗為可觀。當太陽快下山的時候，他們把所得的獵物–有野豬、鹿、狼獾和我們認不出的動物–綁在堅牢的樹枝上，用繩穿了魚口，一起扛回去。最成功的獵人和漁人走在前面。他們走的時候，不時把長矛向天伸去，一面發出有調的聲音，似乎是唱歌，表示他們凱歸的興奮。他們攜帶了獵物，都朝公眾集合大廳走去。

當男人行漁獵，女人耕種之際，村落中充滿了各式各樣的活動：老年男女集合起來餵已經養馴的家畜－大都是狗、豬、雞和牛羊，其他的老年人用石製或貝殼製的刮刀把從動物的皮刮淨，有些用採集來的草纖維編織草繩，有的把這些纖維搓成線，有的用陶紡輪將這些線織成粗布，有的用骨針縫製獸皮衣服。當進行這些活動時，兒童在離這些老人不遠的空地上玩。男孩學著行獵，一位男孩權充被獵的動物，其他男孩剛玩行獵的舉動。女孩們則到去四周採集草，把這些草織成粗草布。休息時刻，這些兒童不時聚集在這些老人的身邊，聽這些老人發出的短字節聲音，間或有手勢相助。明顯的，他們在聽老人講故事。在同一時候，就在村落東邊的陶窯裡，好幾位明顯是學徒的青年正在把有色的礦石用碾磨器敲磨成粉，和水混合成色彩糊。好幾位年長的藝匠用獸毛紮起的毛筆，或小獸的尾，把這些色彩糊在剛陰乾的陶土製成的坏上畫出花紋和圖樣。在離這些藝術匠不遠的地方，另一位老年藝匠正在將一團濕泥搓成泥條，用手塑成陶坏。製成後，放在一個有頂的棚裡陰乾。遠處，有一個水平的燒窯；前面是放進柴火的地方，逐漸升高以便讓熱氣上升，在升高處縮小，以便把熱集中，這就是放置燒的陶坏的地方。這窯的最後面通到一個再縮小垂直煙囪上。剛放進去一批已經陰乾，畫上彩色圖樣的陶坏。

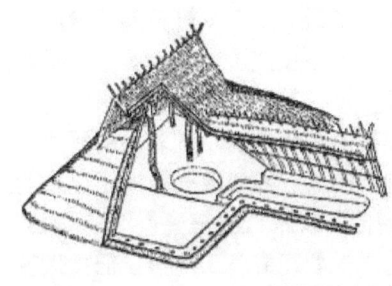

圖 25. 仰韶時代的聚會廳

一位藝匠帶了一位學徒，把乾柴和乾草放進窯口，用火種把柴草點著。即使在夜晚，還有替班的人輪流看火，一直到把陶器燒好為止。過去一些還有一個製石器及骨器工具的作坊，可是這時候是種地和漁獵的季節，所有年輕力壯的男女都去工作，因此這個骨器作坊空無一人。

太陽繼續落下，除了看窯火的匠人外，所有一切活動都停止，村落裡的每個人都到這大的公眾大廳中集合。

大廳幾乎站滿了人，有一團火在燒著，發出光和熱。這位穿了獸皮的女人和漁獵的幾位帶頭者站在最前面，所有的獵物和魚也都放在前面。這位女人和這些帶頭者輪流以簡單，卻是我們無法辨識的語節說話。顯然的，所有聽眾都聽得懂。這些指揮者開始把獵物用石刀切開，分成許多堆，按每個住屋的人數多寡分好，由他們自己拿取。有幾家合拿一堆，有的拿一堆。顯然有一定的劃分規則，因為每住屋只拿所需要用的份量。然後這位

穿了獸皮的女人做手勢要每住屋派一位到大陶罐中拿穀物，也是各取所需。分配的工作進行很快且順利，沒有爭吵。分好後，這些住屋的居民就回到各自的住屋去。許多分享同一堆的住戶再把所分得的獵物割開再分。分完後，各自回家。不久，開始烹飪，所有住屋的煙囪都冒出煙來。剛完成了一天的工作，次日當太陽再次升起時，又有另一天的工作，這一日僅是這村落的人渡過的不知多少日子中的一日而已。

很快的，過了好幾次的月圓月缺，把所有的收成都貯藏好以後，在一個溫暖的日子，當太陽還高高掛在天空的時候，許多人都來到公眾大廳集合。這位穿了獸皮的女人淚流滿面，懷中抱著一位小女孩。前一夜，小女孩剛死去。死前，許多夜晚她都在呻吟，似乎痛苦不適。看得出來，這位小女孩是穿了獸皮女人的女兒。當這位小女孩長大後，她將繼承母親的獸皮，取代母親在村中的位置。可是她死得早，太早了，只有四、五歲。當這位穿了獸皮的女人流淚時，所有的人都低了頭，跪下，許多穿了普通麻布的女人也跟著哭。最後這位穿了獸皮的女人停止哭泣，向天發出些語聲，參加的人都跟著發出同樣的語聲。這位穿了獸皮的女人帶頭，抱著女兒走出大廳，所有的人都跟著。他們越過分界村落南北壕溝，到北面的墓地。男人開始在地上掘一個長坑，一位身上刺青的人，揮舞著一根繪了花紋的棒，一面跳舞一面唱著祈禱詞。這位母親把一片木板放在這長坑下－木板在當時是很稀罕的貴重品，因為完成一片木板要花許多工。然後把女孩放在木板上，旁邊放了石斧、石刀，然後取下女孩的飾物，放在身邊，許多女人都跟著這麼做，把飾物、繪了五彩圖樣的陶器、貝殼、玉，放著黃粱的小罐等等，這些都是當時認為貴重或實用的東西，放在小女孩的身邊。最後，這些活動停止後，掘坑的男人用土蓋滿長坑。

就在這個葬禮進行的時候，另一個家庭來到。他們用石鋤挖開一個墓，家庭的成員中，由最年長的年輕人，看起來是長子，先確定所有的血肉都已經腐化掉，然後小心的拿出所有的骨骸，把關節分開，把骨上的泥刷淨。然後將所有分開了的骨骸都放進一個帶來的大甕中，再把飾物和小件物品也放在甕中。之後，將甕口以泥封住，然後全家到另一個墓地，在地上掘一個洞。同一個身上刺青的人把他的彩棒舞一遍，再念出一些字節，在洞的旁邊舞了一陣。舞後，這家人就把這甕再埋在地下，用土蓋住。這些事做完後，所有的人都離開墓地，去做他們日常的事，如餵家畜、塑陶坯、刮獸皮、製石器工具等。

## 西安的半坡村－仰韶文化的一瞥

當然，在七千年前沒有人來看這些活動，更不必說把我上面寫的細節寫下了。我所描述的是根據上世紀考古學者收集來的證據。1921 年，發現北京原人牙齒的安特生 (Johan Gunnar Anderson) 在河南澠池仰韶村發現一大批新石器時代的人留下的彩陶器。這個發現，連同以後的發現，標

圖 26. 仿會議廳外形的半坡村博物館

誌出一個半漁獵半農業的文化，以首先發現的地方仰韶為名，同時也有一個以色彩取的名 — 彩陶文化。後來在中國各處也發現同樣的文化，分布甚廣，從西南邊界省雲南到東南的沿海各省都有。所有的發現中，最大的仰韶文化遺址在陝西西安附近的半坡村，在東滻河的東岸附近。我上面的描述就是根據在半坡村的發現。現今在發現遺址上已經成立了博物館，陳列一些出土的墓葬和住屋。

在半坡村遺址發現了五十座以上的住屋，和一座大的公眾集合場所，還有一個製陶器、石器作坊。我寫的材料來自考古的結果，大部分關於他們生活的概況，都來自在這些住屋中發現的遺物和墓中的陪葬品。這些物件包括鑽了洞的貝殼、硬樹子、動物骨製成的項鍊，以及石斧、用骨製的矛、箭頭、有反刺的魚鉤和魚矛，因此可以證明他們是半漁獵半農業的文化。一個陶器上有類似天文的圖像。在他們的時代，在春分的時候（現在日曆的 3 月 21 前後），傍晚時大火星出現於地平線上。一直到 4,000 餘年前，許多中國的氏族都以在傍晚時看到這紅色的亮星作為春天開始的標誌。還有，在這個地方找到的一件陶器上有五十餘線形的符號圖案，這些符號圖案似乎代表一種原始文字和計數的數字。現在的中國文字中還可以看到有些符號的遺跡。半坡陶符可能作為計數或陶工紀錄辨識之用，大約是文字的胎源，但可能還不是有系統的文字。

在半坡村發現的彩陶有許多有外來的痕跡，如和在土庫曼斯坦國 (Turkmenistan，與伊朗，阿富汗接鄰，沿裏海〔Caspian〕的國家）的安諾 (Anau) 城、俄國的基輔 (Kiev) 發現的彩陶有相當類似之處。因此許多人認為中國的彩陶中有許多外來成分（雖然有許多如三足鼎則是仰韶文化特有的）。到博物館看古希臘（及其他中東地區）史前的彩陶和中國的史前彩陶，有許多令人感到很類似的地方，是否真的有聯繫，還沒有定論。在那麼漫長的一段史前時間，透過帕米爾高原的「原始超級公路」的文化傳播相當可能。從地質、土壤、古生物、古氣候、植物孢粉等，可以證明中國文化的起源具有本土性、多元性等特色。

　　半坡村的仰韶文化遺址中發現了一七四個成人的墓。從這些墓裡的陪葬品，我們得知他們的生活和工作概況。我在上面描述的一位小女孩的故事也是這個考古發現的一部分。令人驚奇的是，她以成人之禮來葬，因此表示在這個原始的社會中，她佔有重要地位。幾乎所有其他的兒童都葬在長形的甕裡，甕口以泥封住，可是甕底有一個洞（甕上覆蓋一個陶缽或陶盆，陶缽的底部中央有一個小洞），考古學家臆測，這個洞的目的是讓逝去的小孩的靈魂出來去看親人，這代表他們有死後世界的觀念。

　　同一性別的人通常都葬在一起。有一個墓中，葬有二個男人；而在另一個，則葬有四個女人。所葬的成人的姿勢不同，頭朝上的，朝一邊的，

朝下的，還有肢體彎曲的，還沒有完全決定出這些葬姿的重要性，可是仰身直肢葬是最普通。有學者認為俯身葬和屈肢葬可能是對非正常死亡者的特殊處理[45]。可是似乎也可能，這些葬姿決定了被葬人的社會地位，因為在仰韶文化之後的文化，明顯的指出葬姿和社會地位有關。有些情形，故意把被葬者的指節切掉。中國的人類學家認為這些行為可能有某種宗教意義（例如，把腳指或手指切掉，可以限制死者的行動），可是還沒有滿意的解釋。

圖 27. 仰韶陶藝

　　幾乎毫無例外，每一墓都有陪葬品，可是數量和品質大有不同，代表即使在這麼原始的社會中，已經分出階級。而其他墓葬的特徵，使得中國考古學家認為，在半坡村的仰韶文化已經從母系社會轉移到父系社會。「半坡文化」自出土以來，一直被視為中國母系氏族社會繁榮時期的典型代表，晚期走向父系社會。大汶口文化中晚期則是父系氏族公社的代表。

Symbols on pottery

　　父系氏族公社出現後，生產力迅速發展，階級社會出現。在新石器時代中期（仰韶文化），母系社會似乎處於鼎盛時期（西元前5000－前3000年）[46]。經歷一千年之後，父

圖 28. 陶藝上的花紋．最早的文字及數字？

[45] 見《半坡遺址》，陝西人民美術出版社。

[46] 張振犁、陳江風等著，《中原神話論》（東方出版中心，1999 年 2 月第 1 版，頁 77）。

系社會開始發展。似乎在這個時期，婚姻制度從對偶婚姻（雜交）過渡為一夫一妻制。在婚姻制度建立之前，男女雜交，只知其母而不知其父，社會制度以母系為中心。可是在仰韶文化的後期，明顯的已經轉變成父系社會，父系社會的基礎就是婚姻。西方人類學者和社會學者大致同意，世界各文化中從來沒有過真正完全是母系的社會。即使沒有過完全母系社會，仍舊有相當強的證據說，早期的中國歷史中，母系社會制度扮演過相當重要即使不是主要的角色。例如，中國相當通行的姓－姬，意思是女人，也是周朝開國王的姓。這暗示在早期中國文化中，女人在社會的階層中佔有相當的地位。

最令人感到興趣的是二次葬的制度。明顯的，許多死者後來又再葬一次，原因不知，這風俗對西方是完全陌生的。事實是，在西方，自古以來就有很嚴格的法律不許把死者挖起，除非有法律上醫學的理由，更不必提將死者的骸骨掘起，用手把骨骼分開，再次埋葬。可是在仰韶文化和後來把史前中國文化和最早有歷史記錄的中國文化連接的龍山文化中，都有相當普遍的二次葬的風俗。這種風俗在北方一定也流行過，可是外族入侵（如五胡亂華）大都先到北方，每當一次外族入侵，就有大批的北方人遷移到南方避難。歷史上記載，大部分福建居民都是在五胡亂華和以後的動亂時期，大規模從北方避難南下的移民，這些避難的人，將自己的風俗帶到南方。在中國南部的省分，例如福建，二次葬的風俗直到 1950 年還存在，後來逐漸衰微。今日的台灣，還相當流行二次葬，但大都在鄉間。1950 年以前，幾乎所有現在的台灣居民都來自 19 世紀從福建來的移民的後裔，從福建和其他省分來的早期移民，把源自仰韶文化的二次葬的風俗帶過來。

台灣的二次葬的步驟幾乎和仰韶文化中的一樣，死者先按中國的習俗以棺木葬，數年後，把棺木掘出，把已完全腐化之後剩餘的骨骼拿出，所有的骨骼分開（通常由長子去做），然後放在甕中，封好，再次葬下。在北方，因為外來的胡人和中國人雜居，以後同化，以及動亂，這些二次葬的風俗都逐漸消失了。相對說來，和北方動亂相當隔絕的南方，這些原始的葬禮風俗得以保存，以後從福建傳到台灣。由於台灣未曾發生文化大革命這樣的人為災害，因而二次葬的習俗保存至今。

這還不是唯一仰韶文化留下的遺跡，許多現在還在用的容器的形狀都可以推溯到仰韶文化。仰韶文化發現了許多三足的鼎，戰國時代幾乎所有在宴會中使用的酒爵，也呈三足鼎狀。現在，所有佛寺或道教的廟中燒香

火的容器幾乎都有和仰韶文化中的一模一樣的三足鼎。另外，一種瀕臨中斷的中國語言－「女書」，近幾年又重新復活。這是不知在什麼時代開始出現的（有人認為源自戰國時代），由女人自己發明和應用的書寫文字（在湖南湖北最流行）。不少文章都以女書書寫，女書以直橫筆為主（大約便於刺繡），而有些筆劃似乎可以追溯到上面提過的陶器上的圖案文字。以上敘述，加上其他許多證據，可以毫無疑問斷言，仰韶文化就是現在中國文化的始祖。

仰韶文化的社會結構是原始的公社（公有社會制）型：所有的生產工具，如漁獵、農具和其他工具都是公用的，屬大眾所有。因此，一般說來，他的社會是公社式的。可是即使在這麼原始貧窮的社會中，已經有了私有財產制的證據。似乎在半坡村的半漁獵半農業仰韶文化已經開始和其他社會或公社貿易，因為找到的遺物中，發現了當地不產的貝殼及玉飾。因此，即使在這樣原始的社會中，和其他社會的貿易已經是不可避免的事，在活躍的貿易下，不可避免的就會產生私有財產制。任何要把私有財產制度摧毀的政策或主義最後都會失敗，最悲慘的一次可能就是 60 年代的中國。在毛澤東暴政統治之下，硬要把共產主義理論作粗淺的字義解釋，把類似仰韶文化的公社制度加諸於 20 世紀的人民，當時用了很大的政治壓力想要消除私有財產制度。我們知道，這個大規模的「社會實驗」悽慘的大幅失敗。到了 1980 年，所有中國的公社都不得不解散。而在美國，1960 年代有一批人，大都是理想派的年輕人，也仿效中國，設立了自己的公社。非但這些嘗試都失敗，而且有不少演變成犯罪組織，造成許多很嚴重的餘波。從另一個更廣的視野來看，如仰韶文化的原始公社（或 60 年代中國、美國的公社），只有在赤貧的環境中可以實行。在這種環境中，整個社區擁有的也只是勉強夠用的謀生工具。可是，正如考古學家發現的，即使在這類的社區中，仍舊不能完全消除私有財產制度。[47]

半坡村的仰韶文化約開始於西元前 4800 年（約 6800 年前），維持了 500 年。從現代眼光來看，這是相當長的一段時間，許多國家的現在政府都還沒有這麼長的歷史。可是其他在中國各地仰韶模式的文化（包括習俗、陶器等），從南到北，從東到西都有，時間的幅度約從西元前 5000 到前 3000 年（即 7000 到 5000 前），總共的歷史在二到三千年上下，總

---

[47] 《禮記》的〈大同篇〉提到「天下為公」，描述的就是原始的公社制度。可是在這段描述之後，就提到社會進步後的「天下為私」的私有財產制度，稱為「小康」（中產階級）。現在中國積極鼓吹並執行「小康」政策。

共發現的遺址有一千餘處。和仰韶文化同時或稍遲的有大溪文化（西元前 4400－前 3300 年，以發現地四川巫山大溪為名）、屈家嶺文化（西元前 3000－前 2000 年，以發現地湖北京山屈家嶺為名）、大汶口文化（西元前 4300－前 3500 年，以發現地山東泰安大汶口為名）等等。這些文化和仰韶文化之別在於更為進步（如陶器的品質，甚至出現薄如蛋殼的瓷器），和中國有歷史記錄的朝代相接的是龍山文化，泛指西元前 2,600－前 1,600 的文化，以發現地山東章丘龍山鎮的城子崖為名。第一個把部落統一的黃帝的年代約為西元前 2700 年（4,700 年前），夏朝的統治時代約為西元前 2,100 年到前 1,600 年（約 4,100 年前到 3,600 年前），而商朝約於西元前 1,600 年建國，正當龍山文化末期。中國沒有詳細歷史的古文化－從黃帝到夏朝－大約都在龍山文化的時期。自夏朝起，中國有了歷史的記錄，可是商朝前的歷史大都已經佚失。自商朝末年起，中國的歷史記錄大致完整。

圖 29. 仰韶的人像

圖 30. 中國「龍」的傳統是否始於
仰韶？

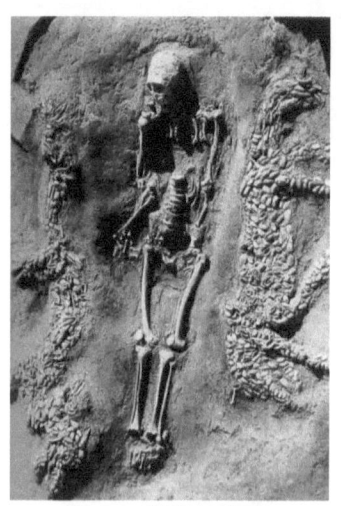

圖 31. 仰韶的墓葬

圖 32. 結聯在一起的雙甕

圖 33. 黃帝的浮彫像

圖 34. 黃帝后嫘祖的現代彫像

圖 35. 嫘祖的浮彫像

圖 36. 黃帝陵

# 第八章　天女魃和第一個中國

## –協助中國統一的女神–

和世界上其他文化一樣，中國文化在開始時有許多獨立的小族，他們之間互相貿易，也互相交戰，可是基本上還是小族和小公社。要變成一個偉大的文化，族和族之間的合併是不可避免的。在中國龍山文化之際，合併的戰爭已經進行了一陣子，但還有三個最大的族：黃、炎和九黎。這三族之間互相爭戰不已，每個都想要併吞其他的族，最後在兩場戰爭中（涿鹿之戰黃帝打敗蚩尤，阪泉之戰黃帝戰敗炎帝），三族合併為一。這是把中國統一的戰爭，也是中國有史以來所知的幾場最早的大戰爭。

## 一場把中國確定的戰爭

炎和十來個屬於他的小族長站在一座沉在地面下數尺的大集合廳中討論，炎是一位體壯高大，穿了鹿皮衣服的人；他頭上戴了一個帶了磨尖的雙角牛頭骨的盔，他的臂膀上和胸前有紅色猛獸的刺青。他很不耐煩的頓腳，「最近我們的獵人發現我們的死敵–九黎，在不遠的地方集中了許多戰士。我們以前和他們打過好幾次戰，可是都打敗了。幸運的是，我們都能及時撤退逃走，因此損失還不大。可是這次不同了，他們似乎將所有的戰士都集中起來，而且還從他們的支族裡調來不少戰士。他們有九個支族，他們似乎要想和我們打一場決定性的戰役。我們的戰士數目不夠，不能抵擋這麼大規模的戰爭。我想要聽一聽你們的意見，如何處理這個危機？」

「我們可以逃向北方，到那裡找一處安全的地方住下。」一位小族長建議。

「我們以前曾經逃過，可是他們一次又一次的跟過來。不行，這次我們不能逃走，要不然他們永遠會向我們追來。」另一位年長的小族長反對，之後全屋寂靜無聲。

「我知道九黎族也和另一個離我們不遠的，強有力的黃族作對，他們之間也有過不少的戰爭，也被侵略過；我建議和黃族結盟。就我所知，黃族的酋長是很聰明的人。」一位小族長建議。

「可是我們和黃族不和，也打過仗。」炎遲疑了一下說。

「我們可以派遣你的兒子作為使節去談和，我們可以帶一大群的牛羊當作禮物，藉以表達我們的真誠。」同一位小族長說。

所有的小族長和炎面面相覷。一位年長的族長點頭，其他的小族長一一跟著，因此炎就派遣他的兒子，帶了一大群牛羊作為禮物，前往黃族談結盟的事。

黃非常高興炎族來和他談結盟的事。他的獵人也報告說有一大批九黎的戰士集中在不遠的地方，顯然準備要進攻。他也很擔心，他不知道這批戰士要攻打炎族或者黃族，可是他認為和炎族結盟攻打九黎是個好主意，因為就此可以打一次決定性的戰爭，擊敗九黎。他召集了屬於他的小族的酋長來公眾大廳開會。炎的兒子首先報告父親要和黃族建立和平關係的意圖，並結盟防禦九黎戰士的進攻。他送上帶來的禮物，證明他的來意良善。炎的兒子要求黃族的各酋長討論結盟事，之後他就和隨員在外面等待。

黃族的酋長們沒有花多少時間就決定接受炎族的建議，於是黃就草擬了一個作戰的計畫：由他做統率，統領所有的戰士，並且在作戰之前要把所有的武器都改良過。黃說：「『九黎』的統領蚩尤是一位氣力非常大的霸王，他聲稱風神站在他一邊，這位風神能呼風喚雨，而且能放出大霧來，掩蔽他們的進攻。他的戰士也非常勇猛，很會丟擲石子，而且可以丟得很遠，比我們的短箭所能達到的距離要遠，因此以前我們老是打輸。在這次戰爭中，我們必須改良我們的武器！」同時他對炎族的族人和他的本族人保證，他也能找到幫忙他的大神。他聲稱有一位比常人高一倍，非常凶猛的女神「天女魃」將前來助戰，她能把火射向敵人陣營[48]。

弓箭已經發明了不知多少世代了，可是都很小，射程不遠。黃叫他的工匠找大樹枝，把弓做長。以前用獸皮做弦，不夠結實。現在這些長弓上裝的弦都是在太陽下晒乾的動物的筋，得花大力才能拉開弓拉開，但所射出的箭很遠，他的戰士每一天都在練習拉這些強弓。另外，箭射出去以後，往往在空中輾轉反側，尖頭都射不到敵人，黃仔細觀察鳥的飛行後，把一枝羽毛綁在箭的後面，這根羽毛穩定了箭的方向，還可以射得更遠。為了應付大霧，黃想出一個主意：大霧的主要問題是，在大霧中，他的戰士完全失去了方向感。因此他下令製造些有高柱的車，在高柱上面，放了一個

---

[48] 天女魃是傳說中全身被火圍住的女神。在協助黃帝之後，失去了大部分法術，不能回到天上。可是她的剩下的法術，使得任何她到過的地方都變成乾旱，草木不生。傳說黃帝把她安置在一個火山裡。

平台和一根可以轉動方向的水平柱，在水平柱的極端點了一枝火把。一位觀測者坐在平台上，把這平柱指向敵人的方向。因為敵人來自南邊，黃把他發明的車稱為指南車，一共造了好幾輛這樣的車。

黃把炎族和黃族的戰士都集中在一個戰略上重要的地方，稱為涿鹿（在現在的河北省）。月又圓缺好幾次，他們派出的巡邏報告敵人來進犯了，他們的統領蚩尤穿了熊皮衣，頭上帶了一隻老虎的頭顱作為頭盔，上面鑲滿了尖尖的虎牙，看上去非常可怕。一位看見蚩尤的巡邏上氣不接下氣了回來報告：「敵人來了！他們的統領的頭髮是尖尖的虎牙！」黃把這位巡邏對蚩尤的描述置之不顧，他下令戰士們先在大石和大樹後面躲起來，準備在一聲令下後，開始作防禦戰。

當蚩尤的戰士接近黃統率的戰士時，還沒有到達前，在遠處就擲出大石，他們以前曾經用過這個戰術，往往一看到如雨的大石擲來，敵人就先逃走了。這一次，卻沒有人逃走。當這些投擲大石的蚩尤戰士到了長弓的射程之內，黃下令所有的戰士都從躲藏的地方出來，朝蚩尤的戰士射箭，箭如雨下。這些投石的戰士完全沒有想到有這麼多的箭朝他們射來，而且射箭的敵人還在很遠的地方。他們的損失慘重，許多投石的戰士都中箭倒地。蚩尤立刻下令撤退，當他的戰士在這些箭的射程之外後，他將戰士重新組合成隊，然後向天上大聲呼喊祈禱，並以一隻公牛為犧牲，向風神求救。

這時近乎雨季，天氣潮濕，清早天氣寒冷。蚩尤對天時很注意，知道氣候的模式。他知道大霧遲早要來，因此耐心等待著。有一天在夜間下雨，清晨雨停了，可是早晨寒冷的空氣把水氣結成小水珠，變成大霧。「風神來幫助我們了！天時到了！趁著大霧，我們進攻！進攻！進攻！敵人看不見我們！」蚩尤大聲下令，投擲大石的戰士在前。在大霧中黃率領的戰士看不見敵人過來，等黃的戰士在投石的距離之內時，這些投石的戰士向黃率領的戰士投出大量的大石。

黃立刻下令把在指南車上的火把點著，在高處的觀察者可以看到投過來的石子，就立刻把火炬指向石子投來的方向，箭手就朝這方向射去，萬箭齊飛，不少投石者被射死，可是蚩尤的戰士仍舊猛進。不久雙方就開始肉搏戰，蚩尤的戰士非常魁梧，對炎黃的盟軍不利。

就在這時候，一位又高又大的凶猛女神出現了！她比蚩尤的戰士高大兩倍，她的臉上畫成紅白色，右手持一長矛，在她的兩邊有弓箭手，帶有

點了火的箭。她的頭髮是虎尾與狼尾編成的，她發出人聽不懂的吼聲，同時弓箭手把火箭射向蚩尤的戰士。她用長矛，刺穿了好幾位蚩尤的戰士，蚩尤的戰士所攜帶的短兵器刺不到她。她又把點著的火炬向蚩尤戰士丟去，一看到這位凶猛如惡魔的女神，炎黃的盟軍的士氣就來了，大喊：「天女魃來救我們了！趕緊殺敵！」他們立刻反攻。而蚩尤的戰士真的相信黃已經把天女魃神叫來助戰，他們的風神敵不過天女魃，心中大慌，轉身逃走。蚩尤大敗，只好退卻，可是在混亂中，從後面射來一箭，將他射倒，後面跟來的炎黃戰士將他砍死，他的虎牙盔和熊皮衣被剝下，交給黃。其他的蚩尤戰士紛紛投降，變成俘虜。在這場混亂中，天女魃不見了。

戰爭結束後，黃到戰場上，撿起一個用虎尾和狼尾織成的頭飾，他把頭飾藏在附近的山洞中。沒有人需要知道他是怎樣把這位凶猛的女神叫來助戰的。

戰爭打贏了，炎和黃把盟軍開拔到九黎的土地上，把所有的九黎人都併入他們二族中，然後凱旋歸去。這些俘虜變成奴隸，被稱為「黎民」，把他們看成最低等級的族民。到西周時代，奴隸制度廢除了，可是還有這些人的後裔，仍舊沿用「黎民」這稱呼。到現在，還把無權無勢受人欺凌的百姓稱為黎民。

不幸的是，當他們二族的共同敵人九黎被消滅後，炎族和黃族的舊恨又回來。他們打了三次戰，每次炎族都戰敗，就在第三次打敗撤退時，炎被殺死，可能被族中的一位小族酋長殺了。這些小族酋長已經感到作戰太頻繁，而且每戰必敗，他們對黃的領導能力很佩服。這些小族酋長開會，決定加入黃族。他們和黃談條件，願意認黃為族長，但要求對炎族人同等待遇。黃族立刻答應，於是，就這麼的成立了中國的第一個族國。後人稱黃族的族長為黃帝，是中國第一位君王。

傳說在黃帝的治內，征服了一百餘小族，統一中國。從時間上來說，這不太可能。最可能的是，他沒有用戰爭去征服這麼多的小族。他展現他的武力，要這些小族服從他的管轄，效忠於他。他大約也提出優厚的條件，如保持原來的族的傳統和族的結構，在基本上有相當大的自治權，並答應協防。（如有外族入侵，會派戰士來協助防禦。）事實上他並沒有真正將這些小族變成他的族的一部分，代之的是一種不緊密的統一，成為聯邦式的因家，成為以後封土制度的前驅。在《尚書》的〈舜典〉可以隱約看到這種不緊密的統一的大致情況。舜帝接受堯帝的禪讓後，把授權這些族長（酋長）管轄的符信（五種玉）收回（輯五瑞），這等於把這些酋長的統

治權收回，象徵他有權管轄這些小族。然後他選擇一個日子，把這些符信再交回給這些酋長，再度授權給他們繼續管轄（班瑞於群后），表示他對這些酋長的信任。也就是在黃帝的治內，中國開始有姓氏的制度–這些族的族名就變成這族的姓。從某種意義來說，黃帝把中國統一為整體國家，雖然這國家從基本上只是一個大的疏鬆族國，沒有後來認為國家所必須的基本結構。

## 無宗教的傳統和黃帝時代的其他貢獻

這個炎和黃是傳說中最早的中國兩位帝王，他們和蚩尤在涿鹿做決定戰的故事，包括風神和天女魃助戰的傳說，從一代傳到下一代，最後還被司馬遷寫入中國最早的一部正史 –《史記》裡。炎黃被後人加了帝的封號，和以後的帝王同等地位。中國歷史學家推論，因為牽涉到神話，這場炎、黃族和蚩尤族之間戰爭一定非常激烈。可是和西方古希臘、猶太民族，甚至於早期印歐傳統（包括蘇美人〔Sumerians〕）不同的是，儘管牽涉到神祇，神祇的作用次要，大部分戰爭的勝負還是人為因素所決定，包括黃發明的指南車和長弓。一直到今日，中國人還稱自己為炎黃子孫，這與猶太人稱自己為《舊約聖經》中亞伯拉罕（Abraham）的子孫一樣。可是有一樣不同的地方，就是炎帝、黃帝的故事中沒有牽涉到超自然的上帝。從這一點來看，炎帝和黃帝的地位和英國的開國王亞瑟（King Arthur）的地位類似。

因為黃帝是第一位中國的帝王，許多發明，如指南車、長弓和車船都歸功於他。歷史上記載他制定了第一個度量衡系統，這也是可信的，因為這種系統為各小族之間的貿易所必須。中國著名的繅絲的發明也歸功於他的正式后妻–嫘祖（她的侍女也一定有很大的貢獻）。在他的治內，可能把書寫文字也改革了。傳說中，他的一位大臣倉頡造字，大撓作干支（天干地支），伶倫做樂器。這些可能是戰國時代出現的傳說，可以理解的是，黃帝是中華民族的始祖，因此把這些發明都歸功於他和他的大臣。中國記錄歷史（包括天象）的傳統也從黃帝的統治時代開始，可惜在他的時代記錄下的歷史全部佚失了，留下的大都是口傳的傳說，或保留在其他的文件中。他之後有六個帝王，但只有最後兩位有較詳細的記錄，就是堯帝和舜帝，傳說都是黃帝的後代。在中國最早的史書《尚書》中講到這兩位帝王的事蹟，包括前文提過的中國洪水故事。

黃帝、堯帝以及舜帝的時代和龍山文化的時代相重疊（約西元前
2600 到前 1600 年），在這一段時間中，族國的統治逐漸加強。在這文化
的廢墟城牆遺址附近，往往出土許多人為砍傷的骨骸及散落的兵器。考古
學家推測龍山時期由於族群資源競爭激烈，戰爭頻繁，國家也在此時出現。
涿鹿之戰、阪泉之戰大抵可以從考古學上得到印證。而在堯和舜的時代已
經加強到有一個早期國家的雛形，有中央集權的意味。以後隨著經濟的發
展、私有財產增加，加上在舜的治內，中央政府在地方上的權力已經大幅
增加，因此才使得舜帝的繼承人－大禹，有相當大的中央權力，故能在他
死後，由他的兒子建立中國的第一個朝代－夏朝。

*

世界古代的文化大都建立在神話的基礎上。這是很自然的，因為對於
文化初期的人類，自然界中有許多令人不解的現象，如閃電、風雨來去無
常，最自然的解釋就是在人類之上還有一個更高的主宰，即神。可是為什
麼黃帝放棄了這條很自然的道路而選歷史（天象及不尋常的自然現象和人
事）的記載作為文化的基礎呢？沒有文獻說是什麼原因；我們只能推測，
就如世界其他文化一樣，每個早期的中國的族都有自己創世的神話。例如，
在東方的一個族的神話是，始祖太皞（音號）人頭龍身；北方的犬戎族自
稱祖先為二白犬。可能這些都是這些族的圖騰。而被黃帝真正征服的九黎，
神話說他們獸身能言，吃沙石，銅頭鐵額，耳上生毛硬如劍戟，頭有角能
觸人。有了這麼多的神話－原始的宗教，如果黃帝採用了一個神話而摒除
其他的，要其他的族去服從，可能就破壞了脆弱的統一局面。如果以記
錄－人事和所有原始民族都不解的天象及不尋常的自然現象－來代替神話，
就沒有這種問題，誰能去質問按事實記下的記錄？這樣一來，每一族都可
以有自己的神話，自己的祭祀，不相干涉。有的祭祀節日一直流傳到現在。
例如，中國的端午節來自古代吳越族舉行圖騰祭的節日。（後來因為愛國
詩人屈原自溺於汨羅江，引出龍舟競賽和粽子，現在已成為世界性的節
日。）

被黃帝征服合併了的九黎族非常迷信神巫，可是在黃帝把史放在一切
的神話之上以後，黃帝並沒有把九黎對神巫的信仰廢掉－如果廢掉，可能
又會起內亂。反之，他把這些神巫的作用放在節日中，等於放在文化的後
座上，因此佔了次要的位置，沒有從文化中除去。這些神巫的傳統到了商
朝又興起過一次，可是到了下一個朝代周朝，又衰微了。即使在商朝，
史－人間及天象的記錄－仍舊是中國文化的主要骨幹，沒有被神巫－宗教的

前身－所取代。從古以來，有關黃帝的傳說很多，而史書上卻少有確鑿的記載。司馬遷在他的《史記·五帝本紀》的後論說：「……百家言黃帝，其文不雅馴，薦紳先生難言之。……餘並論次，擇其言尤雅者，故著為本紀首。」可見他對於黃帝的傳說，雖然未肯深信，但還是把黃帝列於「五帝」之首。目前一般能接受的是：大約在四千多年以前，中國黃河、長江流域一帶住著許多氏族和部落。黃帝是傳說中最有名的一個部落首領。歷經涿鹿之戰、阪泉之戰後，黃帝成了中原地區的部落聯盟首領。傳說中的黃帝時代，有許多發明創造，像造宮室、造車、造船、製作五色衣裳等等，這些當然不會是一個人發明的，但是後來的人都記在黃帝帳上了。相傳黃帝有一個史官倉頡，創制過古代文字。考古上並未見到那個時期的文字，也沒法查考。

根據甲骨文記載，商代人每事必卜，且祭祀所用牲畜眾多，一次有上百數百頭者。這足以表明商代宗教氣氛的濃重。周代理性思潮興起。經過理性思潮的批判，這樣的宗教氣氛才不存在。商朝，商王其實本身就是大巫，具有宗教領袖的地位；周代則與此不同，周重「人」，巫只是專司禮儀的人，相對於商代而言，地位降低許多。可是，巫在周朝仍舊非常流行，這有詩為證。在寫於周朝初期的《詩經》的〈陣風〉篇的〈宛丘〉裡，描述一位男士對一位巫女的仰慕：

> 子之湯兮，宛丘之上兮。
> 洵有情兮，而無望兮。
>
> 坎其擊鼓，宛丘之下。
> 無冬無夏，值其鷺羽。
>
> 坎其擊缶，宛丘之道。
> 無冬無夏，值其鷺翿。

譯文[49]：

> 姑娘舞姿搖又晃，
> 以那宛丘高地上，
> 心裡實在愛慕她，
> 可是沒有啥希望。
>
> 敲起鼓來咚咚響，

---

[49] 《十三經今注今譯》，《詩經》部，程俊英、蔣見元，岳麓書社。

跳舞宛丘低坡上，
不管寒冬和炎夏，
鷺羽傘兒手中揚。

鼓起瓦盆噹噹響，
跳舞宛丘大路上。
不管寒冬和炎夏，
頭戴鷺羽鳥一樣。

也許原始宗教在商朝已經嚥下了最後一口氣。周朝衰弱後，學術到了理性的哲學時代。自此以後，宗教又被貶黜到文化的後座。

# 第四部　文化的成長及維護

# 第九章 中國哲學的發展和歷史的傳統

## 中國開始法治

西元前 361 年，秦孝公（西元前 360 – 338 年在位）統治期內的某一個陽光普照的日子，秦國都城雍（現在陝西鳳翔）的南門附近，市場的活動正達高峰，空氣中充滿了飲食攤的大鍋中煎炒出來的蔥蒜香，及自烤爐中飄出的大餅的芝麻香，售賣雜物的攤販們正和顧客們討價還價–所售的貨品有布衣、綢衣、廚具、石器、農具、蔬菜、肉，以及能交易的一切貨品，包括活的家禽和家畜，從雞、鴨、魚、羊、豬，甚至牛都有。在熙熙攘攘的市場中，忽然，一位騎了黑馬的軍官帶領了一隊兵士過來，其中兩位軍士在肩上扛了一根三十尺長的木柱，這隊人馬穿過擠滿了顧客商人的小街，直到城門口才停下。街上的人們未曾注意到這隊人馬的行動，繼續如常的討價還價，進行交易。這隊人馬停下後，兩位扛柱的軍士把柱倚在城門邊上的牆上，另一位兵士把一幅告示掛在城門上。這告示上面有剛被任命的宰相商鞅的大印。告示上面這麼寫著：

「宰相商鞅令：誰能把這根大柱從南門搬到北門去的，就會受獎 10 兩金。」

這張告示釘好後，這位軍官叫他的兵士命令所有在市場裡的人安靜下來，等到所有的人都靜下來後，這位在馬上的軍官將這張告示的內容一連重覆說了好幾次，之後，他帶了這隊兵士離開市場。

市場中的各色人等互相以詫異的眼光互相看，有一個人說：「又是一個政府的玩笑。上回我去一位貴族家中替他辦一件事，他答應我辦好後給我二十錢。結果他失信，我什麼也沒有拿到，我向縣官告狀，縣官把我凌辱一番後，叫人用亂棒把我打出。政府待人一點不公平，也一點沒有信用！」另一位加上一句：「我根本不相信政府！我從另一個國家來到這裡，在那邊也是一樣，到處都是一樣！沒有一個政府有信用！」這樣的，把所有國家的政府大罵一陣之後，他們回到各自的行業去，討價還價的，叫賣商品的，各操各業，沒有人注意這張告示。

一旬（十天）很快的過去了，這根大柱仍舊倚在南門邊上的城牆上，一寸也沒有動過。大約在相同的時間，這位騎了黑馬的軍官又帶了一隊軍士來了，兩位軍士把告示拿下，再掛上去一幅告示。這張新的告示和舊的幾乎完全一樣，可是把獎金增加了，增到五十兩金。這位軍官又再一次的叫他的軍士命令市場上的人靜下來，他將這張告示的內容再大聲的宣讀了好幾次。讀完後，他再把這些軍士帶走。

一群人聚集在告示下討論，推測這張告示的用意。一個人大聲說：「這根本是開玩笑！這麼容易做的事就可以得到五十兩金的獎金。政府一定在耍什麼把戲。」這時，有一個人路過，這些觀眾中有一人某甲認得他，知道他很戇直。某甲就把這位戇直人拉過來，說：「你想不想賺些容易錢？」這人一愣，回答說：「誰不想？」某甲就向城牆邊上的木柱一指，把告示念給這位戇直人聽，再說：「你把這根木柱搬到北門去，就有五十兩金的獎金。」一面說，一面向觀眾做一個鬼臉，惹得大家哈哈大笑。這位戇直人雖然動了心，可是有點懷疑，說：「你在騙我！」某甲假裝正經的反問一句：「你看我像不像一位騙子？這告示上有宰相的大印，絕不會騙人的。」一面說，一面又朝觀眾做另一個鬼臉，把觀眾又惹得哈哈大笑了。

這位戇直人半信半疑，可是他也沒有事做，因此說：「好吧，我照你的話去做。」於是走到牆邊上，把木柱扛在肩上。木柱不重，可是很長，礙手礙腳，因此走得很滑稽。他向北門走去，市場上有不少人跟著去看熱鬧。一群小孩學了他一搖一擺的在後面一跳一走的跟著，一面唱歌。

路上歇了幾次。大約一小時後，終於看到北門了。走近北門，這些跟著去看熱鬧的人突然靜下，嘴張得大大的。這回輪到他們驚愕了，因為這位新宰相站在一個臨時搭的站台上，身邊有好幾位高級隨員，被一大隊隨從包圍住，顯然他在等待。宰相身邊站了兩位穿了紅衣的隨員，兩人抬了一個大盤，上面堆滿了金錠。這戇直人把這根大木柱扛到北門，倚城牆放下。好幾位高級隨員立刻護送這位戇直人到宰相身邊，宰相先向這位戇直

人致謝，然後把這盤金錠交給他[50]，宰相叫這位慧直人站在他的身邊，然後向圍觀的群眾以堅定的語氣說話：

「我同孝公王討論過，他全權交給我整頓國家政治，將法律修改增減。不久這些新法律要在國家各處公布，讓所有人民都知道。一旦這些法律公布後，立即生效。自此以後，我向你們承諾，在我管理之下，政府對人民絕不失信，絕對公平。同樣的，我冀望人民要人人守法。所有守法的人不必有任何恐懼，而不守法的人一定會得到處分，絕不寬容。這些法律的條文都很清楚，也都很實際。我知道你們都不信任政府。要證明從此之後這個新政府絕對守信用，我發下告示，誰能把這根木柱從南門搬到北門來，就有五十兩金的獎賞。這位先生照告示做了，現在他就得到 50 兩金的獎賞。這次告示的用意是要證明，在本宰相的管理之下，政府絕對對人民有信用的決心。我有同樣的決心來執行法律，現在你們可以回去繼續做你們在做的事。」

## 封土制度的衰亡及學術的興起

這就是商鞅的「南門立木」的故事。雖然細節不見得照上面所敘的進行，可是卻是真實的歷史事蹟。現在聽來不可思議。政府新任命的宰相，懸賞了五十兩的金，為的是要找一位能做這麼一件輕而易舉的事：把一根三十尺的木桿從南門搬到北門去，而且親自頒獎。現在，只要懸賞相當於吃一頓比較好的餐飯的錢，就有許多人爭先恐後做這麼一件事。要想知道這位宰相商鞅，為什麼懸賞這麼大的獎金，去做這麼一件輕而易舉的事情的原因，讓我們把時間倒退兩千七百多年前，看看當時的政治情形。

自從周幽王以烽火逗笑褒姒，失信於諸侯之後，被廢去后位的皇后的的父親申侯，和北方的蠻族戎狄（犬戎）結盟入侵，幽王戰死。太子姬宣（宜臼）被立為平王（西元前 771-前 720 年在位），為了避免戎狄的侵略，周朝遷都到東面的雒邑（現在的洛陽），成為歷史上所稱的東周。這場戰爭之後，周朝中央政府統治的土地及人民大減，國勢轉弱，諸侯的權力大增。當平王之後的桓王（姬林，統治期為西元前 720-前 697 年）在位期間，鄭國（陝西華縣地區）的諸侯（領主）莊公（西元前 744-前 701年在位）把持王室大權。桓王任用諸侯西虢公（封地在現在陝西的寶雞縣

---

[50] 當時銅和金都是貴金屬。歷史上的記載對於到底是黃金或銅不詳。

區域）想要削弱鄭莊公的威權。鄭莊公出兵，把皇家的莊稼割了搶去。西元前 707 年，周桓王聯合陳、蔡、衛三個諸侯征伐鄭國，大敗。自此之後，周朝威權大失，成為有名無實的中央政府。於是就開始了春秋戰國時代，各國互相征討作戰，兼併不已。雖然春秋時代稱霸的諸侯仍強調尊王攘夷，中央政府的周天子只受到口頭上的尊重，中央政府已經喪失統治權；各諸侯國的統治者競相稱王。

從西元前 707 年起到西元前 221 年秦始皇統一中國之間將近 500 年，中國處於社會混亂，連年戰爭的時代，可是學術卻興旺起來，成為中國哲學的黃金時代，百家諸子的哲學幾乎都出現於這個時代裡。

這個時代和同時期古希臘（西元前 600 年左右到西元 300 年前後）很相像，都是的哲學發展的時期，而且原因也有許多相同之處。可是以後中西哲學的發展卻走上完全不同的方向：中國幾乎完全偏重於治國及救世的理論，西方則偏重於科學，雖然也有很多其他哲學。也許我應當把古希臘的哲學－古希臘的科學是哲學的延伸－的發展先略述一下，才能了解中國哲學的發展為什麼和西方的不同，以及雖然當時的中國也有許多科學幼苗，但為什麼後來這些幼苗都夭折的原因。

## 希臘羅馬哲學的興衰

哲學和學術思想不會憑空隨著突發的靈感自動出現。它們的出現乃是基於需要－靈性方面的、智性方面的，或者是生活方面的需要。要發展出一套新的學術－特別是人類的新文化，如科學和哲學，需要非凡的環境和人物。當人們觀察到大自然中來了又去的極偉觀的變化，如閃電、狂風、暴雨、洪水等，他們驚訝、恐懼、敬畏之際，總會想要有理性的解釋。在大

圖 37. 亞里斯多德和蘇格拉底

多數情形之下，這些恐懼和敬畏所引導出的解釋往往是，有一位比人類更高更偉大的本體，即神。因此這種的思考方式通常只導出迷信或宗教－有一位或多位掌管宇宙的，超凡的神祇，而不會產生出科學或者哲學。一旦認為自然界這些令人敬畏及崇拜的現象，來自一位比人要高超不知若干倍的神祇之後，就不

會再去追求其他的解釋。在這種思考之下，人們想像出有一位或一批神祇管理控制宇宙中的一切：從太陽、月球、行星，到恆星的每日和每年的週期性運動，到不能預測的閃電、暴風雨和洪水等等，都來自這批神祇的意旨。此種思考幾乎存在於所有古文化中，例如古希臘，一旦認為宇宙有一個主宰 — 宙斯 (Zeus) 之後，大多數人都不再去尋找或懷疑是否有其他的解釋了。然而古希臘的社會和地理環境卻是醞釀其他解釋的肥沃土壤。

最早的西方科學和哲學思想大都在愛琴海 (Aegean Sea) 上的愛奧尼亞群島 (Ionia Islands，廣稱為希臘) 發展出來。這是一批相當孤立的島國，各自有不同的政治制度，每個島嶼都能創造出自己的文化，不受社會和思想方面的統一性的限制，以致在思想方面就很自由。許多世紀以前，這裡就已經有了書寫的文字，故讀寫的能力相當普及，許多人的思想都可以用文字表達出來，便於和其他人討論。當島國之間的商業貿易興旺以後，真正的政治權力就轉移到商賈手中；這些商賈依賴海運貿易。當時，如果有更好的舵、更好的漿、更好的帆，甚至對天象的更深入了解，都會對商業帶來裨益，這些島國不僅商業繁盛且重視工技的發展。工技的發展需要思考，在那一個時代，雖然科學偏重於理論，工技偏重於實用物品的創作，這些異途的智識，甚至哲學，往往相遇，使得科學、工技，及哲學彼此之間都有相當密切的關係（在現代，科學和工技幾乎已經不分）。這些島國因此成了科學和哲學的發源地，當時善於思考的人–思想家，對這些引用神祇的，對超自然現象的簡單解釋很快就感到不滿意，故產生了科學和哲學。

古希臘最早有紀錄的這類思想家，是一位住在希臘薩摩斯島 (Samos Island) 對岸米勒土斯城 (Miletus) 的泰利斯 (Thales，約西元前 640–前 546 年)。他到各處旅行，學習當地的知識，例如，到了埃及，學會如何量金字塔的高度。從旅行中，他的視野擴大了，也證明了好幾條幾何定律。他最大膽的信念乃是：他認為可以不必引用神祇，也可以解釋自然界的現象。由於這種創天闢地的新思考，他被稱為科學的始祖。他解釋了許多關於自然界的現象，最重要的是，創建了一套不引用神的，地球創世的理論。現在看來，他的理論絕對是錯的，但最重要的是他的精神：他不認為世界

被神祇創造出來，這就是科學的精神。在他之後，科學開始發展。這段時期，出現了許多科學家，如天文學家安納西門得（Anaximander，約西元前 611–前 547 年），數學家畢達哥拉斯（Pythagoras，約西元前 582–前 500 年）等等，開始了古希臘科學的黃金時代。從西元前 600 年的泰利斯到西元 300 年左右這九百年之間，學術重心逐漸從希臘轉移到埃及的亞里山卓（Alexandria）。這段期間，科學家的數目之多，發現之廣，實在令人興嘆。例如，科學家們量度了地球的直徑，其值準確到百分之一，發現了地球在軌道上的進動 (precession)、月球的實際大小、人身體上各器官的功用、建立出幾何的體系、發現了數學上的無理數（如 2 的平方根，圓週率 π）等等。在同一段時期中，哲學家如蘇格拉底（Socrates，西元前 470–前 390 年）、柏拉圖（Plato，西元前 428 – 前 348 年）、亞里斯多德（Aristotle，西元前 384–前 322 年）則建立了西方哲學和邏輯的體系。不幸的是，這些文化在基督教興起的一段時間內，都被宗教狂熱者以異教的名義摧毀了，這些宗教狂熱的人都是在羅馬沿襲希臘奴隸制度時代的社會階層組織中的最底層者，為社會上層者所不屑，受盡壓迫和欺凌。一旦從社會加諸於他們的桎梏中解放出來，第一個要報復的對象就是這批上層階級者，包括這些最高層的文化，因此肆意加以摧毀。不幸這種報復，使得歐洲落後了將近一千多年。後來要從流落海外（大都在阿拉伯國家）的殘片中再把文化復原。歐洲的文化悲慘命運和中國文化在秦始皇焚書之後那一段將近三十年的文化失落時期，及最近十年文化大革命浩劫的遭遇類似，不同的是時間的標度。

## 中國的學術黃金時代的興起，近乎衰滅，及復活

中國學術的黃金時代的文化發展和希臘羅馬時代很相似。那時，各國之間互相爭戰，以大吃小，以強吃弱。西元前 707 年時，周朝有一百三十餘個大大小小的封建國家，到了西元前 403 年（歷史上戰國時代的開始）時，只剩下七個國家（當時七大強國之外，仍有一些小國苟延殘喘，在戰國初期到中期才逐漸被消滅）。就是說，在三百年之間，一百二十餘個國家亡國，平均每兩年多就有一個國家被併吞。所有的國王、貴族及伺候這些國王貴族的人，如果能倖存，都成了平民，必須在民間謀生。

中國的文化以史開始，政府設有史官，後來史把一切的文化都包括在內，因此所有的學術都在政府中進行。實際上，當時沒有平民學校，一切知識都一代一代的在貴族家中傳授下去，這些學者家族成為政府的一部分，因此政府就等於控制了所有的學術（即所謂的「學在官府」），平民（大部分是農奴或者奴隸）沒有受教育的分。春秋末年以來，當許多國家被滅亡時，這些被迫流亡在民間的學者就把他們的知識帶到民間。同一時期，商業開始出現和興旺，使得民間的財富開始增加，需要這些知識，也有時間去學習。這些學者的知識範圍甚廣，他們用來謀生的知識，包括管理（政治）、文學、禮儀、兵法、辯論、醫藥、卜卦、星相學及算命。舉例來說，那些熟悉禮儀的學者就成為各種喜喪的司儀等等。他們分布於中國各處，受雇於不同的政府，教授任何他們所知道的知識，只要有人付學費即可，這就是中國知識開始廣及和普及民間的時代。自此之後，知識掌握於人民的手中，所有以後各代的政府都要到民間去搜尋有知識的學者來治國。（這也種下了以後科舉考試制度的種子。）

可是，也就在這一段時間，社會和政治起了一個大變化。首先，周朝所建立的社會秩序幾乎消失殆盡，代之而起的是一片混亂，社會急需一種的新秩序。當時的中國不像古希臘或羅馬，沒有宗教來箝制人民自由的思想，對天和地的敬拜其實只是一種儀式，不像西方宗教那樣對神祇完全臣服的虔誠信仰（在《詩經》中，有許多詩充分表現了人民對天的不信任）。早在這時代之前兩千多年，已發明了文字，中央政府費盡心機要壟斷的知識在此時流落到民間去了。教師和導師如過江之鯽，人民可以很容易接受教育。

143 這些新興的獨立國家都有各自的政治與社會制度，相當於古希臘的島國，可以自由發展。可是就在這一點上，中國和古希臘就分歧了。在中國，這些「島國」都在一片連續的土地上。在古希臘的島國之間，很快就發現，要用暴力去侵略其他島國，除了在造船方面的投資很大之外，還要面臨許多在航海時不可避免的風險，而商業上的貿易，可以獲得比真正去侵略別的島國更大的經濟利益。可是在中國陸地上的「島國」，若要去侵略另一個國家，不必耗費資源建造戰船，扯起帆來駛過不可測的大海，只要派兵跨過邊界就行。當國家一個一個被併吞的時候，許多不想被併吞的國家，就需要最好的政治管理人才、最好的戰略和戰術家，以及最好的兵家。因此知識分子多多少少都被迫或被誘成為帶有幾分企業精神的投機分子。他們想出一套理論，一些策略，然後就到各國去兜售他們的理論。這些理論和策略不免牽涉到政治和經濟理論，或兵法，而夾於其中的就是

一些哲學思想。在這段時期中，學者們就開
始發展出他們認為能使社會穩定，使國家富
強的理論出來，這就是中國各家學術發達的
時代。其思想的精深，派別的複雜，實在令
人讚嘆不已。

圖 38. 秦始皇帝

《漢書·藝文志》中把這一段時期中帶
到民間的最重要的知識大略分成六派，如下：

儒家：主管行政，到了民間後協助
地主、商人做管理工作。

道家：來自史家，後來轉成隱士。

陰陽家：來自羲和觀測天象的天文
師，在民間成為風水和卜卦師。

名家：來自官府中管理禮儀的官員，到了民間，創種種的婚嫁出
生及喪事的禮節。

法家：來自執行法律的官，在民間掌一部分管理工作。

墨家：本來是兵家的一部分，可是到了墨翟變成和平主義者。

其他的還有比較小的派別，如縱橫家，他們在官府中的工作是掌外交，
後來變成策略家。其他還有農家、小說家、雜家等，光是雜家就可能有數
十派。

西元前 221 年，秦始皇統一中國後，大約認為百家的學說對他的暴政
有害，便將所有的知識（書籍）都集中在他的圖書館，下令將其他的書籍
都焚毀。民間能留下的書只有醫學和占卜的書。秦始皇於前 210 年去世後，
叛亂如雨後春筍的出現。一個幾乎目不識丁的革命者項羽，首先進入秦都，
把宮殿燒了，連圖書館都波及。中國文化瀕臨希臘文化的命運。

為什麼中國文化後來復興了，而希臘的沒有呢？有兩個因素。第一，
中國文化失落的時期短，不到三十年。第二，當時知識早已普及民間，人
民認為知識是他們的財產，因此偷偷藏了不少書。再者，秦始皇仍舊允許
民間擁有醫學及占卜的書，而《易經》也算是占卜的書，但其中充滿了當
時的哲理。而有些書，如《詩經》，民間早已背誦，作為他們的娛樂。西
元前 194 年，惠帝開始提供獎金收購民間藏書。可是一本很重要的古史，
《尚書》，只存了一部，被一位年已九十餘的老書生伏生藏在壁中。透過
他的女兒的協助，恢復了二十八篇。（後來又發現一部，造成千古疑案今
古文之爭，這裡不討論。）

而在希臘的情形，知識是屬於皇家的禁臠，平民付了稅，可是沒有份。因此不覺得寶貴。加上宗教狂熱，認為和基督教無關的書都是魔鬼的書，因此完全失落，只有少數已經傳到海外（大都在阿拉伯國家）得以保存。

## 投機取利的企業精神發展了中國的哲學

雖然中國當時發展學術的環境類似希臘愛奧尼亞群島的哲學的發展，動機和途徑卻完全不同。中國知識分子想要發展出能治社會國家百病的萬靈藥，把一個國家變得更強更富，可以說是具投機取利的動機。他們在建立了自己的理論後，就從一個國家到另一個國家去，沿國兜售。雖然有不少科學的萌芽（如墨子的光學），可是對國家沒有直接和立即的利益。因此，這些萌芽都在營養不足的情形下夭折了，與希臘的愛奧尼亞群島的發展不同。

在這一段哲學興旺的時代裡，中國的哲學有許多和希臘類似的宗派。從和希臘伊比鳩魯（Epicurus，約西元前 340－前 270 年）的享樂主義（Epicureanism）相似的楊朱（生死年不詳，約在西元前 300 年前後）的「拔一毛而利天下，不為也」的利己學說，到類似依里的芝諾（Zeno of Elea）的詭辯派名家公孫龍（約西元前 325-前 250 年）[51]，到類似西顯的芝諾（Zeno of Citium，西元前 340-前 265 年）的禁慾和節約的斯多噶派（Stoics）的墨翟。中國歷代尊崇的，僅次於孔子的孟子（孟軻）評墨翟，說他「摩頂放踵，利天下為之」（為了利他人和救世，不惜從頭頂到足踵都受傷），墨翟的信念是十足的利他主義（altruism），他主張節約，在這些極端的哲學之間，其他的哲學幾乎什麼都有。

最後，漢武帝照著董仲舒的建議，尊崇儒學，中國採取了孔子的儒學。可是儒學和原始樸實的孔子學說有不同之處。按現在的說法，應當稱為新

---

[51] 依里的芝諾（Zeno of Elea，約西元前 495-前 430 年）創詭辯哲學，最有名的刁詭命題中之一是「飛矢不動」。飛矢在空中飛行，可是如果把時間分隔到零，飛矢就不動了。其實這刁詭命題已經含有了數學中微積分的基本觀念。把時間減到零，飛矢不動，不錯。可是飛矢雖然不動，它有一個速度，這速度就是位置相對於時間的微分，使得飛矢動的就是因為這個微分不是零，因此芝諾的刁詭問題的思想結構很深奧．公孫龍提出的刁詭命題是「白馬非馬」。馬是命名不命色的本體，而白馬命名又命色，因此白馬不是一般性的馬。在邏輯中這命題提出「一般及個別」的辯證體系。

孔學主義（neo Confucianism）。此後，其他的哲學都被「罷黜」（其實就是官府不用這些學說來治國，因此學了沒有用），可是先秦有幾個哲學家對當時和後世的影響很大，如墨翟、老子，以及法家等。老子和孔子的學說已經在第一、二章中提過，這裡只提墨子和法家，尤其是法家之中的韓非子的學說，因為從秦朝到清朝，所有皇帝的作為幾乎都以韓非子的學說為藍本，而墨翟的學說中含有相當高深的力學與光學–科學的一支–的萌芽，之後不幸夭折。非但如此，一直到漢朝初年，他的門徒比孔子的多很多，他在當時社會的影響力非常大。

墨翟（西元前 470–前 390 年）是魯國人（現在山東），和孔子同鄉。他出生於平民家庭，從小好學、好讀書，到哪裡都帶了一大批書。他精通木匠的匠藝，相當於現在的工程師，傳說他造過能飛一天的木鳶（大約是滑翔機，能飛一天可能是以訛傳訛的誇大之詞）。他精通兵術，卻是一位和平主義者，能武而不武，而且他動武的目的是要維持和平，扶弱抗強。他最有名的故事如下：有一位和他同等級的匠師公輸般，替楚國造出新武器，一種能登上城牆的雲梯。楚國於是想用這雲梯去攻打宋國，墨翟聽到了，連夜趕去楚國，腳都走破了，從衣服上撕下一塊布包了，再繼續走，一直走了十天十夜，

圖 39. 墨翟

到了楚國，見了公輸般，和他力爭，於是兩人去見楚王，在楚王面前相辯爭執。墨翟把衣帶解下，圍成方形當作城，公輸般模擬攻城，墨翟以他發明的守禦城的工具來做模擬的防衛，雲梯之外，公輸般又用了九種攻城的利器來模擬攻城，都被墨翟的模擬的防禦擋了，公輸般技窮，而墨翟還有好幾種防禦的武器沒有用到。公輸般無可奈何，冷笑說：「我還有一計，你絕對無法抵擋。」墨翟說：「我知道你的計，可是我不說出來。」楚王聽得莫名奇妙，問墨翟：「你們在說什麼？」墨翟說：「公輸般要勸你把我殺了，就沒有人去協助宋國守城了。可是我已經派遣我的學生禽滑釐攜帶了我的其他門徒三百人，拿了我的守禦武器去協助宋國守城了，殺了我也沒有用！」楚王無可奈何，答應不去攻打宋國。這場辯論，實際上是現代用電腦模擬戰爭的前驅。

也許墨翟出生為平民，因此了解平民的痛苦。他的理論很入世，大約是因為這樣的因素，他的門徒和跟從他的人也大都是平民。他建立了類似公社的社區，組織嚴密，在組織中，做到了「人盡其才，物盡其用」的理

想，他的公社的主要性質是以團結在亂世中求生存，因此公社成員不少，有的多達九百人。這樣的公社一直延續到漢朝初年，當社會秩序恢復，民間經濟復原後才慢慢消失。在這段時期的後期，當秦始皇想要壟斷知識，實行焚書坑儒的政策之際，孔學的門徒只好轉為地下，而墨翟的公社卻繼續存在。

在先秦諸子之中，墨翟的宗教意識最強。他的學說（《天志》和《明鬼》）討論到存在的本體的最終極根源，以及神（天或上帝）的存在、本質及活動，可是他不認為他的終極根源–他的上帝–是萬能的（在這一點和基督教的教義相異）。從現代科學的眼光來看，他最重要的論著也許是對力學（他能製作出滑翔機，就證明他對空氣動力學有相當的了解）、光和影的討論。在《墨子》的〈經下第四十一〉他認出，影是光的作用，認為光以直線進行，論平面鏡，論球面鏡。非但如此，他還討論到針孔成像的原理，這是中國最早的光學著作。他在力學及機械方面的成就，可以和古希臘被認為是物理之祖的阿基米德的成就（如槓桿原理、比重、以大鏡焚燒羅馬船隻等）相比，在《大取》中討論到類似西方亞里斯多德的「三段論 syllogism」邏輯理論[52]（在西方，這個邏輯理論是現代邏輯的基礎，而邏輯是科學的骨幹。）這些都是中國光學、科學和邏輯學的萌芽，可是和老子提出的零的觀念（「無」）的偉大發現一樣，無後承之人，因此都夭折了。後來在中國研究他的學說的人，包括許多現代的墨學專家，也許不熟悉物理，對這麼重要的發現很少甚至沒有討論，只討論到他的一些較籠統的科學精神，可是英人李約瑟 (Joseph Needham) 在他的七大冊《中國的文化及科學》中卻加以闡明。

## 公布法律讓人民知道

---

[52] 「三段論」(syllogism) 由三個直言命題組成，其中兩個是前提，一個是結論。它的形式是：如果所有的 B 都在 A 內（前提一），所有的 C 都在 B 內（前提二），那麼所有的 C 都在 A 內（結論）。A，B，C 都是變數。一個簡單及經常引用的例子是：所有人都不免一死（前提一），蘇格拉底是人（前提二），因此蘇格拉底也會死（結論）。不要小看這套似乎顯而易見的邏輯。在古希臘，積了好幾世紀在哲學家及數學家方面的努力，如畢達哥拉斯，依里的芝諾（上面說過的 Zeno of Elea，創飛矢不動的刁詭命題的哲學家），柏拉圖等人，最後才由柏拉圖的學生亞里斯多德以形式邏輯的方式寫出，幾乎所有現代的科學定理的證明都引用到這三段論。

顧名思義，法家（legalism）主張以法治國。在現在，當然每個國家都有一套相當詳細的法律用來治國（是否真正公平的執行，不在目前討論範疇之內）。可是在古代卻不然。周朝雖然有法律，但是只有貴族才知道，平民知道的是和平民切身有關的。在封建時代，大多數的平民都住在貴族的封土裡，生活簡單，只要不觸犯一些禁令（例如，在商朝奴隸社會裡，把燒過爐灰倒在街上，就要遭到砍手的酷刑），對法律知情與否不是太重要。春秋時期，社會秩序破壞，社會的經濟轉型為半商業社會，而政府的法律仍然只有貴族才知道。有許多人犯了法，被處罰後才知道犯了什麼法。貴族們利用隨意輕重的刑罰來壓迫商人和新興的土地擁有者（地主），對國家整體來說很不利。到了春秋晚期，西元前 543 年鄭國（即把周桓王打敗，開始春秋時代的國家）有一位政治家子產（執政到前 522 年），開始以法家精神來治國，可以說他創出了法家。他把嚴厲的刑法公布出來，鑄在鼎上，稱為刑鼎；讓人們知法，因此不敢犯法。把刑法公布出來，對貴族們造成極大的不利，因為他們就不能假借法律來欺壓人民了，故紛起反對，反對的原因很幼稚。一位晉國大夫（相當於部長）叔向寫信給子產說：「法律一經公布，人們知道如何避免刑罰，就不會怕管理他們的人（即貴族及官僚），那麼這些行政官如何去執行政令？」子產回答說：「我為的是救世，知道了法律就不會去犯法了。」這種把法律明文公布的措施，遭遇了很多後人的反對，包括孔子在內，在他編校的《左傳·昭公二十九年》中他寫：「……鑄造刑鼎，平民了解了鼎上的刑律了，怎樣還會去尊重上級的貴族官員？上級貴族官員還有什麼功業可言？貴與賤之間失了秩序，還用什麼來治理國家？」可是法家的精神卻被人民擁護。子產之後，又有鄧析把刑法寫在竹簡上，使法律更為普及。法家代表的是商人和新興地主的利益的學派，一旦商業和私有財產制把社會改型，一定要有明白確實的法律才能使社會穩定。在這一點，孔子代表的是封建貴族的利益－可以隨便假借法律來壓迫平民。

明晰寫出及公布的法律是穩定的政治所必需。在歐洲，西元前 48 年凱撒大帝以寡敵眾擊敗政敵龐貝（Pompey，西元前 109–前 48 年），乘勝追擊到埃及，在那裡龐貝被刺死，凱撒和豔后克里麗歐佩特拉（Cleopatra，西元前約 69–前 30 年）發生了一段韻事後，回到羅馬的第一件事就是立法，根除一些擁有既得利益的階級，頒布法律。而東羅馬帝國皇帝查士丁（西元 527–565 年在位）應時代的需要，找了專家編纂和解釋羅馬法，制定有名的查士丁法典，成為後來歐洲各國立法的藍圖。

## 至今依舊執行的中央集權藍圖

　　雖然在春秋戰國時代出現不少像子產這樣的政治家，能認識法律在商業和私有財產制度中的重要性，可是反對派－現在稱為反動派 (reactionary)，或保守派 (conservative) －的勢力很大，這類的改革過了一兩世代就被反對派消除了。（從西元前 707 年周桓王大敗後，諸侯各自為政，到西元前 221 年秦始皇把中國統一為止，從農奴制度為主的宗族政治轉型為以商業及地主為主的家族社會的這一段，社會秩序被破壞的春秋戰國時代延續了將近 500 年。）商鞅是第一位把法家的理想－法治的社會－非但付諸實現，還能使其一直持續下去的政治家。可是他所付出的代價是自己和家族的生命。

圖 40. 商鞅

　　商鞅（西元前 390 － 前 338 年）的祖先姓姬。他是一個被併吞的小國，衛國的國王的後裔，因此以衛為姓，又稱公孫鞅，後來被封為商地的貴族，因此歷史上都把他稱為商鞅。史書上說他「少好刑名之學」，用現代語言來說，就是在少年時代對法律有興趣。後來到了魏國在相國（宰相）公叔痤的手下任中庶子（幕僚），公叔痤對他很賞識。當公叔痤生了重病，魏惠王親自去問病時，公叔痤把商鞅推薦給魏惠王，接相國的職位，而且特別告訴魏惠王，如果不用商鞅，就要把他殺掉，以免後患。可是魏惠王看不起商鞅，認為公叔痤昏迷神智不清，商鞅得知這事，在公叔痤死後，立刻逃離魏國。這時秦國的孝公（西元前 360－前 338 年在位）剛接王位，為了圖強，徵求「有能出奇計強秦者」，商鞅和孝公談了四次，分析天下局勢，第四次時提出如何使秦國強盛的具體計畫：「變法，修改刑法，內務獎勵耕種，對外獎勵勇敢作戰。」這計畫說服了秦孝公，就任命商鞅一個重要的職位。他提出要變法，可是保守派極端反對，所以只能做一些小型改革，如鼓勵開墾荒地，但收到很好的效果。西元前 356 年孝公的政權鞏固後，才正式任命商鞅為左庶長（宰相），開始變法。因為人民不相信政府，因此他在南門立木，證明政府的決心。

　　當時一百三十幾個封國已被併吞到只剩七個大國了，這七國之中，以秦國最落後，秦國在蜀地，即現在四川。商鞅把法律全部改了，在全國各地公布。他的立法非常嚴格和殘酷，把所有的家庭都編入戶籍，五家為伍，

十家為什，互相監督，如果有一家的人犯了法，其他各家得向政府報告，如果不報告，被查出來，十家都要受到同樣的處罰（連坐）。推行了重農抑商的政策，為獎勵耕織，規定生產粟帛多的人，可以免本身的徭役，懶惰而貧窮的人全家罰做官家奴婢。所有的貴族一定要能立功才能封爵。一戶有兩個以上的兒子，到了成年必須分家，不能在家中依賴過活，否則要出雙倍的賦稅。在這樣嚴格管理之下，秦國逐漸變富強。商鞅將政治管理的體系也改了，集小都鄉邑（即小村小鎮）為縣，修造道路，將所有軍權都集中在中央。同時，他應用了自己的軍事才能，用計謀引誘魏國，讓魏國派商鞅的舊友，公子（王子）卬來談判。商鞅俘虜了公子卬，偷襲魏軍，魏軍大敗，魏國只好把大片河西的土地（河南陝西一帶）割讓給秦國。之後，商鞅說服了秦孝公，把國都遷到富裕的咸陽（現在陝西長安東北），商鞅在政治和軍事方面一連立功，受封於商（現在陝西商縣東南），稱為商君。

　　他這麼一變法，許多富有的平民不滿意，可是都被商鞅流放到邊疆。失去勢力和既得利益的貴族及其子弟更為不滿，有人出計，要使商鞅變法失敗。他們說服了太子駟犯罪。當然，太子是將來要繼承王位的，不能處刑，商鞅就處罰太子的師傅公子虔和公孫賈，分別處以「劓刑」（把鼻子割了）和「黥刑」（臉上刺字表明犯過罪）。這麼一來，所有的貴族子弟敢怒不敢言，商鞅的變法就順利的執行，沒有人敢反對。他採取嚴厲的執行變法政策，因此結了許多仇人。

　　西元前 338 年秦孝公去世，太子駟被群臣擁護為王（惠王）。被處劓刑的公子虔誣告商鞅造反。惠王為了報以前的仇，下令拘捕商鞅。商鞅逃出都城，到了函谷關下，天色將黑，投宿旅社，店主不知道他是商鞅，向他索取身分證明，而且向他說：「商君的法律凡是住宿客人，沒有身分證，不得收留，否則要受連坐之罰。」商鞅喟然感嘆說：「我自己設此法令，居然害了自己。」只好星夜混出關門，逃到魏國。魏國恨他設計打敗魏國，要囚擄他回秦國，他只好逃回自己的封地。在那裡，他聚集了一支軍隊，可是敵不過親自訓練的秦國精兵，敗陣被俘。秦惠王歷數他的罪過之後，命令押出以五牛車裂慘刑處死，他的家族也全被殺害。

　　雖然秦惠王深恨商鞅，可是他明顯的了解商鞅變法政策的成功，以後一直執行商鞅的政策。最近在湖南孝感的雲夢睡虎地方，一個斷代為西元

前 217 年的古墓中發掘出一套幾乎完整的秦律和一些歷史記載，提到商鞅南門立木的事蹟，現已發表[53]。秦律中有不少現代觀念，例如懲罰燒山的刑罰（環境生態的保護）；而對偷竊的懲罰，看所偷的東西的價值，和牽涉到的人知不知情，都在考慮範圍之內等等。其中還有法律問答 187 條，類似《查士丁尼法典》的釋疑，舉兩個例子的譯文如下：

> 甲盜竊不滿一錢，前往乙家，乙沒有察覺。問：如何處分乙？答：不應論罪。如果知情而不加捕拿，應罰一盾（錢的單位）。

> 妻兇悍，其夫加以責打，撕裂她的耳朵，或折斷了四肢、手指，或造成脫臼。問其夫應如何論處？答：應處以耐刑（耐刑是把犯人的鬍鬚剃掉，強制其服勞役，是一種恥辱刑）。

第二條表示，秦朝至少有保護女性配偶，不受暴力欺凌的法律觀念。

商鞅之後一百年，秦國愈來愈強。其他國家有變法圖強的改革人物，如：魏文侯用李克、吳起、齊宣王、威王厲行改革，楚悼王用吳起，韓昭侯用申不害，趙武靈王實施胡服騎射。可是這些國家不改革或改革不能貫徹始終，因此逐漸變弱。而秦國自昭王到秦王政因任用客卿、策略成功，終能統一。西元前 230 年，時機成熟，秦王政在十年內滅了其他的六國，統一了中國。

## 中國君權政治的理論創始者－韓非

戰國時代的最後一位法家是韓非（韓非子，西元前 280–前 233 年）。他是韓國貴族的旁支後代，和商鞅一樣，少年時就「喜刑名法術之學」，對法律有興趣。他和秦國宰相李斯，都是荀子（全名荀卿，孔學的主要追隨者）的學生，可是他的思想觀念和荀子的完全不同。

他口吃，不善言談，可是善於著作，他看到自己的國家韓國日趨衰弱，多次向韓王上書進諫，希望韓王能勵精圖治，可是韓王置之不理，韓非大失所望之餘，著了《孤憤》、《五蠹》、《內外儲》、《說林》、《說難》等十餘萬字的書，全面有系統的闡述自己的法治思想。在他的時代，很明顯的，所有能治國使國家富強的學說是法家，因此他反對孔子學派的尊堯舜（最早有歷史記錄的中國王）、湯（商朝開國王）、武（周朝開國王）之道，在《五蠹》中寫：「世異則事異」，「事異則備變」。因為歷史在

---

[53] 《睡虎地秦墓簡》，文物出版社出版（北京，1978），新華書局銷售。

不斷改變中，因此應根據實際情況來制定政策。這些情況變了，就要準備好應變的政策，這種歷史觀，適應從農業宗族社會轉型到家族工商社會在政策方面需要改革的實際需要。

這些著作傳到秦國後，被後來統一中國的秦始皇看到了，大加讚慕。但不知道是誰寫的，宰相李斯告訴秦始皇是韓非所寫的，於是秦始皇把他召來，然而未重用他。當時秦始皇已經開始統一中國的軍事行動。韓非上書給秦始皇，勸秦始皇先攻打趙國，再攻打韓國。李斯一向都嫉妒韓非的才能，和另一位官員姚賈在秦始皇面前進讒言，告韓非護韓國，然後把他關進獄中。李斯又派人送去毒藥，勸韓非自殺。後來秦始皇後悔，赦免韓非，可是他已經死了。後人將他的著作收集成《韓非子》，大致上都很完整。

在韓非的著作中提出實施君主專制，中央集權的統治理論，成為此後中國政治管理的藍圖。在〈揚權〉篇中，他主張：「事在四方，要在中央，聖人執要，四方來效。」 在〈主道〉篇中：「萬乘之主，千乘之君，所以制天下而征諸侯者，以其威勢也。」（大意：國家的大權要集中在「聖人」，即君主一人手中，君主必須有權有勢，才能治理天下。）在〈人主〉中寫：「散其黨」，「奪其輔」。

圖 41. 韓非子

（大意：君主應當使用手段清除世襲的擁有奴隸的貴族宗族，把輔助他們的幕僚奪來協助君主統治。）在〈顯學〉篇中，寫：「宰相必起於州郡，猛將必發於卒伍。」（大意：選拔一批經過實際在行政軍事方面有過鍛鍊的官吏及名將來代替這些沒有實際經驗的貴族。）在〈有度〉一章中寫：「法不阿貴」，「刑不避大臣，賞善不遺匹夫」。（大意：在法律面前人人平等，對貴族高官的不能特別優待，在獎賞方面要能不問出身，有功必賞。）他的學說建立了中國的君主政治，中央集權的體系，一直到清朝，包括中國近年的毛澤東時代，各代君王的統治方法幾乎都按他的理論來執行。在執行方面，尤其在和西方一樣的「法律之前人人，一律平等」的觀念上，仍舊有許多偏差。（可是這是中國民族性的通病。）

韓非一生坎坷，受盡冤屈，最後被迫仰藥自盡，但他是集法家大成的偉大學者。一直到最近，他的學說影響了中國執政者的統治策略。儘管我們可以責備他是設計中國君主專制的工程師，然而他的影響長久，可以和

影響長久的西方神學家的理論相比。所不同的是，他的出發點乃基於中國固有的人本主義 (humanism)，而不是以神為主的神權主義 (theocracy)。

## 中國對歷史求實和忠誠的傳統

唐朝滅亡後，經過短暫的分裂，中國又再次統一，成立了宋朝。宋朝開國皇帝趙匡胤被擁立為皇帝（西元 960 – 976 年在位），史稱宋太祖。有一天，政務之餘，他回到後宮去，沒有事做，就拿了彈弓，以打麻雀為遊戲。此時，有位大臣向後宮管門的宦官說，有要事求見。趙匡胤趕緊換上朝服，戴上朝冠。大臣進來後，把奏本呈給趙匡胤；一看，只是些日常的小事，當場大怒。便責問這位大臣為什麼自己不能做決定這些小事，要進來找他。大臣回報：「臣認為即使是日常小事，可是和國家有關，總比打麻雀更重要。」這一下趙匡胤真的大怒了，身旁正好有一把斧頭，拿了就用斧柄打這位大臣的臉，打落兩枚牙齒，血流滿面。大臣撿起這兩枚牙齒，放在懷中，敢怒不敢言。趙匡胤怒氣還沒有消，問：「你把打落的牙放在懷中，是否想要告我？」這位大臣回答：「臣不能告陛下，可是，這事的是非自有史官會寫下，讓後世來評判。」

趙匡胤一聽到史官會把這事記下，心裡覺得自己太過分了。立刻轉怒為喜，向這位大臣道歉，並送他黃金和絲帛表示歉意。

圖 42. 宋太祖

\*

這件小事在史書中僅以幾句話輕描淡寫帶過，可是這小事代表的是中國史官對工作嚴謹態度。中國自黃帝起就設有史官[54]，史就是中國正統一脈相傳的文化，其他文化都從史分支出來（天文一直是史的一部分）。在秦朝之前，和許多其他學術官職一樣，史官的職位是世襲的，他們在家族中傳下了好幾百年甚至上千年的傳統。實際上，有許多史官不惜生命，也要寫出真相。最有名的，也是最早的史官，為了寫出歷史的真相而殉職的事蹟記載在《左傳》中。西元前 548 年，齊國大夫崔杼殺淫亂無道的齊莊

---

[54] 中國的史官制度設置極早，至遲在周代已有可信的相關記載。商代雖設立史官制度，但其執掌主要為卜筮，與今日所謂「史」略有所異，可是記載的還是在國內發生的事。

公，太史依書法，當著朝廷寫下「崔杼弒其君」。（以下殺上，稱為弒，如弒父。西方沒有特別描述以下殺上的字；可以加上字尾 –cide 以表明殺害之意，例如弒殺父母，英文字是 parenticide，自殺是 suicide，殺嬰兒是 infanticide，可是不含貶意。）崔杼大怒，把史官殺了，之後他的一個兄弟接棒，又繼續寫同一句話，也被殺死。最後一位兄弟還是寫同一句話，崔杼不敢再殺。另外一位史官，稱為南史氏，聽說太史兄弟被殺了，拿了竹簡準備繼續寫下去，半路上聽到已經寫成，才回家去。可惜這些史官的名字已佚失了，連南史氏的名字也可能只是他的職位名，而不是真名。後來的朝代一直繼續記史的傳統。唐代為保障史官的直書，有天子不觀《起居注》的不成文規定。唐太宗曾想一窺有關他的記錄，而遭褚遂良拒絕。宋代以後，史官傳統不受尊重，記錄竟需先呈御覽再付史館，此一規範作用也就逐漸消失，可是記史的傳統依然存在。

中國歷史自西元前 841 年前周厲王被迫逃亡後，一年一年的由這些史官編年記事（以前的歷史並無清楚的紀年）。《左傳》是春秋時代的歷史，所謂春秋三傳共有三部：《左傳》、《公羊傳》，及《穀梁傳》。孔子編纂過《春秋》，這部儒家經典和三傳互輔解經，缺一就意義難測。（《公羊傳》和《穀梁 傳》純用義理解釋《春秋》，而《左傳》實質上是一部獨立撰寫的史書。）中國每一個朝代被滅了，下一個朝代的最重要工作就是把上一個朝代的歷史寫出，按照對歷史真實的傳統撰寫，而且開國皇帝－通常都很英明－選出來撰寫歷史的人都是學術造詣極高的當代學者，對寫作的要求是真實。甚至有的皇帝認為以前寫得不好，就把歷史按史蹟重新寫過，如唐朝的歷史就有兩部，《新唐書》和《舊唐書》。比較不糊塗的皇帝都怕史官記錄下他們的惡跡。趙匡胤一聽見史官會把他打落大臣牙齒的事蹟記下，立刻道歉。清光緒帝在慈禧太后把持下，由太后指揮政事，做出許多愚笨事，使得中國受盡西方國家欺凌，派軍隊來把當時很弱的中國打敗，然後要求割地賠款。大臣勸說，寧可賠款，不能割地。因為錢款可以再賺回來，割地涉及「身後名」，所謂「身後名」就是歷史對這位皇帝的評價。

中國歷經許多外族入侵，自西晉末約西元 3 世紀起，到隋文帝於 589年統一中國之間，289 年之中有不少異族入侵，中國北方歷經五胡亂華的蹂躪和好幾個異族朝代的統治，即使在這些沒有文字，文化相對較低落的異族的統治下，史家仍舊不顧生命危險，尊重中國重視歷史真實性的傳統。有這麼一個事蹟，如下。

　　北魏王朝於 389 年成立，第三位皇帝（胡人）拓跋燾（423-452 在位，廟號太武帝）在位，政權逐漸穩定之後，於 429 年，派司徒崔浩主管撰寫「國記」，即北魏的歷史。一位文才極高的高允受命協助崔浩，拓跋燾還特別關照，要「務從實錄」，崔浩按此訓令，直筆寫了。但為了顯示自己，他竟把北魏歷代帝王的生平事蹟都寫下，而且刻在石碑上，立於路旁。拓跋燾大怒，認為「暴揚國惡」，於是下令逮捕崔浩和一切參與撰寫「國記」的人。對於崔浩這種要顯示自己的做法，高允一直反對。他曾經告訴人：「這麼做會替崔浩帶來殺身之禍，連我們這批人都會受累。」事發後，因為高允曾經為太子拓跋晃授過課，太子事先把他召進太子住的東宮，因此沒有被捕。第二天太子帶高允去見太武帝，去之前先告訴高允說：「見了皇上之後，一切聽我安排。皇上問你，你就照我的話去說。」見了皇帝，太子首先說：「高允在東宮中一切都很謹慎，職位也低，寫「國記」的一切決定都由崔浩作主，因此請赦免高允。」拓跋燾問高允：「是不是整個「國記」都是崔浩寫的？」高允回答：「〈太祖記〉是鄧淵寫的，〈先帝記〉和〈今記〉是我和崔浩共同寫的。事實上崔浩要管的事很多，他只是總管。至於具體撰寫，我的部分多於崔浩。」拓跋燾聽了大怒，說：「按你說法，你的罪大於崔浩的罪，怎樣能赦免你！」太子這時說情，說：「皇上威嚴，高允一時嚇糊塗了，剛才我問他，他說都是崔浩所寫的。」拓跋燾再問高允：「真的是像太子所說？」高允答：「我的罪該滅族，可是不敢說假話。因為我教授太子日久，他可憐我，想救我一命。剛才太子並沒有問過我，我也沒有說過那樣的話，不敢裝糊塗。」拓跋燾聽了，大吃一驚，這位高允竟然面臨死難還不說假話。他轉身向太子說：「他真誠實，這是一般人做不到的事，他能面臨死而不改口說假話，說明他可靠忠實。」於是就赦免高允，出來之後，太子責備高允說：「一個人應當知道隨機應變，我想救你不死，編出一套話，你居然不接下我的話頭。每想到此，心中就很驚惶怦跳。」高允答：「既然寫歷史，就要認真寫下帝王的善惡。這樣，帝王才有所畏懼，小心謹慎自己的一言一行。崔浩輕易刻碑立石，這是他的過失。至於記錄皇上的言行，評論他國事的得失，這是為史的原則，而崔浩在這方面並沒有違反史家的原則，我和他一起共事，作風也一樣，生死榮辱，不應當有什麼特殊。我深深感激殿下的大恩要來救我，可是要我去違背事實來解脫自己，這不是我的意願。」太子非常感動，之後高允一直憑著忠誠的態度做事，他在北魏的政事上的影響很大。

這種忠於史實的精神是中國特有的，雖然孔子在編纂《春秋》時加入褒貶的評語，可是基本上並未更改歷史的事實，只是表達個人意見而已。而他對《左傳》的功勞乃是在於他寫的評語和注解，讓後人容易讀。

中國第一部正史是漢朝司馬遷（西元前 145〔或 135〕－ 前 86 年）著的《史記》，他是中國歷史之父，因為史記的風格和形式都一直被後世寫歷史的人所沿用，直到清史稿為止。中國歷史的材料和寫作的豐盛，是其他國家無法比較的。唯一的缺點是，這些歷史都是當官的官僚寫給其他官僚看的，因此內容大都限於這些官僚的興趣，而且大都限於歷史事實的敘述。武則天統治時代的史官劉知幾（661 － 721 年），因為不滿意當時史館制度的混亂，和監修貴臣對修史工作橫加干涉，於 702 年辭去史官，退而私人著作《史通》。這是中國第一部有系統的史學評論著作，共有二十卷。《史通》總結了唐代以前編年體裁和紀傳體裁的史書的得失，認為這兩種體裁不可偏廢，在這基礎上，應當以斷代史為後代史書編纂的主要形式，他認為：「徵求異說，採摭群言，然後能成一家。」即收集一切可能收集到的資料，對雜史應當按長短加以選擇，對種種的「異辭疑事」，應當好好的思考。（例如神怪之事，應當先查清楚，不要胡亂寫入史書中。）他明顯的提出寫史的風格，應當直書，反對曲筆。《史通》是中國史學史上最早的從理論和方法上著重闡述史書編纂的體裁的專書，對以後的史學家很有幫助。在他之後，宋朝司馬光（1019 － 1086）奉神宗帝的命令寫出《資治通鑑》，包括西元前 403 年到西元 989 年的歷史，雖然是編年體歷史，可是用的就是《史通》所說的格式。後來又有清朝的畢沅（1730–1797 年）寫《續資治通鑑》。這些史學家雖然沒有在根本上把中國寫史的方式改掉，可是卻提出許多的批判性的傳統，把史學的著作提高到另一個境界。到了 20 世紀以後，歐美的史學方法傳到中國，中國寫史的方式也跟著改變。

可是在中國歷史上，尤其近代，有過不少嘗試著竄改歷史的事蹟。當中國處於 60 － 70 年代的文化大革命浩劫之際，毛澤東的妻子江青，四人幫之首，想要銷毀某些文獻。這些文獻就是小報上的花邊新聞，報導她在上海當三流明星時的淫亂事蹟，但中國管理這些文獻的人，用了種種的方法，並冒了生命危險，保存了這些文獻，保存的目的不在於為批評她的私人生活，而是把這些歷史資料加以保存。

比較嚴重的纂改歷史行為發生在目前的中國人民共和國。在 1937 到 1944 年中日戰爭的時候，中國的抗日主力都在國民政府的蔣介石領導之

下和日本軍隊作戰。中國共產黨在所謂的二萬五千里長征後流竄到延安，利用這一段的時間壯大，真正參加抗日作戰的戰役很少。蔣介石一生的事蹟中有不少可以批評之處，不過在抗日期間，他的確是一位優秀的領導。後來因為戰後的政經失敗，國民政府被逐出大陸，逃亡到台灣，共產黨成立人民政府。可是在成立後，從 50 年代到 90 年代這一段時間，幾乎所有在人民政府統治下的史學家，對於國民政府的抗日事蹟不提一字，甚至自稱共產黨是抗日的主力。

這一段時間到文化大革命結束，人民政府把歷史按唯物論的模式來解釋，以今非古。當然，古代有不少和現代社會不合的政策及作為，可是中外都一樣，人類史本身就是一場在不斷進行中的摸索史，從錯誤中找出一條更好的路來。如果以今非古，即以現代的倫理、社會秩序等去批判古代社會和人民的作為，就一無是處，一個好人都沒有，這樣就把古人的貢獻都抹煞了。以最客觀的學術科學來說，如果以今非古，連到現在還被所有的物理學家（及其他科學家）尊崇的牛頓、愛因斯坦都站不住腳。最公允的方法就是，應當用古時的道德標準去評價古人。如果要批判，就應當審視古時的社會結構、道德水準，以及社會一切因素，研究當時社會制度的得失。在 50 年代到 90 年代的期間內，也許為了政治上的鬥爭或其他原因，幾乎把所有的歷史都改寫。例如，秦始皇變成英明的皇帝，對焚書坑儒的事幾乎一字不提。對任何農民造反或革命都加以推崇，（古時百分之九十以上的人都是農民，因此造反革命的人一定是農民。）對這些農民的反抗（或鬧事，或叛亂，或按唯物論的論調、革命，端看你的觀點和立場）時殘暴屠殺的惡跡一字不提，或加以辯護。也許是因為共產黨的革命成功來自農民支持，可是寫歷史仍舊應當要有客觀的態度和作風。

1990 年代之後，中國對歷史的真實性的精神又復甦，和火鳥一樣，變成更強壯。那些對歷史的篡改行為已為人不齒。現在已經有不少人把抗日時期國民政府在蔣介石的領導下抗日事蹟寫出，在寫作中大都拋棄了以今非古的論調。與 50 年代到 90 年代明顯的不同是，中國人民政府已經改變了對農民造反（或鬧事、革命）的推崇；原因很簡單，雖然中國經濟已經急速上昇，令人鼓舞，可是社會上仍有很嚴重的貧富懸殊現象，尤其是城市和鄉村之間在經濟上的不平等。城市經濟已經相當發達，可是一般農民的生活並沒有大幅改進。從經濟上來看，任何國家，包括美國，小農都處於最低層階級，社會圖騰柱的最低一層，屬於收入近乎最低的階級。現在的中國，法治和法律都還在相當幼稚的階段，許多商人勾結了政府中不法的官員，強佔農民土地，或對農業的環態造成污染和破壞，或其他在經

濟方面的侵佔，使得有許多農民鬧事。現在的局勢和 50 年代以前幾乎完全相反；人民政府因此不再提農民革命的偉大，不再大力推崇及把農民「革命」神聖化了。雖然大多是地方性的小規模鬧事，但若無法提高農民的生活水準，星星之火，可以燎原。這些事件，將成為未來的隱憂。

## 西方不重視歷史，史學到 18 世紀才興起

古代西方沒有中國秉筆直書，寧可捨身寫真史的傳統，甚至有隱瞞的行為。例如，當美國將黑人視為奴隸的一段時期間，幾乎所有的黑暗惡行都隱匿不提，直到 60 年代民運興起後，才慢慢被發掘出來。現在在某些圈子，竄改歷史，以非為是（美其名為歷史修正或修改主義者〔history revisionists〕），似乎是一種很流行的時尚遊戲。例如，二次大戰中德國人殺了六百萬無辜的猶太人，還有許多歐洲人（大部分是新納綷主義者或中東的國家）把歷史歪曲纂改了，寫書來「證明」無此事。美國總統甘迺地於 1963 年被狂徒奧斯華 (Lee Oswald) 刺死，不少人聲稱是聯邦調查局和其他組織的陰謀，寫了不少書，引用了不少證據，到最後美國還要在甘迺迪遇刺地點重新模擬過，錄下槍聲，再以高科技電子儀器分析，證明了只開了一槍，而開槍者就是奧斯華。但還是有不相信的人繼續「修改歷史」，雖然人數大減。似乎每發生一件事，當真相清楚後，經常就有人唱反調。想改變「歷史」，用似是而非或模糊不清的議論，為了自己的某種目的，提出相反的事實。而隱匿真情，是某些文化的特長。其中最惡名昭彰的是日本，直到現在還否認戰時在中國、韓國及其他侵略過的國家中的惡暴行為。土耳其是另一個例子，至今依舊否認 20 世紀初屠殺 20 餘萬亞美尼亞人 (Armenian) 的事實。在中國的歷史裡，很少看到這種隱匿的行為。五朝亂華之際，胡人和漢人之間互相屠殺，胡人肆意屠殺漢人，而漢人也有同樣的報復行為，這些屠殺都記載在歷史裡。有一位漢人統治者冉閔（350－352 年在位）濫殺胡人，三天內殺了二十餘萬五胡之一的羯族人，後來都被記錄在歷史上，這些寫史的人都是漢人，卻一點也不坦護漢人的惡行。

歐洲的歷史傳統開始於古希臘，這時愛奧尼亞群島 (Ionia Islands) 的科學思考已經傳到其他文化，愛奧尼亞的哲學家開啟一個西方沒有過的情行：他們認為宇宙是一個有智性的整體，因此可以透過理性的分析研討，人們將會發現管理宇宙一切事物的一般性原則。希羅多德 (Herodotus, 西元前 484？－前 425 年？)、修西的底斯 (Thueydides, 西元前 460－前 400 年) 繼承了這個傳統，寫下歷史，希羅多德被羅馬政治家西塞羅

(Cicero)稱為（西方）歷史之父。他所著的《歷史》一書（後人分為九大冊）是西方的第一部歷史，在基督教興起的一段時期中，逃過焚書的大劫而倖得保存，大致完整，寫的是西元前 499－前 479 年時希臘和波斯之間的戰爭史蹟。修西的底斯寫了《伯羅奔尼撒戰爭 (Peloponnesian) 史》，這是西元前 5 世紀發生的希臘雅典政權和斯巴達 (Sparta) 之間的大戰（結果雅典打敗）。在這套歷史中，他寫下西方第一部對於國家在戰爭的政策上的政治和倫理的分析。古代歷史是文學的一部分，最成功的歷史學家就是像上面這兩位的史學作者，他們繼承了在米勒土斯城 (Miletus) 的喜卡圖斯（Hecateus，生卒年不知，約西元前 5 世紀人，著有《歷史》〔Genealogia 或 Historiai〕，大部分佚失）的傳統，把同樣嚴苛的學術精神應用在大部分基於神話的希臘傳統上，喜卡圖斯曾寫：「以我的意見，希臘的（神話）故事大都荒謬不經。」他們與緊接他們的史學家有同樣的新穎看法，具有好奇心和以嚴苛的學術觀點來審視所有的資料。

可是希臘人一般對於把古代的事蹟，以這種嚴苛的學術精神來審視並沒有太大的興趣，因為以後約有 1000 名古希臘學者從事歷史寫作，可是這些作家所留下的僅是他們的名字而已，許多文獻的失落的原因是它們變成沒有人有興趣的古書，即使第一流的歷史學家的命運也好不了多少。只有幾部歷史得以完整保存，留給後世研究和閱讀，頗里別斯 (Polybius，約西元前 205－前 123 年) 所寫的關於西元前 220－前 144 年的篇幅驚人的歷史，只有三分之一倖存。里維 (Livy，約西元前 59－約西元 17 年) 寫的，從西元前 753 年到西元前 9 年的羅馬歷史只有一半倖存，而且能倖存的原因是因為在西元 500 年時，有一位羅馬貴族想要保存羅馬文學中最珍貴的部分。塔西圖斯 (Pubilius Cornelius Tacitus，約西元 55－120 年) 寫的《歷史年記》(*Annals and histories*) 只留下西元 14－96 年的一部分。後來的歷史學家費盡種種功夫，才把古希臘和羅馬的歷史再重新組合，而最重要的一段–特洛伊 (Troy) 戰爭，幾乎只有從神話的史詩如〈依里亞特〉(Iliad) 中找到些蛛絲馬跡，有許多空檔。

因為歐洲各君主國都沒有設史官，因此也沒有中國捨命寫真史的傳統，自從教權囂張之後，梵蒂岡保存了一部分的史料，可是要是不公開，就是只把片斷和宗教有利的資料公開。真正將歷史當成嚴肅的學科，是 19 世紀的事。在這一百年中，歐美的史學家已經從保存下的文獻中組合出大部分的歐洲歷史，且新的發現幾乎隨時都會出現，現在歐美的史學已經非常

進步，超越中國之上。現代中國的史學家基本上用的是歐美的治學方法及態度。

# 第十章　中國如何在動亂分裂中保持統一

## –胡族志願同化，科舉和單一及多元文化的傳統–

### 一位胡人皇帝自願放棄胡語

　　北魏皇帝拓跋宏（廟號，471–499 年在位）坐在後宮中，十分煩惱。早上開朝會討論重要事件的時候，幾乎每位在朝的大臣都發言，可是有的說羯族土話，有的說拓跋宏所屬的鮮卑族的土話，有的說匈族土話，幾乎所有胡族的語言都有大臣在說，可是在朝廷中的漢人最多，因此說漢語的人也最多。有的大臣聽不懂別的大臣說的土話，因此要找人翻譯。一個早上很快的過去，什麼事也沒有討論，大都七嘴八舌的想了解其他大臣的土話，「真是浪費時間。」拓跋宏用漢語自言自語。

　　第二天早上開朝會時，什麼都不談，只談這個語言的問題。拓跋宏先用漢語說：「諸位大臣是不是想要讓本朝好好的治國，使得本朝可以像殷周那麼偉大？」

　　咸陽王禧第一個說話，禧是拓跋宏的異母兄弟，非常能幹，而且忠心耿耿，拓跋宏對他很信任。他先捧拓跋宏，說：「陛下聖明，我們希望皇上能和以前的聖王一樣，留跡青史。」

圖 43. 北魏孝文帝拓拔宏

　　拓跋宏說：「昨天早上的朝廷討論中，非常紛亂，許多大臣都用他們本族的語言發言，有的聽不懂,,　找人翻譯，弄得亂糟糟的，討論不出什麼結果。這對國家政策的執行非常不利！你有什麼建議？」

　　禧回答說：「我有一些意見，不過皇上已經提出這個問題，一定已經胸有成竹了。能否先聽皇上的意見？」

　　「我想把風俗習慣改一下，你的意見怎樣？」拓跋宏說。

　　「我也是這麼想，應當把舊俗改革，使得本朝日日新。」禧回答說。

　　「這改革非但要在本朝執行，而且要傳給子孫。」拓跋宏說。

「非但要傳給子孫，而且要傳到未來的所有世代。」禧回答說。

「可是如果要改革，你們一定要竭力支持，否則改革一定會失敗。」拓跋宏說。

「當然，以皇上的聖德，改革就會像風刮過草原一樣，所有的草都隨風而靡。」禧再捧一句。

「所有的胡族都沒有自己的書寫文字。我想，我們用的書寫文字是漢文，每位官員也都讀過用漢文寫的書，是否要把所有的胡族語言都禁了，只用漢語？」拓跋宏說。

「我想，要在全國立即禁用，一定很困難，可能需要一段時間。是否可以從朝廷開始？這麼一來，想要做官的人必須能說漢文，日子一久就沒有人說胡語了。」禧最後把自己的意見表達出來。

「這意見很好。自古以來，先要正名，做事才能順利。（按：這是孔子說過的，「名不正則言不順。」）現在我要把所有的北語（胡族語）斷根，改成只用正語，即漢語。我想下令，30 歲以上的官員改口不容易，允許他們仍舊說胡語，可是 30 歲以下的官員一定要說漢語，否則便將他們降職或免職。這麼一來，就可以改變風俗了，如果不改，恐怕幾代之後，紛亂的局面又會出現。」

拓跋宏又接著說：「我同李沖討論過這一點，他反對改革，說『有這麼多語言，誰知道那一個是正語？皇上的族語鮮卑語就是正語，何必去改語言？』這真是胡說八道，該處以死刑。」

李沖一聽見皇上生氣了，馬上將頭上的官冠那下，跪地求饒。皇上赦了他的罪，責令此後不許再反對，於是朝廷的書記立刻將拓跋宏說的話寫成詔令，蓋上玉璽，立即執行。之後，在幾代之內胡語就從中華文化中逐漸消失了。[55]

## 胡人融入為漢人，胡人文化加入中原文化

---

[55] 當時規定：官員年齡在 30 歲以下，如果仍用鮮卑語，即降爵黜官。30 歲以上可以慢慢改，雖然一時沒有把鮮卑語言消滅，可是日久就沒有人用了。而鮮卑語言還是胡語中發展最高的語言，因為還有書寫文字。逯耀東教授認為：孝文帝為獲得北方強大保守勢力及鮮卑貴族的諒解，曾作了某種程度的妥協和讓步，而使許多草原文化的殘餘留存下來。《從平城到洛陽》。

這就是歷史上記載的，鮮卑族的胡人統治者－拓跋宏，怎樣把口講的語言統一為漢語，事實上就等於把胡語消滅的事件。雖然他只是順著當時胡人漢化的潮流走，可是他的貢獻乃是用官方的力量來推廣漢化的政策。這時胡人和中國人通婚相當頻繁，胡人的姓用漢語譯音，都是複姓，不易念出。因為漢人的數目很多，許多胡人都採用了漢化的名字，這是很自然的事。例如在美國的華人有許多都採用西方的名字，而住在中國的外國人也都採用中國名字。用詔令把漢語採用為官方語言之外，他把胡人的姓都改成漢姓。在他之前，有許多胡姓都已經被歷代的皇帝下令改成漢姓，如「獨孤」被改為「劉」，「若口引」被改為「寇」，「俟力伐」被改為「鮑」等等（都記錄在《魏書》中）。可是到了拓跋宏，就下詔撤底將所有的胡姓都改成漢姓。西元 496 年，他連自己的姓都改了，從「拓跋」改成「元」。他的理由是：「北人（即胡人）稱土為拓，后為跋，魏的祖先是黃帝，以土之德為王（萬物來自土），因此稱為『拓跋』，而土色是黃色，是萬物之元，因此把『拓跋』改為『元』。」可是中國史書都用原姓「拓跋」。

從此之後胡人和漢人不分，從 4 世紀中葉到 5 世紀末之間，經過將近兩百年多的胡人侵略，胡人和漢人之間大規模互相殘殺不已，可是到了最後，統治中國的胡人等於自願和漢人同化，都變成漢人，因此無形之中將所有胡人原來逐水草而居的土地都編入中國的版圖內。（起初遊牧民族沒有土地的觀念，受農業民族影響才有土地產權的概念。）後來的統治者又征伐遊牧民族，將他們居住的土地劃歸中國版圖，將他們的遊牧文化變成農業文化。自

圖 44. 胡琴

此以後，幾乎全部在中國的遊牧胡人都變成漢族的一部分，他們的語言完全消失。所有胡人的文化若不是被編入漢族文化中（如現在國樂中很重要的胡琴），也都消失了。

漢人能將胡人完全同化還有其他原因。一是漢人的數目比胡人多很多，另一重要的因素是，漢族文化比胡人文化高超許多－非但有很完整的書寫語言，而且有許多可以治國的書，因此要統治中國的胡人，勢必精通漢族文化不可。再者，中國文化以儒家為主，把宗教看成一種治國工具，不加以干涉。因為中國沒有國教，因此中國文化中的宗教因素及意識和西方的不同。一般中國人認為宗教是一種實用的、求神庇護的「工具」，因此什麼神都可以拜。胡人的神，如果靈驗，也可以拜，一視同仁，胡人只有原始的宗教。再加上中國沒有普及大眾的教會組織。中國雖然有過類似西方

教會的組織，如東晉宗教界、知識界領袖－慧遠法師在廬山東林寺與信士組織白蓮社，推廣念佛法門也結交方外人士，是研究宗教哲學的組織，成員多半是知識分子，廣大的群眾都不是成員。

西方卻不同。西方的宗教意識強，而且有教堂的組織。從一開始，教堂的組織就已經草根化，即成員是廣大的人民。這種組織原來的功用乃是用來傳播和延續宗教信仰，解釋宗教經典，建立教義，可是無形中箝制及統一思想。有了這種組織，就可以有意識的將宗教信仰綿延到以後的世代，以及傳播這些信仰。可是教堂的組織實際上也是一種社交性的組織，在意識或無意識中也把將教會認為按宗教經典定出的教義之外的其他信念、習俗，甚至偏見（如種族和對其他宗教的歧視）、仇恨，一代一代的灌輸傳播下去。到現在巴爾幹島上的不同民族國家－都有很堅強的宗教信念和教會組織－不同的宗教教會組織之間的有些仇恨還可以追溯到 9、10 世紀的宗教和種族之間的戰爭。

中國並沒有類似西方教會組織的傳統。一部分佛教寺廟的功能大都是實用的儀式祈禱，沒有社交的作用，因此也不把宗教之外的意識傳播出去。胡人漢化後一個多世紀，五胡亂華時各族之間的殘殺仇恨完全被人民忘卻。而拓跋宏的大膽作風－放棄了自己本族的語言、文化，全盤漢化，對他說來是為了鞏固統治政權，可是咸陽王禧說得不錯，這個漢化政策的影響卻傳留到未來的世代，而且替西元 589 年隋文帝楊堅統一中國的壯舉鋪了路。楊堅曾在一個殘餘的鮮卑族建立的，壽命極短的北周（557－581 年）朝中任過職。當時北周皇帝想要恢復鮮卑文化，下詔要人民改回使用鮮卑的語言和服飾，連楊堅都曾被迫改用過鮮卑姓。可是這個「復胡」的運動只是胡人文化滅亡前曇花一現。楊堅創建隋朝後，把北周的「復胡」政策全都廢了，繼續完成漢化的過程。

*

要想統一民族，語言的統一是重要因素。拓跋宏放棄了胡語，事實上把口語統一。可是在他之前的七個世紀，秦始皇就把所有文字都統一了。春秋戰國時代延續了五百多年，當時交通不便，因此文字逐漸分歧，各個地區發展出不同的書寫文字和方言，所謂不同的書寫文字，其實就是在不同的地方有不同的寫法。在貫徹法律的執行時，這種在書寫方面的不同造成很大的障礙，因此秦始皇下了「書同文」（同一書寫文字）的命令。同時，周朝用的文字（小篆）寫起來都很不便，當時秦朝還沿用小篆。（周宣王時太史籀作《大篆》十五篇，周朝使用此種文字，戰國時代秦國也採

用大篆，秦統一中國之後，將大篆加以簡化為小篆。）然而朝廷中奏本文件很多，書寫不易，都由專門書寫的低級官員－隸人負責。隸人為了要簡化書寫的工作，因而創出一種新的「簡體」字，俗名「隸書」。一位因罪入獄的程邈在獄中將這種「簡體文」系統化，使得隸書成為當時官方的文字。隸書已經具有現代中國文字的形態，筆劃和字形結構幾乎一樣。因為用漆來寫，字形比較死板，不像後來用毛筆沾了墨水來寫，可以有許多變化。可是即使到現在，隸書還是書法中很重要的一體。

從現代觀點來看，拓跋宏消滅胡人語言，統一文字和文化的作為可以看成消滅其他文化的政策，因而消除了文化的多元性 (diversity)。如果現在這麼做，例如將美洲的印第安人都強迫同化是一件不可思議的事。但因為把胡人文化消滅的建議是胡人統治者提出的，不是漢族的統治者硬性加諸於別的族，就不能說漢人強迫胡人同化。從和平統一的觀點來看，這是一個不可避免的過程，在其他統一的國家中，這種文化的合併也是不可避免。即使像英國這樣不太大的國家，在開始時就有七百餘國家，可是後來，非但在政治上統一，所有的文化也都統一了。如果自黃帝起中國就一直不惜餘力的，以現代的保持文化民族多元性的意識去保持各民族及他們文化的本體（identity。即保持中國民族及民族文化的多元性），現在的中國一定七分八裂，就算沒有分裂成幾百個互相爭戰的國家，至少會分裂成像巴爾幹島上的互相仇恨的國家群。與其可惜胡人文化的消失，不如慶幸中國能將這些異族合併成漢族，將他們的文化編入現在所稱「漢族」文化之中，使得中國的文化變成單一性，可是又具多元性的文化。

## 科舉－民主的銓選政治人才制度

唐朝於西元 618 年把隋朝滅亡後的混亂局面重新整頓好，626 年李世民接任為皇帝（廟號太宗，統治期 626–649 年），他將隋朝開始設立的全國銓選考試選拔人才的制度－後來稱為科舉，整頓好之後，公布天下，開科取士。某次考試之後，李世民決定微服出巡，看看銓選的結果，在宮門外看到新考上的進士聯綴而來，個個氣慨非凡，心中大喜，告訴隨從說：「天下英士都已入我的彀了。」入彀的意思是進入弓箭的射程之內，他這句話的意思是，天下的英士都來到他的朝廷中就範。有了英才來協助治理國家，國家一定會強盛。

圖 45. 唐太宗

　　這一段小小的插曲表明的是中國歷代統治者對於英才的重視。一旦發現了英才，就會想法籠絡他們，要他們到朝廷中任職，協助治理國家。戰國時代，當知識普及民間之後，幾乎所有的政府都設法招攬人才。當時稱人才為士，而貴族中養士（把人才招來，供食宿）之風很盛。著名的戰國時代養士的貴族有孟嘗君、平原君、信陵君、春申君等，其中以齊國的孟嘗君（活躍於西元前 330 年前後）最有名，所養之士的數目高達數千人。由於當時教育剛開始普及到民間，所謂的士不一定要受過教育，只要有一技之長就行。一個有名的故事是，孟嘗君被派到秦國為大使，被秦國所囚，幸而他養的士當中有兩位目不識丁，可是有專長的人：一位能作雞鳴，另一位是能作狗叫。這兩位用了他們的專長把看守孟嘗君的守衛欺騙了，把他救出。（現今「雞鳴狗盜」已變成成語，描述會犯小罪的流氓之流。）

　　到了漢朝，自叔孫通示範過知識的用途後，連看不起儒生的漢朝開國皇帝劉邦都了解到知識的重要性。漢朝政府還設立了太學，相當於現在的大學，最盛的時期有三萬餘學生。除了官方的太學以外，還設立了「察舉」和「徵辟」兩種選拔人才的制度，把民間把有學之士報給官府，以便推薦到政府部門任職。東漢中期以後，掌管選拔的官員往往只注重門第，而且徇私舞弊，因此選拔出的人才的品質參差不齊。有人寫詩諷刺說：「舉秀才，不知書……高第良將怯如雞。」到了魏晉南北朝時代，採取「九品中正制」，稍改了地方官員把持選拔人才的風氣，後來此一制度仍被世家大族把持，變成這些家族控制選官的工具，窮人或沒有世家背景的平民大都被拒於官場之外。

　　公開考試選拔賢能，是隋唐之後的事，對於科舉制度開始的時間，歷史上的記載很不明確。有此一說，風流皇帝楊廣（隋煬帝）開了科舉考試之端，卻是不定期舉行。正式將科舉考試變成定期國家銓選人才的考試，是唐朝的事。一旦設立了制度，一直堅持自由報名，統一考試，平等競爭，擇優錄取，公開發榜的原則。

　　科舉制度的歷史、內容相當複雜，因為每個朝代都有一些變更改革，連重點也都變更過。不過大致說來，原則上還是嚴禁徇私舞弊，公開考試，所有卷子在發榜後公開。後來，考試分成很多科別，非但考文科，也考武科。報考的年齡不限，甚至還替十歲以下的童子設立考試。考試分成好幾個等級。唐代參加考試的途徑有三：一由學館挑選，叫生徒。二由州縣考試合格，叫鄉貢。三由皇帝徵召，稱制舉，是皇帝臨時設置的科目。生徒、鄉貢再參加京師禮部的分科考試，通過者稱為進士及第。後來在武則天統

治時代又設殿試，在皇宮中考，由皇帝親自主持。到了明清，將考試分三個等級：秀才、舉人和進士。最低等級–秀才，在當地考。最高的進士要到京都考試。

如果考取進士第一名，便是狀元（第二名為探花，第三名為榜眼），其威風和榮耀，無以相比。可是和現代的考試一樣，考上第一名的都不見得最好，甚至庸庸碌碌的都有。中國兩位最偉大詩人，李白和杜甫都沒有考上，使得杜甫鬱鬱的過了一生。這種「一考定終生」的銓選方式，雖然在選拔上絕對公平，卻不能保證銓選出真正的英才，實在令人惋惜。考不上的知識分子，感到不平者大有人在，最有名的是唐朝的黃巢。他發動了讓唐朝走向滅亡，最後失敗的革命叛亂。

圖 46. 科舉考試

雖然在報名的標準上摒除某些階級的人[56]，然而並未將外族人以種族歧視的方式排除。宋朝名學者、歷史學家，也是朝廷的重要官員司馬光（1019–1086 年）有一次到考場視察，看見報考的北方人少，南方人多[57]，還上書給當時的皇帝英宗說，要求按人口比例取人。這就類似 1960 – 1990 年間在美國執行過的保證名額 (Affirmative Action) 的做法（保留一些政府工作人員的名額給所謂的少數民族〔大多數都是黑人〕）。司馬光的建議遭到另一位名氣相當的大學者、官員歐陽修（1007–1072 年）的反對，他認為科舉考試的目的是「唯才是擇」，按才能選人。討論很久，一直沒有執行這種保障名額的制度。等到明清時代，為了鞏固政權，就執行了按地區分配錄取名額。（司馬光主張在進士錄取中實行逐路取人法，即在各

---

[56] 被摒除的都是在某些當時認為「賤業」的職業中的工作者，即所謂的「優倡皂隸」，連他們的子孫都不許參加考試，可是以三代為限。優是演戲的演員，倡是在教坊青樓中工作者（包括妓女），皂隸是操「賤業」者，如在衙門中執仗的衙吏，或操剃頭、皮匠等業的人，後來被摒除的人之中還包括了工商界，及還俗的僧侶和士兵。

[57] 按歐陽修的說法，東南之俗好文，西北文人尚質，因此北人多重經學，可是在以寫文為重點的考試上就不利。歐陽修認為這是祖傳下的合情合理制度，不能也不必改。

地解送舉額的基礎上，按比例每十人取一名進士，不滿十人，六人以上取一名，五人以下不取。而歐陽修代表南方，提出憑才取人。這是一次典型的區域公平與考試公平之爭。司馬光在元佑主政期間，盡除王安石的「新法」，終於為「西北士人」爭取到科舉制中的名額保障：哲宗以後，齊、魯、河朔諸路都與東南諸路分別考試。歐陽修「國家取士，唯才是擇」的原則從此被否定了一部分[58]。）

考試開放給所有人民（從事政府規定的「賤業」者除外），嚴禁徇私舞弊，武則天開始把考卷上的姓名彌封（即糊名），到批閱後才打開封條，也才知道考生是誰。到了宋朝，彌封、謄錄成為科舉制度的防弊措施。即使有這樣的防範，還是免不了有徇私的現象。有這麼一個關於宋朝的清官暨大文學家蘇軾（字東坡，1037–1101 年）徇情的故事：蘇軾有六位得意的門生，五位都考中進士，唯有一位李廌沒有考上。考試之前，蘇軾暗暗派人將考題〈揚雄優於劉向論〉派人送到李廌家中。當時李廌不在家，僕人把信放在桌上。正巧和李廌同時應考的章持、章援二兄弟來訪李廌，把信偷了去。李廌回家知道真情後，因為這事是違法的，不敢聲張。蘇軾不知道，以為李廌一定會考得好。因為他是主考官，在卷子中發現一份特別好的，以為是李廌的，立即批了極好的評語，列為第一名。發榜時才發現第一名是章援，第十名是章持。而這兩位都是蘇軾的政敵，李廌沒中榜，之後大病不起。至今蘇軾的詩作中還留存著當李廌落第後歸家後，他所寫的慰問李廌的詩。像蘇軾這樣道德高超的學者都不免徇私，其他就可想而知了。不過令人驚奇的是，即使有這一類徇私舞弊行為，還有許多真正憑真才實學考上的進士。

自從創立科舉制度後，連在宋代佔據了中國北方建立國家的遼、金二國也都仿效，設立了相當完整的科舉制度。只有在國祚不滿百年的元朝中停止七十年左右，這是因為蒙古統治者的偏見，他們將所有的人按被征服的先後分成四個等級，最高的是蒙古人，第二等級是色目人，即在草原地帶最先征服的各種膚色面貌特徵不同的少數民族，第三級是漢人（即在遼、金國統治下的北方人），第四級，也就是最低的等級，是最後征服的南方人。蒙古人和色目人都是遊獵民族，看不起學術，他們將所有的人分成十個等級：「一官，二吏，三僧，四道，五醫，六工，七獵，八匠，九儒，十丐。」把儒放在所有職業之下，僅在無產無業，一無技能，以乞討為生的乞丐之上。後來回復了科舉制度，但元朝的蒙古統治者執行類似歐美沿

---

用到最近才立法禁止的種族歧視制度：同樣成績或稍差的蒙古人或色目人的列名都要比漢人高。而且這些考取的進士很少被錄用成為官吏，包括考上的蒙古人和色目人。被錄用的進士只佔文官總數的百分之幾。例如，一位連中三元的王宗哲未曾被錄用為官（《元史》中找不到關於他的資料）。南人中的儒生特別多，元朝還將這些儒生稱為「廢士，」即無用之士。雖然這些措施對於儒學的學習人數大減，南人的學習精神卻未中斷，這些被歧視的知識分子只好以低等的職業維生，如用刀筆的能力替小官做書記，或成為官僚的僕人，或作技巧販鬻以為工匠商賈。這樣一來，知識分子反而更接近百姓，因而促進了戲曲和小說的興起。元朝這種將人分成等級的做法，是沙漠中遊牧民族短視的傳統。成吉思汗雖然幾乎佔領歐洲，但他的王國很快就垮了。漢人不肯長期忍受這種不平等的待遇，以元朝的強盛，卻只維持了一百年左右。最後一位皇帝順帝孛兒只斤·妥懽蚩睦爾治內，遍地造反，順帝想要籠絡漢人，任命了漢人賀惟一為宰相來挽回大局，但大勢已去。整個元朝，只有兩位漢人的宰相，除了賀惟一，另一位是元朝開國元太祖忽必烈統治時的史天澤。

明朝開國皇帝把元順帝趕到漠北（戈壁沙漠以北的地區，即現在的蒙古國，或中國的舊外蒙古）之後，所有元朝的土地–包括蒙古人原來居住的土地（現在內蒙古的大部分）–都列入中國的版圖。由於明太祖朱元璋自小受了中國文化「以德服人」的薰陶，登基後沒有實行報復政策；相反的，他眼光遠大，除了廢除種族歧視的習俗，還不許提舊惡。當恢復科舉考試後，還實行了保障名額的制度，原因當然是為了籠絡在這些土地上的蒙古人，以防他們不滿而造反（後來清朝大幅擴張了西部和東北部的疆土，也用保障名額的方式來籠絡這些新併入版圖的民族）。起初規定所錄取的進士中，北方佔十分之四，南方佔十分之六。後來又有更詳細的分區，例如在雲南、四川、廣西、貴州等當時較為落後的地區，規定進士的保障名額為十名。

無論科舉制度中有許多缺點和不公平的地方，可是在古代的社會中，能有這樣一個公開選拔人才，允許平民參政的民主制度，已經比 16 世紀以前的歐洲高明得不知多少。在一千三百多年實施科舉制度的歷史中，產生了 700 餘位狀元，近 11 萬名進士（最高的學位），數百萬人的舉人（次高的學位），幾乎每一位知識分子都和這制度有過不解之緣。從來沒有參加過考試的知識分子屬於極少數。科舉制度產生了一大批安邦治國的雄才和有大略的政治家。有了這個制度以後，幾乎所有的人才都參加過科舉考試，這些人才中，有傑出和有極大貢獻的思想家、文學家、藝術家、科學

家、外交家等，只要提出古代中國的任何一門科目，這一門的大師專家幾乎都通過此一制度，這些人都是促使中國文化能發揚，綿延不斷至今的民族英雄。

可是，和任何制度一樣，如果沿用久了，就會遭遇老化、僵硬，不合時代的命運。這個主宰了中國一千三百年的科舉考試制度，最後在科學發達之後，成為使文化滯留於經書文化階段的累贅。一百年前，1905 年 9 月 2 日，由慈禧太后以光緒帝的名義，下詔自隔年起正式廢止科舉考試制度，代之以從西方輸入的「洋學堂」教育制度，即現代中國引用的和選拔人才的教育制度，此後考試不再集中，由民間或國立的大學主持，在原則方面完全不受政府的控制。

## 中國文字的完整性和中國文化的統一

現代的中國科學家（包括在寫這本書以前的我自己），一提起科舉制度，莫不咬牙切齒，說科舉制度把中國的科學精神抹殺了。可是中國科學的萌芽和科學精神在戰國時代百家興起時，由於種種的以前討論過的社會和政治因素，早已枯萎凋謝了。

如果現在回顧希臘的黃金時代，往往會讚揚當時對知識熱愛的精神，即「為知識而知識」，可是，在希臘的奴隸社會中，從事科學研究的人都受到皇家的支持－無論支持這些研究的動機是什麼，如果沒有這些支持，科學就無從進步了。亞歷山卓圖書館是當時國王的禁臠，和平民無關，國王對這些科學家的優待有加，如果沒有這種優待，就不會有那麼多科學家爭著到亞歷山卓圖書館研究，也不會有那麼燦爛輝煌的科學，甚至文學成果了。有這麼一個故事來說明這一點：一位學生從幾何的宗師歐幾里德 (Euclid) 那兒學到一條幾何上的命題後，他問：「可是，我可以從這個（命題）得到什麼好處呢？」於是，歐幾里德特吩咐家奴給這位男孩一枚金幣，好讓這位學生可以看到實際的好處。現代所有的政府都撥了可觀的經費提倡、支持科學－因為有利益可得，因此才會有人研究科學，科學才會這麼發達。古代中國開辦科舉，所有考中的進士大多能飛黃騰達，很自然了，都一窩蜂的從學。當元朝不考科舉的那一段期間，尚學的精神就減退了一點。現在美國人一窩蜂上大學，借了錢也去，為的就是上了大學以後的薪金比沒有上大學的高得多，因此學習的最終動機還是為了利。以前中國學者十年寒窗辛苦讀書，為的就是要通過科舉考試而飛黃騰達。無論

動機是什麼，似乎科舉考試的一個最重要的間接後果，就是培養出中國人尚學的精神和傳統。

如果說科舉考試壓抑了科學，也不完全公平。科學的發展是最近三、四個世紀的事，而科舉已經存在十三個多世紀了。科舉的重點在於經書，在於治國，這是不可否認的事。18 世紀，除了在天文上有克卜勒 (Kepler)，在物理上有伽利略、牛頓及一些數學家之外，西方的科學仍舊大都留滯於煉金術的階段呢！在伽利略以前，歐洲的科學大約都是中國也有的數學、天文和曆法。以此而論，科舉考試中還有些科學的存在，宋朝的大外交家、政治家暨科學家蘇頌（字子容，1020–1101 年）在 1086 年製造出有史以來最精確的，用了現代式棘輪的擒縱原理的水鐘（比西方的擒縱裝置的發明早了兩百多年），他在鄉試中的試題就是有關曆法的討論，在武舉的試題中還有對於火藥的應用的試題。當然，在知道西方的科學發展後，還固執不提倡科學，是中國掌權的學者和政府的錯誤。將科舉所引起的問題大致說過以後，我們可以平心靜氣討論一下，在中國的歷史上，科舉制度除了在文化方面的影響之外，還有哪些貢獻？

最近一位英國漢學家馬丁·杰奎 (Martin Jacques) 寫了一本書《當中國統治全世界之際》[59]。他認為全球的國家幾乎無例外的是以民族立國 (Nation States)，而中國是以文化立國 (Civilization State)，即中國的國家建立在文化上，不是建立在某民族（包括宗教）上。這樣的說法將中國的特色以兩個字幾乎完全表達出來。中國有五十多種民族，卻以一個完整的文化將這麼多的民族統一起來，各民族都能和平相處，這在世界上其他國家，幾乎看不到。

我認為，對於中國國家和文化的完整性，科舉考試有兩個不可磨滅的最大貢獻：第一個就是科舉制度創造出一種向心力，把自秦漢起的中國書寫文字，幾乎原封不動的，統一貫徹的保存。在準備和參加科舉考試時，所有的全國學者都要讀、用同一種文字寫出的同一批書，用同一種文字來答題，如果沒有科舉考試，中國的書寫文字就會和戰國時代一樣，不久會分化（實際上已經有了分化的現象，如廣東人所用的書寫文字中就有許多

---

[59] 馬丁·杰奎 (Martin Jacques)，*When China Rules the World*，副標題是 "The End of the Western World and the Birth of a New Global Order"（西方世界的結束，一個新的全球秩序的誕生），The Penguin Press，New York，2009，ISBN 978-1-59420-185-1。

他們自己發明的字，可是只在當地俗用，如果廣東的學者要參加科舉考試，就非得用中國其他地區通用的書寫文字不可）。以西方為例，羅馬帝國用的是拉丁語，但自從西元 325 年成立天主教教會之後，所有的知識都被天主教教會獨佔壟斷，平民沒有分。許多平民來自羅馬帝國外面的蠻族，都有自己的方言。他們從片斷的拉丁文和自己的方言創造出書寫文字。在 12、13 世紀有兩位義大利作家，但丁 (Dante) 和佩脫拉克 (Petrarch) 用了義大利土語寫出第一套非拉丁文文學作品。自此以後，歐洲各國的作家紛紛以義大利文寫作，拉丁文開始不振。最後各國的作家都用自己國家的文字寫作，使得拉丁文終於變成只在教會中使用的死文字，教會之外，只在特別的情形下應用（如植物、動物等的科學命名）。如果當時教會沒有那麼專橫，而是設立類似中國科舉考試的銓選制度，以利來誘使人民應用拉丁文，也許到現在歐洲就有統一的文字－拉丁文。（天主教教會自 11、12 世紀起就不斷受到世俗君主的權力挑戰，13 世紀以後教皇權威已落在皇室權威之後。教會的拉丁文雖仍影響所有神職人員，但國家在世俗裡銓選人才，教會已無力介入。）

第二點和中國的統一有關。自從設立科舉考試制度以後，中國歷經分裂：起初是五代十國，後來中國分為遼和北宋、金和南宋，被蒙古人及滿州人統治過。歷經變亂，可是一旦安定下來以後，社會的中堅分子－知識分子－都冀望新朝代開辦科舉考試。一旦恢復了科舉考試，天下就太平，所有的知識分子〈可能成為革命或反叛的領導人才〉都向這新朝代效忠，都紛紛走上這一條能很快的飛黃騰達的道路。對於少數民族，則以錄取的保障名額來安撫人心，以「德」（即利）來服人。這是中國平民和少數民族能進入官場的參政道路。這些都是一種很重要的，能安定民心，維持統一的向心力。在這一點上，絕不可否認科舉考試制度的貢獻。

現在美國貧富非常不均，可是各州都有獎券彩票、樂透（Lotto）。當然，替州賺錢也是一個因素，可是這是大多數美國平民唯一能致富之道（其它國家亦然）。這和中國的科舉制度類似，但科舉除了對個人有好處，對國家也有好處；而獎券除了使下層人民有致富的希望外，對治國毫無作用。兩者的性質和目的都不同。

# 第五部　中國的衰退，甦醒及復興

# 第十一章 腐化、面臨滅亡的中國及復興

## —閉關自守，西方入侵，引入及放棄意識形態—

前面所說的似乎都是中國文化的優越性。著名歷史學家湯恩比 (Arnold Toynbee, 1889–1975) 認為，有史以來的古文化，能持續到今日還欣欣向榮的，只有中國這麼一個古文化。如果中國文化這麼優越，為什麼自 1842 年和西方交往以來，中國一直處於不利的地位，一直被歐美和日本侵略、欺凌，不僅割地賠款，還一度瀕臨亡國滅族的命運呢？而從 1950 到 1978 年中國又在一連串的內部動盪，幾乎將中國推回新石器時代的仰韶時代，然而中國怎樣脫離這些悲慘的國家命運危機，在 1978 年後，能在一世代之內，從地平上如旭日上升，於 21 世紀的第一個十年代，一躍為眾國刮目相看的強國，僅次於正在走下坡路的第一強國–美國？

非但如此，中國在復甦之際，並不像日本等其他國家，緊跟隨歐美國家，不論青紅皂白，接受他們的意識形態，然後步入歐美的各種社會、經濟上的矛盾。中國不受歐美國家傳教式的壓力，跟隨歐美的所謂民主體系。在審視其他國家後，中國創造出自己的制度及體系，成功地把中國現代化。

最後幾個問題會在本書最後幾章回答，現在要討論的是中國的衰退和開始復甦的命題。

歷史的一個特徵是，雖然呈連續性，其環境卻在不斷的變化中。現在一提到中國的近代史，幾乎所有的輿論都批評清朝在乾隆之後開始腐敗，加上朝廷決定和世界其他地區隔離的孤立主義，使得中國對國外的發展完全無知。孤立主義會使一個國家和其他國家隔離。由於地理環境，自古以來，中國一直都和世界其他地區有相當的隔離。但在古代，中國的領土並未擴張到中國的天然地理屏障[60]。在這屏障之內，有不少的其他民族，總稱為胡族。中國受到不少胡族的侵略，然而入侵的胡族後來都接受了中國的文化，變成中國民族的一部分。胡族的入侵反而增加了中國的領土，一直到中國的更天然地理屏障。歷史上，中國並不排斥外來文化，如佛教或

---

[60] 中國北面和寒冷及荒涼的西伯利亞為界，西面及東南有沙漠、蔥嶺、帕米爾高原以及喜馬拉雅山為界，東面及東南以大海為界。19 世紀之前，沒有機械交通工具，這些都是地理障礙。

其他宗教的傳入。中國一直都受益於外來文化，將外來文化融入中國文化，融入的結果是使期成為中國自己的文化，而且比鄰近國家的都高超。在十數世紀之前，中國還有好幾次成為世界上的超級強權。中國和其他國家在地理上的隔離，發生在中國將領土擴張到天然的地理屏障之後。這時，基於以下所要討論到的原因，中國採取了閉關自守的政策，而歐洲開始發展，相對之下，中國就顯得落後了。

## 中國停滯不動，歐洲進步

14 到 16 世紀，教權衰微。歐洲將教權從政權中去除，開始採用理性方法探索人文，文藝開始復興。除了應用科技發展出強大的武力之外，還建立了自成一格的政治組織和經濟體系，建立了科學工技文化和軍事策略。這些進展，加上利用科技發展出的新型武器如槍砲，和新型的交通工具如火車及機動輪船，尤其是輪船，使中國多世紀以來依賴為樊籬的東面天然屏障－大洋－失去作用。短兵相接之後，中國的腐化和落後就突顯出來，讓人覺得中國一無是處，因此就陷入悲慘的命運中。歐美西方和日本接連侵略中國，中國沒有能力抵抗。和以前強盛時的中國相比，一位清朝有遠見的名外交官郭嵩燾（1818 － 1891 年）下了這麼一個評語：「西洋人之入中國，為天地之一大變。」

圖 47. 偉大航海家鄭和

先看一段以前的歷史：在 8、9 世紀以前，中國在創造自己的文化之際，也能同時接受外來文化並加以發揚，漢朝史學家班固曾經說：「聖主制御蠻夷，來則懲而禦之，去則備而守之，其慕義貢獻則接之以禮樂，羈縻不絕。」（譯文：「聖王」即君主，能制住外族。入侵者就以軍力懲罰，如果退了以後，就充分準備防禦。如果慕仰中國文化而有所貢獻者，就以禮相接。這樣不停的攏絡控制。）這一段雖然帶有自大的口氣，可是在實質上的意思是，中國並不想侵略其他國家，這些外族人如果來學中華文化，對中華文化有貢獻者，應當以禮來接待，這是漢朝的外交政策，也是 8、9 世紀以前各朝代的外交政策。即使在五胡亂華，北方遭遇到浩劫的那一段時期，中國並沒有西方的「對外國人及事

物恐懼」的排外心態(xenophobia)，甚至連外族人帶進中國的宗教如佛教、景教、摩尼教、伊斯蘭教（回教）等也不排斥或擯除，在最盛時期的唐朝，中國的影響達到中亞細亞各國。

可是到了 8、9 世紀之後，情勢改變，大食國（阿拉伯國）及吐蕃（即西藏，「蕃」應讀成 Bo，和「博」同音）的國勢強盛後，中亞國家紛紛自立。在唐朝亡後，五代十國這一段時期的前後兩百餘年，中國在亞洲的局勢上已經不起作用。到了宋朝，唯一可以給這一朝代的讚詞就是勉強把局面撐下去，可是國家的元氣已經大傷。宋朝南渡之後，甚至只好向金稱臣。自北宋到南宋這一段時期中，政局從動態轉為靜態，甚至變成被動。在內憂外患夾攻之下，思想趨於消極，所有措施走向保守，連激進改革派的王安石也力勸神宗（在他的治下，宋朝的國力達到最高峰）不可以仿效唐太宗的激進精神。這時儒家創出理學（有人稱為新孔學〔neo Confucianism〕，其實漢朝的董仲舒已經改了一次，可是這次的改革比董仲舒的更進一步），講求正心、誠意、修身及養性這些消極的向內發展的功夫，以「人生而靜，天之性也」為思想中心，認為動則會有人慾，而一旦有了「人慾」，就會犯上作亂。這種思想鄙視人本能的各種慾望，包括物慾。主張人生的目的似乎就只求心神上的自我滿足，故產生了空論的及主觀的是非，不顧客觀的事實情勢。而過分對人慾壓抑的思想，還造成了重「道德」，不重物質生活品質上改進的消極心態和哲學。這類消極思想，加上其他種種的社會因素（人口大量增加、可耕地增加有限、動亂等），造成了農民普遍貧窮的現象。講修身的儒者在經濟上大都還屬於上層社會，不太受到社會貧窮的影響，但下層社會的主要顧慮是謀生存和能在生活品質上的增進，對這些消極的修身思想不感興趣。這時，中國最主要的宗教佛教，給這種消極的修身思想火上添油，帶來一種有麻醉功用的希望：只要今生修行，即可安於貧窮，透過行善，來世就會富貴。這些消極的心態所產生的後果，可以用西方生物學家的比喻來描述：如果將一隻青蛙丟入沸騰的水中去，牠會立刻跳出來。可是將青蛙放在冷水中，逐漸加熱，青蛙最後在不知不覺之下被熱死。理學壓抑人慾的思想，也有同樣的後果：造成了中國人得過且過的惰性。以相對論聞名的大物理學家愛因斯坦有一次路過上海，看見一些老嫗在織籃子，問她們一日可賺多少，一聽到一日的辛勞工作只能賺相當於 5 分美元的錢（相當於現在每日 5 美元），搖頭

大感驚奇。在這種不合理的薪金之下，居然一點也不反抗。中國在宋代以後數百年內（理學從宋代延續明代），人們持續這種想法，生活水準一代又一代的逐漸降低，最後只能勉強糊口，唯一能做的似乎就是求精神上的滿足。就像放在逐漸加熱的冷水中的青蛙一樣。這類消極的，在精神上感到滿足的思想的極端發展，以後就變成魯迅在其名作《阿 Q 正傳》中所諷刺的阿 Q 精神－勝利的自我陶醉心態。

宋元時期是中國科技史的黃金時代，在數學方面有特殊的貢獻，有人聲稱這時候中國和印度獨立出創造出零的觀念。元朝在幾乎沒有文化的蒙古遊牧民族統治之下，文明逐漸低落。由於通商頻繁，中國向外國輸出不少文化，可是官方一直都鄙視文化。雖然元朝大量引用色目人，輸入不少西域文化，如回回曆等。當時中西交通海陸皆發達，傳教士、商人帶進許多外國文物、學術，如也里可溫教、伊斯蘭教、阿拉伯科學藝術等，可是本土的發展卻沒有受到鼓勵。這時西方的教權已經開始衰微，正在大量把流落在海外（大都在阿拉伯）的文化再次輸入，文藝復興的幼苗正在成長之際。可是這些文化幼苗復興的精神幾乎一點都沒有傳入中國。

明朝開國皇帝朱元璋推翻元朝的黑暗統治之後，實質上並沒有恢復中國的文化精神，中國科技文明卻走向沒落。事實上，明朝開國以後，中國的文明已經開始破落。和許多世家的破落戶子孫一樣，就在這時代開始自大，捧高漢族，以「中國居內以制夷狄，夷狄居外以奉中國」為座右銘。就在這種狹隘的民族意識思路下，中國封閉自守了。除了嚴密防邊之外，並禁止人民出海和「番人」通商貿易。

圖 48. 鄭和的艦隊

15 世紀，明朝第三位皇帝成祖朱棣（1399－1424 年在位）統治期間，曾經有過一段中國向外開放之春。朱棣對塞北地區曾經親征過五次，對東北採取綏撫的政策，和西北恢復通商。非但如此，1405 年派遣三寶太監鄭和（原姓馬，小名三保，後來朱隸賜姓為鄭，小名改成三寶）和副使王景率水手及軍士 27,800 人，遠航西洋，最遠到達非洲的蒙巴薩

（Mombasa，在今日的肯亞〔Kenya〕）[61]。1407 年回國，後來又先後遠航六次，共拜訪了三十餘國（鄭和病死於最後一次的遠航途中）。出航時，除了主船六十三艘之外，又有許多其他副船，至少有一百艘以上。第一次出航的船隻最多，共二○八艘，用中國發明的羅盤（指南針）及天文知識導航。這次航行之後，許多「海番」來朝貢，可惜這一個盛況僅維持了二十年。朱棣死後明朝開始衰弱，在這些年間，瓦剌（明朝對西部蒙古的稱呼）及韃靼（Tartar）接連內犯，北京不守，甚至皇帝英宗朱祁（1427–1464 年在位）都被蒙古人俘去，（被俘時間為 1449–1457 年）。此後南方沿海一帶屢遭日本海盜（倭寇）的侵犯[62]。在此之前，中國原本把海上的通商認為是聚寶盆，這時以後，卻認為是禍源，因此海禁甚嚴，走向閉關自守的時代，認為和外族來往有害無利。

## 明清的中國學術淪落到類似煩瑣哲學狹窄孔學

閉關自守的短視之外，又加上對學術的箝制，這種箝制才真正扼殺了中國的學術精神。中國真正的君主獨裁，應當說從明朝開始，清朝則將這種專制制度延續及發揚。（唐宋時代，雖然科舉的考試題材以孔孟為主，可是不時也有其他學說，如老子等。）明太祖朱元璋規定非孔孟之書不讀，而且對於孔孟之書的解釋，非用宋朝的幾位理學大師的不可。因為朱元璋最崇拜的是宋朝的朱熹，他認為自朱熹以來，聖道已明，不煩後人發揮。他接受了元朝仁宗皇慶二年的正統思想的制度，以朱熹的《四書集注》作為科舉考試的標準本，雖然元朝並不注重科舉考試。這一舉動就此泯滅了學者的發展。自此以後，用宋儒對孔孟之學的解釋為考試銓選人才的標準，不許自己議論。被後世罵得無體完膚的八股文[63]，也是在朱元璋治內制定出來的。這和造成了中古黑暗時代的天主教控制下的學術研究體制很相似–當時在歐洲唯一能研究的就是神學，或圍繞神學的其他學科（如計算

---

[61] 可是，鄭和下西洋進行的是皇家海上貿易，目的在招來朝貢貿易，一般商民並不被允許作海外貿易。

[62] 其實真正倭人不過十之二、三，跟著倭人一起燒殺的華人則佔十之七、八。

[63] 八股文的結構有八項（因此稱為八股文）：破題（介紹）、承題（大綱）、起講、提比、虛比、中比、後比、大結（結論）。看上去有條有理，可是流於格式化，最後變成無病呻吟。

復活節日子的天文和數學），而且都只許朝某些古代神學大師（希帕的奧古斯丁〔Augustine of Hippo〕和後來的阿奎那〔Aquinas〕，被天主教封為聖多瑪斯〔St. Thomas〕）對教義的解釋發揮。（這種學術精神造成當時流行於歐洲的煩瑣哲學〔Scholasticism〕，類似中國的八股文，見本章後節。）不同點是，所有理學的各宗派都否認有上帝一類的人格神及在「他岸」（死後的世界）的存在。16 世紀，知名學者王守仁批評宋學束縛了身心的發展，在這一點上還對個人思想有所尊重。可是他也倡出一種屬於唯心論的論調，即心就是理，心明乃見天理。清朝繼續明朝的閉關自守，和對學術箝制的傳統。在這類空論之下，所有的學術都走向空疏之道。自此之後，等於沒有學習的風氣，在上層階級的只知論性談天。由於心學空疏浮偽，明末清初學術曾經走向經世致用之學，當時的大學者如李時珍、宋應星、顧炎武、黃宗羲都是這類學者。清朝乾隆嘉慶以後考據學大盛，學者專注於古書中做學問，沒有新的創論。（這也許和清朝的「文字獄」有關。）在下層的則疲於讀死書。有人批評說，非但從事「聖道」的人不務兵農這些國家要務，連對於當時行政所需的執法及經濟都一無所知。

中國因此失落了唐宋時學術上探索的精神。就和一個曾經一度興旺，已經開始衰敗的大家族一樣，自傲及自我中心的心態反而愈來愈強。在「聖主制御蠻夷……慕義貢獻則接之以禮樂……」的心態之下，明、清都在這種夢中過活。在這種非常狹隘的國家民族主義的思路之下，中國和其他國家更為隔絕。全面禁止和外國通商，邊防嚴加控制。

## 新的歐洲變成侵略者，亞洲受難受苦

當中國士人搖筆寫八股文之際，國外的「夷人」卻在秣馬厲兵。自十字軍東征，13 世紀後，教權逐漸衰微。歐洲開始了一個大規模的，尋回基督教興起時失落的文化。這些失落的文化大都在阿拉伯國家中。幾乎所有的歐洲英才都把已被翻譯為阿拉伯文的希臘古書再譯回為拉丁文。這就開始了文藝復興運動，科學開始發展。16 世紀末，（天主教的）耶穌會傳教士大批來到中國，其中最為有名的是利瑪竇 (Matteo Ricci)。他們的目的是傳教，可是在傳教工作中，也帶入了科學和工程的知識。雖然在科學和工程的傳播方面小有成就（例如中國當時著名的天文學家用西方發明的望

遠鏡觀測星象），一般說來，這些科學的的嫩苗都在營養不足的後天失調的環境中萎枯了。

　　而在這段時期中，中國學者流汗血在毫無內容及意義的，類似煩瑣哲學[64]的八股文中，互相以文競爭．而西方的「夷人」卻在發展火炮及戰艦，把科學應用在武器上．把印度及太平洋南部的島國征服後，中國變成下一個受害者．外患一來，中國認為自己是「蠻夷之*中*的大*國*」的虛驕之氣絲毫不減，既不能戰，又忌諱去談和。這時西學已經東傳，可是只有少數的人受到啟示。實際上到了清末時，已經不能不改制度，可是都被守舊的保守分子阻擋。在不能改革的政策之下，清朝的統治走向窮途末路的命運。上面提到過的郭嵩燾於 1876 年到 1879 年任駐英國大使任內，研究了西方的制度，他認為立國之本在於政教，單憑船堅炮利不可以自強。他提出了一些改革的建議，和後來沒有成功的光緒變法有許多相同之處。他寫了一部六十萬言的鉅著，其中指出「西洋國政一公之臣民，其君不以為私（一切人都要遵守法律，即使國王也不能有特權）...而中國自秦漢以來，適得其反。」可是他受到保守派的猛烈攻擊，所寫的書被清朝勒令毀版，不許發行。

圖 48. 孫中山

　　郭嵩燾很明確的指出，中國為了建立中央集權制度而非要用到的韓非理論的做法已經過時。再者，古代中國的政權集中於皇帝一人的政治制度一向都很不穩，即使在中國最英明的皇帝唐太宗李世民的治內，都出現過叛亂。如果有了天災人禍，或者皇帝稍不英明，朝廷就會面臨危機。還有，既然皇帝屬於至高特權階級，下面的官員不免仿效，造成貪污徇私的現象。政權愈不穩的時候，這些貪污徇私的現象就會愈加猖獗和普遍。等到人民無法生存的時候，顛覆皇朝的時機就成熟，各路英雄就會出現，領導革命推翻朝廷。1850 年洪秀全已經假借基督教興起革命過，直到 1864 年才被消滅。自此之後，清朝國力大減，貪污徇私的現象已經蔓延到下層官員，雖然說要改革，都是虛有其表，一日拖過一日。

---

[64] 一個經常用來批評煩瑣哲學 (scholasticism) 的該哲學的命題是，在一枚尖針頂上，能站立多少位天使。

最後，孫中山領導的革命失敗多次後，於 1911 年 10 月以少敵眾，成功攻下武漢。雖然只攻下一個城，可是幾乎所有的省分都紛紛響應。次年 2 月 12 日在隆裕太后的主持下，替代方 6 歲的宣統帝愛新覺羅·溥儀正式發出遜位詔書，結束了中國持續四千多年的君主專政，尤其是自秦始皇以來一直在執行的，大權歸於皇帝一人的君主專制制度。

## 在混亂中的中國，引進科學文化

現在回顧過去，要說孫中山以他革命的實力推翻了清政府，不如說清朝已經到了窮途末路，就如一座已被白蟻蛀空的房屋，輕輕一推就會使它崩塌。可是對這次清朝的垮台，有一要點要特別說明。這是中國自有朝代以來，最和平的換朝更代。在「退位詔」上加蓋皇帝的玉璽後，這朝代就解體了。不幸的是，雖然孫中山成功推翻了清朝，可是他的勢力薄弱，沒有強大的軍力和政治勢力支持，他的臨時政府只維持了三個月，但他在這三個月內所實行的政策和改革的迴響卻一直流芳到今日。例如，他立即下令廢除上千年婦女纏足的殘忍惡習，並對不遵守的人施以刑事。他提倡男女平等，引用西曆（格里高里教皇在 1582 年改革的以儒曆），及主張中國要走向民主之道。由於這些超時代的貢獻，他被國民政府尊稱為「國父」，現在的人民政府仍舊讚揚、尊崇他的貢獻。

圖 49. 蔣介石

孫中山的臨時政府成立不久，接連出現袁世凱想要稱帝，張勳想要復辟，可是這些復古的行為都很快的失敗了，因此在實質上已經完全廢除了君主專治政治。政權被北洋軍閥奪去，建立了北洋政府[65]，可是中國非正式的分裂為地方軍閥統治的局面。這些地方都沒有獨立的企圖，故不像唐朝亡後，五代十國的局面。自此之後，中國稱為民主共和國家，然而基本上到現在為止，中國的政局大都是樣版式的表面民主，或基於地方主義及

---

[65] 北洋指北京附近的三個省分。當時軍閥割據，因此北洋政府只能控制這些北京附近的省分。

中國固有的黨爭模式的，徒有其名的民主。1926 年，孫中山的繼承人蔣介石領導南方軍隊，開始北閥，肅清軍閥和北洋政權。1928 年，張學良將東北易幟，中國統一。可是統一並不完整，仍有不少軍閥，他們宣布支持國民政府，可是實際上還是採取地方分割的局面，即使如此，中國還是開始興盛。1937 年，日本繼 1931 年強佔中國東北之後，開始進攻中國。在蔣介石領導之下，開始對日抗戰。1941 年，日本偷襲美國珍珠港，美國介入。1945 年，日本無條件投降。

之後，中國國民政府無法應付戰後的經濟問題。加上當時蔣介石政府非常腐敗，大權在他的夫人宋美齡的姻親孔祥熙及弟弟宋子文[66]掌控下，都極貪婪。通貨膨脹日益嚴重，最後的通貨膨脹高達每日百分之 20。1950 年，中國共產黨把蔣介石逼退到台灣，成立中華人民共和國至今。

對中國的近代史，只能大致如此寫下。自 1912 年至今，中國歷經不少政權上的變動，要討論這些政權上的變動，幾十卷書都寫不完，在這短短的一章中，我要略述的不是這些政局的變動，而是些有長久影響的，在中國文化上的轉變。

鴉片戰爭後，中國和西方開始有了進一步的接觸。此時，有識之士都了解到，中國必須脫離明清兩個朝代強調的，對於孔孟學說的狹窄解釋及八股文的文化，並接受西方文化中的兩個最重要和最偉大的要素：科學（廣義的科學包括工程、社會科學等等）及民主。甚至把這兩個要素人格化，稱為「賽先生」和「德先生」（科學〔Science〕和民主〔Democracy〕的英文音譯〔賽因斯和德莫克拉西〕的字首）。科學是定義極明的學術，對政府和人民有立即的益處，成果立即可取。因為對科學有這麼高的興趣，全國都一致追逐廣義的科學。到現在為止，科學已經在中國生根發揚光大。然而中國對民主的接受是一場艱辛的戰爭。若不是中國還沒有準備好接受西式的民主，就是現在西方民主的方式不適合現在中國的環境。

民主是一種抽象的觀念，對象是社會的整體。對現存的執政團體不利，而對人民的益處不是立刻就可以了解。牽涉到社會整體的構造的改變，也

---

[66] 1992 年的《大英百科全書》把宋子文列為在 1950 年代世界 20 位首富之一。這令人懷疑他的錢是從哪裡來的。

要改變人民的心態，因此牽涉到基礎性的，在全民思路上的改變，任何這類的改變需要極長的時間。中國兩千年以來，已經有過可行，雖然不完美的君主制度，故需要在心態上做基礎性的改變。再者，由於國情不同，民主有許多不同的方式。（這也許就是沒有兩個國家有同樣民主制度的原因。）中國有自己民主的傳統（科舉就是一種讓人民參政的民主制度），這一點對西方說來是陌生的。再者，西方的民主也有其嚴重的弊病（這一點會在第十四章作更進一步的討論）。

## 中國引入西方的教育制度及五四運動

1905 年科舉制度廢除，各地紛紛建立新學堂，即西方制度的中小學及大學。不過在這之前，已經建立了第一所大學。在短暫的 1898 年戊戌維新期間，光緒帝下詔籌辦京師大學堂，1899 年正式開學，後來改名為北京大學。這是中國最古老的現代教育制度的大學（應當把漢朝的太學認為中國最古老的大學），設有文、法、理、工和商科及預科。1919 年，學生有一千九百人，可是在 1916 年以前，學風極壞，年紀大的學生相當多，其中還有考上舉人和秀才的學生，整個學校沒有圖書館，只有一座在馬神廟中的藏書樓。學生生活散漫，除了少數讀死書外，風氣是打麻將，捧戲子，逛八大胡同，吃喝嫖賭。直到 1916 年，清末的翰林蔡元培任校長後才加以整頓。雖然蔡元培從八股文出身，可是他是先進派，知識豐富，參加過孫中山的南京臨時政府，做過教育總長，國民黨反袁世凱稱帝失敗後，流亡海外，在袁世凱死後才回中國。他接任校長後宣布「兼容並包」，提倡「學術思想自由」的政策。所謂兼容並包，並不是毫無選擇，主要是羅致具有先進思想的新派人物，對於腐敗守舊人物則盡量排除。由於他的兼容並包政策，聘請教授採取兼容並蓄的態度：當時北大有提倡白話文的胡適和錢玄同，有極端維護文言文的黃季剛和劉申叔，有拖著長辮子的辜鴻銘，有樸學大師章太炎，有洪憲六君子之一的劉師培，有戊戌維新的梁啟超。此外，有不少不同類型的新派人物來到北大，其中不少人對後來共產主義在中國的發展有很大的貢獻和影響，包括組織共產黨的陳獨秀、作家魯迅（周樹人）和他的弟弟周作人。在那一段時間，中國似乎有了新興的現象，大批留學生出國留學。

就在這時候，發生了一件把中國未來塑形的大事。就算不能說這件事將中國未來的前途塑形，但至少可以說這件事喚醒了中國知識分子，開始檢討、討論中國未來的前途和方向，這就是五四運動（發生於 1919 年 5 月 4 日，以此日為名）。這是知識分子領導的愛國運動，以後很快的就啟發了反抗中國固有思想、制度，以及尋覓未來的方向的潮流。事件經過如下：日本帝國主義趁著第一次世界大戰歐美各國無暇東顧的時候，獨自侵略中國，向袁世凱提出滅亡中國的二十一條要求，以此作爲交易，幫助袁世凱做皇帝。袁賊稱帝心切，對於這二十一條近乎亡國的要求，除其中的第五款留待日後商量外，其他都接受了。袁世凱稱帝的行動失敗以後，不久就死了。之後，張勳想復辟，可是北洋軍閥段祺瑞打敗了張勳。爲了攫取中國政權，段與日本帝國主義勾結，繼續承認二十一條，獲得日本的大批借款。1914 年，歐洲第一次世界大戰爆發，中國和日本帝國都參加了歐戰，站在協約國一邊（其他協約國家為英、美、法、日、義大利）。當時日本藉口德國為敵對國，自行出兵中國山東省，將辛丑合約中規定德國在山東的權益，據爲己有。1918 年 5 月 7 日中國留日學生在東京開會，抗議中日祕密協定，遭日本警察拘捕多人，全體留日學生對日抗議，罷課回國。北洋軍閥政府卻準備接受這個協定，經過幾天的奔走醞釀，歸國學生和北京學生於 1918 年 5 月 21 日發動向統治當局示威請願運動。這是一次空前未有的運動，參加者有北大、高師、高工等學校二千多人，雖然因為中國學生沒有參加過政治活動，經驗不足，使得這次的遊行沒有什麼結果，可是這次的請願運動卻成為次年五四運動的前奏。事後北洋政府採取鎮壓政策，還將北大校長蔡元培予以免職。

1919 年一次大戰結束，在巴黎召開和會，中國是參加對德宣戰的戰勝國之一，但是其他國家不顧中國的權益，在 4 月決定由日本繼承德國在山東的特權，5 月 3 日學生召開會議，決定於次日 5 月 4 日在天安門廣場集會，豎起寫了「收回山東主權」、「懲辦賣國賊」、「拒絕在巴黎和會上簽字」、「內除國賊，外抗強權」、「中國是中國人的中國」、「廢除二十一條」、「抵制日貨」等等句子的標語及旗子。學生一直衝到北洋政府和日本大使協商的集團負責人曹汝霖家中，把他的房子燒了，軍警來鎮壓，可是學生愈來愈多。最後，引發全國各大城市罷工、罷市來支持學生運動。這是中國從來沒有發生過的事。國家進入混亂狀態，而北洋軍閥內

部也互相傾軋。段祺瑞政府感到事態嚴重，被迫於 6 月 10 日下令將曹汝霖、章宗祥（駐日公使）和陸宗輿三個賣國賊罷職。京津學生萬餘人包圍懷仁堂總統府，當時北京軍閥政府的總統徐世昌，在群眾威力之下，不得不去電巴黎，下令出席和會的中國代表顧維鈞、王正廷拒絕簽字，同時將北大校長蔡元培復職。事件一直鬧到 10 月才緩和下來。

這就是五四運動的大概真相。主要的動機是愛國，然而這次運動卻啟發了中國人對自己文化作一仔細的審視的開端。五四運動所反對的賣國行為都沒有真正發生長久的影響，因為以後的國民政府廢除了一部分的賣國協定，而且在二次大戰日本慘敗之後，日本和西方國家的一切侵略行為都已經成為歷史了。可是五四運動帶來的文化運動卻有長久的影響，直到現在，都可以感覺到此一運動的餘波。讓我們看一下當時的情形。

## 在十字路口的中國

自 1912 年至中日七年抗戰之間，中國處於新舊交替的時代。一百多年前，法國大革命爆發，法國也處於新舊交替的時代。英國文豪狄更斯 (Charles Dickens) 寫了一部描述這個革命的名著《雙城記》(*A Tale of Two Cities*)，在開場白中，狄更斯這麼描述法國革命前夕的感覺：

> 「這是最好的時代，這也是最壞的時代。這是充滿智慧的時代，這也是充滿了愚蠢的時代。這是有信念的時代，這也是充滿了懷疑的時代。這是光明的時代，這也是黑暗的時代。這是充滿了希望的春天，這也是充滿了絕望的嚴冬。我們面前擺滿了一切，可是我們的面前也似乎空無一物。我們都直接向天堂去，我們也似乎都朝地獄的方向去……」

這一段幾乎可以一字不改的描述當時中國所處的困境：孫中山辛辛苦苦的鼓吹革命，推翻腐敗的滿清政府，多次失敗之後，最後居然成功了，在南京建立了臨時政府，似乎為中國帶來了希望。可是三個月之後，就被掌握軍權的北洋軍閥奪去政權，以賣國的行為來支撐他們的政權。在絕望之中，知識分子組織起來，倉促間發動的五四運動，居然能獲得全國人民的支持，逼迫賣國的段祺瑞退讓，拒絕割讓山東的權益，把他的手下的曹、章、陸罷職。在充滿了絕望的嚴冬中，似乎替中國帶來了一線春天的希望。

然而中國要朝哪一個方向呢？一個好的選擇，能把中國帶到人間天堂；一個壞的選擇，也能把中國帶到人間地獄，這是當時知識分子面臨的問題。

當時中國知識分子大都集中在北京，以北京大學為大本營。在「學術思想自由」的口號下，成立了很多社團，像哲學會、雄辯會、音樂傳習所、體育會、數理研究會、新劇研究會、書法研究會、畫法研究會、圖書報社、學生儲蓄銀行等，也使用他們所辦的雜誌定出他們選擇的方向。這些知識分子有許多不同的想法，可以大致分成三條不同的思路：第一個是「新文化運動」，最初以《新青年》雜誌為代表。他們之中有魯迅、錢玄同、王星拱、劉半農、徐寶璜，李大釗，胡適、周作人，及創立中國共產黨的陳獨秀等。雖然他們是新文化運動人物，在政治見解上彼此卻有很大的分歧。例如，中國共產黨建黨期間重要人物李大釗發表〈庶民的勝利〉一文，強調無產階級的重要，講馬克思主義。而胡適覺得空想的主義不能救國，因此就提出多談中國的問題，少談空想的主義，提倡美國哲學家杜威 (John Dewey, 1859 – 1952) 的實用主義（Pragmatism）。其實這不是類似共產主義或三民主義的「主義」，而是一種研究及做事的基本方針等等。在這些意見方面的分歧造成許多派別，站在「主義」方面（尤其是共產主義）方面的人一直對胡適感到不滿，一直反對他。

第二條思路是無政府主義 (Anarchism) 的思想。蔡元培校長到校後，聘請了前清大學士李鴻藻的兒子李石曾（字煜瀛）到北大教生物學，聘請了吳稚暉（敬恆）當學監。雖然李石曾只來了很短的時間，吳稚暉則婉辭就任，可是他們提倡無政府主義，這思想就因此傳播到了北大，帶入了種種無政府主義大師如蒲魯東 (Pierre Joseph Proudhon, 1806–1865)、巴枯寧 (Mikhail Aleksandrovich Bakunin, 1814–1876)、克魯泡特金 (Peter Kropotkin, 1842–1921) 等人的思想，鼓吹無政府主義。由於當時中國政治腐敗，學生的哲學社會科學的知識水平低，加上這些名人的鼓吹提倡，因此傾向於無政府主義思想的學生不少。他們在當時都是主張不要國家、不要家庭的人，因此和實際相當脫節。他們看不起學生愛國運動，認為愛國是落後的思想（其實老子的哲學也可以看成無政府主義的一種）。現在當然沒有人提倡無政府主義了，可是在 19 世紀甚至 20 世紀初，歐美的政府無能，沒有好的社會政策，造成了極端的貧富不均及一般性的貧窮現象，因此這種破壞性的政治思想在西方也相當流行一陣子。甚至在美國，有好

幾次的群眾大暴動都牽涉到無政府主義者。最近去世的中國近代偉大作家巴金（原名是李堯棠，字芾甘，1904-2005 年），最初也是無政府主義者。他的筆名巴金就是來自巴枯寧和克魯泡特金的中文音譯第一和最後一字。

第三條思路是復古的思想。當社會變亂的時候，就會有人想到復古，他們的雜誌是《國故月刊》。即使在現在的美國，還有許多人想要恢復教權的統治，認為只有在教權的嚴厲控制思想和人的行為之下，才能使社會安定。可是歷史永遠朝前走，世界上幾乎沒有過一個復古運動能夠成功的例子。

這一段期間，有不少在這些雜誌裡的辯論，這些辯論形塑了中國知識分子對中國文化的看法。如果說五四運動帶來了啟蒙，大概就是這一點，還有一點可以確定的就是，這些辯論－從新文化運動到無政府主義到復古運動－都引用西方的邏輯路線，因此暴露出傳統中國文化的最大缺點－缺少建立於客觀事實和邏輯的科學思考精神、方法和思路。即使在西方教權統治下的最黑暗時期，邏輯還佔有一席之地。以神學的理論為例，一位中古神學家這樣「證明」神的存在：因為每一件動的物體最後自己會停止下來。（按：亞里斯多德的假設是，靜止是物體的本性，因此動最後都變成靜。這是中古時代基督教的教義的基本假設，這個假設被 16 世紀的伽利略、牛頓以實驗和理論所推翻。）因此，如果要天上的行星能永遠運轉下去，一定要有一個原動者 (prime mover) 來使它們不斷的運動，而這原動者就是上帝或神。當然，這位神學家的基本假設（每一件動的物體最後都要停下來）是錯誤的，他找不到其他的解釋（當時重力還沒有發現），就斷言自己證明了神的存在。這個斷言當然也是錯的（因為他沒有考慮到其他的可能），可是他按邏輯思考的推論方式卻是正確的。就此而言，要復古的第三條思想肯定是輸的，而無政府主義是一種破壞型的主義，20 世紀初就已經認出這種主義的不可行性。現在無政府主義 (anarchism) 已經變成貶語，描述毫無秩序的情勢。最後只有「新文化運動」才能真正的立足。當然，新文化運動當中有許多派別，平心而論，最重要的區別是對於馬克思共產主義的接受與否。

到底在新文化方面，中國的五四運動有什麼成就呢？在早期，中外有許多人認為五四運動是一種類似 17、18 世紀歐洲的啟蒙運動

(Enlightenment)，最近有許多人認為不然。歐洲的啟蒙運動乃是把上帝和人，自然和理性 (reason) 的地位重新安排考慮過，重新組合成一種新的人文主義 (humanism)。事實上，在歐洲啟蒙運動之前很久，古希臘的哲學家們早已將理性應用在對自然界規律性現象的推理解釋中，而羅馬文化的發展中保存了希臘文化的形態，包括自然界的法則和理性規律的觀念，可是在希臘和羅馬衰亡之際，興起了對於人是否能從困境中被拯救出的關懷，因而有了基督教的興起。在這一段時期中，雖然基督教仍舊持續希臘及羅馬的傳統，可是興起的是所謂的煩瑣學派 (Scholasticism)[67] 哲學體系，這種哲學應用了理性去了解自然界的事物，卻深深受到宗教「真理」啟示的箝制，因此沒有什麼大作為。到了啟蒙時代，人文主義–文藝復興，新教的興起–的攻擊之下（14、15 世紀文藝復興，人文主義興起人類理性開始抬頭，16 世紀馬丁路德以理性質疑教會引起宗教改革而有新教興起，18 世紀啟蒙時代思想家雖未擺脫宗教卻想以理性找出人文社會的運行的法則），這種依賴神學的理性路線就消亡了。就在這一段人文主義興起的過程中，出現了科學。在實驗科學中有培根 (Francis Bacon, 1561–1626)、哥白尼 (Nicholaus Copernicus, 1473–1543) 及伽利略 (Galilei Galileo, 1564–1642)，在數學上出現了笛卡兒 (René Descartes, 1596–1650)、萊布尼茲 (Gottfried Wilheim von Leibniz, 1646 – 1716)，以及物理及數學奇才牛頓 (Isaac Newton, 1642–1727)[68] 等等。 在這重新組合中，出現了不少新的哲學和新的宗教觀，其中之一是理神論（自然神論〔Deism〕）。這宗教哲學認為世界雖然由神創出，可是自創世以後就脫離了神的支配而

---

[67] 煩瑣哲學 (Scholasticism) 所研究的通常都是一些沒有想像力，不切實際和枯燥無味的問題。一個有名的例子是，有一位煩瑣哲學家研究在一根針的針尖上面能站立多少位天使。這哲學學派在重要神學家阿奎那 (Aquinas, 1225?-1274) 時達到極高峰，到了文藝復興時期就衰微了。現在英文字 scholastic（原意是有學問的）變成一種哲學上的損語，講這人或這學科的研究過於吹毛求疵，與現實脫節。

[68] 培根的最大貢獻在於提出一個以前沒有的，把知識系統化的體系（出版在《Advancement of Learning 及 De Augmentis Scientiarum 科學的增廣中》）以及科學上廣為應用的演繹法 (induction)。哥白尼用天文觀測確定地球繞日學說，伽利略是現代物理始祖，笛卡兒創解析幾何，把代數和幾何統一，萊布尼茲和牛頓提出微積分，牛頓創立了到現在還在應用的力學。

依照自然法則運轉（美國國父華盛頓及許多革命的元勳都相信理神論，華盛頓甚至不相信神的存在及死後彼岸的生活，他在臨終時還拒絕接受牧師的祈禱）。

　　可是，自五四運動至今，還沒有在中國看到像上面描述的真正大學者，也沒有出現過真正的新哲學（政治支配的哲學不算）和新的科學。當然，要說一句公平話，在歐洲啟蒙時代幾乎任何一門學科都在起端，因此任何創出的一門學科都是開天闢地的傑作。到了五四運動時候，學術的粗枝大葉已經出現，主要的工作乃是在填補這些粗枝大葉之間的空隙，難以有開天闢地的大作。這和我的本行物理及天文物理的發展很類似：在 20 年代，原子物理才開始，創出了前無古人的量子力學。到了現在，創出這類驚天動地的理論的餘地就不太多了（或者應當說，在物理中不太多，可是在其他學科中，如生物學，開天闢地的創作可能才剛開端）。現在大部分在物理方面的工作都在補足知識之間的空隙，因此活動的空間大為減少。可是還有另外一個客觀的因素：1919 到 1990 年間，客觀環境幾乎不容許中國學者在學術方面能充分發揮才能。這段時期，中國幾乎都在戰爭動盪或動亂中－先是 1912－1928 年的軍閥割據時期，然後是 1928 到 1937 年之間掃除軍閥（台灣的說法是北伐、剿共），1937 至 1944 年的中日戰爭，1945－1950 年間把國民黨逐出大陸的共產黨革命，之後就是 1950 至 1966 年之間在中國大陸出現的，不知真正目的是什麼，也不知真正的目標倒底是什麼，造成動盪不安的各式各樣的「運動」，以 1966 至 1976 年 之間十年浩劫的「文化大革命」為所有「運動」的極高峰及作終結性的結束。到了 1980 年鄧小平開始改革後，中國才開始安定，而直到 1990 年之後，真正的安定才開始。在 1919 到 1990 年這段將近兩個半世代之間，所有五四時代的人物都已相繼去世，連他們的下一代也都上了年紀，就像古希臘盲詩人荷馬寫的史詩〈伊里亞特〉（Iliad）中對於特洛伊（Troy）的長老們的描述一樣：「這些民眾尊敬的長者，由於上了年紀，已不再浴血疆場（涉及學術研究、政治活動等）。」可是我認為，仍舊不能說五四運動完全沒有帶來啟蒙運動。歐洲的啟蒙運動中最大的特色是用人文主義的精神，以理性來審視歐洲本身的文化。在這一點上，五四運動的確給中國帶來了一些很重要的啟蒙，雖然有些很膚淺，有的受到意識形態的影響，工作不徹底或不透徹或偏於某些意識形態。我認為，應當把中國自己的文

化以西方邏輯和科學方法，及以不用「以今非古」的討論方式和不把其他政治哲學（如任何主義）的觀點牽涉入的前提之下，重新評估審視中國固有文化，去蕪存精。在 1990 年代之前，這種工作很難做到，1990 年之後，明顯的，許多中國學者開始在這方面努力，可是這項工作真的需要很長的一段時間。

五四運動之後的一段的時間中，也出現過不少現在看來非常幼稚及天真的輿論，我想部分的原因是，一個人的生命中，真正能做出有貢獻工作的時間只有三、四十年，如果不能完成，就要交給下一代了，而下一代是否能讓自己的理想付諸實現，是一個前途未卜的問題。而三、四十年，聽起來很長，其實很短，因為人類整體的文化變更或進展不能以年為單位計算，應當以世代為單位，而三、四十年最多只能算一個半世代。在五四文化初期，知識分子似乎就有這種的心態－巴不得在有生（有能力）之年把中國現代化，所能想到的最快的方法似乎就是立即除掉這些固有文化，代之以外國文化，甚至要把中國文字以外國語來替代。胡適說的「全盤西化」就是這類簡單想法的輿論的代表，但不能說胡適是唯一有這種「拔禾助長」的愚蠢想法的人。在當時，幾乎所有的輿輪都指向這一個方向，只要看一些當時的言論就知道了：

> 「中國二千年來沒有真有價值真有生命的文言的文學，這都是因為這二千年文人所作的文學都是死的，都是用已經死了的語言文字做的，死文字不能產生活文學，所以中國這二千年只有些死文學，只是沒有價值的死文學。」（胡適，《建設的文學革命論》）

> 「文學革命，其是非甚明，不容反對者有討論的餘地，必以吾輩所主張者爲決定之是而不容他人之匡正。」（陳獨秀語）

> 「中國事事不如人。」（胡適語）

> 「欲使中國不亡，非取消記載道教妖言的漢字不可。」（錢玄同，原名錢德泉）

> 「漢字不廢，中國必亡。」（胡適）

「漢字終當廢去，蓋人存則文必廢，文存則人當亡，在此時代，已無倖存之道。」（魯迅）

「中國文字要走各世界共同的拼音化道路。」（毛澤東）

「戲館全部封閉，要全數盡掃，盡情推翻。」（錢玄同）

「中國戲沒有存在的價值。」（周作人）

如果不看這些言論說出的時間，或說這些話的人的身分（都是五四時代中國頂尖的知識分子），真要覺得這些都是十年浩劫的「文化大革命」時代的無知盲從青年說出的話了。這樣的言論在五四運動後，新文化運動倡導者的文章中隨處可見，有大量整篇整篇的論述，以上僅是一些少許的摘錄而已。時過境遷，今天的青年看到這些極端的言論，也許會覺得滑稽可笑、可悲、可憎。可是當年這些頂尖人物就是這樣一群殺氣騰騰，覺得中國將近五千年的文化一無所是，要把中國文化徹底毀滅的劊子手，真叫人毛骨悚然。

這也正是十年浩劫中的「文化大革命者」的形象和論調，。五四運動當年，這批人否定一切傳統文化，甚至沒有一絲「民主」與「自由」論者的寬容，也根本沒有「科學」論者的嚴謹，除了醜化和漫罵之外，卻又拿不出所謂「新文化」的作品，只是一味為西方文化–某種西方文化，如馬克思主義和無政府主義等–唱讚歌（實際上現在回顧，當時這些人對西方的文化的了解相當膚淺，其程度和我們現在笑許多西方漢學家對中國文化了解的膚淺程度差不多，等於是五十步笑百步）。具有反諷意味的是，正當這批人在高舉「新文化運動」的旗幟，高喊打倒一切的時候，以梅蘭芳和程硯秋為代表的中國傳統京劇界，卻在西方文化的大本營–紐約和巴黎贏得京劇文化的尊嚴。也就在這一段時期（從 19 世紀末起），美國和荷蘭的漢學家和國際天文學家合作，從這批「新文化運動者」要「丟到毛坑（舊式廁所）去」的線裝書《二十四史》及其他史料的研究，於 1930 年共同確定，一個自 19 世紀發現後就無法了解的天體「蟹狀星雲」（Crab Nebula）是南宋欽天監楊惟德記錄下來的，在 1054 年 7 月 5 日爆炸的超新星（客星）的遺體。1960 年代，從中國史料中，鑑定出的這星雲的身分以及對這遠在六千光年之外的星雲的觀測和理論的解釋，斷定了中子星

的存在，奠定了現代天文物理學，創建出現在天文學中最紅的學科之一－相對論天文物理學。

　　如果再仔細想一下，就會覺得這種把中國固有的語言廢除，代之以其他語言的想法非但不可行，而且可笑。以方言為論，中國推廣北京腔的方言為國語（普通話）的運動已經有將近一百多年的歷史，可是北京地區以外的方言依然存在。非但存在，而且在大多數地方不容許國語立足。一直到十幾年前，許多中國人都不會說國語，只會說當地的方言。現在中國國語流行的原因，不是來自政府的三令五申，而是來自非常實際的因素：許多人為了經濟、求學、工作、經商或其他的理由，必須到外地去，因此人口的流動性很大。到了別的地方，要能作口頭上的溝通，就非要有一種統一的口語不成。這種社會的趨勢和實際上的需要造成了國語的流行，而不是政府說要推廣國語，下令改革就能在一夜之間達成的。連方言都不能用政府的命令改變，何況書寫的文字？再舉一個現代的例子，表明只要有一點民主精神，語言不是能被立法更改或廢除的。在美國，英文可以算是使用了二百多年的「國語」。可是非法或合法移民多了，他們把他們本國的語言搬來。有些人過了幾十年還不會講英文，只會說本國語言。非法或合法的移民中最多的是來自墨西哥和南美的西班牙裔人。為了向這這些人販賣商品賺錢，商業界首先向這些西班牙語系民族舉起雙手及豎起白旗投降，用西班牙文做廣告，在用品的說明書中放進西班牙版本，雇用懂西班牙語的售貨員及經理等等。許多美國人很快跟進。現在許多州（如和墨西哥鄰近的加州、德州、亞利桑那州等）都以西班牙語為實際上的第二「國語」。在這一點上，連在美國的中國人都托了他們的福：許多中國人多的地方都把中文當作實際上的第二「國語」。有許多保守的州還立法，規定只許說英文，可是不是被法院裁決違憲，就是在實際上無法做到。

　　許多學者也認為五四運動不是歐洲文藝復興的翻版。原因是，如果要說復興，必須先有失去。歐洲文藝復興的背景是，在基督教興起時（第 3 到第 5 世紀間），教會及被教會慫恿的暴徒把希臘羅馬的文化大都以異教 (pagan) 或邪教 (heresy) 名義摧毀，把所有的學者殺的殺，趕走的趕走，使得部分文化流落到海外，大都在阿拉伯諸國。文藝復興時，就把這些流落在海外的文化再輸入，把這些失落了，寫成阿拉伯文的文化翻譯回拉丁文，因此把歐洲文化復興。中國正好相反，沒有失落的文化，有的是對自

201

己文化過於自我陶醉及崇拜。五四運動的一個最重要的成果，乃是重複審視自己的文化，將中國文化從八股文的桎梏和「古代至上」的心態中釋放出來。如果說是復興，應當說，要恢復到戰國時代的學術自由發展的精神，或屈原創作〈離騷〉，司馬遷創作《史記》，甚至李白、杜甫、白居易、李後主、李清照、羅貫中……等人在文學上的創作精神。可是都沒有做到。

現在再對五四運動做一個簡單，甚至可以說是只具片面性的討論。自 1919 年起，中國學者紛紛從國外輸入各種「主義」，而五四運動似乎形成了一種「拿來就用」的趨向，即囫圇吞棗似的全盤輸入，一點不檢討是否適合國情或有其他毛病。就像在西方文化大賣場中，推了一輛購物車，看見喜歡的或者認為可用的，就放進去帶回家，回家後稍加研究改變之後，就依樣畫葫蘆的創出 「主義[69]」來，一點不顧國情（其實幾乎所有近代中國政治上採用的「主義」的實行方式都是類似基督教「基本教義派」的教條，非按這些教條一字不改的執行不可）。在對孫中山對中國的偉大貢獻－推翻了滿清腐敗政權的革命，建立了共和國及開創了不知其數的革新－表達我至高的敬意的前提之下，我要說一句不太中聽的話：後來被國民黨奉為「聖經」的《三民主義》，其實只是一種半完成的、不徹底的、未成形、未成品的 (half- baked) 的所謂「主義」。1980 年鄧小平改革之前，70 年代時一些中國執政的馬列史理論家甚至聲稱要按照馬克思主義的基本教條把北京變成水晶城，即把所有被稱為資產階級的知識分子都逐出，只留下沒有知識的「無產階級」，成為赤貧的純「無產階級」的「天堂水晶城」。其實馬克思的「無產階級」(proletariat) 的原意指的是在歐洲工業革命後，沒有資本或其他財產，而要憑自己勞力（所賺到的薪金或工資）才能生存的人。按此定義，在資本主義的美國，幾乎所有的人都要靠自己的勞力（包括勞心）謀生，因此也都應當都算是「無產階級」。論證如下。

---

[69] 主義的英文是 principle 或在一個名詞後面加上字尾 –ism。兩者都可以看成做事的原則，可以按實際情形加以更改，也可以看成一字不能改的教條。胡適提倡的「杜威實用主義」(Pragmatism) 實際上就是以實用為主的原則，本身沒有教條。以基督教為例，天主教及一些新教都不從基督教《舊約聖經》的〈創世記〉一章字面上的涵義解釋宇宙起源，甚至還接受了人不是上帝（神）造的，而來自生物進化的原則（即對達爾文的進化論的接受）。可是有一批基本教義派 (fundamentalists) 仍舊堅持《舊約》裡〈創世記〉中的說法：人是上帝造的，宇宙的年齡不超過一萬年，還企圖立法反對進化論，造出許多偽科學來支持他們的觀點，這樣按字面的解釋的做法就是教條主義 (dogmatism)。

在美國及其他工業國家，許多工作的人都有「恆產」，即汽車、房子等。可是大部分購買這些「恆產」的款項，都是向銀行以這些「恆產」作抵押貸款買來的，尤其是房子，幾乎要等到退休時才能付清貸款，之後才能擁有這些「恆產」－ 自己住的房子。如果不幸失業而找不到另一份職業，很可能會失去這些「恆產」，變成一無所有的「無產」階級，因此所有薪金階級人士在實質上也都等於屬於馬克思所定義的「無產階級」。而且在美國還有許多從一張工資支票活到下一張工資支票（即無餘款或儲蓄，台灣有一個很好的綽號－ 月光族，即賺來的錢每月月底都化光）的薪金階級，這更符合無產主義的狹窄定義了。可是他們大都還擁有汽車，能住租來的房子，有電視、冰箱等這些在馬克思時代認為只有資本家才能擁有的享受。而且在所有工業社會中，生產的公司都已經變成股份制度，即都屬於大眾所有，不是一兩位資本家所擁有的企業。這些社會現象及經濟制度是馬克思時代做夢也想不到的。馬克思的原意是，無產階級只是一個過渡時期，最後的目的是要平均財富，把所有的人都變成小康。可是這批理論家認為無產階級就是赤貧的人，一定要把所有的人都變成赤貧，才算達到馬克思的理想。這些都是非常膚淺幼稚的想法：只按翻譯過來的名詞「無產」的字面意義，而不按照真正的意義（靠薪金或工資過活）定出國家的政策，真是十足的基本教義派的教條主義。

許多人認為美國是資本主義國家，可是基本上美國只講實用，不談主義，只談政策，如果政策不對，就要改正。（美國沒有一個號稱為「資本主義」的黨，就是一個實證。）30 年代經濟不景氣的那段時期，人民窮困，對於以往基於過分的放任 (laissez- faire 無為) 政策而造成「資本主義」社會裡出現的種種問題，人民感到失望，因此無政府主義和共產主義大為流行，美國羅斯福總統於上任後決定必須改革應變，因此提出「新經濟政策」(New Deal)，這就是針對社會問題的小康計畫，使得最窮的人都能過最低的，能接受的生活水準的生活，這時大量引進社會主義的政策，可是仍舊不談主義，只談政策。他提出仿效德國鐵血宰相俾斯麥 (Otto Von Bismarck, 1815 – 1899) 的社會安全制度 (Social security)，讓無依無靠的老年人仍舊可以過最低水準的生活。他還有不少其他改革社會制度的措施，大都朝社會主義方向做去。由於這些措施，他還被保守分子罵為共產黨徒。

中國經書《禮記》的〈禮運篇〉中有一段關於完全無產階級天堂的描述，被許多人認為是理想世界，在許多地方可以看到的孫中山的題字「天下為公」就來自這一段，把這一段錄出如下：

大道之行也，天下為公。選賢與能（部落酋長公選），講信修睦（和平），故人不獨親其親，不獨子其子（人們不只照顧自己的親人），使老有所終（老年人養老），壯有所用（年輕人有工作）……孤獨廢疾者有所養（無依靠和殘障者有人去養）……故外戶而不閉（沒有私有財產，不怕被偷，因此外出不用關大門），是謂大同（天下大同）。

聽起來像天堂吧？可是這就是本書第七章〈穿了獸皮衣服女人〉描述的，在 4000 到 7000 年以前，人們在仰韶時期過的，極為艱苦，一無所有，連所有生產的工具都要共同合用的赤貧生活。所有的人都要互相照顧（不獨親其親，不獨子其子），否則無法生存。有些現代的原始部落還過類似的生活。許多人引用了這一段，可是很少人提到《禮記》裡描述「無產階級天堂生活」之後的下一段。錄出如下：

今大道既隱（衰微），天下為家（成立朝代，以天下為私有）。各親其親，各子其子（各自照顧自己的親人），貨力為己（開發貨財，努力勞作，都是為了自己），……禮義為紀（以禮義為綱紀）……刑仁講讓，示名有常，如有不由此者，在執者去，眾以為殃，是謂小康（按禮來明確大義，考察誠信，指明過錯，效法仁愛，講求辭讓，向人民展示做人的常道。如果有不照此去做的人，要按法處理，大家把他們認為是社會的禍殃。這種就是「小康」的社會）。

到了大禹時代，財富豐富了，人們就不願意過赤貧的無產階級的「天堂生活」了，也開始了私有財產制度。自大禹的兒子起，就以「天下為私」，建立了世襲的朝代。如果把上面一段裡的關於君主政治（天下為私）的一些字去除，所寫的「各親其親，各子其子，貨力為己，刑仁講讓，……，是謂小康」就是我們現代所有國家（包括中國[70]）的理想生活的寫照：每人都照顧自己的家庭，自食其力，遵守法治，過「小康」的生活。

## 白話文運動

有一樣上面沒提到過的，而對中國有極大影響的運動，就是胡適鼓吹的白話文運動。白話文就是以口語為主的文字來寫作。其實在漢朝（見本

---

[70] 現在標明為「共產主義」的中國政府，明確地表示，要把中國建設為一個人民都是「小康」的國家，即「小資產階級」國家。

書第五章〈白馬寺–宗教進入中國〉）佛教的傳入時，帶入了大量的經典，這些翻譯的佛經往往難懂，難懂的原因不是文字難懂，而是意義難懂。要解釋這些難懂的意義，就不能用古文，要用當時的會話的口語，即白話。（當時的口語已經變成現代的「文言」了，就像《詩經》裡用的也是當時的口語，可是到現在也變成難懂的古文。）

非但在中國，就是在歐洲，也有類似的「白話文」革命。中古時期歐洲知智識分子大都在修道院中受教育，而修道院中用的都是拉丁文，一般沒有能力到修道院受教育的人等於是文盲，到了中古後期各國從拉丁文發展出自己的「洋涇濱拉丁文」(pidgin Latin) 土語書寫文字，卻為一般學者所不齒，認為是沒有受過教育的人所用的文字。兩位文學家但丁 (Dante Alighieri, 1265–1321) 和佩脫拉克 (Francesco Petrarch, 1304–1374) 扭轉了上層社會對下層社會土語的不屑，把這種勢利庸俗觀點完全改革了。但丁以義大利土語寫出《神曲》(*Divine Comedy*, 原名是 *La Commedia*〔《喜劇》〕，後來改名為 *La Divina Commedia*〔《 神的喜劇》〕，即《神曲》)，是一本三部曲，長達一百章的鉅著。1302 年他因為反對教皇及涉入當地的政治鬥爭，被他出生的城市佛羅倫斯 (Florence，又譯翡冷翠〔Firenze〕) 放逐，一回佛羅倫斯就要判以死刑，一生不得回去。（直到現在，佛羅倫斯的居民還在不斷為此事道歉。）他在這部《神曲》中寫的其實是他自己被迫流亡的經歷，以從地獄，到煉獄，最後到天堂（三部）的旅程為背景 (Inferno, Purgatorio, and Paradiso)，書中除了對教皇做文字上的報復之外（他把好幾位教皇放在地獄及煉獄中），他還非常深刻的分析當時的社會問題，最重要的是，他發明了許多土語字彙的新用法。這本書立刻受到廣大群眾的歡迎，把在萌芽中的義大利土語（就是現在的義大利文）推廣到非但為義大利人所接受的文學語言，還被其他作家仿效的寫作語言。在之後幾個世紀中，義大利文變成實際寫作的語言，而拉丁文就開始不振，被土語代替了。比但丁稍遲的佩脫拉克的貢獻是，他以義大利土語寫出一部描述理想化愛情的抒情詩〈勞菈〉(Laura，佩脫拉克寫了許多給戀人 Laura 的詩，創出十四行抒情詩 Sonnet 的詩體)，對不久之後出現的文藝復興中興起的抒情詩風格影響很大。

在中國古代也有過白話文運動，例如太平天國的洪秀全就下過諭，要「不需古典之文……總需切實明透，使人一目瞭然。……」而民間的通俗小說都以半白話的文字寫出。五四運動之際，提出全面用白話文的第一人是胡適，他一生常以白話文的佈道者、護法神自居，始終關懷白話文的發展和命運。雖然這些自負帶有個人英雄主義的色彩，可是他的貢獻不容否

認。胡適提出白話文的方案後，起初有許多人反對，包括創立中國共產黨的陳獨秀，可是後來都跟進。在南京成立的臨時政府中，胡適的學生羅家倫在這政府中任要職。胡致信羅，希望「由政府規定以後一切命令、公文、法令、條約，都需用國語，並需加標點、分段。」可是大約是其他保守分子的反對，南京政府置之不理。1920 年，連北洋政府的總統徐世昌都提倡白話文，還想廢止小學的文言課本。後來胡適寫〈新文化運動和國民黨〉一文，其中作了以下的批評：「國民黨當國已經近兩年了，到了今日，我們還不得不讀駢文的函電，古文的宣言，……連徐世昌、傅嶽芬的膽氣都沒有，我們不能不說今日國民政府所代表的國民黨是反動的……」。有一陣子胡適只好躲在租界中寫文章，怕遭逮捕。

胡適提倡白話文的目的是普及教育：「能夠把白話做到最大多數人懂得的本領」，在這一點上胡適的想法和但丁相似。但是口語和白話文有些不同：口語說出就算了，如果要白話文在文學中立足，必須要能寫出一般人都看得懂的「文學」。這句話說來容易，做起來可難了。在這時候，意見分歧，有人把白話看成大眾語，有的人根本就反對在文學中用白話文，要用文言文。可是，如果民眾接受這個能普及教育的文字，再反對也沒有用，到了 1960 年代後，在報章和書籍中，已經極少出現文言文了。

圖 50. 毛澤東

長話短說，推廣白話文之所以能夠成功，也要歸功於許多當時推廣白話文的名作家，如文學家魯迅、巴金，戲劇作家曹禺等等，不勝枚舉。他們設定了中國文學未來的方向。魯迅認為應當有「更淺顯的白話文」，而關鍵在於作者也必須是「大眾中的一個人，才可以做大眾的事業」。這是一段艱苦的學習時期。和但丁的時代一樣，需要大量引入既帶有文學意味又能為大眾接受的語彙。一個小例子是，胡適發明了將形容詞 (adjective) 變成副詞 (adverb) 的「地」。可是這工作不是一個人可以完成的。自 1920 年代起，擁護白話文學的作家不斷朝這方面努力。

要強調的是，推廣白話文的目的是推廣教育，使得不想在古書中打滾的人也能成為普通的知識分子，並不是說要「打倒」古文。古文是中國文化的一部分，再怎麼樣，任何好的作家一定要在古文上有相當的根基。可以這麼比喻：現在大都用電腦來處理文件，不必用筆了，因此現代對書法

的要求不高，只要能寫就行，但並不是說要把所有的毛筆都毀了。如果真的要在書法下功夫，那麼唯一的辦法就是照古人的做法，天天臨帖練字。事實上，書法已從每日必用的技術變成了藝術。同樣的，推廣白話文不是說要把所有用文言文寫成的古書「扔到毛坑去」，這麼做等於一個人把祖上傳下來的文化家產完全付之一炬，變成文化的赤貧。家產中有好的，有壞的，要留下好的，去掉或批判壞的，西方也是這樣對待他們的文化。到今天為止，所有好的中國文學家對古代的文學作品都有相當的造詣。民初國學大師梁啟超認為，要能寫好的白話文，「文言的功夫應該很深」。名作家朱光潛說過：「想作好白話文，必要讀文言文。現在白話文作者當推胡適、吳稚暉（敬恆）、周作人、魯迅諸先生，這幾位先生的白話文都得力於古文。」就此而論，反對中國古書的人中最有權柄的是毛澤東，可是他對詩詞古文卻自相矛盾。他主張發展新詩，反對青年寫古典詩詞，他卻大寫特寫古風格的詩詞，如帶有以皇帝自居意味的詞〈沁園春·雪〉，摘錄下半節如下：

| 原文 | 譯文 |
|------|------|
| 江山如此多嬌， | 江山國土多美， |
| 引無數英雄競折腰。 | 吸引了不知其數的英雄來屈辱追逐。 |
| 惜秦皇漢武，略輸文采。 | 可惜秦始皇和漢武帝在文采方面稍輸。 |
| 唐宗宋祖，稍遜風騷。 | 唐太宗和宋太祖在詩文方面都稍差。 |
| 一代天驕，成吉思汗， | 一代的天之驕子大英雄成吉思汗只會彎起大 |
| 只識彎弓射大雕。 | 弓射大鷹（只會武不會文）。 |
| 俱往矣， | 唉，都過去了 |
| 數風流人物， | 要數真正有本事的人物， |
| 還看今朝。 | 要看今天（指毛自己）。 |

（風騷指《詩經》的「風雅」和屈原的〈離騷〉，成語上用來指詩文。）

在這一點，魯迅也是一個極端分子，他反對讀古書。抗日戰爭時期，有一次林語堂在重慶演講，有人提出這問題，問魯迅說的話對不對。林語堂不作正面回答，只說：「魯迅先生讀的中國書比誰都多。」非但中國文學如此，西方文學亦然。在用義大利的「白話文」寫出《神曲》之前，但丁已經博讀了不知其數的拉丁文古典文學，而且還是用拉丁文寫作的名作家，寫抒情詩、寫論文，都得到當時的文學家及學術界的讚揚。現代的歐美名作家幾乎都精通古典西方文學，從荷馬 (Homer) 的《伊里亞特》(*Iliad*)

207

到喬叟 (Geoffrey Chaucer) 的《坎特伯里故事》(*Canterbury Tales*) 到莎士比亞的劇本和詩，到較近代的作品等等，不勝枚舉。文學和語言不斷在改革，可是呈連續性。從文言文到白話文也是一種大規模的連續性改革，五四運動給我們的一個教訓是，沒有要打倒的文藝，只有在新時代的背景下，把古代的文化地位重估，把它們的意義複審之後，建立新的文學。

*

雖然在 1919 到 1990 年這兩個半世代之間，由於時代的背景，中國文化的自審及評估的工作做到的無幾，可是在文學上卻大放光彩，歐美及日本對中國的侵略激發了愛國作家的心志。在這短短的幾十年內，無數作家寫了許多激發愛國心的文學作品，也在這個過程中，建立中國的新文學。這些文學家中以曹禺、巴金，及魯迅等的工作最具影響力，（當然還有許多其他有影響力的。提出這三人是我的個人偏見，別人大約有不同的意見。）最後還替中國文學得到了一個諾貝爾文學獎（雖然得到這獎的文學比起巴金、曹禺、魯迅及其他著名的文學作品來相比，價值不高）。這時期文學作品之豐富，連簡單介紹都無法做到。在這裡我只提一本我認為對中國人檢討自己最有影響力的短篇小說–《阿 Q 正傳》。這是魯迅的第二篇白話文小說（第一篇是《狂人日記》，也是用白話文寫的第一篇小說）。這篇小說的主題是描述一位無名無氏，連住的地方都沒有的赤貧小工的一生，稱他為阿 Q 的原因是他有一根自以為傲的長辮子，像是英文的 Q 字。作者在序言中說，不為名人作傳，要替一個不為世人所聞的人，連姓名籍貫都寫不清楚的流浪漢寫傳。他這麼做的原因之一，大約是諷刺中國人的門第觀念，及把孔子的「名不正則言不順」觀念應用來歧視人的習俗；同時也似乎在諷刺胡適：在中國面臨滅亡的危險之際，還不做興國的事，卻做考據（正名）的工作。（當然，中國強了以後，這些都是應當要做的工作，可是中國在危險的時候，做這些不切實際的工作似乎在逃避現實。）同時，魯迅也把阿 Q 作為當時中國一般人民–從小農到高官–的象徵。雖然一無所有，卻有以精神勝利及怕硬欺軟的心態造成的無上自尊。阿 Q 是經濟地位最低的人，到處流浪打工，是社會中受人壓迫的最低層的人，窮到娶不起妻，卻自吹「我的兒子有多闊」。他以「精神勝利」或「幻覺自以為是」的方式來保持自己的自尊和自我崇拜，這種精神勝利的心態在心理學上說來是一種變態，是脫離現實的人。（和《伊索寓言》中吃不到葡萄的狐狸說葡萄酸的心態有些類似。）在個人方面，這種心態是逃避現實的避風港，如果所有的人，或站在統治階層的政治管理領導有這種心態，國家就顯得無救。這卻正是 1842 年鴉片戰爭後中國統治者的心態。中國在

受盡帝國主義的侵略和掠奪之際，統治階級一方面對帝國主義國家奴顏婢膝，在另一方面卻對自己統治下的臣民擺出主人的架子，甚至還說出「寧（把國家的土地）與外人，不與家奴」的話來。魯迅在一篇文章《華蓋集·通訊》中這麼寫：「遇見強者，不敢反抗，便以『中庸』這些話來粉飾，聊以自慰。所以中國人倘有權利，看見別人奈何他不得，或者有『多數』為護身符的時候，多是凶殘橫恣，宛然一個暴君，做事並不中庸。」已經到了賠款割地，喪權辱國的時候，偏要自稱「天朝」，沉醉於「東方精神文明」的精神勝利的自我陶醉思想中。在這種心態下，幾乎全中國的人民，從大官到小民，都活在精神勝利的幻覺之中，對國事一無所為。（連蔣介石都有這種心態。退到台灣之後，明明沒有能力在外交上有所作為，連對戰敗國日本都不敢索賠，卻自稱〔或他的手下的代筆〕中國有大國的風度，以「寬大為懷」、以「德」服人、以「德」報怨。這就是無法解決問題時的精神勝利法。）

嚴復在翻譯赫胥黎的《天演論》（赫胥黎的《進化與倫理》論文集中的前兩篇，這是第一次將達爾文的進化論引入中國）時，認為中國的「種性」（即民族性）「孱弱」，根據「優勝劣敗」的原則，中國民族有滅族的危險。魯迅很快就看到這種缺點，也許是時代關係（他比嚴復遲），他的觀點要比嚴復更為敏銳深刻。

這篇《阿Q正傳》寫出後，許多人認為魯迅指了他們的鼻子單獨的罵他們個人，最後發現用魯迅筆名的周樹人，是位年輕人，和他們根本不認得，因此也無從罵起。自此之後，有識之士都認為這種精神勝利法是一種的國家級的變態，絕對要不得。遇見用精神勝利的變態官員或和大眾接觸的人物，幾乎所有的作家都以「阿Q精神」來諷刺。久而久之，這種變態的心理就逐漸消失了。這是一段很長的過程，有數十年之久，幾乎直到下一代，才去除這種精神勝利的變態心理。現在幾乎聽不到「阿Q精神」這詞了。

## 中國開始久等的改變

從 1900 年八國聯軍之役把中國打得一敗塗地，到 1990 年，中國從一個沒落的君主國家，既落後又分裂的國家，變成世界上令人既敬又畏，在地平線上行將出現的世界級超級強權，讓我們檢討一下，在這個不到一百年的時間內，中國是怎樣轉變？

在這九十年期間，中國歷經了三個過程。

第一個過程是放棄源自孔學的「正統思想」觀念。

第二個過程就是要找到替代的「正統思想」，卻仍舊抱持著將「正統思想」視為絕對真理的心態。在第二個步驟中真正起作用的是「三民主義」和「馬列史主義」，尤其是後者。中國採取類似宗教狂熱的「主義是從」的盲目追隨態度－只要按照這些主義的教條執行，就能把中國變強。可是這些主義的問題是－僵化的教條，不能適應不斷變化中的社會和世界局勢。1970 年代，鄧小平到美國拜訪之後，體認所謂「資本主義」國家的真諦：不談主義，只談政策的原則。中國在這時代以後才走上第三過程過程，鄧小平提出一個原則：「不論白貓黑貓，會捉耗子（老鼠）的就是好貓。」在這種思路之下，實質上摒棄了馬列史主義，走上以前被中國左派罵得一無是處的「蘇修」（蘇（聯）修 [改主義]）路線，只看哪一個政策最好，就採取它，不談主義。可是俄國在 1990 年代幾乎完全失敗的主要原因是，蘇聯本來就是由侵略及併吞鄰近斯拉夫族系國家所建立的政治體系，而當聯邦一垮，政府也就垮了，再加上聽從了一些自命代表真理的民主理論家的宣傳，在實質上把政府的結構解散了，改成半吊子的民主。這個半吊子的民主政府一點都無法執行經濟上的改革。中國的路線是先改革對人民有直接關係的經濟制度，保全了能執行這些新經濟政策 – 所謂有「中國特色」的社會主義 – 的政府。當然，在這一點上受到不少的批評，而且在這一段期間也歷經了不少痛苦，甚至引發了世界注目的天安門的六四事變。自改革之後的措施，大致上是按照「不論白貓黑貓，能抓老鼠的貓就行」的原則實行。中國已經遠離學習曲線的底部，可是還需要好一段時間才能更上一層樓。

這三個過程似乎也是歐洲各國從 14 世紀到 20 世紀歷經的過程。（美國的民主實際上是基於英國的民主，就是把君主廢除了，代之以民選的總統。）中國自西元前 136 年漢武帝「罷黜」百家起，以孔學為正統思想。歐洲自君士坦丁大帝召開第一次大公會議統一了基督教（天主教）之後，教會制定的神學就變成歐洲的正統思想。不同的是，中國自從 1905 年認出古典孔學不適應時代，廢除科舉制度之後，到五四運動時提出要「打倒孔家店」的口號時，還不到一個世代，就走出第一過程了。西方自從十字軍東征一連串失敗後（最後一次在 1291 年），才走上第一過程，教會的正統思想開始消弭。可是這消弭的過程很慢，直到 17、18 世紀時還非常囂張，而到現在還有許多人（大都是在美國的基本教義派）還認為教會的教義才是正統思想。中國能很快改變的原因很多，我認為，最主要的是，自一開始，古典孔學就被認為是治國的唯一方針，和宗教信仰無關。如果

古典孔學不足以治國，那麼就改變，放棄不適用的部份好了。可是教會的教義最重要的是靈魂的拯救及彼岸（死後）的生活，若要改變，就牽涉到西方根深蒂固的宗教信仰。這也牽涉到中西文化的區別了。

公平來說，在西方，第二個過程曾經風行一時，可是並沒有生根過。西方也歷經種種的困難，最大的困難是在工業革命後造成大量失業人口，與極端的貧富不均。然而歐洲並沒有採納任何主義，而是以政策來改革，幾乎直接走到第三過程。只有在前蘇聯，第二過程真正生根過。毫無疑問的，前蘇聯革命之後，執行馬克思主義最初一段時間，曾相當的成功，於是中國就跟進。連三民主義都帶有馬克思主義的色彩。當然，這些對主義盲從的想法早就被摒棄了，可是在「文化大革命」之後，中國又面臨另一個危機 – 文化的失落。在「文化大革命中」，非但是古典的文化，還包括自五四運動以後好不容易培養出的科學工技文化，都面臨文化消亡的危機。從「文化大革命」開始到結束的這段時間，整個世代的中國人沒有受到高等教育。當西方和中國開始在各方面交往時，西方的高階主管往往很驚奇，因為他們多數已經鬢毛雪白，而中國所派出，握有了相當大接洽權的高階主管往往是黑髮童顏，如果不說，會以為他們還在念大學。一個世代的文化都失落了。可是到底中國的文化底子深厚，不到一個多世代的時間內，非但恢復了，而且後生可畏。一位美國 ABC 電台的記者昔優托 (Jim Sciutto) 於 2006 年寫了認為美國前途很有問題的一篇文章〈美國能不能和中國的新經濟競爭？〉(Can America Compete With China's New Economy)，說中國在 2004 至 2005 年之間畢業了32 萬 5 千名大學級的工程專才，比美國多五倍。在中國學英文的人，比美國本土生長講英文的人還要多。中國已經開始向美國的國寶 – 航太工業開始挑戰。當然，來日方長。只有時間才能回答這些問題。

# 第十二章　中國的復甦

## 放棄共產主義後中國和俄國的驚人對比

　　我自 1947 年離開中國，直到 1985 年再回到中國。在北京、上海–中國最大及最先進的都市–的大街上看到的幾乎千篇一律，都是穿了黑白色衣褲的男女。我在那裡一個月，只看到掐指可數的幾位穿了花衣的婦女，交通工具是陳舊的自行車和擠得滿滿的公車，偶而會有幾輛老式的中國仿前蘇聯的汽車經過。六年後，1991 年，美國作家蘇姍·歇克 (Susan L. Shirk) 在她的書《中國經濟改革的政治邏輯》的第一章這麼寫：

　　　　1991 年秋天我去中國和俄國旅遊，這兩個國家的都市經濟情形呈現令人驚奇的對比。中國的街上充滿了商業活動，在私立和公立的商店中堆滿了在中國製造的、最時髦的香港衣著，擠滿了購物者。夫婦們討論是否要把積蓄用來買微波爐或錄音機。溺愛兒女的父母正在替兒女購買日本製的電子琴。食物市場中堆滿了蔬菜、水果、肉類及海鮮，人們說，現在冬天的新鮮蔬菜種類和數量比往年的夏天還要多。市場中已經沒有黑市貨幣販子了，因為中國人民幣已經逐漸貶值到市場的價格。城市的居民仍舊騎了自行車上班，住在小而失修的房屋中，報紙仍在埋怨國立工廠沒有效率。可是明顯的，比起過去十年，都市裡的中國人的生活水準已經有了大幅改進。

　　　　和中國相比，俄國的城市中的情形很蕭瑟。私立或公立的商店公司的數目微不足道，消費用的貨品非常稀少。人民花了許多小時在排隊，最後擠進店裡以後，發現店裡架上的貨品非常稀少，值得買的東西更少。連基本的食品供應量都少，特別在莫斯科。即使在私人的商店中也幾乎不可能買到糖和乳酪，甚至連雞蛋都不容易買到。由於未來政治和經濟上的不確定性，盧布的價值已經幾乎降到零。人們在外匯市場裡大排長龍，因為只有在這些地方才買得到這類貨品。（按：1991 年是俄國經濟最低潮的時候，正當經濟學家說的經濟發發展最低點。現在，上述的現象已經改善了不少。）

## 一個短短的對中國興起的陳述

今日中國的發展背景有長長一段的悲痛歷史：自從共產黨獲得中國政權，成立人民政府後，歐洲國家雖然對共產主義感到不滿，可是卻對中國還保持了一線的希望。很快的，英法等國家承認了中華人民共和國為合法的政府，但美國卻抱著反共的原則，一直不承認中國的人民政府。（前蘇聯的共產黨於 1918 成立政府，等到二次大戰發生時，美國才承認前蘇聯。美國對共產主義的恐懼可以一直追溯到 1920 年時代在美國發生的一連串支持共產主義和無政府主義的暴動。）最糟糕的是，北韓的金日成在 1950 年發動了侵略南韓的戰爭，南韓節節失利[71]。美國組織聯合國軍隊保衛南韓，後來美軍在仁川登陸後，才有轉機。戰爭期間，美國的戰機一連串飛越鴨綠江，侵犯了中國的領空。在反美的情緒下，中國組織了「自願軍」[72]加入韓戰，導致韓國的戰爭陷入膠著，處於不勝不敗的對峙狀況。即使後來簽了停戰協定，非正式的結束戰爭，但中國和美國就此成為敵對國。一直要到 1973 年美國總統尼克森訪問中國後，雙方才開始建立友好關係。

圖 51. 鄧小平

1950 至 1978 年這段期間，中國想開發經濟。然而中國當時非常貧窮，中國採取的經濟政策是前蘇聯的方式－從重工業開始作大躍進式的經濟改革。發展重工業需要大量的資金。當時在美國帶頭的反共政策之下（類似中國死硬派馬克思主義教條主義的作風），中國一直不能從非共產主義國家獲得貸款，而前蘇聯本身也缺乏資金。到了 60 年代中蘇關係轉壞之後，連這條路也斷絕了。中國只好完全依靠自己，政府用的是人為的方法來壓抑利率、外匯匯率、原料的價格、工資及日用品的價格，藉以降低發展重工業的成本。在這種和現實不符的宏觀經濟環境下，中華人民共和國政府還把所有的工業收為國有，連農業都國有化（成

---

71 歷史上有許多巧合。在金日成進軍前數日，國民政府代表輪到當常理事會（有否決權）的主席，蘇俄的當權者赫魯曉夫大為震怒，聲稱國民政府沒有權代表中國人民，因此召回代表以示抗議。韓戰開始後，美國在當夜召開聯合國緊急會議，要以聯合國名義增援防禦。蘇聯正式的代表不在，無法動用否決權，因此順利通過。赫魯曉夫立即派代表過來，但大勢已去，因此韓戰實際上是用聯合國名義介入的。

72 許多是中國的志願軍，也有許多是國民政府的降軍。停戰協定後，有許多被俘的降軍志願到台灣，台灣稱為「義士」，受到優待。

立人民公社,即集體農場)。在這種政策之下,微觀的經濟–小型工業及以村落為單位的農業 – 無法按環境的優劣勢調整,因而生產萎縮,經濟滯留不動。在一連串這類「欲速則不達」的錯誤政策和運動下(如大躍進),經濟有退無進。而閉關自守的政策及毛澤東為了鞏固自己權力而發動的一連串政治「運動」之下,更使得中國和西方的關係疏遠、惡化。這些「運動」在生產上造成極度的負作用,把中國搞得「一窮二白」,而中國又採取了一連串的所謂「均富」(其實是「均窮」)政策,用了狹義的馬克思主義解釋,把所有的生產工具(包括農人用的鋤頭等基本工具)都 「公有化」,使得中國本來就很少的私有企業完全消失殆盡。而所有的公有事業都呈現低效率的表現(這幾乎是所有國家的公有事業的通病,不只是中國),中國的工業變成幾乎不存在。物質缺乏之外,連食物都缺乏。在大躍進的那一段時期,不知有多少人餓死(非官方統計為至少三千萬人)。而中國共產黨的基本教義派(主要是四人幫,特別是江青)卻變本加厲實行人民公社,把中國帶回 4000 至 7000 年前,中國仰韶時代原始公社制度赤貧的居民生活。在這一段所謂文化大革命的期間,中國退步到比 20 世紀初期還要落後的程度。60 到 80 年代正是西方經濟起飛時期,歐洲國家正從二次大戰中復原,經濟成長極快。相比之下,中國在這一段時期的經濟和西方經濟的距離愈來愈大。例如:1960 年代,中國國內生產毛額 GDP 和日本相當(按個人生產毛額來算,只有日本的十分之一以下),而在 1980 年,卻降到日本的四分之一(即個人生產毛額只有日本的四十分之一)。

經濟學上有一個很重要的原則,一般歸功給一位義大利經濟學者佩爾土 (Vilfredo Pareto)。1906 年,他創出一個數學理論,描述義大利貧富不均的分配情形:他觀測到,百分之二十的人擁有百分之八十的財富。後來學界把這種分布歸功給他,稱為「佩爾土 80/20 律」,其實還有不少經濟學者研究這種分布。1930 至 1940 年間,品質管理學的先鋒久蘭 (Joseph Juran) 將這原則稱為「重要的少數及微不足道的大多數」(Vital few and trivial many),指的是百分之八十的貨品在品質上的問題來自百分之二十的製造或設計上的缺陷。這種 80/20 的分布在種種的統計問題上都出現,包括自然界的物理、化學及生物的統計現象。在財富的分布上,只要有自由交易,這種 80/20 分布是無法避免的現象。舉例來說:我們找到一批人,每人發一百元,這是貧富完全平均的現象,當這一批人開始花用這些錢時,有人覺得洗衣服很花時間,懶得去做。有的人手不好,不能洗衣服。有一些人願意來做這些事,他們因此得到報酬,財富增加,而雇人來洗衣服的

人的財富就減少。就這樣，財富重新分配了。進一步，有人動腦筋雇人來做這些事，他只做管理的工作（即開公司），不久他的公司變大了，財富也更多了。在這個簡單的例子中，總財富不變，就是分布變了，最後就會發現，這一批人所有的財富的百分之八十都集中在約佔百分之二十的這批會動腦筋的人手中，其他百分之八十的人只擁有百分之二十的財富。因此，貧富不均的現象是不可避免的。這是很自然的事，而中國共產黨在 1980 年代之前想要做到的是 100/100 原則，即所有的人都擁有同樣的財富。數學上這種 100/100 的解釋是：只有在零財富（即一窮二白）的前提下，才會達到財富平均的分布率。

可是早期中國革命先鋒，包括孫中山在內，都沒有認識到這一點。孫中山有兩句被人們一再引用的名言，即「平均地權」和「中國不患窮而患不均」，實際上做不到。按「80/20」分配原則，不均是無法避免的現象，而中國的經濟問題主要在於貧窮。關於平均地權的問題，土地一向是農業國家的大問題，因為在農業國家中，土地乃是主要的生產工具，土地集中當然造成貧窮現象。可是即使把地權平均了，還是無法解決中國的貧窮問題。中國版圖雖然廣大，可耕地只佔總面積的百分之七。舉一個假想例，如果中國全民去種小麥，因為人口多，土地少，按美國中央情報局每畝產額的統計數字，以每人能分配到的耕地來計算，個人平均所得 (per capita income) 只會成為世界第 200 位（倒數第三位，這也是 1975 年中國個人年收入的名次）。這就是按孫中山的平均地權政策，全國務農，或按毛澤東的想法，把所有知識分子趕到鄉村務農。以農立國政策的天堂：頂多讓中國成為世界上最低級的貧戶國。所以，要中國經濟變好，只靠平均地權或把知識分子都趕到農村務農不是辦法。（話說回來，孫中山也看到這一點。他把平均地權看成經濟發展時的一個過渡政策。）要使中國富有，最重要的是要使中國工業化。（按：中國現在的工業還沒有全面發展，依據美國中央情報局 2010 年的統計，中國的個人平均所得按 PPP 計算，已經達到 7,519 美元，在世界 183 個有統計數字的國家中排 94 位。PPP〔Purchasing Power Parity〕是一種經濟學觀念，按國情估計個人收入。用的原理是生活必需品－衣、食、住、行－的相應購買力。）

再者，工業發達以後，從土地發展出的農業，在經濟上的重要性隨著農民人口的減少而變成愈來愈少－美國只有不到百分之二的農民，可是天天在叫農業生產過剩。實際上美國的農業已經機械化了，從清理土地、播種、施肥到收成入庫貯藏所花的人工很少。以種稻米為例：從清理土地到整理耕地，稻子下種，直到碾好入庫所用的人力為每英畝七小時以下。因

此現代的土地問題，已經從主要生產工具演變成「無立錐之地」的問題，即有沒有房子住的問題，和以前土地問題的性質完全不同。另一個值得討論的議題是孫中山和毛澤東（及許多人）提到的「剝削」問題：孫中山提過不少次，早期外國公司來中國（及殖民地）收購原料，開工廠，再以高價出售成品，將中國變成次殖民地。製造成品的工人只能得到很少的報酬，因此就斷言，歐美各國（當時稱為列強）剝削中國廉價的勞工。事實上，這種剝削問題在 1920 年的美國也存在過，當時造成工會興起。時至今日，所謂「剝削」只是觀念上的問題，因為把成品製造出來以後，賣到消費者手中，要經過許多過程（如廣告、行銷、運輸等），製造成品的原料及人工費用僅是其中的一環而已。現在許多落後國家都巴不得國外的資本家到他們國家開工廠，「剝削」他們的廉價勞工，因為這是一個解決就業問題的捷徑。以下要把這個問題和經濟學上的一個原則–相對優勢，一起來討論。

## 走向現代化的道路–走一步，算一步

中國的現代化或工業化開始於毛澤東去世之後。這時尼克森已經到過中國，中國和美國的關係開始轉好。鄧小平上台後，到美國回訪尼克森的訪問中國，這一次的拜訪對鄧小平說來，是一個大啟發。20 世紀初期鄧小平曾在法國留學，因此這不是他第一次離開中國（毛澤東從來沒有離開過中國）。當然，已經過了大半個世紀了，1970 年代的歐美諸國和 20 世紀初期大不相同。回去之後，中國有許多關於他訪問的傳說。他到了美國，下機以後，就被邀請到一位部長的家裡用晚餐。那晚掌廚的是部長太太，侍候客人的是這位部長的兒女，部長的鄰居都是平民，門口沒有警衛，部長自己開車上班。對鄧小平來說，這簡直是不可思議的事，因為中國的部長家裡僕人如雲，門口站滿了警衛。報上謠傳說，鄧小平一回到中國，就下令部長門口最多只能站兩位警衛。後來鄧小平到福特汽車廠參觀，發現偌大的工廠中只有幾位工人在做工。謠傳說，鄧小平問，當天是否放假，得到的回答是，全部照常做工，因為製造的過程已經自動化了，只需要少數的工人。回去後，有記者問，什麼時候中國才能趕得上美國，鄧小平半帶諷刺的說，大約要兩百年。諸如此類的故事，不勝枚舉。

就在這時候鄧小平提出「不管是黑貓或白貓，只要能抓老鼠」的理論，亦即放棄了基本教義路線，哪一個政策可以用就採用，不管這政策被人標榜為哪一種「主義」。也在這時候，他提出了「摸石子過河」的理論（在河裡摸到一塊可以站上去的石子，就站上去，再去摸另一塊石子向前再走

一步，即走著看，看著走，不墨守一個成規）。這就是漸進式的改革的基本原則。這原則當然不是鄧小平發明的。實際上所有中國古代英明的君主都按照這兩個原則統治。漸進式的改革無法在短期間（例如數年內）看到成果，卻具有以下的優勢：代價低、風險小、立刻受益，雖然在每一次改革後，益處不大，但是可以持久，累積之下，不可忽視。如古文（荀子《勸學篇第一》）所說：「騏驥（上好的良馬）一躍，不能十步；駑馬（普通馬）十駕，功在不舍。」

這些原則是在 70 年代末期提出的。可是在共產黨的高層部門中，還有不少死硬的基本教義派反對放棄共產主義的教條。70 年代末期，鄧小平開始改革效率極低的中央集權的經濟制度。當然，阻力極大。毛澤東去世後，雖然「四人幫」在形式上瓦解了，但殘餘的勢力還在。當時還用了不少宣傳，試圖說服人們放棄這些教條主義。直到 1985 年，中國還到處看得到「反左」思想的標語，目的是為說服人民放棄這些教條主義。最後還是由時間決定一切－死硬派相繼去世。真正的改革要等到 80 年代末期之後才正式大規模開始。

*

一般說來，要徹底改變一個經濟政策（如將計畫經濟改變成市場經濟）有兩種做法，前蘇聯垮台以後的俄國和東歐國家採取的是衝擊性（大躍進，或大爆炸〔Big Bang〕式）的改革，即把整個經濟制度在短期之間做革命性的改變。從字面及理論上來看，大躍進似乎可以跳過下面要討論到的勞力密集和資源密集這兩個步驟而直接使國家工業化。不過到現在為止，除了幾個資源特別豐富的石油國家之外，還沒有一個國家用大躍進的方式能使國家經濟直線上升。這些暴富的石油國家的工業都集中在生產石油上（用的科技都來自外國），沒有工業國家的基礎工業。白話來說，等於變賣「祖產」過日子。一旦把「祖產」耗盡，就回到以前的窮日子。而且，這些國家的財富大都集中在幾個人的手中，通常都是執政者和執政者有關係的人或財團，因而常造成大規模貪污與極端貧富不均的現象，如中東石油國家委內瑞拉(Venezuela)、尼日利亞(Nigeria) 等等。

工業國家的基礎工業之間都有一種共生 (symbiosis) 的關係，因為一個工業的產品，例如農產品、礦產品、生產機器、技術等，往往是其他工業的原料和工具。在非計畫經濟的工業國家中，這個共生關係由工業和商業的需求來決定。可是歐美國家工業之間的共生關係，是經過幾個世紀（至少也有幾十年）才發展出來的。如果要從零或幾乎零開始，沒有一個

國家有充分的人力、物質及製造能力等資源來同時發展出一個平衡的，由需求所決定的共生關係。因此大躍進政策必然造成畸形的宏觀經濟。唯一的方法就是藉由中央集權的經濟機構，以不合經濟原則的人為方式來分配資源，這種分配往往和現實不符，故造成低效率，無法趕上工業發達國家，前蘇聯就是這麼一個例子。

俄國和東歐這些國家的工業化的程度都比中國的要大，從宏觀經濟觀點（即工業之間的共生關係）來看，卻已經有了很大的不平衡。這種的不平衡也已到達危機的程度，因此衝擊性的改革似乎勢在必行。在開始的時候，這種改革要先把以前硬性規定的資源分配制度破壞，因而會造成和經濟集團之間的磨擦及社會的不穩，使得經濟在發展之前先萎縮（即國內總毛收入先減低），然後才會發展。經濟學將這種現象稱為 J 形曲線，即經濟先下降，然後才上升，如英文字母 J 的形狀。如果這個國家能撐過這段下降的時期，經濟才會成長。可是在這期間，人民的生活很艱苦，就如同本章一開始時歇克女士所描述的俄國的情形。

雖然 60 年代的中國經濟環境連做到前蘇聯的畸形經濟發展都不夠資格，可是在那時候也學前蘇聯。當時中國沒有大工業的基礎結構，因此大躍進的政策明顯的失敗了。然而在 1978 年改革之後，中國的缺點–缺乏輕重工業–反而加速了中國經濟的發展。原因是中國沒有多少以前類似俄國和東歐計畫經濟所遺留下的包袱。也因此，中國的經濟發展也和其他實行計畫經濟的工業國家有所不同。中國採取的是漸進式的，逐漸放棄中央集權的計畫經濟模式，慢慢轉移為市場經濟，而且「摸了石子過河」，即「走著瞧」。在 1978 年正式宣布中國經濟改革之前，農村經濟已經開始改革了，取消人民公社，由農民自己負責自己的生計，及保留一切所獲得的利益。一旦建立了獲利的動機，農業很便快的發展，以前在計畫經濟政策之下很稀罕的農產品，突然在市場中大量出現了，但這僅是第一步。

在這時候，中國沒有資本，大多數的人民都務農，因此改革只好從農業開始。這個改革很快的（幾個月內）就可以看到果效。70 到 80 年代，中國最令人眼紅的富戶就是所謂的「萬元戶」，即存了 1 萬人民幣資產的農戶，按當時的官方外匯匯率計算，約在 3000 美元上下，以黑市（現實）的匯率來算，只有 1000 多美元。聽起來少得可笑。可是當這些農戶把這些錢存到銀行，無形之中就形成了一筆相當可觀的資本。有了起始的資本，向國際貸款就容易多了。這種漸進的經濟政策顯出結果後，中國就繼續朝這個方向發展。

中國經濟改革最初的政策是在增進微觀經濟的自主（即每一生產單位可以自己分配資源生產），及促使微觀經濟的單位可以分享工作獲利成果。在這些制度之下，生產的效率增加，人民獲益。在這一段時期中，既得利益集團可以保存既得的利益，因此可以有效率的分配資源。聽起來好像是為了既得利益集團的好處，如果經濟發展，大多數的人都能獲益，這個對既得利益集團的利益保護是不可避免的現象（其實就是對於佩爾土的80/20 原則的接受），當既得利益集團的利益受到了保護，就不會反對新經濟政策，反而加速了經濟發展。

經濟學上還有一個原則，即如果要發展經濟和國際貿易，必須能充分利用自己的相對優勢 (comparative advantage)。這種相對優勢的基本原則是產品的相對成本。在經濟學上這是一個相當複雜的理論，因為要考慮到許多其他因素，這裡只舉一個簡單的。根據成本的例子來解釋這種優勢的應用：A 國生產某種產品 X，其成本為五個單位（勞工、材料及其他附帶的費用），而生產另一種產品 Y 的成本是十個單位。B 國生產 X 產品的成本是十個單位，可是生產 Y 的成本只有五個單位。從經濟學上來說，最有經濟效益的 B 國政策乃是大量製造產品 Y，賣到 A 國，而從 A 國進口產品 X。這樣 A 和 B 國都獲益，是雙贏政策.

實際上所謂的亞洲四小龍（台灣、韓國、香港和新加坡）採取的經濟政策也就是利用自己的相對優勢。相對優勢的利用和大躍進式的經濟改革的基本區別，在於它們在宏觀經濟上的環境不同。要能充分利用相對優勢的先決條件是，一個能透過市場競爭反映出的需求關係，經濟上對於產品的稀罕程度以及生產的種種經濟上的因素。因此，在宏觀經濟政策上，產品的選擇及價格，及其他相關的因素應當由市場來決定，就是說，要以市場價格的資訊來引導工技的方向和經濟的政策。許多國家，有許多經濟政策的決策者不能很快做決定。如果能做及時的決定，經濟就能很快向前發展。

台灣、韓國、香港和新加坡就是能很快的應用它們的相對優勢，發展穩定的經濟成長的例子。在二次大戰結束之際，這些地區都很窮困，每人的平均年收入都在 100 美元上下。戰後初期，這些地區的經濟都放棄了重工業的發展，以進口再加工為主。（即出賣勞力。這段時期，勞工工資低廉，若以孫中山和毛澤東提到的剝削論來看，就是接受資本富有國家的「剝削」。）不久之後，當工資提升，就轉向發展勞力密集工業，促進出口和擴充對外輸出的經濟，以便充分利用自己的相對優勢。這段期間，西

方歐美國家都已高度開發。由於工資上漲，所有勞力密集工業都被技術和資本密集工業所取代。因此四小龍能充分利用相對優勢-廉價的勞工。這種優勢持續了二、三十年之久。當資本和技術累積到某一程度之後，勞工的工資再度提高以後，這些地區不得不逐漸轉向資本和工技更密集的工業。就這樣一步一步的，這些地區升級到工業發展國家的程度。

這種的發展是漸進式的，沒有明顯的分水嶺或里程碑。轉移的程度可以從農業產品的重要性看出-在經濟上，農業產品的地位愈重要，工業發展程度愈小。當然，人類依賴農產品維生，不能沒有農產品；但農產品在經濟上的相對重要性，可以代表一個國家的工業發展程度。以日本為例，1898 年農業產品的相對重要性比 1986 年大上十倍。1954 年台灣農產品的相對重要性比 1985 年大五倍（在同年分，南韓的農業的相對重要性大9 倍）。1950 年代，台灣每年個人所得約為 144 美元。2010 年時，PPP（生活必需品的相應購買力）已達 35,000 美元（世界貨幣組織〔IMF〕數字）。

如果能充分利用相對優勢，便能在不知不覺之間趕上工業發達國家；亞洲四小龍就是顯著的例子。中國也是正在發展中的例子。在充分利用相對優勢政策之下，經濟的發展反應市場的動態；工業會自動朝任何有希望的路線發展，因此無需執行中央集權的經濟管理。這些經濟管理機構的功能，最多只能用來輔導和校正畸形的經濟發展，不能做出總體的經濟發展政策，要充分利用相對優勢，就不能執行「主義」的教條-如土地的分配、工業股份的分配等。在中國，除了遠離城市的鄉村之外，土地的主要功用已經不是農業，而是工業、商業用地及人民居住的房屋。

## 以相對優勢來克服困難-廉價勞工

現在看一下中國的經濟改革的過程：中國的經濟改革始於 1978 年，中國共產黨在第十三屆中央委員會第三次全體大會中，提出並開始執行漸進改革。第一步就是將以前由各政府機關做經濟決策的方法改掉，讓各種工業都有更多的自主權，而農民要自己負責生產並准許保留大部分的成果。當時改革以漸進和零星的方式進行，沿用了一部分以前中央集權的資源分布方式，因此實施得不順暢，產生許多部分自主的微觀經濟（即不同生產單位）之間的磨擦和誤差。但一旦開始，便無法退卻。在初期階段，是不斷的片斷漸進修改各種制度。許多從局部地區開始，這種局部性的改革，使得改革過的地區和鄰近的未改革地區之間產生了問題。舉例來說：改革

開始的時候，廣東首先將農產品的價格自由化，這立即造成附近省分農產品物價的上漲，可是附近的省分沒有跟進，也把農產品價格自由化，於是引起了廣東和附近省分之間貿易上的磨擦，並且造成發展上的不均衡、不相稱，以及收入上的不平等。加上政府沒有設立協調的機構，故在這段期間，產生了一種週期性惡性循環的問題：經濟衰退，開始自由化，因而產生了新活力；這些新活力很快造成混亂，於是政府退卻，取消一些自由化的政策，引起經濟萎縮，然後又引進自由化的改革。這種惡性循環使得成長率一升一降（見本章附表一，中國年經濟成長）。（當時反對的死硬派以幾句順口溜來譏諷：「一死九放，一放九活，一活九亂，一亂九收，一收九死，一死九放。」）一直到 2004 年，這樣一上一下的成長持續進行著，而且幅度相當可觀。例如，1985 年成長率高達 13.1%，可是到了 1989 年，成長率跌到 4.2%，上下的幅度為 8.9 %。如果這種一放一收的幅度減得不夠快，這種惡性循環就會變成阻擋中國經濟成長的路障。

這種一放一收的循環帶來一些現象。第一，中國傳統的經濟系統都建立在投資和擴充上，改革期間的自由化，引導出能刺激發展的因素，可是在基本建設（如能源及運輸系統）上的發展還跟不上成長，因此這些問題變成經濟成長的瓶頸，造成成長效率不高，基本建設不足，使得工業需求退卻到低成長。接下去實施自由化的政策，刺激成長，又開始另一波的成長，然後又造成另一波的經濟過熱及冷卻。

所幸這種進兩步退一步的惡性循環似乎呈現數學上所稱的收斂性發展，即這種循環的幅度愈來愈小。但當時從外面看來，中國的經濟成長呈現矛盾性：進二步，退一步。

第二，隨著任何成長，通貨膨脹是不可避免的事[73]。可是在中國，通貨膨脹還有另外的一個因素。改革開始的時候，低利率政策造成資本缺乏，國家的限價政策造成了計畫經濟的價格和市場價格的差距，因此，原料和產品的供應都不足。由於過去在資金方面的種種限制，把通貨膨脹壓抑住。可是一旦開始改革，通貨膨脹（成本和價格之間的調整）就明顯的出現，造成經濟上的問題。這一直是 1985 到 1990 年代的問題。第一波的通貨膨脹發生於 1984 和 1985 年間。這段期間，消費者價格指數（consumer price index，或簡稱為 CPI）及政府官員的生活費用指數漲到 108.8 及

---

[73] 一有成長，通貨一定膨脹的原因很簡單。一般人的收入增加了，製造及一切成本也增加，因此物價也增加。只要收入能增加跟得上物價或更高，就是正常的通貨膨脹現象。

111.9（通貨膨脹率各為 8.8 及 11.9%）。由於過去幾年內（改革前）中國的一般價格都被凍結住，因此這種的上漲問題相當嚴重。之後又有好幾波的通貨膨脹，使得城市中的居民大感恐慌。1993、1994 年間，這些價格指數為 113.2 及 116.1 通貨膨脹率各為 11.3 及 16.1%），1994 年，這些指數變成 121.3 及 124.1（通貨膨脹率各為 21.3 及 24.1％）。這些在美國稱為雙數字（即百分比超過 10）的通貨膨脹，相當嚴重。當然，一部分的通貨膨脹可以歸咎於改革之前的硬性穩定物價的後遺症，不過這還是相當嚴重的事。

第三個問題是許多人都知道而且感到頭痛的問題，就是貪污橫行的風氣。這種風氣始於改革初期，政府開始開放，限價還沒有取消，因此計畫經濟下的價格和市價之間有很大的差距，產品和原料都奇缺。許多企業往往把從計畫經濟下低價購得的原料在市場上以高價出售，賺取這兩個價格間的差距。中國人將這種不道德的方法，美其名為「租金」。近年來，這種租金現象愈來愈多，產生了大規模的貪污案。1995 年，這種現象最為猖獗，到現在，雖然政府嚴厲執行反貪污政策，但在中國「殺頭生意有人做，蝕本生意沒人做」的傳統下，貪污行為還是層出不窮。這種貪污行為是中國人民對政府最不滿意的地方。

\*

即使有上述這些問題，數年內，中國能從馬克思主義的計畫經濟轉變到市場經濟，而且相當成功，這的確是一個奇蹟。現在具體來看中國發展的狀況，在這裡，必要的引進一些數據，只有從現實的數字中才能看到發展的因素及過程。

經濟學家把產業分為三類：一級產業 (Primary production)，指農產品；二級產業 (Secondary production)，即工業製造品；三級產業 (Tertiary production)，即國內、外貿易及服務 (service) 業（經濟學上的服務業包括一切服務，如醫生、銀行、保險、股票交換所等等，替顧客服務的行業，不止是餐飲旅社等狹義的服務）。一般說來，三級產業的相對重要性隨工業發展而增加，而一級產業的相對重要性則減少。從 1978 到 2004 年，中國的產業毛額每年增加，國民平均收入從 1978 到 2004 年，上升了將近 28 倍，即使把通貨膨脹的部分校正以後，還上升了 10.3 倍。1978 年一級產業（農業）佔生產總額 28.1%，以後這比例上上下下，可是大多下降。到了 2004 年，一級產業已降到生產總額的 15.2%，工業從 44.4% 增加到 45.9%，其中成長最大的是建築業，幾乎增加了一倍。而三級產業中

的「其他」（包括出口及貿易）從 11.6% 增加到 18.9%。要記得，這些僅是相對的成長，這些項目的絕對成長值，要把這些百分比乘以總生產值的增加倍數。從 1978 到 2004 年，總生產值成長了 37 倍（只按人民幣的數值計，不把通貨膨脹算進去），一級產業（農業）所佔的百分比雖然減少，可是它的絕對值還要比 1978 年的還增加了 20 倍，工業的絕對值增加了 38 倍，建築增加了 68 倍，交通、電訊業增加了 43.2 倍，批發零售、餐飲業的百分比幾乎不變，可是絕對值卻也增加了 37 倍。最大宗增加的是「其他」－包括出口、貿易、銀行，及其他服務業，增加了 60.2 倍。這種增加沒有停過。現在中國的工業製造品已佔全球經濟的很大比例。

如果以每年 9% 的成長率計算，到了 2030 年，中國的累積成長為 6000%，總產值將達 81 兆人民幣。以現在匯率計算，約 10 兆美元，與美國目前的總產值相當（12 兆）。因此有許多經濟學家揚言，2030 年之後中國的總經濟，將趕上美國。

＊

中國之所以能繼續不斷的以高成長率成長，其客觀因素主要在於中國可以一直保有自己的相對優勢－廉價的勞力，故能繼續朝向加工這方面，使得許多國外的廠商（包括四小龍的工廠）都紛紛將他們在自己國家開設的工廠搬到中國來製造。在製造的過程中，不可避免的也把一部分的技術轉移，因而造成本國工技的成長。還有，中國人口多，比歐洲和美國加起來的總人口還要多，因此中國發展的情形和四小龍的情形不同。很快的，四小龍的廉價勞力資源枯竭，用盡後工資不得不增加，自此之後，經濟不得不轉向資本和工技更密集的工業。然而在這些工業方面，比起先進國家還有一段距離，尤其是科技的等級和資本，唯一能成功競爭的方向就是增進科技的水平。但這不是很容易，也不是一兩天就能做到的事。

中國雖然已經有了重工業，甚至高科技的工業，可是大部分的成長，仍舊依賴中國幾乎用之不竭的廉價勞工的相對優勢（中國人口佔世界未開發國家的三分之二）。據中國最近的統計數字，中國還有一億多元化的貧戶－收入遠在全國平均 PPP 值 7,500 美元之下，甚至接近 1978 年的低收入。雖然一方面，中國某些地區已經接近四小龍的高工資階段。當四小龍開始發展二、三十年後，勞工的來源就枯竭，就到了工資昂貴，非要朝向資本和工技工業不可的地步。而中國從 1978 年到現在，已經三十多年了，廉價勞工的「資源」尚未用盡。當沿海各區的生活達到 PPP 值 7,500 美元的水平後，廉價勞力的相對優勢就轉移到內部未開發地區。在中國，很

容易看到極端的對比：發展極高的地區，如上海，生活的水平已經近乎工業國家；而在內陸，尤其西北，還看得到年收入不到 PPP 值 1000 美元，與 1978 年代生活水平類似的貧戶。（當然這是嚴重的社會問題，可是似乎沒有更快的解決方法，也不是這裡所要討論的社會問題。）中國還有一樣和四小龍不同的地方：四小龍的人口不多，一起加起來最多一億多，因此成長只能依賴出口，不能依賴本國的消費者。中國人多，在經濟發展上和美國類似：本國的消費者多，在維持經濟的成長上，具有很大的作用。再者，在工業發達國家的經濟中，服務業佔有很重要的分量。在中國，這些服務業正方興未艾，還有一大段空間可以發展。因此可以冀望中國的成長至少還能持續三十多年。從這些觀點來看，上面說到的經濟學家的預測，說到了 2030 年，中國的經濟將超過美國（現在已超過日本），不是完全沒有道理的。[74]

## 中國快速復興的三個因素：歷史背景，傳統習俗及政治制度

現在要討論中國能在過去三十多年維持高成長的主觀因素。我的意見是，有三個因素：歷史背景，傳統習俗，以及政治制度。

先討論歷史背景。自西元前 600 年，周朝開始衰亡，封建制度瓦解之後，中國的商業興起。即使在戰國時代，爭戰不已，商業活動並沒有停頓，反而增加。原因是，戰爭造成物質的需要，商業自然興旺起來。自戰國時代起的長長的二千多年的歷史中，大約只要有十年的和平時期，中國的經濟立刻回升。這類的例子不勝枚舉。在三百多年的五胡亂華和南北朝時代，殘暴不堪的惡行之下，中國的國力和經濟都降到極低點，人口大減，窮不聊生。可是這段期間，中國只要有片斷的和平時期，經濟就會回復。隋朝成立之後，歷經十來年的昇平時期，就民富國強。唐朝自唐太宗登基之後，接著武則天的英明統治，在 8、9 世紀，中國成為世界第一超級強權。雖然儒家一直歧視商人，但仍舊明白了商業在國家經濟上的重要性。當時只限制商人的享受（如不許在外面穿綢衣），並沒有壓抑商業。這種兩千多年一脈相傳的商業傳統也許是中國獨有的。（秦漢到清末，政府的政令中，多少都帶有一些抑商的色彩，但都沒有嚴格的執行。不過，漢武帝時商人曾受到嚴厲的打擊，多數商賈破產。而重農抑商、重本輕末的理論，歷代常有人提及，形成中國的社會傳統之一。這個政策與理論雖未嚴重壓制商

---

[74] 在這裡沒有考慮到許多未知數，如：中國的環保問題、西北良田沙漠化、人口問題、世界原料開始用竭……等，這些問題都相當嚴重。

活動，卻形成社會上輕商的價值觀念。）在歐洲，自從神權政治的黑暗時期於 6、7 世紀開始之後，商業就萎縮，一直要到十字軍東征失敗，約 12 世紀以後，教權逐漸衰落之際，商業才開始興起。最近一百五十年以來，中國幾乎沒有過超過時十年以上的平靜安寧時期。到了 1970 年代末期之後，當所有的「運動」都銷消聲匿跡之後，中國才得安定下來。於安定三十年後，和以前中國各朝代在大劫後一樣，中國又迅速的富強起來。在沒有濃厚的商業傳統國家，如在農奴制度下，數百到一千年的俄國，就不同了。俄國從農奴社會一下子轉變成共產主義，歷經七十年，一直都沒有建立過濃厚的商業及企業精神。一下突然轉成自由經濟，人民無可適從。除了賣祖產的石油、油氣工業之外，在經濟成長上，不能和中國相比。

在傳統習俗方面，自第 3 三世紀起，一直到 20 世紀，中國歷經外族侵略，甚至有兩次全國都在外族統治之下。在這些侵略中，本土中國人往往被視為二等民族；在這些欺凌之下，中國人卻還能維持中國文化的傳統和發展。一旦政局安定，由於中國人佔多數，即使在外族統治的客觀限制之下，還能維持並發展自己的社會結構，包括階級組織，繼續發展自己的文化及商業。中國人也因此培養出一種彈性–能在屈辱之下發展[75]。（可是中國人的彈性是有限度的。一旦將這種彈性壓到極點，就會反彈，將異族的統治者驅逐，恢復漢族〔這裡漢族指的是廣義的漢族，包括所有被同化的外來民族〕的統治–如明朝推翻蒙古統治者、孫中山領導的國民黨推翻滿清政權，以及抗日戰爭等。）

舉一個能在外族欺凌之下，經濟還能興旺的例子。南宋亡了之後，兵荒馬亂的亂世來臨，到了忽必烈正式建立元朝之後，天下才太平。十數年之後，中國就變成一個富有的昇平世界。雖然元朝定出歧視中國人的苛律，可是政局安定。在這些歧視的苛律之下，中國人仍舊能維持並發展自己的文化，發展經濟、商業。這時義大利的旅行家馬可·孛羅來到中國，他立刻就看出中國文化比歐洲的優越許多。中國的歷史對於中國在盛時的詳細記載不多，可是在馬可·孛羅的著名遊記中，他寫出不少當時中國的盛況。這裡列舉一段他對杭州（南宋的首都）的描述：

> 「在這城中心有一個大湖（按：即西湖），方圓 30 英里（50 公里）。四周造滿了美不勝言的宮殿和你所能想像到最豪華的巨宅，住的是城裡的貴人……在湖中央有兩個小島，每個上面都造了富貴堂皇

---

[75] 從社會學的觀點，這是一種自我保護生存的一種方式。可是這也是中華民族的缺點，形成「阿 Q 精神」，見上一章。

的大庭院，裝飾的華貴程度，就算讓皇帝使用，也不為過。有人要舉行婚禮，或者開宴會，可以租用這些庭院。什麼奢侈的應用品應有盡有……任何人都可以租用。有時有好幾百個宴會同時進行……非常有條有序，宴會不互相干擾……所有的人都是偶像崇拜者。（按：即到寺廟中燒香求福的人，來自歐洲的不拜偶像的基督教社會的馬可·孛羅對此感到不可思議。）因為他們在偉大的可汗統治之下，他們用的貨幣是紙幣。（按：中國是第一個開始大量用紙幣的國家。）男女的衣著非常優美、漂亮。大都穿絲綢的衣服，數量之多，使人驚訝，這些絲綢大都來自鄰近的省分……」（按：在中國，絲綢比布貴，可是還有許多人穿得起；不像當時的歐洲，絲綢要從中國經過絲路運去，昂貴得很，只有最富貴的王族才穿得起，因此馬可·孛羅對此大感驚奇。）

除了這種在異族統治以下還能按「大丈夫能屈能伸」的原則（即不妨暫時忍受屈辱，等到哪一天時機到了，再恢復自己–中國人–的地位）的自我保護生存的能力之外，也許中國最幸運的一點是，雖然中國的文化背景有許多傳統，可是大都基於實用（如科舉制度），或者來自基於惰性的社會壓力（如婦女的纏足）。一旦失去了實用價值，或者被指出這種傳統的錯誤（如以上兩個例子），這些傳統都可以在短期間廢掉。這種對傳統的看法和態度可能開始於第一位統一中國的黃帝的統治–他建立了一個相當鬆散的部落聯盟後，就在實質上，將部落的傳統在文化上的地位減輕了許多，代之以可以更改的儀式。對中國哲學產生最大影響力的《易經》，就強調世界宇宙萬物的變動性（原始循環論），因此所有的傳統都可以隨著時代的變遷而更改。但許多其他世界的文化，對傳統的看法往往不是這樣。到現在，非洲各國和亞洲次大陸（如印度、巴基斯坦），許多基於宗教或可以追溯到石器時代的傳統的地位經常超越一切，甚至超越一切現代化教育及法律。這種對傳統的崇拜，使他們的現代化–定義為增進生活品質–的過程遭遇到許多重大的障礙。中國所有異族侵略者都很少有自己的宗教（蒙古人信喇嘛教，滿州人信薩蠻教，可是他們對宗教採取較寬容的態度），因而更沒有帶來狂熱的宗教意識。中國的漫長歷史中，儒學–基本上來說，是不信神的人本主義–的影響之大，使得所有的君王都不得不採取嚴格的政教分立原則。中國歷史裡，有不少興旺過一陣子或在現在還在興旺中的宗教，也有許多篤信宗教的君主，不僅是佛教、道教，還有祆教，景教 (Nestorianism)–基督教的一支，等等。有些君王的信仰非常深，例如，在北朝時代（第 5–6 世紀）北魏、北齊皇帝及太后，甚至率領百官奉祀祆

教（Zoroastrianism）的火天神，南朝的梁武帝篤信佛教，出家過三次，定下了中國佛教的清規。雖然有些君主（如北魏太武帝曾經毀佛，以道教為國教）設立了國教，強迫人民信教，但都不持久。因此在中國的政治歷史上，宗教始終都坐在後座，因此在文化上也沒有建立過宗教教義所帶來的偏見。

舉一個宗教教義影響到商業的例子。商業上最重要的資金周轉方式是貸款，貸款制度之所以能建立，就是因為有了利息制度。中國自周朝封建制度瓦解，商業貿易開始之後，民間就有非官方的利息制度。宋朝實行的青苗法則是官方定出來協助農民的利息貸款。（利息制度的最大流弊是高利貸，許多朝代明文禁止。）可是在歐洲，一直到莎士比亞時代（16–17世紀），也許因為基督教《聖經》新約中提到過耶穌基督把在聖廟中放款的人趕出[76]，一般基督徒都認為收利息是不道德的行為。朋友之間周轉基於友誼（中國的義氣），不收利息。等到拿破崙發動戰爭，企圖統一歐洲，需要軍費，不得不向猶太首富借錢，才開始承認及採用利息制度，沿用至今並發揚光大。伊斯蘭教創教主穆罕默德在《古蘭經》中明文禁止收利息，至今正統伊斯蘭教國家還禁止放款收利息（他們的銀行有一種複雜的變相利息制度，一個制度建立在分享利潤上）。在中國，這類基於宗教或傳統的限制從來都沒有過，唯一的原則就是能賺錢並合乎情理。在這種以實用性唯是的傳統原則上，中國民族和猶太民族很相似。過去還有人譏諷中國人是東方的猶太人。如果中國在文化上，有嚴格遵從這類基於古代情況而立的教義的傳統，或嚴格執行政治組織按「主義」立下的教條，中國就無法迅速在經濟上向前邁進了。

## 政治因素

對中國經濟改革的成功具最大影響力的是中國目前的穩定度。自1978 年開始，一直沒有改變過經濟政策，因此中國能循著中國歷史傳統，十年太平，一切興旺。這也許是一個最具爭論性的論題，一提到中國現在

---

[76] 見〈馬太福音〉第 21 章 第 12 節。另有一個例子，莎士比亞名劇本《威尼斯商人》寫一位基督徒拔薩尼歐(Bassanio) 為了要擺場面去追求富女菠蒂婭（Portia，以資人財兩得），向另一位基督徒安東尼（Antonio，無息）借錢，可是安東尼一時無法周轉，因而不得不向一位猶太人夏落克 (Shylock) 貸款的事，因為當時只有猶太人才放款收利息。當時猶太人受歧視，不能購買土地等不動產，因此所有的財產都是流動的資金，只好靠放款收利息過活。這也是他們自我保護生存的一種方式。

的政治制度，西方人及許多自命為民主人士者莫不咬牙切齒，指責中國一黨專政的「共產黨」政府獨裁。自 20 世紀初，無政府主義和共產主義的信徒在美國發動一連串暴動以來，「共產黨」（甚至「社會主義」）這幾個字對一般的美國人來說，其可怕的程度有如中國古代的「洪水猛獸」，無論自 1970 年代毛澤東去世後，在中國，「共產黨」三字已經有名無實：幾乎沒有一個政策是按照原始馬克思主義的教條執行的。

西方對始創俄國政治改革的戈巴契夫 (Gorbachev) 具有極高的敬意，因為他瓦解俄國的共產政權，代之以西方的民主式政府。然而從經濟上來說，這樣的改革帶來的是幾十年的大失敗，即使從政治上說來，也並沒有把俄國帶到西方民主人士憧憬的民主天堂。我們無法推測他這麼做的真正原因，可是在他 1987 年的演講中（登在《真理報》(Pravada) 2 月 26 日上），說明他認為唯一能和共產政府執行多年的經濟體系抗衡的改革路線，就是把政治開放給全民，除此一招，別無他計。他不執行中國模式的原因不詳。我們可以臆測，他是蘇聯共產黨中央委員會總書記，也是蘇聯最高蘇維埃主席團主席。蘇聯不是一個國家，而是一個由不同國家組成的聯邦，這些國家多多少少都被迫參加這聯邦。一旦給了這些國家自由決定權，在一場會議中，這些國家選擇了解散。之後，蘇維埃聯邦就不存在了，他就失去了政治權。

二十年後的今日，當時對於蘇聯共產政權瓦解的的欣喜早已不存在了，可是這些「獨立」了的國家仍在民主的道路上徬徨，他們的經濟危機仍然存在。現在回顧起來，可以說戈巴契夫這一招的政治改革很危險。如他在 1991 耶誕節宣布蘇聯瓦解時所說的[77]，「在沒有一個能替代執政的共產黨政府機構出現之前，就把已經存在多年的政治機構瓦解，因此社會的危機變成更嚴重。」最混亂的時期就是歌克女士去俄國觀察的時候，1991 年。即使在今日，這些混亂的餘波仍然存在。

戈巴契夫在俄國十月革命後多年出生，是蘇聯的第七位領導。他當權時，已經是第七代的領導了。共產政權的一切組織思維方法已經根深蒂固，一時無法鏟除。相比之下，開始改革的鄧小平仍舊屬於第一代的革命分子；他的革命元勳地位猶在，他的言語有分量，人民對他還有很高的敬意。再者，中國和前蘇聯不同。蘇聯是一個由許多國家，被迫組成的聯邦；中國是一個完整的國家。以中國實際領導的地位，鄧小平可以保持政治的基本組織，用來發動他的經濟改革。

---

[77] 其實這是瓦解事後的宣言。

　　開始改革時，鄧小平沒有說明怎樣執行改革。顯然他認為自己能取得已有的中央之下的地方政府的合作，來抗衡中央委員會的保守派的意識形態。除了經濟改革，他最大的貢獻，也許是把 1950 年人民政府成立時所擬議籌劃的政治制度付諸實行。

　　一般的看法是，雖然 70 年代中期經濟改革早已開始，最具歷史性的里程碑是 1980 年 8 月 18 日，鄧小平在中共中央政治局擴大會議上做的一個名為「黨和國家領導制度的改革」的演講。與其說這個演講奠定了經濟改革的基礎，不如說這演講最重要的目的是，要開始實施人民政府建立時所提出的制度體系。這篇演講在實質上成為後來中國改革的藍圖。演講中，他提出幾個要點：第一，權力不能過於集中。第二，兼職及副職不能過多。第三，要解決黨政不分，以黨代政的問題。（按：這個原則很像西方的政教分離原則。）第四，從長遠著想，解決接班的問題[78]。換句話說，這四個原則，要把中國的政治體系制度化，以法來治理，以集體決策代替毛澤東的過度集權，即元老政治 (patriarchal rule) 或寡頭政治 (oligarchic rule)。在同一演講中，他還提出要實現三個要求：「（一）經濟上，迅速發展社會生產力，逐步改善人民的物質文化生活。（二）政治上，充分發揚人民民主，保證全體人民真正享有通過各種有效形式管理國家、特別是管理基層地方政權和各項企業事業的權力，享有各項公民權利……（三）為了實現以上兩方面的要求，組織上，迫切需要大量培養、發現、提拔……年輕的、有專業知識的社會主義現代化建設人才。」這三點沒有提到馬列主義的教條，而第一點帶有極明顯和濃厚的資本主義思想。在 8 月 21 日於會見一位義大利記者時，他明顯的闡明「黑貓、白貓」的原則。在回答如何看待資本主義的問題時，他說：「要弄清什麼是資本主義。資本主義比封建主義優越。有些東西並不能說是資本主義的。比如說，技術問題是科學，生產管理是科學，在任何社會，對任何國家都是有用的。我們學習先進的技術、先進的科學、先進的管理來為社會主義服務，而這些東西本身並沒有階級性。」雖然還提到馬克思的階級觀念，可是這些原則在實質上否認了馬、列、史的階級教條（保留下的是社會主義之名，大約是因為馬克思主義屬於社會主義的一種），因為鄧小平將這些（相當於採納了市場經濟或帶有濃厚資本主義色彩路線）原則稱為「有中國特色的社會主義」。

---

[78] 這個接班制度已經執行。領導任期五年，只能連任一次。

一旦共產黨去除了對經濟的掌控，中國人的創業精神立即回歸。許多老資本家仍然健在，用他們的經驗重新創業。下一代的創業者開始出現，不受任何意識形態和教條的拘束，中國邁起大步發展。.

### 附錄 1 阿羅弔詭命題 (Arrow's problem or Paradox)

於 1951 阿羅 (Kenneth Arrow) 在他的博士論文中以數學證明，如果有三個或更多的選擇時，沒有一個可以滿足一套合理的準繩的公平選舉方法，可以用來選出其中一個。以非數學或專門口吻來說，他的理論證明，「沒有一個完全公平的選舉方法」，或「唯一沒有瑕疵的選舉方法就是獨裁」。他因此獲得 1972 年的諾貝爾經濟獎，他的論文發表於《政治經濟期刊》(*The Journal of Political Economy*) 第 58 卷第 4 期，頁 328－346（1950 年 8 月號），並在一書《社會性的選擇及個人的價值》(*Social Choice and Individual Values*) 裡闡明。

# 第六部　和西方文化的矛盾

# 第十三章 中西在宗教習俗及政策的分岐

## 楔子–中國古代對人工流產的看法（《西遊記》）

話說唐僧三藏（俗名陳禕，字玄奘，西元 602 – 682 年）攀鞍上馬，由三位徒弟美猴王孫悟空、豬八戒（悟能）和沙和尚（悟淨）護送，向西行去，不久來到一道小河，四周幽靜，柳蔭中微露出些茅屋。悟空大叫：「有沒有擺渡的？」叫了幾聲，一位婦人撐了一艘船兒咿咿啞啞的過來，說「要過河嗎？」悟空問道：「怎麼妳的老公不在，要妳來撐船？」這位婦人笑而不答。四人一馬上了船，頃刻間過了小河，登上西岸後，唐僧叫沙和尚打開行囊，取出幾文錢給了她，她謝了幾聲，就撐船回去了。這條河水清極了，唐僧口渴，叫沙和尚拿出缽來，舀了一缽水喝，喝了半缽，悟能口渴，就把剩下的半缽水喝了。

繼續上路，走不到一小時，唐僧在馬上呻吟，叫腹痛，八戒隨後道：「我也有些腹痛。」沙僧道：「想是吃冷水了？」說未畢，師父聲喚道：「疼得緊！」八戒也道：「疼得緊！」他兩個疼痛難禁，漸漸肚子大了，用手摸時，似有血團肉塊，不住的骨冗骨冗亂動，三藏正不穩便，忽然見那路旁有一村舍，樹梢頭挑著兩個草把，行者道：「師父，好了，那廂是個賣酒的人家。我們且去化他些熱湯與你吃，就問

圖 52. 唐僧

可有賣藥的，討貼藥，與你治治腹痛。」三藏聞言甚喜，卻打白馬，不一時，到了村舍門口下馬。但只見那門兒外有一個老婆婆，端坐在草墩上績麻，行者上前，打個問訊道：「婆婆，貧僧是東土大唐來的，我師父乃唐朝禦弟. 因為過河吃了河水，覺肚腹疼痛。」那婆婆喜哈哈的道：「你們在哪邊河裡吃水來？」行者道：「是在此東邊清水河吃的。」那婆婆欣欣的笑道：「你都進來，我與你說。」

「我這裡乃是西梁女國。我們這一國儘是女人，更無男子，故此見了你們歡喜。你師父吃的那水不好了，那條河喚做子母河，我那國王城外，還有一座迎陽館驛，驛門外有一個照胎泉。我這裡人，但得年登二十歲以上，方敢去吃那河裡水。吃水之後，便覺腹痛有胎，至三日之後，到那迎陽館照胎水邊照去。若照得有了雙影，便就降生孩

235

兒。你師吃了子母河水，以此成了胎氣，也不日要生孩子，熱湯怎麼治得？」三藏聞言，大驚失色道：「徒弟啊！似此怎了？」轉著問：「婆婆啊，你這裡可有醫家？教我徒弟去買一貼墮胎藥吃了，打下胎來罷。」那婆子道：「就有藥也不濟事。只是我們這正南街上有一座解陽山，山中有一個破兒洞，洞裡有一眼落胎泉。須得那井裡水吃一口，方才解了胎氣。卻如今取不得水了，向年來了一個道人，稱名如意真仙，把那破兒洞改作聚仙庵，護住落胎泉水，不肯善賜與人。但欲求水者，須要花紅表禮，羊酒果盤，志誠奉獻，只拜求得他一碗兒水哩。你們這行腳僧，怎麼得許多錢財買辦？但只可挨命，待時而生產罷了。」

行者聞得此言，滿心歡喜道：「婆婆，你這裡到那解陽山有幾多路程？」婆婆道：「有三十里。」行者道：「好了！好了！師父放心，待老孫取些水來你吃。」只見那婆子端出一個大瓦缽來，遞與行者道：「拿這缽頭兒去，是必多取些來，與我們留著用急。」行者真個接了瓦缽，出草舍，縱雲而去。那婆子才望空禮拜道：「爺爺呀！這和尚會駕雲！」

不時來至門首，見一個老道人，盤坐在綠茵之上，大聖放下瓦缽，走近問訊，那道人欠身還禮道：「哪方來者？至小庵有何勾當？」行者道：「貧僧乃東土大唐欽差西天取經者。因我師父誤飲了子母河之

圖 53. 孫悟空

水，如今腹疼腫脹難禁。問及土人，說是結成胎氣，無方可治。訪得解陽山破兒洞有落胎泉可以消得胎氣，故此特來拜見如意真仙，求些泉水，搭救師父，累煩老道指引指引。」那道人笑道：「此間就是破兒洞，今改為聚仙庵了。我卻不是別人，即是如意真仙老爺的大徒弟。你的花紅酒禮，都在哪裡？」行者道：「我是個過路的掛搭僧，不曾辦得來。」道人笑道：「你好癡呀！老師父護住山泉，並不曾白送與人。你回去辦將禮來，我好通報，不然請回，莫想莫想！」行者道：「人情大似聖旨，你去說我老孫的名字，他必然做個人情，或者連井都送我也。」

那道人聞此言，只得進去通報：「師父，外面有個和尚，口稱是唐三藏大徒弟孫悟空，欲求落胎泉水，救他師父。」那真仙不聽說便

罷，一聽得說個悟空名字，卻就怒從心上起，換上道衣，取一把如意鉤子，跳出庵門，叫道：「孫悟空何在？」行者轉頭，合掌作禮道：「貧僧便是孫悟空. 因我師父誤飲了子母河水，腹疼成胎，特來仙府，拜求一碗落胎泉水，救解師難也。」

那先生怒目道：「前者家兄處有信來報我，稱說唐三藏的大徒弟孫悟空憊懶，將我的姪兒害了，收去做觀音菩薩弟子。我這裡正沒處尋你報仇，你倒來尋我，還要什麼水哩！」行者陪笑道：「如今令姪得了好處，現隨著觀音菩薩，做善財童子。」先生喝道：「這潑猢猻！還弄巧舌！我舍姪還是自在為王好，還是與人為奴好？不得無禮！吃我這一鉤！」二人在聚仙庵好殺。那道人與大聖戰經十數合，敵不得大聖，倒拖著如意鉤，往山上走了。大聖不去趕他，卻來庵內尋水，那個道人早把庵門關了。大聖拿著瓦缽，趕至門前，盡力氣一腳，踢破庵門，卻才尋出吊桶來，正自打水，又被那道人趕到前邊，使如意鉤子把大聖鉤著腳一跌，跌了個嘴唇地。大聖爬起來，使鐵棒就打，大聖一隻手撐持不得，又被他一鉤鉤著腳，扯了個踉蹌，連井索通跌下井去了。大聖心中暗暗想道：「且去叫個幫手來！」

好大聖，撥轉雲頭，徑至村舍，進門後對唐僧備言前事，三藏滴淚道：「徒弟啊，似此怎了？」大聖道：「我來叫沙兄弟與我同去，到那庵邊，等老孫和那廝敵鬥，教沙僧乘便取水來救你。」那婆婆道：「不必遲疑，快求水去。」行者道：「你家可有吊桶？借個使使。」那婆子即往後邊取出一個吊桶，又窩了一條索子，遞與沙僧。沙僧道：「帶兩條索子去，恐一時井深要用。」沙僧接了桶索，即隨大聖出了村舍，一同駕雲而去。那消半個時辰，卻到解陽山界，按下雲頭，徑至庵外。大聖吩咐沙僧道：「你將桶索拿了，且在一邊躲著，等老孫出頭索戰。你待我兩人交戰正濃之時，你乘機進去，取水就走。」沙僧謹依言命。

孫大聖挈了鐵棒，近門高叫：「開門！開門！」那守門的看見，急入裡通報道：「師父，那孫悟空又來了也。」無奈何，挺如意鉤子，走出門來。大聖不說話，著頭便打。那真仙側身躲過，使鉤子急架相還。這一場比前更勝。他兩個在庵門外交手，跳跳舞舞的，鬥到山坡之下，苦苦相持不題。

卻說那沙和尚提著吊桶，闖進門去，只見那道人在井邊擋住道：「你是甚人，敢來取水！」沙僧放下吊桶，取出降妖寶杖，不對話，

著頭便打。那道人躲閃不及，把左臂膊打折，道人倒在地下掙命。沙僧罵道：「我要打殺你這孽畜，怎奈你是個人身！我還憐你，饒你去罷！讓我打水！」那道人叫天叫地的，爬到後面去了。沙僧卻才將吊桶向井中滿滿的打了一吊桶水，走出庵門，駕起雲霧，望著行者喊道：「大哥，我已取了水去也！饒他罷！饒他罷！」大聖聽得，趕上前，喝聲：「休走！」那妖仙措手不及，推了一個躘踵，掙扎不起。大聖奪過如意鉤來，折為兩段，總拿著又一抉，抉作四段，擲之於地道：「潑孽畜！再敢無禮麼？」說完後大聖縱著祥光，趕上沙僧，得了真水，喜喜歡歡，回於本處，按下雲頭，徑來村舍，只見豬八戒腆著肚子，倚在門枋上哼哩。

那婆婆卻也歡喜，幾口兒都出禮拜道：「菩薩呀，卻是難得！難得！」即忙取個花磁盞子，舀了半盞兒，遞與三藏道：「老師父，細細的吃，只消一口，就解了胎氣。」八戒道：「我不用盞子，連吊桶等我喝了罷。」那婆子道：

「老爺爺，唬殺人罷了！若吃了這吊桶水，好道連腸子肚子都化盡了！」嚇得呆子不敢胡為，也只吃了半盞。

那裡有頓飯之時，他兩個腹中絞痛，只聽轂轆轂轆三五陣腸鳴。腸鳴之後，那呆子忍不住，大小便齊流，唐僧也忍不住要往靜處解手。那婆婆即取兩個淨桶來，教他兩個方便。須臾間，各行了幾遍，才覺住了疼痛，漸漸的銷了腫脹，化了那血團肉塊。

老婆婆對唐僧道：「老師父，把這水賜了我罷。」行者道：「既是他兩個都好了，將水送你家罷。」那婆婆謝了行者，將餘剩之水，裝於瓦罐之中，埋在後邊地下，對眾老小道：「這罐水，彀我的棺材本也！」眾老小無不歡喜，整頓齋飯，調開桌凳，唐僧們吃了齋。消消停停，將息了一宿。次日天明，師徒們謝了婆婆家，出離村舍，唐三藏攀鞍上馬。沙和尚挑著行囊孫大聖前邊引路，豬八戒攏了韁繩，繼續向天竺國西行去取經。

這楔子的故事摘自中國明朝名古典小說《西遊記》第 53 章。唐僧是中國歷史上的一個偉大人物。那時佛教已傳入中國多世紀，翻譯的經典很多，可是有不少錯誤，不同的譯本還有相異的部分。他決定去天竺（印度）取得正統的版本，以便知道佛教經典的真義。他違法私自離開長安去印度（天竺）取經，歷經十四年，取回所謂大乘派 (Mahâyâna) 佛教的經典。回來時，轟動長安，唐太宗派高官迎接他。回來後，玄奘謝絕一切世間榮

華利祿；唐太宗勸其還俗出仕，他婉謝但要求組織譯場，翻譯佛經，終生譯經，被封為唐僧。最初，玄奘要求到少林寺譯經，唐太宗安排他到弘福寺，玄奘欣然同意。之後留長安弘福寺譯經，由朝廷供給所需，組成完備的譯場。後來大慈恩寺落成，玄奘才奉敕入住任上座，繼續翻譯佛經。唐高宗永徽三年 (652)，奏請建塔以安置經像，經高示敕許，乃於大慈恩寺西院營建大雁塔（至今還在）。玄奘「親負簣畚，擔運磚石，首尾二週（年）」。他在佛教中的地位，可以和西方第 4–5 世紀的奧古斯丁 (Augustine of Hippo, 354–430) 相比。奧古斯丁建立了基督教的教義，沿用到 13 世紀。唐僧譯的佛經成為佛教中的主要經書。不知道為了什麼原因，吳承恩在《西遊記》中把唐僧寫成一位篤信佛教，立志取經的人，卻把他性格寫成心地軟弱，猶疑不決，屢次遭遇到困難都來自他的軟弱，和及豬八戒的讒言。這部小說的中心人物是孫悟空。他是神猴，本事非凡，充滿了反抗權威性格，大鬧天宮後被佛陀如來制服。之後歸順唐僧，協助他求經，可是一直都受到豬八戒讒言的牽制。這本書影射了無能的明朝，不過這不是這裡討論的範疇。要討論的是《西遊記》中很小的插曲–沒有牽涉到其他天上神仙幫忙的人工流產。唐僧到了全國都是女性的西梁女國，不慎喝了子母河的水而懷孕。（不要問如何懷孕。2005 年美國影界也拍了一位男士懷孕的故事，主演的明星是前加州的州長史瓦辛格〔Arnold Schwarzenegger〕。）在這裡，最重要的文脈乃是如何解決唐僧懷孕的問題。解決的方法是去取用解陽山破兒洞裡的落胎泉魔水，這魔水的功用和現在在美國已批准使用的人工流產胎藥 (RU–486) 很相似。唐僧所信的佛教主張戒慾，不接近女性，可是在取經的大業過程中，不得不借用能導致人工流產，有 RU–486 功用的魔水。小說中說：「三藏問：『婆婆啊，你這裡可有醫家？教我徒弟去買一貼墮胎藥吃了，打下胎來罷。』」這表示在吳承恩的時代，人工流產（打胎）相當普遍，任何醫家藥房都賣。在這部小說中，普通打胎藥沒有用，要落胎泉的魔水才有用。而這泉被道人霸佔了，並定出一套求水的方法：要喝落胎泉水的人還要「具備花紅表禮，羊酒果盤，志誠奉獻，只拜求得一碗落胎泉水。」（涵義就是，只有富人才有錢打胎。）唐僧和豬八戒喝了魔水流產後，孫悟空將沒有用完的魔水送給這位老婆婆–她感激不盡，說：「這罐水，穀我的棺材本也！」即夠她死後的棺材及葬禮費用。也就是說，即使在沒有「男女性愛」的女兒國中，也不免有人工流產這件事，與 RU-486 人工流產同效的魔水，也有市場！

作者吳承恩的生平不詳，大概是沒有及第的儒家文人，以寫小說維生。儒家大都不提到打胎這類的問題。可是如果古代社會和現在一樣，那麼也有許多人工流產的事。（即使在西方宗教意識很強的社會中，人工流產的例子很多－有人聲稱中古歐洲，人工流產率和現在的差不多。）吳承恩代表的也是儒家的思想：對於人工流產，認為沒有不可。目前中國，人工流產是合法的避孕方法之一。（可是其他的避孕方法普及之後，人工流產已經成為最後一計。）

在西方，尤其在美國，人工流產－甚至包括避孕－是具爭議性的。自從1973 年美國最高法院裁定，婦女對人工流產有自主權（即有權「墮胎」）後，有些宗教支派組織就想改變這個裁定。天主教聲稱按（他們制定的）基督教教義，不能避孕，更不許人工流產。新教中分成兩派，一派不反對，一派－極端保守分子－反對，甚至還聲稱有「科學根據」，生命開始於精子進入卵中成為胚胎之際。（這裡對這些所謂的「科學根據」不加以討論，因為在這裡要討論的是中西文化殊異、不能相容的地方。）按照他們所解釋的教義，人工流產犯了基督教《舊約聖經》中「十誡」的第五誡。他們利用教會組織的力量，企圖以立法及改變最高法院的裁定來禁止人工流產。極端保守分子的勢力很大，甚至不許美國對（最需要人口控制的）第三世界的援助中，包括避孕或人工流產費用。

這些保守分子對中國的一戶一胎的人口政策恨之入骨，認為違反了他們定出的基督教教義。中國認為，除了接受所有的避孕方法，包括人工流產，無法從根本上解決中國的人口問題。在這一點上面，宗教意識非常強的美國和中國明顯的呈現對立，而且是無法妥協的對立。

這僅是中西文化殊異，且不能妥協的問題中的冰山一角而已，在許多方面，尤其對宗教意識，無法妥協的地方多得是。

## 中國的傳統及倫理，佛教的中國化

回顧過去數千年，世界四大古文化（埃及、古巴比倫、中國、印度），唯有中華文化從未被外來文化或侵略中斷過，中國歷史上從未出現過全國性的政教合一政權。中國宗教傳統以社稷為上，以愛國為榮。中國受外族侵略不知若干次，可是中國以不依賴宗教，而是以非宗教的文化，將入侵的多元民族融成一體。中國接受任何尊重中國文化和主權的宗教。中國宗教尚崇自然，以「和合」為貴，以倫理為重。中國以血緣關係為紐帶形成的政治制度和社會體制－宗法制，源遠流長。中國人對萬物和人生本源的

基本看法是基於《禮記》：「萬物本乎天，人本乎祖。」基本信念是敬天法祖，以民為貴，國家主權為重，因此也敬崇為國為民犧牲的英雄[79]，報本答願的方式是祭天祭祖。由此演變出一套以家族為本的統治制度和倫理秩序，建立了所謂「封建」[80]社會的政治、社會制度及含有一種鬆散的「神權」。（皇帝的另一稱呼是天子，代表他統轄的人民和宇宙的主宰，抽象「天」之間的聯繫。）也可以把這種「神權」認為是一種宗教，可是這個「宗教」沒有任何經典，更沒有專拜一個神的約束。因為中國的傳統，將「天」的地位放在所有的神祇之上，在不違反倫理和敬天的前提之下，對所有的宗教都能容忍和接受。中國古代政治和社會制度都建立在以家族為本的法則上。這些傳統的歷史很長，幾乎可以推溯到夏朝之前。

在倫理方面，中國文化包括維繫社會關係的禮儀習俗。美國哈佛大學著名漢學家費正清 (John King Fairbank, 1907–1991) 認為這種「制度和文化的持續性，曾經產生了體現為氣勢澎湃和堅守既定方針的慣性。」20世紀初，德國名社會學家馬克斯·韋伯 (Max Weber, 1864–1920) 把中國形容為「家族結構式的國家」，把儒學稱為「清醒的宗教」，把中華民族稱為「未醉的民族」，認為中國宗教「就其意義而言，面向今世」。一位 20世紀初名中國學者梁漱溟則認為中國「以宗法組織社會，以倫理代替宗教」。在這種強大的傳統之下，中國文化以儒學為支柱，中國宗教「儒釋道」互相浸染，連儒學都烙上了「敬天法祖重社稷」的傳統，強調維繫現存世界，並理性的適應現存世界。具有「封建宗法性」特徵的文化，對外來文化並不加以排斥，但必須改變它們，使其能融於中國文化之內。外來宗教要想在中國立足，必須尊重和適應這種特徵。本書第五章提到佛教進入中國時，佛教的傳教士把印度的「宗教高於一切」的傳統帶來。在印度，國王看見「沙門」(śramaṇa) 即僧侶時要禮拜。東晉佛教高僧釋慧遠大師甚至寫了一篇文章〈沙門不敬王者論〉，認為沙門（對佛教僧侶的稱呼）的地位高於皇帝，因此可以不拜皇帝。涵義即教權大於王權。慧遠在文中寫道：「佛教之所以重資生，助王化於治道者也。」他認為佛教並無意向王權挑戰，但沙門也無需向王者敬拜。不久就發現行不通，而且後來這個理論牽涉到政治上的鬥爭。南朝名僧道安持反對論，說：「不依國主，則

---

[79] 許多為國犧牲的男女英雄都被尊為神，在佛教的廟中奉祀。對這些男女英雄的敬拜並不完全是宗教行為，而大都是尊崇他們護國護民的事蹟。

[80] 這裡所謂的封建指的不是封土制度（如周朝的公、侯、伯、子、男等爵位及歐洲中古時代的封土貴族制度），而是在思想方面以家族為中心的制度。

法事不成。」（按：慧遠為道安弟子，385 年道安死後，慧遠才成為佛教界領袖。）

「宗法性」使宗教具有入世性、世俗性和倫理性，有其文化的意義。但「封建宗法性」卻使宗教淪為封建制度的衛道士，卻並非都結「善果」。在西藏，藏傳佛教與封建農奴制結合形成的政教合一制度，殘酷野蠻。在西北，「萬物非主，惟有真主」的伊斯蘭教，與地主制度結合形成的「門宦」制度，卻產生了若干對教民有生殺大權的「教主」。歷史上，宗教的傳播，使有些統治者要把中國帶入這類的政教合一的歧途，卻都沒有成功過。而且經過四次「滅佛」之後，佛教就安分守己的成為一個真正的宗教，不涉入世間的是非。這四次的滅佛，多與經濟因素及佛、道教競爭有關，與政治的關聯少。（只有一次，唐武宗提起意識的問題。在滅佛的詔文中寫：「我朝太宗以武定亂，以文理華夏，執此二柄，足以興邦，豈可以區區西方之教與我抗衡哉？」）中國的為政者，往往站在王權至上的優越意識一面，認為任何宗教，一入中國，就得「安分守己」、「不涉入世間的是非」，唯一可涉人間是非的只有王權。目前中國共產黨建立的人民政府也站在同一立場。這種立場，不同於許多世界上其他宗教意識強的國家，因此產生許多磨擦。然而政治是現實的－誰當權，誰就有理，中西一樣[81]。

## 基督教在中國：歡迎，禮儀之爭，侵略的工具

回顧百年，中國一度淪為半封建半殖民地社會。「半封建」使中國宗教的「封建宗法性」特徵凸顯，「半殖民地」則使中國宗教飽受「洋教」的欺凌。基督教長期影響和塑造了西方社會和文化，在中國，卻無法融入中國文化。康熙時期，因羅馬教廷不允許中國教徒「尊孔祭祖」而引爆「禮儀之爭」，導致「百年禁教」。現代中國學者潘光旦問：「同為外來

---

[81] 中國的歷史現象是，任何民族，加入中國之後，自己的語言文化都被併入中國文化，包括語言、宗教、種族、風俗……等等。這種中國化的政策屢受到各朝代的支持，主要原因大約是穩固政權，避免由於語言和文化不同而造成的民族反叛、動亂。宋朝之後，甚至在科舉考試中為新加入的民族提供保障名額，鼓勵這些少數民族為了當官而學中文，放棄自己的文字。這種做法，其實開始於鮮卑族人拓拔宏，他登基為北魏孝文帝之後，正式廢除胡語（見本書第十章）。這樣的做法，使得加入中國的外族人（包括中國原居民）都要忘我，只有中華。在這種忘我的意識之下，只追求生存，不追求公義、真、美……中國歷經外族侵略，雖然這種求生存之道維持了中國的傳統，卻也是一刀兩刃，形成後來被魯迅批評的阿 Q 精神。

宗教，何以基督教不生根而佛教生根了呢？……因得土地之宜，其滋生發育也就比較的自然……這一定指基督教自身是一股禍水。不過說，一個種子–也許是好種子–種在水土不合的土壤裡，就結出惡果了。」

中國在淪為半封建半殖民地的屈辱中走進了 20 世紀。一直到 20 世紀的 50 年代，中國面臨天崩地解的大變局，中國傳統宗教在國難當頭和中西文化衝突的夾縫中掙扎。當中國受到屈辱之際，基督教 (Protestantism) 和天主教 (Catholicism) 卻大規模傳入中國。（直到 1950 年，基督信徒的數目還是非常少，全國不到 100 萬人。現在西方傳教機構退出中國，基督徒的數目反而增加許多，但仍舊只佔人口的百分之一、二。下面將會討論。）這兩個本來是傳播福音的宗教，卻不幸成為侵略者的工具。前北大校長，前台灣農村復興委員會主任委員蔣夢麟做了一個很好的評語：「如來佛是騎著白象來到中國的，耶穌基督卻是坐在砲彈上飛過來的。」

當然這些都已經成為過去。20 世紀初，中國和西方文化衝突的性質也轉變了，然而在宗教和文化方面的對峙仍然存在，要知道這些對峙的實際情況以及未來的展望，必須先了解一些歷史因素。

## 中國對宗教的監視及歷代宗教引起的動亂

雖然中國沒有過政教合一的政權的統治，可是籠統的宗教概念–尤其是抽象「天」的概念–在中國的政治上有相當的作用。三千年前，當周武王推翻商紂政權的時候，就提出了「天」示意給他革命的訓令。在宣布革命的文件〈康誥〉裡，他明顯的說「惟命不于常（天不只幫助一家）」，許多史學家認為這句話建立了可以推翻朝代的原則。不過在同一文件中，武王也提出，要把朝代推翻，必須有帶著深刻宗教意味的「天命」。其實在中國文化中，「天命」是一個很籠統的概念，不牽涉到任何宗教的神祇，只提到一個抽象「天」的命令。從理論上來說，任何人都可以提出天命，因此有了「天下惟有德者居之」的說法（有才能品德的人才能做皇帝，統一天下）。儒家不信神，可是仍舊接受了這一帶有宗教意味的「天命」觀念。例如，在寫創立朝代的皇帝的傳裡，幾乎都會牽涉到一些神話，也許有其他原因將這些神話放在正史中；基本上要傳達的意義是：這位皇帝受天之命，推翻舊朝代，建立新朝代。當朝代一旦建立以後，這些類似宗教神話的傳說在政治上起不了作用了。（漢代流行的讖緯符命之說帶有迷信的宗教意味，不限於開國皇帝，但都沒有編入正史裡。隋朝將這些讖緯之書大都消滅了，因此許多讖緯的歷史都無法去考證。）各朝代對宗教的態

度和儒家的幾乎一樣－不能沒有宗教（唐代有些君主崇奉道教，科舉考試甚至還考《道德經》），甚至利用宗教來治國[82]，但大都認為不能以宗教的教義來治國。

中國對宗教的政策一向是，如果一個宗教變成勢力強大，威脅到國家的政權，就加以壓抑，卻不是完全消滅。這種壓抑，不是基於宗教的教義，而是基於現實問題。567-955 年之間，有過四次「滅佛」，可是並沒有完全滅掉，只是把佛教在經濟上的影響力減低。滅佛的過程中，幾乎沒有人送命，只是把太過分的廟產充公，分給平民。真正虔誠的男女僧人都可以繼續留下在廟中，繼續他們的信仰。

中國歷代不能容忍國家性或大規模的宗教組織，還有一個更重要的原因。按照韓非政治理論定出的中國君主政治體系，大權集中於皇帝一人：他制定法律，人人要遵守，而皇帝可以不遵守。這種政治體系雖然達到了中央集權，皇帝主導政治的目的，但這種政治一向都不穩定。主要的原因是，想造反當皇帝的人很多，再加上中國文化的「惟命不于常」的傳統，沒有倫理或傳統來禁止造反當皇帝。因此，一有機會就有人造反。即使在最英明的君主治內，也不免有造反事件。古代交通不便，中國領土又大而廣，在中央集權政治體系之中，需遣派親信的人去統治各郡縣。這還不夠，為防止造反，皇帝不得不設立許多互相牽制的機能，但這些機能，只能牽制官員。對廣大民眾，除了嚴刑之外，能使民眾不造反的方法就是使民眾對政權滿意。但是這往往不是皇帝所能控制的。一遇到天災人禍或外患及其他原因，反叛的種子就出現了。其實，即使民眾對政權不滿意，還不容易造反。想要造反，必須要有組織，最簡單的組織人民的方法就是利用宗教。宗教都牽涉到對於超自然的信仰（即怪、力、亂、神）。一旦變成信徒，就深信不疑，連生命都可以犧牲，因此歷代政府都對宗教活動嚴加管制。即使如此，中國仍舊發生過不少打著宗教旗幟革命的叛亂（或起義，端看個人的觀點）[83]。令人奇怪的是，這些打著宗教旗幟的革命，最後都

---

[82] 孔子在解釋《周易·觀卦》的〈彖辭〉中有這麼一段：「聖人以神道設教而天下服矣。」（聖人利用天的神道教導百姓，天下人都會服從統治了。）見第五章。

[83] 幾乎在人民政府剛成立時所寫的文獻中一提到歷史上的叛亂，就美其名並推崇為「農民革命」，聽起來神聖非凡。原因是，創建人民政府的中國共產黨也始於農民革命。直到 20 世紀末，絕大多數的中國人民都務農；在社會經濟最底層的都是農民，要造反的當然是農民，一點也沒有什麼神聖可言。最近中國的一般經濟情形轉好，但許多農民－尤其在西北－的生活並沒有轉好，故出現不少暴動。如果將所有

不成功，本書第五章中已經將各朝代對於宗教的政策大致說明，這裡則要稍加討論中國歷代的宗教叛亂。

## 黃巾黨及四川的道教

第一個打著宗教旗幟的革命，是與東漢政權摧毀有關的黃巾黨（太平道）。可是這場革命發生於第 3 世紀，時間久遠，歷史只記載黃巾黨以「蒼天已死，黃天當立」的讖語來造反，可是對怎樣以宗教來統治的敘述不多，詳情不得知，只知道勢力很強。張角把信徒組織起來，以「方」為單位，分作 36 方，大方一萬多人，小方六、七千人，各方設渠師（教的組織的地方領導），勢力遍及八州，當時統治者也承認黃巾黨的勢力：「天下褆負歸之」、「萬民樂附」。黃巾黨被撲滅後，掌軍事大權的曹操所採取的政策是，一方面用武力鎮壓，另一方面用利祿引誘。在太平教消滅之後，他進軍到四川，征服各太平教相平行的，政教合一的道教政權。教主暨政治領袖張魯識時務，立刻和平投降。曹操在政府中設了宗教領導的官職，讓張魯做官，將宗教組織變成政府的一部分。（雖然官階好聽，卻沒有實權。）原因大約是可以對宗教活動加以監督。曹操之後的各朝代，一直到清朝，都設有宗教性質的官階。各朝代對於宗教的態度大致都一樣，如果宗教勢力太大，則壓制（如 567–955 年之間的「三武一周」滅佛），否則就不加干涉。自宋朝起，仍舊有因宗教所啟發的叛亂，對政府產生最大威脅的是受佛教啟發的「白蓮教」以及在清朝受到基督教啟發的「拜上帝教」，即洪秀全用來創太平天國叛亂的宗教。

## 白蓮教

白蓮教對於明清兩朝的宗教政策的影響最大。它的興起，使明清兩朝對於宗教組織嚴加壓抑。白蓮教是由明教、彌勒教、白蓮社混合而成。明教原稱摩尼教，唐朝自波斯（伊朗）傳入，其教義揉合佛教、祆教、基督

---

的大小農民暴動都算進去，每年的暴動有數千到上萬起。然而，現在的中國政府對於這些農民的造反（現在美稱為鬧事）卻諱莫如深，經常只有局部性的報導，及在西方的報章上才能看到這些新聞。中國政府最近已經開始考慮管制這些新聞，下令必須得到當地政府許可才可以發表這類當地災禍的新聞，所謂災禍，包括天災、人禍如疾病，以及民眾「鬧事」的新聞。可是通常民眾「鬧事」的原因是因當地政府的不當行為，包括貪污、侵佔民地。從另一方面來說，政府也積極改革，想讓人民滿意。

教。彌勒教源於中國佛教的淨土宗，（淨土〔Sukhâvati〕是佛家語，指莊嚴潔淨，沒有世間濁穢的極樂世界）。彌勒佛在中國佛教的地位，相當於猶太教、基督教中的彌賽亞。相傳釋迦牟尼死後，人類漸落入悲慘、愚昧的境地，之後彌勒佛將降臨人間，拯救人類，公正廉明的統治者得以再度回到王座，統治百姓。北宋時代淨土念佛結社流行，稱為白蓮社或蓮社，崇奉阿彌陀佛（Amitabha，梵文為 Amida），原來的教義淺顯（不殺生，不偷盜，不邪淫，不妄語，不飲酒，以期往生西方淨土），修行簡便，因此傳播甚廣。南宋紹興年間 (1132–1162) 僧人茅子元創建新教門，稱為白蓮社，對僧俗婦孺兼容並收。由於男女一起集會，受到儒者以及正統佛教徒的反對，曾被官方認為是「事魔邪黨」而遭禁止。因官方嚴禁，祕密結社及教匪化之後，彌勒教與白蓮社混流。傳播者眾，甚至傳播到蒙古人統治的地區。元朝統一中國後，白蓮教一度曾經受朝廷承認，總部在江西廬山的東林寺和淀山湖的白蓮堂。可是後來支派甚多，紀律鬆馳，甚至變成地方性的騷擾組織，後來被元朝政府禁止。在元末有些支派起義反元，包括紅巾起義。

明朝成立後，嚴禁白蓮教。這時支派林立，不下一百派，信奉的神祇也很混亂，主要的信徒是下層民眾。這些教徒曾經發起過不少次武裝叛亂，有的還自立為皇帝，都被明朝消滅。清朝成立後，開始時，有不少支派打著扶明滅清的旗幟，勢力增加，也發動過多次叛亂。白蓮教沒有一個正式的中心組織，各支派的教義不同，組織很混亂。對政府而言，白蓮教等於是身上到處都有的瘡症，醫不勝醫，有的只是痛癢，有的潰爛到要動手術（以武力鎮壓）。因為傳播太廣，無法完全禁止。清朝時的白蓮教也是大問題，有過武裝叛變。1850 年後，白蓮教往往被清朝政府利用，後來逐漸衰微。1949 年，只剩些殘餘的組織。

## 拜上帝教（太平天國）

近代中國最大的打著宗教旗幟的叛變莫如太平天國。創教人洪秀全 (1814–1864) 是廣東花縣官祿埗村人，幼年入私塾讀書。1829 年，他第一次赴廣州參加科舉考試，沒有考取。1836 年，第二次到廣州應考時，在街頭聽到中國第一位新教牧師梁發講道，得到一本傳教小冊子《勸世良言》。 1843 年，第四次落第後，才仔細鑽研《勸世良言》，相信基督教的教義，於春天創立了「拜上帝教」，聲稱夢見升入天堂，和上帝天父和天兄耶穌見面，上帝並賜給他一口「斬魔寶劍」。洪秀全基於「獨一真神上帝」，不得拜一切偶像的宗教信仰，同馮雲山和洪仁玕撤去本村塾中的

孔子牌位。1844 年，洪秀全和馮雲山到廣西貴縣賜穀村宣傳教義，同年 10 月，洪秀全回花縣著手創制宣傳教義的文書，1846 年，先後寫成《百正歌》、《原道救世歌》、《原道醒世訓》等。他糅合基督教義和儒家的思想，勸導世人拜上帝、學正人、捐妄念、懲富濟貧，實現公平正直的社會理想。1847 年 7 月，他回廣西紫荊山和馮雲山設立拜上帝會，10 月，他和馮雲山到象州甘王廟，宣布地主崇奉的甘王欺騙世人的十大罪狀，憤舉竹杖擊毀神像，這一行動，震動了整個紫荊山地區，從此，洪秀全威名大振，加入拜上帝教的人越來越多。這期間，洪秀全和馮雲山等開始祕密商討發動起義。1848 年，洪秀全寫成《原道覺世訓》等，表達推翻清朝的決心，1850 年 7 月洪秀全發布總動員令，號召各地會眾於 11 月 4 日到金田村「團營」，1851 年 1 月 11 日，拜上帝教在金田村起義。1851 年 8 月佔領永安，正式建號太平天國。3 月 23 日，洪秀全在武宣縣東鄉稱天王。12 月，他在廣東的永安州發布封王詔令，增訂官制。第二年春，他頒布《太平條規》，作為太平軍的軍律。

1853 年 3 月，洪秀全攻入南京城，改南京為天京，作為太平天國的都城。定都天京以後，在他和楊秀清的領導下，太平軍進行北伐、西征、東征。在天京，諸王大興土木，建築王宮。此後，封建意識與日俱增，階級觀念、享樂思想尤其突出。洪秀全在天王府深居簡出，脫離將士群眾。在太平天國革命政權向新的封建王朝政權蛻變的過程中，洪秀全起了特別惡劣的帶頭作用。思想作風上的質變，使其愈往後，愈像封建帝王，生活荒淫，將大量婦女據為個人的性工具。洪秀全還未公開造反時，就有妻妾多人，到了佔領小小的永安州後，已有 36 人。進入南京後，每做生日，他的大臣蒙得恩就要為他獻上美女 6 人。每年春暖花開之際，蒙得恩還在天京 13 道城門口為洪秀全選美女，甚至乾脆明文規定，「所有少婦美女俱備天王選用」。宮中各殿廣設大床，供他隨時做愛用。

洪秀全敵視中華傳統文化，除了極少數他所需要的，其餘不分良莠一概加以掃蕩，寺廟、書院、古蹟、文物，或者燒掉毀掉，或者改作兵營、倉庫、屠場。其對中華文化毀損之程度遠超過十年的文化大革命，可以和前十幾年阿富汗的塔立班 (Taliban) 政權的惡行相比，有過之而無不及。

他採取的治國政策是政教合一，全民必須信奉他的拜上帝教。其教義除了奉信基督教的上帝之外，其他矛盾之處甚多。他對不信教的人施加酷刑和屠殺。他的軍隊紀律之惡劣，是不可否認的事。拜上帝教的教規嚴苛異常，儀式繁瑣，拜上帝者必須向上帝悔罪，十天條（類似基督教的十誡）

必須熟記，犯者死罪。平時朝晚祈禱，每飯感謝上帝。每屆星期第七日禮拜，先一日鳴鑼高呼「明日禮拜，各宜虔敬，不得怠慢」。不到者，初次枷號七星期，杖責一千，兩次不到，斬首示眾。禮拜時頌上帝恩德，唱讚美詩、信條，一如基督教。這樣的狂熱信教，招來不少信徒，不惜犧牲一切。可是這樣的狂熱，也激起衛護中國傳統禮教者的反抗，招來不少勁敵。起初西方正統基督教國家採取觀望態度，當看到這樣的宗教狂的表現，紛紛加入討伐太平天國的清政府陣營。

1856 年，太平天國領導集團內部發生鬥爭，洪秀全開始重用親信，封長兄和二兄為王。後來，形勢日趨惡化，洪秀全對宗教迷信的沉溺，有增無減，強調諸事均有天父作主，不必擔心。軍事方面卻節節失利，連他的高級將領的信心也開始動搖，許多人不再盲從。1864 年 3 月，南京被包圍後，城內斷糧，洪秀全帶頭吃「甘露」（各種雜草）充飢。殘酷的內部鬥爭和飢餓，使太平天國領袖洪秀全臥病不起，病危時聲稱「朕即上天堂，向天父天兄領到天兵，保衛天京」。二日後，1864 年 6 月 1 日，服毒自盡，到死時還沉溺於他編出使自己神化的宗教謊言。數日後南京被清軍攻破，太平天國就此成為歷史陳跡。

洪秀全和白蓮教不同的地方是，他有一套教義，有統一的中心組織，因而能在開始時成功。可是他對自己編出的謊語深信不疑，本人卻言行不一致，類似雙重人格精神病患者 (schizophrenic)。雖然憑教義能騙人一時，而他聲稱受上帝之命的諾言始終無法實現；他執迷不悟，不在治國方面下真功夫，妄信宗教神話，讓自己走上失敗之路。

自 1851 年 1 月 11 日金田起義到 1864 年天京陷落前夕，太平天國歷時十四年，勢力發展到十八省，先後攻佔六百多座城市。在太平天國之後，又有與之互通聲氣的捻亂，直到 1868 年才平定。期間，1861 年間又有山東白蓮教的叛亂，最後雖然清政府消滅了太平天國及其餘黨，一如唐朝歷經黃巢之亂後，國力大衰，行政無力。四十三年後，孫中山領導的革命就把清朝推翻了。

# 一貫教

自從民國成立後，因為時局不穩，沒有太多的這類土生的宗教，最具影響力的也許是一貫道。一貫教在清朝時就有了。光緒八年，教主王覺一攜子王繼太準備在各處暴動奪取政權，卻被發現，王繼太被處死，王覺一逃走。另一位教徒張光璧在民國動亂期間，乘機將一貫教合法化。抗日期

間，協助敵偽政府及支持日本對中國的侵略，張光璧甚至加入汪精衛偽政府，戰後被蔣介石嚴令禁止。到前二、三十年台灣才解禁，目前只從事宗教活動。2000 年，台灣的一貫教道場達 3124 個，僅次於道教、佛教與基督教，居台灣各宗教的第四位。教職人員 2281 人，信眾 84.5 萬人。另設有 34 所學校，29 所醫療機構，30 個出版社。在中國大陸則不准設立。

\*

由於許多中國歷史上的大規模叛亂始於宗教組織，因此各朝代都嚴禁宗教組織。自從 1950 年中國人民政府獲得政權後，對宗教組織所採取的政策類似曹操，將宗教放在政府部門中，由政府監督宗教活動。在 1950–1980 年的內部動亂期間，宗教活動和其他文化活動一樣，受到極大的限制，80 年代後才開放。開放後的政策是：對單純宗教活動不加禁止，甚至還認為是中國文化的一部分（如本書第四章中提到的農曆 3 月 3 日的盤古節），可是不許民間宗教組織的成立，尤其是傳教的活動。大約基於 19、20 世紀初來自一小部分國外（歐美）傳教者的惡劣行為，對國外傳教人士的活動更是嚴加禁止。（當然，在這期間，外國傳教士對當時中國教育文化有許多的貢獻，見本書第五章。）中國歷代對宗教本身大抵採寬容的態度。中國共產黨基本上是無神論者。

## 中國歷代及現在嚴格政教分離政策

由於中國歷史上許多大規模的叛亂都始於宗教組織，以致各朝代都嚴禁宗教組織，卻並未禁止宗教信仰。（相比之下，下文要提及歐洲對信仰的極端壓抑。）自從 1950 年中國人民政府獲得政權後，對宗教組織所採取的政策，類似曹操，把宗教放在政府部門中，由政府來監督。在 1950–1980 年的內部動亂期間，宗教活動和其他文化活動一樣，受到極大的限制，到 80 年代後才開放。開放後的政策是：對純宗教活動不加禁止，甚至還認為是中國文化的一部分（如在本書第四章中提到的農曆三月三日的盤古節），可是不許民間宗教組織的成立，尤其是傳教的活動。大約基於 19、20 世紀初來自一小部分國外（歐美）傳教者的惡劣行為[84]，對國外傳教人士的活動更是嚴加禁止。（當然，在這段期間，外國傳教士對當時中

---

[84] 犯罪學者認為，只要有百分之一的人從事犯罪，就會造成社會治安不寧。不知道 19 世紀橫行的傳教士所佔的百分比有多少，可是只要有少數的橫行，就會把所有傳教者的善意一筆勾銷。

國教育文化有許多貢獻，見本書第五章。）中國歷代對宗教本身大抵採寬容的態度。中國共產黨基本上是無神論者。

一般人認為自一開始，共產黨，尤其是毛澤東，在立場上完全反對宗教，其實不盡然如此。延安時代（1930 到 1940 年代）有一日，毛澤東路過寺廟，想要進去看看，一位同行者說：「那是迷信，有什麼好看的？」毛澤東回答：「不對，宗教也是文化。」即使在毛澤東權力最囂張的時代，他對宗教也不反對，反對的是政教合一及宗教的特權。1959 年 4 月，毛澤東在最高國務會議第十六次會議上的講話，再次談到了西藏的改革問題。他說：「你們的佛教，就是喇嘛教，我是不信的，我贊成你們信。但是，有些規矩可不可以稍微改一下子？你們一百二十萬人裡頭，有八萬喇嘛，這八萬喇嘛是不生產的，一不生產物質，二不生產人口。……這是不是可以改一改呢？同時，喇嘛從事生產，搞農業，搞工業，這樣可以維持長久。你們不是要天長地久、永遠信佛教嗎？我是不贊成永遠信佛教，但是你們要信，那有什麼辦法？我們是毫無辦法的，信不信宗教，只能各人自己決定。……」這次談話後不久，人民政府就進軍西藏，把叛軍消滅了。

不幸的是，文化大革命期間對宗教作了不合理的壓抑。可是，自改革之後，中國人民政府現在執行的宗教政策和中國自漢朝以來的一樣，即不干涉個人信仰的自由（可以拜任何神祇），就是不許私自成立教會（即宗教組織），也只承認某些「正統」的宗教[85]。在政策上把宗教看成文化的一部分，同時也不允許以宗教教義來治國；尤其在政治上，絕對不能讓宗教坐在前座駕馭。宗教有其文化地位，可是不能干涉國家的政策，包括保健、人口政策、教育，尤其是科學教育等等。

一般之所以對中國嚴厲批評，是對於中國壓抑宗教的錯誤解。這些誤解多來自美國，大都基於主觀的習俗。美國是非常主觀宗教意識的國家，比其他西方國家要強，特別對於基督教的主觀意識。美國的宗教組織非常大而廣，大都基於基督教的教義。這些宗教組織在政治及社會上有極大的影響力。從歷史觀點來看，基督教最不能容忍其他宗教[86]。如前所說，中國數千年來的傳統是政教嚴格的分離，而且宗教要放在政權（王權）之下，宗教教義不得列在國家政策中，所有宗教要在「天」之下共存。現在中國

---

[85] 俄羅斯對宗教也有類似中國的限制，只許若干基督教的教會在境內傳教。

[86] 歷史上的例子不勝枚舉，選幾個如下。十字軍東征、西班牙宗教裁判所、在巴塞洛繆日大規模屠殺新教胡格諾派 Huguenots 教友（1572 年 8 月，巴黎）。最近有些宗派比較能容忍，可是很多把其他宗教大致用「魔鬼」這貶語來描述。

人民政府的宗教政策和歷代的差不多：允許宗教的存在，有信仰的自由（和俄羅斯一樣，只限於中國政府承認的宗教）。由於歷史原因，不能有不受政府監視的民間宗教組織，因為在西方，宗教組織往往左右政治。

中國現在的憲法雖歷經改變，可是自 1950 年代制定後，在宗教的態度上並沒有大變更。在 2004 年 3 月 14 日通過的中國憲法第三十六條，闡明了宗教的自由及限制。全條文如下：

第三十六條　中華人民共和國公民有宗教信仰自由。

任何國家機關、社會團體和個人不得強制公民信仰宗教或者不信仰宗教，不得歧視信仰宗教的公民和不信仰宗教的公民。

國家保護正常的宗教活動. 任何人不得利用宗教進行破壞社會秩序、損害公民身體健康、妨礙國家教育制度的活動。

宗教團體和宗教事務不受外國勢力的支配。

當然，以後中國的政府可以更改這條憲法，大法官可以作對這一條文的解釋。可是以下所述的似乎是目前的解釋，「不得利用宗教進行破壞社會秩序」的字面解釋很廣，可以包括宗教不得利用宗教力量來組織人民請願、影響政治及選舉等等。「不得損害公民身體健康」，可以包括對人工流產及避孕的反對，或宣揚某種能傷害身心的修行方式，或反對用藥物治病（美國的基督教科學派〔Christian Science〕的教義之一是，生病不得用藥來治療，不過這一支派已在衰亡中），或者醫藥人員基於宗教不肯醫治人或發藥[87]。「妨礙國家教育制度的活動」可以解釋成，不許宗教組織以宗教教義來反對基於科學的生物進化論、宇宙創始的理論等，不許列出禁讀的書籍等等。也不能隨意干涉教育政策。（美國有一支基督教的分支，稱為阿米甚派〔Amish〕，認為教育程度不能過高，因此教徒的子女只能上學到八年級〔相當於中國的初一〕，美國政府因而豁免他們受教育到高中畢業的條款。這在中國就認為不合法。）最後一項「宗教團體和宗教事務不受外國勢力的支配」，最重要的含意是，在基本上否認了羅馬梵蒂岡的天主教教會有權指派中國天主教（愛國者教會）的教職人員（如主教及神父），同時也可以用這條文來禁止外籍人士來中國傳教。

---

[87] 最近美國發生了不少這類的例子：基於宗教教義，有些藥房的藥劑師不肯發出經美國藥物局許可的 RU-486 人工流產藥，有些醫生不肯替要領養小孩的單身女人做體檢，聲稱按照這位醫生的宗教信念，一個小孩必須同時有父親和母親等等。

這些都和西方的宗教自由觀念相悖，可是就信仰來說，中國在歷史從來沒有禁止或阻止信仰，或如何信仰。有的宗教不許吃豬肉，有的不許吃牛肉，有的不許吃葷，連蔥蒜都不行，有的不許看電視或電影，有的要紮頭巾，都沒有人反對，也不禁止。甚至可以自己發明自己想拜的神祇[88]。但如同前面再三說過的，由於歷史上有不少人以「怪、力、亂、神」或申稱能創造奇蹟（即所謂的「邪教」〔cult〕）創立新宗教組織，而中國以往的教育不廣，因此許多人迷信為真而去信奉，創者往往利用這些群眾引起動亂，因此各代的政府嚴加禁止民間宗教組織。

## 西藏和西北的問題

要提到中國的宗教問題，必須提到中國對西藏佛教及西北伊斯蘭教的處理問題。不過要討論西藏的佛教問題時，首先必須先討論西藏的主權問題。在歐美有一個神話，即西藏是一個獨立的國家。這神話始於 19 世紀的英國，這一段的歷史很長也很複雜，因此在這裡只能略述。英國於 1600 年在印度成立了東印度公司，1757 年打敗印度孟加買 (Bangladesh) 後，印度就淪為英國殖民地，1749 年把印度全部征服，變成英國向亞州擴張的中心。佔領印度以後，接著想佔領中國西部，第一步就是想要佔領西藏。曾經進攻西藏兩次，第一次在 1888 年進攻，西藏人民組織軍隊抵抗，死傷慘重。（當年是西藏生肖的土鼠年，因此到現在藏民還把這次的抗英戰爭稱為土鼠年戰爭。）清朝想息事寧人，因此破壞西藏人民的反抗。於 1890 年和英國訂約，把本來是西藏一部分的南面錫金 (Sikkim) 割讓成為印度的一部分。第二次英國進攻西藏發生於 1904 年。這二次都企圖佔領西藏，可是都沒有成功，不久就退軍。北洋軍閥時期，中國無力照顧西藏。袁世凱發動政變當上皇帝後，沿用孫中山的統一中國口號，宣布「現在五族共和，凡蒙藏回疆各民族，即同為我中華民國國民。」袁之後，民國成立蒙藏事務局，可是仍在戰亂中，無力在西藏行政，西藏變成半自主權國，類似軍閥割據。一次大戰後，英國的國力大減，而印度想獨立的意志開始堅決，因此英國將西藏的事擱在一邊。可是在西藏已經留下不少和

---

[88] 最有名的是媽祖。本名是林默娘，少時就篤信佛教。善游泳，往往在風浪大海中救人。父親為漁夫，在暴風雨中海上失蹤．她跳入水中去搜尋父親；數日後二人屍體被沖上岸，默娘緊抱父親。人民尊她為神，康熙年間封為天后，成為正式的神。是海上作業的人的守護神。

當地神權政治領導階級有利害關係的人士。這些就是以後竭力推廣西藏為獨立國家這神話的一批人。

人民政府於 1949 年 10 月 1 日成立後，重要事情之一，就是將西藏主權收回。1950 年進軍西藏，和神權政府軍隊激戰後，於 1951 年決定性的地擊敗神權政府軍。駐軍在拉薩等西藏重要城市，把五星旗插在喜馬拉雅山上，開始執行在西藏的行政權。1949 年起，英美等國一看情勢緊急，加緊策動西藏獨立的運動，1949 年美國國務卿艾奇遜 (Dean Acheson) 電告美國駐印度大使：華盛頓希望看到「西藏的軍事抵抗能力暗中得到加強」。這時英國間諜福克斯 (Reginald Fox) 開始替神權政府策劃獨立，發表「西藏獨立宣言」。可是西藏有不少反對獨立的人士，包括十世班禪爾等尼 (10th Panchen Erdeni)。雖然發表了宣言，卻沒有一個國家承認西藏為獨立國家。

中國一旦獲得西藏的行政權後，就開始整頓西藏的政教合一問題。在西藏及附近的地區，神權政治已經執行了多年，所有的經濟及文化都受神權的控制。在經濟方面，寺廟佔有大量的土地、牲畜、森林、草原和商業資本。西藏地區，寺廟佔有全區 1/3 以上的土地和大量牧場、牲畜。拉薩的哲蚌、甘丹、沙拉三大寺就佔有莊園 321 個，土地約 14.7 萬畝，牧場 260 個，牲畜 11 萬頭。甘孜藏族自治州喇嘛寺院的土地佔全省土地的 18%，寺院擁有的商業資本佔全州私營商業資本的 72%。雲南迪慶藏族自治州喇嘛寺院佔當地藏族土地的 34%.。寺廟還通過地租、畜租、勞役、高利貸、非法商業活動和其他宗教手段對群眾進行殘酷剝削。一般地區的局民都是佃戶，地租都在 50%以上，有的竟高到 70%。放債的利息也很高，年息一般在 50%以上，有的甚至是借一還二，而且只准還息，不准還本。群眾的宗教負擔很重，有的佔年收入的 80%。寺廟的殘酷剝削，嚴重的妨礙著這些地區的生產發展和人民生活的改善。在政治方面擁有各種特權，宗教上層和上司、頭人密切勾結，狼狽為奸，對群眾實行野蠻統治。各大寺廟都私設監獄、法庭，備有各種刑具，隨意處罰群眾。寺廟的刑罰非常殘酷，有坐牢、鞭打、剝皮、挖心、抽筋、割鼻、割舌、割耳、挖眼、烙刑等，殘忍至極。處於最底層的廣大貧苦喇嘛，實際上是上層僧侶的奴隸。在宗教信仰方面，非但沒有自由，而且強徵喇嘛，例如哲蚌寺在其莊園中規定了一種名叫「絜差」的制度，規定 3 人抽 1 人，必須削髮為僧，不得拒絕。而有些願意當喇嘛的人，如鐵匠、屠夫等被喇嘛教認為是賤業的人，又被拒之門外。而且一直有歧視婦女的現象：女性被視為不潔之物。因此許多寺院禁止婦女進入某些殿堂。

　　自 1951 － 1959 年人民政府在西藏統治八年左右後，覺得非從基本上改革不可。1958 年底，批准了國家民族委員會在《關於當前伊斯蘭教喇嘛教工作問題的報告》中提出的建議，開始改革，廢除宗教封建特權如私設的法庭、監牢和刑罰、干涉民事訴訟等，以及一切宗教所加於人民生活上的限制，如：干涉婚姻自由、壓迫歧視婦女以及干涉文化教育事業等。又廢除宗教剝削制度，如：廢除喇嘛廟和清真寺的生產資材所有制和高利貸、無償勞役等剝削制度。取消宗教課稅。同時又廢除寺廟內部的封建管理制度，能夠勞動的宗教人員一律要參加生產及履行公民義務。寺廟不得強迫群眾當喇嘛，強迫封齋，強迫兒童學經文，喇嘛有還俗的自由等等。[89]

　　這些都和神權政權的利益相悖，因此在 1959 年神權政府開始組織一支人數約為 7,000 人的軍隊反叛。當時外國（主要是英美及印度）支持叛軍。激戰之後，人民政府擊敗叛軍，但仍有不少餘黨在不同地區和人民政府的解放軍作戰。在 1962 年所有餘黨都投降或被消滅。西藏神權的領導達賴喇嘛流亡國外，在印度成立流亡政府。西方各國家都譴責人民政府為侵略國。[90]

　　事實是，西藏從來沒有正式宣布獨立，也沒有受到任何國家的承認（包括英國）。而在達賴喇嘛成立流亡政府數十年以來至今，也沒有一個國家承認過。因此這場戰爭最多只能稱為平定國內叛亂的戰爭。迄今，事隔多年，人民政府已經完全控制了西藏的行政權，所有的宗教階級的特權大都已經不存在，第三代的藏民已開始成長，受到現代化的教育，文盲開始減少。現在中國政府規定所有小，中學都要開始用中文教學，每週只教

---

[89] 人民政府在這方面的作為和歷史上的「三武一周」的滅佛類似：如果宗教的勢力過強，有神權政治的傾向，則壓抑。歐洲歷史上也曾有把教會經濟權廢除的例子。以前義大利中部羅馬附近完全屬於天主教教會，由教會隨意抽稅及管理行政，有好幾次因為教會剝削過度，還引起農民的暴動。最後天主教被迫放棄這些地區的主權，現在屬於天主教教會「管轄」的土地只有梵蒂岡。

[90] 實際上，不要提 19 世紀或二 20 世紀初了，自 1960 年起，美國向南美及其他國家也進行了不少的侵略，如海地（Haiti, 在大軍到達之前，執政團辭職）、巴拿馬、格瑞納達 (Grenada) 及最近的伊拉克。這些都是有主權，國際承認的國家。西藏的情形也和前蘇聯併吞波羅的海 (Baltic Sea) 的三個國家，立陶宛 (Lithuania)、愛沙尼亞 (Estonia) 和拉脫維亞 (Latvia) 的情形大不相同。這三個國家都是主權國家，而西藏不是。

授一次藏文。幾代之後，中文會普及於西藏，藏語變成第二語言。從經濟的觀點，在中國和政府及商業機構中如果，要立足或要升遷，必須具備相當中文的能力。（這和美國及西方國家一樣，要出人頭地，甚至立足，必需要熟諳當地常用的語言。）姑且不論西藏主權問題，從現實的觀點來看，所謂「西藏獨立」問題，已失去實質意義。

從歷史觀點來看，自 13 世紀起，雖然在行政方面大都由當地西藏人自主，實際上，西藏一直是中國的一部分。唐朝時，西藏是強國，名為吐蕃（「蕃」音「博」〔bo〕）。中國歷史學家的意見是，吐蕃的強盛阻止了阿拉伯王國向東方的擴張（否則中國的一大部分就可能淪為伊斯蘭政教合一的神權政治）。唐朝和吐蕃的關係不錯，把兩位公主（一位是文成公主，另一位是金城公主）分別嫁給兩位吐蕃王，而且把中國匠人及許多技術（如養蠶、絲織、農業等）帶去。一直到 13 世紀，吐蕃一直是一個獨立的國家。12 世紀起，國力開始衰弱，忽必烈成立元朝後，1240 年攻入西藏，進駐熱振、澎波地區，派軍隊駐在涼州。1246 年下詔書給高齡 60 的薩迦派 (Sagya) 高僧薩班貢噶堅贊 (Sapan Gunga Gyaincain)，勸他歸順。薩班與西藏的一些地方勢力討論後，1246 年到達涼州，討論歸順的條件。歸順後，由薩迦派人員統治西藏，開始政教合一的統治。元朝之後，明、清及民國一直都和西藏有類似的關係，即西藏屬於中國的一部分，可是行政自主。一直到人民政府成立後，才正式廢除了政教合一的政治體系。到了這時候，距離原來和忽必烈訂約的時間已七世紀。在這段時期中，三個朝代（元、明、清）和一個共和國（在大陸的中華民國）在中國已經成為歷史陳跡，原來訂的約也跟著成為歷史的一部分。可是許多西藏的人民–特別是在政教合一政治體系下長大的人民–的反對力量仍舊很強。這情形和美國於內戰後把黑奴解放後，到 1960 年代–將近一百年後–還有很強的歧視黑人的意識一樣，需要較長的一段時期，才能把傳統的殘餘勢力消除。可是時間對中國有利。西元 260 年後外族入侵，幾乎在兩百 年後，北魏太武帝拓跋燾（鮮卑族人，423–452 年在位）時才把中國胡人漢化。現在的教育普及，通訊傳播發達，因此時間標度會縮短，可是看來仍舊要數世代的時間才能將把政教合一的意識完全去除。

就伊斯蘭教的情況來看，在中國的西北有大宗伊斯蘭教徒的地區，同樣存在著政教合一及利用宗教來做經濟剝削的現象，雖然沒有西藏那麼嚴重。這些地區的伊斯蘭教徒（也稱為回民）的宗教負擔很重，平均佔每人年收入的 20%以上，高的達全年收入的 30%，低的也在 15%以上。1959 年之前，回民專區還存在部分封建所有制。由於宗教的束縛，與漢族相比，

回民婦女上學的人數相差很遠，而且強迫兒童學經文。宗教還干涉科學知識的傳播，特別反對關於宗教來源、世界及宇宙的來源和人類來源的科學宣傳。個別地區的書店，甚至連講這類問題的小冊子也不能賣。自 1959年起，同樣的改革也引用在西北回民區，可是遭遇到的阻力遠比在西藏的為小，原因大約是沒有正式的政教合一的政治體系。

## 和歐洲的比較

　　現在看一下西方–歐洲–的情形。歐洲的政治和宗教發展的途徑和中國的幾乎成一百八十度的對比。四大文明中除了中國以外的三個文明–埃及、古巴比倫、印度文明–都有很濃厚的神權文化背景。從本書第三章裡關於洪水的討論，似乎這三個文化都來自同一源（泛濫之前的黑海沿岸），但尚無定論。這三個文化中，對歐洲最具影響力的是巴比倫文化，因為後來巴比倫文化演變出猶太希臘羅馬文化，接著下去又演變出基督教文化。和中國文化斷然不同的是，中國自古敬祖，因此演變出很詳細的宗族家譜。而在西方–從希臘到羅馬文化到猶太文化–要不是把家族的家譜變成宗教經典的一部分，如猶太教及基督教，或者神祇們有自己的家譜–如希臘及接下去的羅馬文化中最重要的一部分就是這些神祇的家譜。起初羅馬的神權政治的領導是凱撒，可是凱撒經常換人，因此最後大權都落在羅馬國教–太陽教–的僧侶手中。到了第 4 世紀，凱撒和羅馬教的僧侶之間的權力鬥爭已經很激烈。當時奴隸制度已經瓦解，支持奴隸制度的羅馬教開始失去大眾的支持。基督教開始壯大，教徒人數日增。羅馬皇帝（即凱撒）君士坦丁一世 Constantine I（全名 Flavius Valerius Aurelius Constantinus, 280？–337）把國都遷到現在的君士坦丁堡，原因是要避免在羅馬的羅馬教僧侶的影響。這時基督教已興起了三百年。君士坦丁大帝為了維持羅馬帝國政權，和基督教妥協，承認基督教為國教，可是仍舊保存了羅馬教。為了討好羅馬人民，他把基督教沿用的猶太教的安息日從星期六移到星期日，因為羅馬教拜的是太陽神，而星期日是屬於太陽神的日子。（至今猶太人及某些基督教分支仍然將星期六作為安息日。）他在 325 年召開著名的尼西亞第一次大公會（First Ecumenical Council），統一基督教，建立了天主教教會。（可是君士坦丁本人是騎牆派，一直到了彌留之際，於昏迷中才受洗為基督徒。）在接下來的四百年之間，天主教把所有不同教義的基督教支派以酷刑處死，強迫統一，只有幾支流落在海外的才得以保存（如現在還在阿拉伯國家，被少數人民信奉的，及曾經傳入中國的景教〔Nestorians〕）。自此以後，為了保護自己的威權，天主教控制了國家

的一切政治。因為中古時期的歐洲和中國戰國時代一樣，爭戰不已，要使得政權合法化，幾乎所有的政權都設法要得到天主教教會的默認或承認，因此天主教的權力愈來愈大，使得歐洲淪落在神權統治 (theocracy) 之下。一直到 13 世紀後，教會的權力才開始消弭。至今，雖然歐洲各大國都制定政教分離政策，可是在文化方面殘留的影響很深，有些國家，教會及基督教的勢力仍舊很大，能左右政治。

因為天主教的組織廣闊而嚴密，為了保護自己，新教各支派也紛紛組織起來。這變成西方宗教的傳統－有龐大的組織，互相排斥。這種對其他教義，包括中國祭祖尊孔禮儀的排斥，影響到天主教以及新教來到中國以後的「禮儀」之爭，因而造成了百年禁教。一直到 20 世紀末，基督教各支派之間的互相排斥及傾軋現象才逐漸緩和，到現在各支派儘量不提教義不同的地方，以免互相扎刺。可是在心中仍舊有很強的互相排斥意識。

我舉這些例子的目的不是要譴責基督教會，而是要指出這就是中國宗教觀念和西方的不可妥協的地方：西方的宗教具有排他性，非要按某宗教的教義及信仰儀式去信才行，中國則一視同仁。中國不能允許有大規模的宗教組織，不許以教義治國。西方則非但允許，而且鼓勵。事實上，雖然幾乎每個西方國家都實行政教分離政策，但宗教組織，尤其是美國的宗教組織，往往應用組織的力量來影響群眾選民，在政治選舉（人物、法律等）時以宗教的教義來選出政治人物，或將教義放入國家法律和政策裡。美國在人工流產、幹細胞的研究等這些問題的爭議，僅是其中幾個而已。有一陣子，天主教還利用宗教的力量反對接受人工流產的政治競選者。嚴格說來，這類的行為違反政教分離的精神，可是這種做法非但已經被美國人民接受，而且認為「民主」。當然，美國人民接受及認為是民主的做法不見得都合情合理或者「符合」法律及法治精神。如到了 19 世紀中葉還以法律來保護黑奴制度，20 世紀中葉還在大部分地區「合法的」執行黑白分離和種族歧視政策。這些都違反獨立宣言的至高民權精神，違反美國人自傲的獨立宣言和憲法條文。雖然黑奴制度和種族歧視後來還是按照民權精神和憲法條文被廢除了，可是這些都是曾經在民主旗幟下許可過的不公平行為。

## 從迫害到抓妖

基本上，基督教的興起和壯大的一段歷史，充滿了血腥的對其他信仰的迫害，這是一段非常複雜的歷史，不在本書討論範疇之內。要說的是，

和中國宗教不同的地方，西方教會是最有權力的機構，有自己的法庭（宗教裁判所〔Inquisition〕）[91]。最可怕的是設在西班牙的宗教法庭，可以任意將不信天主教或信奉其他宗教者，甚至於跡可疑（如半夜採草藥）、有異教傾向（如不嚴格遵守天主教的儀式）的人加以異端的名義，而嚴刑拷問，最後通常以火刑處死。結果形成在民間流行的抓妖 (witch hunt) 迫害行為，受迫害的人之中，大多數是婦女，有人聲稱數目達數百萬人。即使到了新教興起後，這種迫害仍然存在。1692 年，美國麻省沙連鎮 (Salem) 還發生過搜捕女巫和抓妖的事件 (Salem witch hunt，以巫術的名義處死好幾個人)。1706 年，住在維吉尼亞州龐果鎮 (Pungo, Virginia) 的一個女人葛蕾絲·歇伍特 (Grace Sherwood) 被控告為女巫，被判浸水刑 (ducking)，她的姆指和腳指被綁在一起，丟到河中。如果沉下淹死，就證明她是無辜的；如果浮起來，則表示她就是女巫。（結果浮起，以女巫罪被判七年徒刑，放出後活到 80 歲。不知道這種雙輸的裁判根據的是什麼邏輯。三百年後，於 2006 年，有好事的人要求法院重審，結果改判無罪。）17 世紀歐洲這些搜捕女巫抓妖（獵巫狂潮〔witch hunt〕）的事蹟記載不太詳細，可是有一件記載頗詳，因為當事人是發現行星運轉三定律的大科學家克卜勒(Johannes Kepler) 的母親。（這三定律對牛頓發展力學的啟發具關鍵性。）此事發生在歐洲的三十年戰爭（1618–1648 年）中，這場戰爭幾乎把所有歐洲的國家都牽涉進去，因此歷史相當複雜。戰爭的導火線是來自宗教的仇恨（新舊教各派之間宗教意識的不同），後來還牽涉到國家之間土地和主權的爭奪。這場戰爭的傷亡極大，把戰火、飢荒和戰爭帶來的瘟疫、傷亡都算進去，總傷亡率估計為當時歐洲總人口的百分之二十。這場戰爭雖然只持續了三十年，可是其後遺問題卻持續了三百年之久，直到一次大戰還有餘波。

那時新舊教水火不相容，因此互相迫害對方的教徒，直接及間接受害者不知其數。克卜勒的母親性情較乖戾，和人相處不好。74 歲高齡時因為夜間在月光下採集草藥並出售，被控為女巫，拷打逼供，最後克卜勒說服

---

91 歐洲國家把伊斯蘭教從西班牙逐出後，教皇西斯圖斯四世 (Sixtus IV) 以正式詔書，於 1478 年在西班牙成立宗教裁判所。拿破崙於 1814 年才開始把它解體，可是要到 1834 年才正式消除。裁判所以嚴酷的刑法為名，許多殘忍的刑具仍舊保存在博物館中。有人聲稱受害人在 16 數萬以上，可能估計過高。詳細數字不知。宗教裁判所前至少有三次和宗教有關的大屠殺（1391，1468 及 1473），死者人數不詳。

一位符騰堡 (Württemburg) 公爵的協助，才得以放出。可是被放逐出鄉，終生不得回去。1615–1629 年間，克卜勒的家鄉小鎮維爾德司達特 (Weil del Stadt) 平均每年有三位婦女被控為女巫，遭受拷打後被處死。

到了 20 世紀中葉，歐洲還有審判女巫事件，發生於二次大戰中的英國。有一位蘇格蘭的家庭主婦海倫·鄧肯 (Helen Duncan)，自稱有通靈的本領（相當於中國的扶乩）。在一次的降靈會（扶乩會）中，她「通靈」之後，聲稱一艘英國戰艦樸次茅斯號已被擊沉。這艘戰艦在前些日子已被擊沉，因為戰時的保密而未公布。英國海軍部為闢謠，以 1735 年的女巫法律控告她，入獄 9 個月，到了 1950 年，女巫法才被取消。

在中國，對巫神男女也有過整肅。目前所知，最早是三國時代，約在西元 240 年，有一位魔術師于吉用魔術召來大批信徒，東吳的孫權認為造成對政權的威脅，便將他斬首。歷史上不時有不同邪教出現，教主以魔術誘惑或以不信者會入地獄為威脅，召收信徒，詐欺斂錢、誘姦婦女，許多這類邪教囂張過度，被官府查知後，便處刑，罪名一般是「妖言惑眾」。正統的道教和佛教通常和這些邪教保持距離，以免被牽連。在中國，一些自命受了天命的人，建立不少邪教，當民智還沒有發達之際，煽動了不少信徒，和歷史上的邪教類似。舉一個例子，以前美國的「呼喊教」（源於美國，教友要在教堂中大聲向天呼喊祈禱，內容可以隨心所欲）的一位教徒吳揚明創「被立王」教，以世界末日來煽動人民，不信者將遭到屠殺。他以教主身分，誘使教徒奉獻大量財物，並姦淫女教徒。1997 年，人民政府於審判後，將他處以死刑。類似的邪教不少。現在民智發達，這類邪教，除「法輪功」等流落海外，得到不知名的美國機構支持，其他中國的邪教逐漸減少。

## 西方的「邪教」及應付的方式

實際上，西方也有不少「邪教」，西方國家都感到頭痛，可是在言論自由及信仰自由的前提之下，很難制定出十全的法律來禁止這些「邪教」。問題是，宗教的範圍很廣，從正統救世的，到聲稱要把世界毀滅才能上天堂的都有。對於非正統，假借宗教名義來擾亂社會秩序的「邪教」，各國都感到頭痛，雖然大家心裡都有數，什麼是真誠的宗教，什麼是邪教，可是不容易下一個一般性的定義。即使如此，至少有一個西方國家－以創自由、博愛、平等為名的法國－立法禁止邪教。2001 年，法國上下議院一致通過訂出條文甚長的反邪教法 (Anti – cult law)。第一個應用的是對付一個

來自加拿大的「邪教」－太陽聖殿教 (The Order of Solar Temple)。這教招了許多信徒，後來集體自殺，聲稱自殺是為了到天堂。後來也用這套法律來制裁太陽聖殿教以外的非正統宗教，如山道奇教 (Scientology)、韓國的統一教 (Unification Church)，並使用這一法律來限制法輪功在法國的活動。許多歐洲以宗教自由之名反對這一條文，可是法國不為所動。即使如此，如果認為某支派可能有不法行為，許多民主國家也設法禁止。例如，80 年代美國對從南韓傳來的，自稱為統一教 (Unification Church) 感到頭痛。此教以洗腦方式召聚不少信徒，並有許多怪誕荒淫（如在教會中集體性交）及斂財的行為。1984 年，美國司法部以逃稅罪名起訴，將教主文鮮明 (Moon Sun Myung) 判刑十八個月。從此之後，該教在美國的活動減少了許多。另一個例子，1999 年除夕，有許多基督教的邪教支派想要在基督教聖地耶路撒冷發生動亂，包括以炸藥來毀滅聖城，以應驗他們信仰的預言－世界將於千年禧之際毀滅，毀滅之後，耶穌基督要回來。在美國默許及支持之下，以色列的軍警全面出動，鎮壓這批教徒，甚至將一部分人不經過法律手續就遞解出境。而正統基督教並不認為這樣做是反宗教的行為。

美國的摩門教在創立時主張一夫多妻制，後來在法律的壓力下，自動取消。可是在猶他州及亞利桑那州的邊界上，有一批教徒認為在基督教《舊約》裡，有多妻的事件，因此認為這是男人天賦的權利。便另組織教會，提倡多妻制，甚至將年幼的 13 歲少女強迫嫁給年長的教會裡的長老。美國地方政府加以取締，但教會力量仍大。最近一位長老被捕，被判無期徒刑。可是仍舊有一大批男女教徒深信不疑。

## 西方及世界對宗教的信仰程度的調查

現在西方國家對個人信仰以外的宗教不能容忍的心態已經大幅減少。同時，許多歐洲國家人民對宗教的重要性的心態也逐漸減低。美國首都華盛頓皮尤研究中心 (Pew Research Center) 做了不少全球人們的心態 (attitude) 調查。2002 年做了一個四十四國人民對於宗教在生活中的重要性的調查，於當年年底發表。（埃及、約旦及黎巴嫩認為這問題過於敏感，因此不許做。）問的是這個問題：「宗教在你的生活中是否很重要？」結果發現，一般說來，平均年收入（以相應購買力〔purchasing power parity，PPP〕轉換成美元計）愈高的國家認為宗教在生活中愈不重要，愈低的覺得愈重要，幾乎成反比。在亞洲，兩個最富有的國家（日本和南韓）中，覺得重要的人口比例各為 12%及 25%。在東歐和西歐，最高的是剛

去世的教宗的出生地也是宗教意識最強的波蘭，但也只有 36%的人覺得重要。在義大利–天主教大本營梵蒂岡所在地–認為重要的人只有 27%。法國最低，只有 11%。而在第三世界的（低收入）國家中，認為重要的達97%（塞內加爾〔Senegal〕，平均年收入為 1,700 美元），其次是印尼，達 96%（平均年收入 3,700 美元）。然而平均年收入只有 3,000 美元的越南，宗教意識卻非常低 (24%)。一般說來，伊斯蘭教國家都認為宗教非常重要。

在高收入的國家中，唯一的例外是美國年收入最高（35,000 美元），有 59%的人覺得宗教非常重要。（按圖上的直線，相應這比例的收入為9,000 元，相當世界的平均年收入，位於非洲波札那〔Botswana〕和東歐保加利亞之間。）這種強烈的宗教意識在美國的世界政策（及中美關係）有很大的影響。可是在 2010 年的另一個調查中，發現真正虔誠信教的大約只有 30%上下，其他的人認為教會是一種社交性的組織。

2007 年，上海華東師範大學的童世駿、劉仲宇兩位教授做了一個調查，發現中國約有 31.4% 的 16 歲以上的人（約 3.6 億人，這數字比官方早期的統計，約 1 億人，要多出許多）對宗教有信仰或有宗教的傾向；可是其中只有 15% 有真正的信仰。以五個最大的宗教佛教（約 12%）為主，伊斯蘭教約佔 2% 弱，基督教也只約佔 2% 弱，道教很少。一般信教者提出的原因是，在壓力愈來愈大的社會中，他們想要尋求心靈的慰籍。

中國沒有參加 2002 年的宗教調查。可是 2005 年後，中國幾乎每年都積極參加美國皮尤研究中心的調查，其結果和中國自己的調查結果幾乎一樣。因為問題問的方式不同，皮尤的調查結果是，中國有 81% 為不信教者。

## 中國和梵蒂岡天主教的關係

自從 1950 年中國人民政府成立之後，梵蒂岡一直想和中國建立關係，可是基於反共的立場，一直和中國對立。在這期間，中國自己成立了中國的天主教教會（愛國者天主教教會），未得梵蒂岡承認。中國開放後，梵蒂岡一直想再度進入中國，可是中梵的關係一直都很微妙。2000 年梵蒂做了一件以為可以討好中國的事，可是適得其反，召來中國極大的憤怒，甚至認為是侮辱。自天主教成立後，教廷所封的聖大都是西方人，沒有（或極少有）中國人。也許為了討好中國，在 2000 年人民政府的國慶日（10 月 1 日）把在八國聯軍之役中被殺的一百餘中國教士封為聖。從梵

蒂岡的觀點來說，這些被殺的中國人是殉教徒，把他們封為聖，表示梵蒂岡承認中國教徒對天主教的貢獻。可是對中國說來，八國聯軍之役是中國最大的國恥之一，被殺的中國神父是站在西方侵略立場的「吃教者」叛徒，因此把這些中國的「叛徒」封為聖，是對中國莫大的侮辱。提出這個主意的人對近代歷史一點不了解，使得梵蒂岡想討好中國的這個措施，得到相反的效應。

事發之後，雙方都想補救。祕密協商時，梵蒂岡甚至答應放棄對中華民國（台灣）的承認，可是中國和梵蒂岡之間的關係最大的癥結在於對於中國主教的任命問題，事由如下。

1958 年起，中國天主教一直以民主方式，由教民自己選出主教。幾十年來共選出 170 位主教，中國現在的 97 個教區中，還有 40 個以上沒有主教，而許多主教年紀老邁。這時梵蒂岡未得中國承認，任命了四位中國主教，西安總教區的李篤安主教（當時患癌症，已是末期）、上海教區的金魯賢主教、齊齊哈爾的魏景儀主教，及鳳翔教區的李鏡峰主教。同時還指派了香港教區陳日君主教，台灣高雄教區單國璽主教等。其中李篤安和金魯賢都得到中國承認，李鏡峰後來得到中國承認，而魏景儀則未得到承認。在這段期祕密協商期間，梵蒂岡希望中國能接受「越南模式」，即任命的名單由越南（中國）認可及提供，可是任命權在教廷。而中國的立場是要採取目前的方式，即雙方協商人選，再由愛國者教會委任教廷也同意的人，選出為主教。中梵關係就因為主教的任命權而相持不下。

中國把一些教區選出的主教報告給梵蒂岡後，非但得不到批准，還以「驅除」（excommunication，開除教籍）來威脅。2006 年 5 月 4 日梵蒂岡把未經教廷許可，中國任命的兩位從神父晉昇的主教（雲南教區的馬英林和安徽教區的劉新紅）驅除（excommunicate），造成緊張的局勢。教皇的態度非常強硬，認為中國的任命「嚴重干涉宗教自由」，並聲明：「教皇強調了要尊重自由，機構獨立，不受任何外來干涉的重要性。」而中國的外交部則發出官方的反駁。發言人劉建超在 5 月 7 日說，梵蒂岡不顧天主教在中國的歷史和現實，並提出中國處理中梵關係的立場是（在和台灣斷絕關係之外）不得干涉中國內政，包括不以宗教為名干涉中國內部的事務。這些任命主教的爭執一直延續到 2010 年。以後也許還再延續下去.

這幾句看來官樣文章的話的後面蘊含了雙方數千年文化之間的衝突：王權（現在應當稱為主權）和神權的對峙。在天主教廷於 325 年成立之後，不久歐洲就被神權所統治，所有國王都要由教皇加冕，才算合法。後來曾

成立了象徵王權的神聖羅馬帝國。可是這個名義上的國家，「既不神聖，又非羅馬，更非帝國」（引用法國文豪伏爾泰〔Voltaire〕語）。統治歐洲的大致還是神權，而教權和王權不免有所衝突。英王亨利八世因為種種和羅馬教廷的衝突，便於 1534 年毅然脫離羅馬教廷的控制，成立英國教會（Church of England 或 Anglican Church，在美國稱為 Episcopal Church，在中國及日本稱為聖公會或長老會）。亨利八世成為英國教會的教主，頭銜是英國教會最高長老 (Supreme Governor of the Church of England)，因此把教權放在王權之下。歐洲文藝復興後，18、19 世紀時，梵蒂岡的教權愈來愈小，到了 21 世紀，幾乎任命各國主教及教士是唯一剩下的教權。

就文化上來說，從一開始，中國就把教權放在王權之下。自人民政府成立後，再度把神權放在「王權」（主權）之下。為了消除國外教會在中國的影響，成立了愛國者教會，禁止外國人傳教，要把外來的宗教，特別是基督教，都「中國化」。（這也不是中國人民政府「平地起高樓」獨創的。自 1870 年代起，就有這種把外來的基督教中國化〔Sinicization of Christianity〕的運動。）因此最近中國和梵蒂岡之爭有歷史的淵源，不是中國（共產黨）人民政府的獨創，這件事似乎是「沙門不敬王者」，三武一周滅佛和康熙、雍正禁教等事件的延續或重演。

在實質上，中國的「愛國者教會」的成立相當於英國的宗教獨立，愛國者教會等於就是「中國教會」(Church of China)。可是成立英國教會以後，英皇成為名義上的宗教最高長老，而中國儒家傳統視宗教為「必要的弊害」(necessary evil)。中國共產黨雖然不排斥宗教，可是標榜的是無神論，因此現在的中國政治人物－包括總理－不可能成為「中國教會」的最高長老或教主。再者，教主這觀念早已過時。現在英國（男女）基於歷史的因素，國王在名義上是英國教會的教主，可是不管事，由坎特培里大監督 (Archbishop of Canterbury) 負責。

當然，在其他方面，中國的文化、政策和梵蒂岡的教義也有很大的相悖之處。康熙時代，相悖的地方是祭祖和尊孔。而現在，表面上的摩擦在於任命主教的問題，然而沒有公開化的問題是避孕、准許人工流產、幹細胞研究 (stem cell research) 等這些與教廷認可的教義相悖的命題。如果梵蒂岡不明白中國「教權」必須聽命於「王權」的國情，中梵的關係恐怕不能有再一步的進展。

# 第十四章　中西文化不能相容的地方

## –政治體系和民主的觀念–

### 楔子

#### 阿羅政治競選原則

阿羅原則：如果有超過二人的候選者，沒有一個絕對公平的選舉方法。這原則以數學證明並獲得諾貝爾經濟獎。推論：唯一公平的選舉方式就是獨裁。

–阿羅（Kenneth Arrow，1951。見本書十二章附錄 3）

#### 尋找領導的青蛙群

一群青蛙對於沒有一個領導感覺到很煩惱，向宙斯 Zeus[92]請求，要求這位宇宙主宰派一位領導來管理牠們。朱比特一看，這些青蛙頭腦簡單，就念了咒語把一根大木送到青蛙的池塘去，作為牠們的領導。當這根大木掉到池塘時，轟然一大聲，濺出很大的水花。青蛙們又驚又懼，紛紛躲到池塘深處，不久這些青蛙發現這枝大木不動。牠們游到水面上，開始膽大，不恐懼。不久，膽大的青蛙爬到大木上，蹲在上面，其他的青蛙也學樣。過一陣子，牠們覺得宙斯欺騙了牠們，送來一個什麼都不管的領導，於是牠們再派大使去向宙斯求情，要求再派另一位領導。宙斯送去一條鰻魚，當青蛙發現這條鰻魚脾氣很好，可是不管事，於是青蛙再向朱比特要求另一位領導。這一次宙斯火氣來了。祂派去一隻蒼鷺，這隻蒼鷺每天吃一隻青蛙，不久所有的青蛙都被吃盡，不再在池塘中哇哇叫不平。

–伊索寓言（Aesop，西元前 619–前 564 年）

#### 對民主的評論

民主制度總是臨時過渡性的：簡單來說，這制度不可能成為一個國家的永久政府體系。民主制度一直持續到，選民可以利用選舉從國庫中獲得對他們極慷慨的禮物。從那時起，多數票就會繼續選出能從

---

[92] 伊索是希臘人，希臘宗教中宙斯是至高的神祇，相當於基督教的上帝。

國庫中取出最多好處的候選人。結果就會使得每一民主政權瓦解，原因是放蕩不負責任的經濟政策，而取代的一定是獨裁政權。[93]

－亞歷山打·泰勒（Alexander Ty(t)ler，蘇格蘭歷史學家。1787 年

# 21 世紀的中國新神話

在漫長的中國歷史裡，有一個興旺的大家族，族名為皮（Pe）。族長有兩位寵妾德（De）和雷（Re）。兩位女士除了美貌非常之外，又非常能幹。兩位女士的野心都很大，都想要掌管這家族的管理大權。她們分別向族長遊說，聲稱自己要比另外一位的能力強，可以做族的總管。族長沒有辦法，因此建議由族員每四年選一次，選到的就當權，當權後的頭銜是「大官」。可乘坐豪華十人大轎和畫舫，住在白色大宮中，出入有一大批蒼蠅次族（隨員）跟著，神氣非凡。有權決定族裡的大事，如對族員怎樣抽稅，怎樣分配族的收入、資源等等。

這兩位女士接受這建議，就開始遊說族裡的成員，展開競選活動。因為族員很多，分散各處，這兩位女士雇了許多人向這些族員個別遊說。可是雇人要花錢，而族長不許用族裡的資源來做這樣的競選。這時族裡的一批稱為柯普次族（Corp sub–clan，公司次族）來了，分別向這二位女士說：「我們可以獻金給你雇人來競選及遊說。可是一旦選上了，不要忘記我們。我們經商不易，族稅又高，能否幫我們一些忙，給我們一點好處。」這兩位女士都記在心上，有些柯普次族人非常精明，對兩位女士都獻金，哪一位贏了，都對他們有好處。

第一次雷女士當選了。果然，她遵守諾言，大幅減少柯普次族要付的稅，同時又給有些柯普次族的商人特權。例如，有一位柯普次族藥王專種草藥，雷女士特許藥王把賣給族人的草藥價格提高三倍出售。藥王也把草藥賣給其他的族，可是價錢便宜許多，只有賣給皮族族員價格的三分之一（甚至十分之一不到，端看競爭情形）。雷女士利用管理權，嚴禁族人向別的族買藥王賣給他們的便宜草藥，且聲稱從外面買來的草藥可能是假藥。一位柯普次族柴王專賣薪柴，雷女士准許

---

[93] 泰勒是否真的說過這句話，很有疑問。可是這句話自 1959 年起就有人引用，2000 年美國大選時，在網路上廣為流傳。這些話可能是 20 世紀初時一位政治家說的，被人一再引用，把始作俑者誤歸於泰勒（引用時將 Tytler 誤為 Tyler）。有些作家說，大歷史學家湯恩比（Arnold J Toynbee, 1889 - 1975) 也說過類似的話。

266

他們有專賣權。柴王立即把薪柴的價格提高，柴價日漲。一位族員想出一個方法，廢物利用，用耕種米糧之後的廢物稻草當薪柴。柴王一看，薪柴的銷路少了，因此去遊說雷女士，禁止燒稻草。雷女士下令，燒稻草對健康不利，不許燒稻草。

四年後，重新選舉，這一次德女士當選了。她在選舉前做了許多的諾言，可是不敢說取消草藥、薪柴及其他的專賣權，也不敢加柯普族人的稅。她當選後，又加了許多對柯普族有利的稅律。其他一切如常，政策上沒有大改變。

族長很高興，因為可以不必傷腦筋去統治族人。他天天坐在軟榻上看球賽，飲用發酵後有氣泡的米酒，以各種美食下酒，包括炸玉米片，他變得肥胖了。一般族人也學樣。皮族裡的肥胖的人數大增，造成健康問題（如心臟病、中風）等。

之後，雷女士和德女士不定期輪流當選為大官，機會幾乎一半一半。皆大歡喜。

減少柯普次族的稅收後，稅收不夠，因此加稅，造成族員不滿意。於是雷女士當權時，也把一般族員的稅減了，普通族員的稅平均減了兩枚錢。因為許多富族員在兩位女士競選時獻了許多金，他們也是柯普次族員，因此雷女士把有錢的族員的稅負擔減少許多。有的富族員可以減一萬枚錢或更多的稅。德女士當權後，沿用同樣的政策。族員紛紛反對。雷、德兩女士都做這樣的解釋：「這並沒有不公平。富族員付的稅多，當然會多減一些。」柯普族立刻花鉅資宣傳，造成流行的輿論，對富人減稅，可以造成就業的機會。有識之士立刻看出輿論的問題，可是一般族人不懂，也不敢反對。因為反對了，恐怕連這減稅退回的兩枚錢都沒有了。

稅減少後，族的收入大減，入不敷出。雷女士想出一個好主意，向外族借錢，族長沒有辦法，只好同意。皮族的資產很多，比其他任何族的都要多，外族很樂意借錢給皮族，到寫這個故事的時候，所借的錢已經多到每年所有族員的總收入的 80%。可是德、雷兩女士說不要緊，皮族的資源有的是。然而寫借據的書記寫得不夠快，因此是德、雷兩女士引進最新穎的印刷科技，日夜開工印借據。

所有的族員看見族的政策是借錢，也學了樣，借錢大享受。有些人借了他們一年所得去花費，生活很好。因此，所有的族員都很滿意

這個選舉制度，認為很民主，每位族員都有政治權利，也可以過豪華生活。認為雷、德兩女士有很好的治族才能，很會當大官。其他的族都很羨慕，可是不敢學樣，因為其他族的資源都沒有皮族的這麼多。卻沒有一位族員看到，在不久的未來，族的負債會把他們的族拖跨。

寓意：皮族要負債的終結原因是，在民主制度下，雷、德兩女士競選當總管一切的大官，要給選民好處，以「今日有酒今醉」的心態治族，最後就會陷於困境。就如清初孔尚任在《桃花扇·余韻》所寫：

眼看他起高樓，
眼看他宴賓客，
眼看他樓塌了。

# 猴子的智慧

有一個富人喜歡猴子，養了許多，每天餵牠們吃栗子。後來他的錢少了，栗子漲價。他向猴子們說：「我現在錢少了，每天只能給你們七枚栗子。早上吃三枚，晚上吃四枚，好嗎？」猴子們吱吱大叫，怒說不夠吃，這人說：「那麼改一下，早上吃四枚，晚上吃三枚，好不好？」猴子們一聽都拍手稱好。

－莊子齊物論 （約西元前 4 世紀哲學家）

## 霍伯孫的選擇

16–17 世紀的英國，主要的個人交通工具是馬，就如現在的出租汽車公司一樣，有許多租馬的馬廄。在劍橋有一個租馬的馬廄，經理是霍伯孫 (Thomas Hobson, 1544–1630)。他發現大多數的租馬人都喜歡租某幾匹良馬。為了讓這些良馬有機會休息，他按馬匹休息的程度，從前面排到最後。他定出一個規則，租馬的顧客只能租最前面的馬，否則就沒有馬可以租。

－英國野史故事

一位英國詩人湯馬士·華特 (Thomas Ward, 1652–1708) 在 1688 年寫了一首詩〈英國宗教改革〉"England's Reformation"，第一次引用霍伯孫租馬方式的典故，如下：

要選誰？只能選一個人，就是霍伯孫的選擇–選這人，或者不選。

*Where to elect there is but one, 'tis Hobson's choice – – take that or none.*

現代用這個典故來比喻一個似乎有所選擇的幻覺，即在兩個無可選擇的選擇中（如沒有馬騎或者要騎一匹不中意的馬），選擇一個。

一個現代的例子是，大企業家亨利·福特 (Heny Ford) 開廠造第一批大量生產的 T－型汽車時，因為黑漆乾得快，便將所有汽車一律都漆成黑色。他的名格言是：「你有選擇汽車顏色的自由，如果你選的是黑色。」

## 國債的危險性

我把經濟列為共和國最重要的品德，而國債是最可怕的危險。

–湯馬斯·哲斐遜（美國開國元勳）語 (1816)

## 多數統治的暴政

民主政治的流行通病就是按多數人的意願執行的暴政。

–領主愛克頓（Lord Acton, 1834 – 1902, 英國歷史學家）

（多數政治的意義是）多數人的利益可以比少數人的要更優先。

–托克維爾（Alexis – Charles – Henri Clérel de Tocqueville, 1805 – 1859, 法國政治學家）

## 民主式的獨裁

民主就是讓人民有權去選出管理他們的獨裁者。

–傑姆士·梅迪孫（美國開國元勳及起草美國憲法者）

# 對美國民主的評論

美國自稱為世界上最強的國家。毫無疑問的，這是實情。西方輿輪都把中國看成已經在地平線上，如旭日上昇的強有力競爭者（中國並不喜歡這個「尊稱」）。表面上看來，這兩個政治體系似乎代表了兩個極端，卻

仍舊有許多相似之處。如果隨便看一眼，不易看出它們相同之處。現在要將西方－以美國為代表－和中國的政治體系做一個粗略的比較。要比較就要拿強點及弱點來比，這種比較和拿兩個體育上的強敵－如兩個世界冠軍級的足球隊－來相比較一樣。當然，互有優缺點，可是我並沒有任何貶意。要比較的是這兩個國家的制度、意識形態及作風等等。

美國自稱民主，一切都由選民決定。這句話沒有人會有疑問。選舉期間，如果打開報紙一看，大都是競選的新聞，從地方級的到國家級的都有，熱鬧得很。美國人非常自傲：「我們最民主，什麼都由人民決定。」沒有人能否認這一點，但問題是如何決定？

在古代，中國也有選舉，大都由部落的酋長選出領導，選出「賢能」者當酋長。現在世界上許多原始部落也有自己的選舉制度。可是一旦中國脫離了赤貧的原始共產社會後，就改成世襲制的君主專制。西方選舉的歷史可以一直追溯到古希臘。我們所知的西方選舉開始於歐洲。美國獨立以後，開始大規模實行選舉制度，以後逐漸改革。可是在美國開國時代的選舉制度和今日的不同。事實上，只有地主才參加選舉；女人、黑奴及原居民（印第安人）都沒有選舉權。女人要等到到 1920 年通過憲法第 19 條修正案後才有選舉權。1865 年解放黑奴後，黑人仍然沒有選舉權。到 1870 年通過第 15 條憲法修正案後才賦予黑人和印第安人選舉權。可是這僅是形式上的選舉權，因為有許多其他限制，使得黑人的選舉權有名無實。這些限制包括付人頭稅，要付了以後才能參加選舉。但白人可以引用在人頭稅法案之前的傳統（稱為「祖父條款」〔grandfather clause〕），不必付人頭稅也可以參加選舉。1964 年通過憲法修正案第 26 條款，才取消人頭稅。（可是要等到馬丁路德·金恩 Martin Luther King 領導的不朽民權運動後，黑人才真的得到選舉權和被選舉權，而馬丁路德·金恩卻犧牲了自己的生命。）

因為選舉權的落實是漸進的，因此有許多早期歧視或基於財富的傳統在無形中進入選舉制度中。這些問題非常複雜，無法在這裡一一說出。可是美國自傲的兩黨制度在執行時是怎樣一回事呢？如果你把前言的「21 世紀的中國新神話」裡的皮族改成人民 (Pe[ople])，族員 (clan members) 改為選民 (electorate)，雷 (Re) 女士改成共和黨 (Re[publican Party])，德 (De) 女士改成民主黨 (De[mocratic Party])，柯普次族 (Corp Sub–clan) 改成工商業界公司組織 (Corporation)，就能大致描述現在的美國政局了。

自從電視興起後，競選所需的資金大幅增加。早期，在無線電發明之前，報章幾乎是唯一可以傳達訊息給人民的媒體。候選人與人民直接交換意見的方法之一是用火車最後一節的車廂作為講台。發明無線電之後，就變成傳達訊息給人民的重要工具。電視的最大優勢是，選民可以幾乎面對面聽候選人講話。可是，隨著時間的過去，利用電視來競選的費用急增。現在，在所謂的黃金時刻（晚餐前後一、二小時），每分鐘的價格在 10 萬美元上下，整個競選的費用達數十億，比有小的國家的年預算還要多。因此，競選變成競選經費的競賽。這兩黨在競選時，必須要有大宗的「活動資金」(war chest)，否則保證落選。事實是，報章評論這兩個黨在選舉時的優劣勢時，往往以活動資金的多寡為準繩。競選經費變成競選戰的主要軍火。

活動資金一部分來自人民的捐獻。可是要人民去自動捐獻，必須花不少時間和人力去說服，耗時之外，也耗宣傳費用-錢。工商業獻金的數量又大，說服也容易。實際上連說服也不必，只要答應在當選後給這些工商業些好處就行了，如減稅、通過特別優待條款。當然，這種的獻金方式形同賄賂，可是已經沿用多年，兩個黨都有好處，改革不易。而美國人民都習慣於這種的報償式的賄賂，因此不會將這些獻金視為賄賂。（如同以前將違背獨立宣言的精神和憲法條文的黑奴和種族歧視制度，視為符合獨立宣言中的「所有人都生來平等」的原則的看法一樣。）當然也有不少民眾認出這種獻金方式的弊端，大聲疾呼要改革工商業獻金的政策。為了應付這些會吵會鬧的人，這兩個黨都做出表面工作，提出不少改革方案。可是每一個黨提出的方案都是對自己最有利的，因此改來改去，要不是通不過，就是留下漏洞，等於網開一面。結果和不改革一樣。

工業獻金由遊說團體 (lobbyists) 做中間人（大都集中在華盛頓的 K 街附近）。這種團體在美國政治上極為重要，因為這種團體是美國國會（上、下院）及政府和人民之間的中介人，原意是把人民意願的重要性告訴給國會及政府。美國有不少的民意就是依賴這些仲介人轉達給國會和政府的。可是在商業化的美國，這種團體中不少變了質，變成替商業公司的代表人，往往不顧人民的利益，只替商業的利益著想，等於出賣人民的利益。替商業機構遊說，對於人民，以他們的口才，把黑變白，指鹿為馬，欺騙民眾。這是一個利潤極高的行業，這些中間人大都是律師，或在地方上有影響力的人。這些商業化了的遊說團體等於是貿易商，說服國會議員出賣人民的利益。可是上下院議員都是民選的，原意是代表人民的利益，然而在民主旗幟之下，這些上下院議員不顧人民的利益，在想要當選的前提下，出賣

人民的利益。借用一句 1950 年代諷刺共產主義的集體農場小說《動物農場》(*Animal Farm*) 的一句話：「人民的利益固然重要，可是有些其他的利益還更重要。」為了能保住自己的議院席次，公開把人民的利益出賣，換得競選資金。

諸如此類的例子很多。例如，若將前文「二十一世紀的中國新神話」裡的草藥王改成美國的製藥業，就把美國的成藥政策說中了一大半。美國的確執世界藥物發展的牛耳，發明的新藥最多，暢銷全球。其他國家能以龐大的國家消費市場和這些美國的藥商講價，把價格壓低。可是在美國賣的藥的定價極高，其他國家中消費者所付的零售價格大都只有美國消費者所付的三分之一還不到，甚至只有十分之一。許多零售商想要把賣到國外的藥再進口，以低價出售，可是在國會及其他壓力下，被美國藥物局全面禁止。理由是，藥物局聲稱進口的藥有很多是假的。（雖然有不少方法可以保證再進口的藥沒有假藥，可是國會不肯撥經費，因此無法執行。）而國會議員及參議員因為受了許多藥商的好處，也不肯利用政府的購買力和藥廠議價，把藥價降低。許多自己付錢買藥的老年人，只好組團包公車到加拿大買藥，同樣的藥只要三分之一不到就可以買到了。（雖然犯法，可是政府卻假裝看不見，否則就會引起眾怒。）最近因為批評太多，美國國會通過老年人買藥的補助方法，這個計畫能替老年人減輕成藥費用的負擔，可是大部分的補助費用都來自政府–即納稅人–的腰包，因此都變成藥廠的利潤。

把神話中的柴王改成石油工業，也把美國的能源政策說對了一大半。石油工業堅決反對開發所謂的「再生能源」(renewable energy resources)，如風力、水力、及用植物來提煉出的燃油等，因為一旦開發出來，石油的銷售量就要減少了。一提起能源問題，石油公司就要求將生態保護區開放給他們採油，對「再生能源」的問題，要不是不提，就是輕描淡寫，不提倡，或提出其他反對的原因。甚至還利用環保來反對再生能源，如風力或太陽電池能。

仔細看一下最近美國的政界，就能明顯的看出議院的決策往往傾向於以通過對某些工業有利的條款，來換取對立法者有利的報償，如到世界名勝地渡假，或看足球賽等等。（按：一張足球賽的季票每年可能上萬美元。）

人民以一個一個微妙的方式來反抗這種出賣他們利益的作法。人民把直接民主稍加改變，來表達他們的不滿和挫折感。直接民主就是台灣所稱

的「公民投票」，直接民主讓全民來決定政策。第一個最早有紀錄的直接民主，曾在前 5 世紀的希臘雅典實行過。表面上看來，是最民主的方式，實際執行時，卻非常混亂。（當時雅典人口約 3 萬，實際上參加討論的只有數千人，因此不是真的直接民主，而是自我指派為代表的民主。）這種直接民主的方式，只能在人口少的時候實行。幾乎所有現代的民主都用代議制度，即選出代表來執行。事實上，美國法院一直裁定不能用直接民主，乃基於一條法律的觀念（拉丁文術語）"*delegata potestas non potest delegari*"即一旦把政權交給代議的代表，就不能選擇性的把代表的權限收回。可是，因為這些代議的代表貪污瀆職，1898 年，南達科他州的人民反抗這些議員貪污的行為，修改該州的憲法，可以選擇性的以公投方法來修改法律，自此以後，直接民主就溜進代議民主制度中。這種選擇性的公投式的直接民主固然改革了類似南達科他州的問題，可是也造成代議政治不能使政府順利作業。加州的經濟危機可以追溯到某些公投的後果。不幸的是，美國逐漸走向選擇性的公投式的直接民主的道路。另一個更大的危機，就是民意測驗。由於通訊的科技日益發達，花少量的費用，就可以做對於任何事物的民意測驗。這種不停的民意測驗，讓政客尋找即時取悅選民的論調–這是件危險事，因為人民的心態可以受有目的的誤導的影響，而人民的心態在下一個民意測驗可以完全改變。在這種氣氛之下，很難建立長期的計畫。國家的政策可以從這一極端變到另一極端，有時這種變更，可以在同一總統任內發生，造成紛亂。

美國目前切身的問題之一是財政赤字，現在美國的稅收比支出少，因此每年必須發行公債，成為赤字財政。前幾年，所付的利息約當稅收總收入 14%（目前因為利息減低，因此較少）。總負債額已達全國國民總收入 (Gross Domestic Product) 的 84%，而且逐日增加。一直到最近，人民對這種赤字財政不太在乎，也許是習慣了。在上一次的民主黨總統柯林頓任內（1992 – 2000 年），已經把赤字財政情況大幅改進，改成有盈餘。估計如果按他的經濟政策做下去，十年內就可以還清國債。可是布希總統一上台，立刻減稅，美其名說這些錢都是納稅人的，因此要還給他們[94]。這

---

[94] 2010 年美國稅收總收入估計約為 4 兆，佔全國國民所得 GDP 的 26.9%。國債為 14.6 兆，為全國國民所得 84%。所付年利息約為 0.41 兆（410 億），佔稅收總收入 10%。如果把預算平衡，國債還清，就等於平均每人可以減掉 10% 的稅，比布希總統要減的稅的數字要多得多。可是美國政治人物只看到下一次的選舉，看

種減稅，非常可笑又可悲。年收入四萬元（美國平均年收入）以下的納稅人被減的稅大約可以吃一兩頓飯，而年收入在百萬富人所減的稅可以買一輛汽車或遊艇，甚至買一棟房屋等等。此外他又挑釁發動伊拉克戰爭。減稅和發動戰爭雙管齊下的花費，使得美國政府財政從盈餘變成前所未有的赤字，現已達 14 兆，每人無分大小，47,000 元。最大宗的債主是美國本身：社保信託基金[95](19%)，財政部 (11.3%) 及其他美國機構，私人機構，私人退休金及個人等（加起來為 16%），中國 8%，其他是日本、韓國等等。人民也跟進，借錢消費：信用卡及其他消費債（不包括房屋貸款，因為這貸款可以和房價相抵）也日增。每天早上不止只吃四枚栗子，甚至用信用卡借債多吃些。許多人都過快活的日子，好像沒有明天一樣。[96]

2011 年，財政赤字幾乎已到了無法收拾的地步；美國政府用 1 元，有 0.41 元是借來的，即 41% 的支出要借來用，等於中國諺語說的，舉債渡日。國會上下議會討論解決的方式，可是民主、共和兩黨各自有其不可改變的立場。共和黨內基本宗教派分子多，心態上是不可改變的教條主義；民主黨比較溫和，可以接受一些改變。在討論減低收入時，共和黨把些和預算無關，帶極濃的宗教意識形態問題（如家庭計畫）都扯進來了。共和黨的立場是，絕對不能加稅（不能把公司少付稅的特權取消，不能加最富的富人的稅），不能裁軍費，只好削減教育、最大宗的社保以及老年人的醫保；納稅人一生付這兩項的稅，到頭要為了公司和富人的利益而犧牲。民主黨則主張將加稅和削減社保、醫保、裁軍合併討論。從中獲利的遊說分子正在竭力替這些既得利益團體遊說。寫到這裡的時候，問題尚未解決。

## 美國官方許可的貪污和中國的非法貪污

現在看一下與上文所寫的相關問題：貪污。貪婪是人類的本性，古往今來，所有社會都有腐化和貪污的現象。可以說，不論種族、宗教、民族，腐化是普遍性的現象。1980 年代，一位拉丁美洲系的部長說，他的祖父從墨西哥來美國時，付給邊防的移民官員兩角五分的銀幣，就讓他非法入

---

不到那麼遠。再者，說當選後，早上會多給一些栗子的候選人的當選機會通常都大些。

[95] 社會安全保險收來的錢都放在一個基金中，預備給現在付稅的人將來退休時用。

[96] 按 2006 年統計，美國平均每人的信用卡債為美金 5,100 元，家庭卡債約為 14,687 元，平均家庭收入中位數為 46,326，稅約佔 1/3。自 2008 房債危機後，卡債稍降。

境。1950 年代，我一位來自澳大利亞的朋友說，他母親帶他辦護照時，送給辦護照的官員一隻雞，如此就可以辦得快些。

美國有非常嚴格的法律不許接受普通的賄賂。政府官員的薪金通常都不錯，職位穩定不易被解雇，因此一般美國官員不接受賄賂。一旦被查出，處罰很重。可是，不能說美國沒有貪污。真相是，美國的貪污已經制度化了，可以按合法的路徑貪污。哪些受益於貪污的人大都是超級富人、能養遊說士的大公司以及那些能通過允許合法貪污的議員們。貪污比例比中國的高許多。也許有人要說我以驚言來惑眾，可是請仔細聽來。

先說我個人的經驗。我於 1955 年來美國求學。大部分到美國的中國學生是從大陸撤退下來的人的兒女。當時台灣正在發展中，很難找到適當的出路，因此我們畢業後，都想留在美國。畢業後有兩年的實習期，許多中國畢業生都找到科技行業中高薪的職位，表現優良。公司學校都認為這些畢業生優秀，想把他們留下。可是當時美國有一條稱為「國家根源」(National Origins) 的法律，移民額按 1890 年的美國人的祖先的國家成分（因此稱為「國家根源」）分配，帶有濃厚的對非歐洲裔民族歧視的色彩，特別歧視亞非民族。中國每年只能分配到 105 名配額。很快的，就有人發明出一個絕妙的賄賂方法，合法避開這法律的限制。標準價格是 $2,000（相當現在的$10,000）。找一位律師（其實就是遊說者），給他這錢，他留下一半，然後由他找一位急需競選費用的參議員（哪一位沒有急需？），用獻金的方式把另一半給這位議員。這位議員就去找一個即將通過的法案，在這法案後面附加一個條款，說此人才能如何高，對國家有多大的益處，應當特別豁免「國家根源法」的限制。議員們都知道是怎麼一回事，因此沒有人反對。法案通過後，這位準移民就跟著這法案的裙帶後面而變成正式的移民了。很快的，每個大小法案後都有許多特別豁免移民額限制的條款；一個簡單的法案後面往往有上百個這類條款，比原來的法案還長。甘迺地 (J. F. Kennedy) 當選總統後，覺得不對，因此想要取消「國家根源法」，保守派（即種族歧視、基本教義派等反對立場）勢力很大，一直拖在那裡。甘迺地被刺後，林登·約翰遜 (Lyndon B. Johnson) 接任，蕭規曹隨，而這時馬丁路德·金恩的民權運動已如火如荼的蔓延到全美國，美國的激進分子認為種族歧視與現代政治思路相悖 (politically incorrect)，國會不得不同意，因此把移民法改了，不再問祖宗源自何處，所有國家申請移民者一律平等對待。

　　這種用獻金競選方法來換得移民資格的行為，行同賄賂。議員將這種行為合法化，但畢竟還是賄賂。因為不花錢，就沒有移民資格；這和違反交通規則，塞錢給交通巡警，不要開罰單的行為一樣。可是前者，議員無事，而後者，則犯法。

　　每個大公司都有自己的御用遊說組織，通常是律師組成的遊說公司。小公司可以雇用個別打零工（free lance）的遊說人。公司都以營利為目的，而一般公司除稅及開支後的純利潤是營業額 5%上下，因此對這些賄賂都精打細算。如果獻 1 元的競選金，公司一定要想法收回至少 100 元，甚至 1000 元以上。如何收回？遊說團體費盡心機，以不同的形式從這些公司按一般稅法應該付的稅中減免，或如草藥王的方式，造成國家性的壟斷（個別公司的壟斷已被禁止）。以 1 元的賄賂而換得的利益為 100 或 1000 元，回收率為 10,000% 到 100,000% [97]。這些公司以甜蜜謊語來辯解他們從減少付稅後對大眾的利益，最普通的謊言是聲稱這些減免的稅會用來增加雇用的人，因此增加工作機會。我想這是最透明的謊言。任何用來雇用工作人員的費用早就可以從收入裡減免了，因此這筆費用早已不必付稅。什麼時候聽說過，一個公司會為了減少失業率，雇用了人坐在那裡拿錢不做事？這些從稅上面減下的錢，大都用來支付總裁、高級人員高達億元的高薪和紅利，一部分拿來分發股息，增加股票的市價－這些總裁和高級人員都擁有大量的公司股票，因此雙重得利。遊說團體得了大量的佣金，而議員們可以有大量的競選資金。可是國家的稅收減少。

　　最近最高法院又裁定，所有公司法人可以享受身而為人的一切權利，如言論自由，可以無限的獻金去競選，而且不必公開獻金的數目和受益者。一般人如何能和這些巨人相抗？真如孟子所說：「上下交爭利，其國危矣。」

　　中國貪污賄賂的歷史至少有數千年了，也不是現在的政府才有的。中國的貪污和美國式的合法貪污相比，等於「小巫見大巫」。現在的貪污大都是假公濟私，以法律和商人（特別是房地產）勾結，以低價強徵土地給付了賄賂的公司個人，魚肉鄉民，貪污所得來自人民的血汗錢。從政府支出費用（來自稅金）中取得的貪污（相當於美國式的貪污），一般都以回扣的形式來做，「市價」約為 3%。（貪污〔回扣〕愈多，被查出的機會就愈大。）與美國的貪污不同的是，一旦查出，嚴重的情形可能招來「身

---

[97] 美國人總付稅額（不包括社安稅）為 0.95 兆，公司付的只有 0.2 兆。支出為 1.5 兆。

首異處」的處罰，不然也要判處長期的徒刑。中國人的民族性一向是，「殺頭生意有人做，蝕本生意沒人做」。中國人也好賭，貪污等於賭，因此冒險貪污的官員很多。可是都是非法的。

在美國，只要能以有創造性的貪污方式，以獻金來得到來自選民付稅上的好處，貪得愈多，總裁等人的收入也愈大，遊說機構也愈有錢，受益者─議員們的連任機會也愈大，皆大歡喜。國家的赤字卻愈來愈高。

這種美國式的貪污的後果呢？表面上看來，人民日子過得很好，國窮民富。由於公司可以避免繳付高額的稅，負擔就轉到人民身上了。個人的稅已經很高，如果將聯邦稅、地方稅、購物稅、房地產稅，及其他的稅起加起來，一般已在收入的 30%到 50%。然而政府的費用與日俱增，加上美國軍費很高，在全球有將近 800 個軍事基地要維持，又不斷地（由於軍火商遊說團體的宣傳及遊說）發展及造新武器，加上好幾個戰爭，有些已超過十年，入不敷出，只好借債。先從社保基金中去借，再向財政部去借。國內的借源不足，就找外國去借。現在中國已經成為美國的外國債中的最大的債主。在 1947 年美國是最富的國家：以 7% 的世界人口，卻擁有世界上 50% 的財富；現在正好反過來。以 6%的世界人口，卻負了世界總債額的 50%以上。平均每個美國人，不論年齡，分攤到 47,000 美元，約當平均年收入的 84% 以上，而且現在還不能不繼續借下去。

跟著龐大的國債來的有許多問題，對未來美國的商業和民生有最大影響的是交通基礎設施的老化。現在美國的公路、鐵路、橋樑等已經很落伍。1982 年之後，沒有新的公路；許多橋樑已經陳舊到危險的地步，好些州際公路的橋已經塌垮，造成交通事故。大眾交通的陳舊程度很難想像，例如，美國最快的火車─只有一條，在紐約和國都之間─的速度只有 100 英里，而且經常誤點，這個速度只有中國的高速火車的一半（300 公里／時，或 187 英里／時），而且中國的高速火車已經連接了一半的省會。

儘管西方媒體把中國描繪成世界上貪污最橫行的國家（顯然是群體對中國無理的抨擊），可是中國的經濟卻蓬勃發展，人民生活日益改善。中國的國債是全球最少的幾個國家之一（只有全國國民總收入（GDP）的 20%，2009 年國際貨幣基金會（IMF）數據），而且不斷在交通基礎設施上發展。非但如此，中國還成為美國的外債的最大債主。顯然，百分之幾的貪污並沒有拖垮中國的經濟。我不是贊成貪污；我認為所有的貪污犯都應處以極長期的徒刑甚至死刑。我要指出的是，美國的合法貪污已經把美國降為世界第一大債務國家。

## 再次審視美國式的民主

除了「二十一世紀的中國新神話」中提出的問題之外，現在看一下美國民主的特色：美國的政治人才大都出身法律科系，口才非常好。和德、雷兩位女士一樣，美國的這兩個黨都有很吸引人的政綱－都尚民主、自由，都自稱為民服務。可是，如果只靠民主、自由、為民服務等口號來標榜，就分不出長短來了。因此，每一個黨都和商業一樣，提出一些和其他黨大同小異的政綱，以資吸引選民。以賣汽車為例，每輛汽車都有四個輪子、引擎，在路上可以跑得很快。每個廠製造出的汽車都有這些基本性能，因此每一個廠商都要設法讓自己的產品和其他產品有所區別。舉例來說，美國通用汽車公司和福特公司的汽車標榜的是威武雄壯（耗油）macho 大車，吸引那些喜歡大車的消費者，使他們開在路上可以像開坦克車一樣而「俯瞰」其他汽車。（最近因為油價上漲，這些車的銷路開始下落，這不是要在這裡討論的問題。）日本的豐田 (Toyota)、本田 (Honda) 等以品質優良為標榜等等，吸引一些以經濟和環保為原則的消費者。這兩個黨所標榜的政綱例子是：共和黨要減稅，特別是商業機構的稅，站在基督教趨向基本教義派的一邊，反對人工流產、避孕，要把教義放入國家政策中等等（因此被標榜為右派）。民主黨要為中下層人謀福利，反對把教義放入政策中，不反對人工流產、避孕等等（因此被標榜為左派）。（最近因為非法移民多了，移民政策又變成爭執的一部分。）這類的標榜和楔子一樣，能把國家分裂，因為幾乎逼使每個人選擇立場，站在某一黨的這邊。每個人都振振有理的說他（她）所擁護的黨多好，有時爭執到要打起架來的程度，就如球賽一樣。因此，等於在選民中放進去一個不可見的楔子，把人民無形中分裂，而分裂的程度遠超過數學誤差理論的預測。

2000 年美國選總統時，最後決定選舉的一州是佛羅里達 (Florida)。當時布希總統以 586 票之差，獲得這州的支持而當選。美國約有 1 億人投票，數學上計算出的標準誤差（即投票時閉了眼不問是民主或共和黨）為 1 萬票。即使只算佛羅里達州的選票，這州有資格投票的人口約為 600 萬，標準誤差為 2236 票，比 586 票多 4 倍。在 2004 年投票時，最後決定選舉的是俄亥俄州，所差的票數只有 35 票，選民約在 400 萬上下，數學上的標準誤差為 2000 票，比票數多 50 倍。因此美國的選舉已經到了短刀相接的激烈程度。彼此爭的就是那麼幾票，現在兩黨的競選戰略是，除了執

政黨可以重新把選區分割，使得選舉對自己的黨有利之外[98]，又定出戰略，以巧言蜜語和特別承諾來專攻可以左右的地區。許多少數民族都認出這一點，因此大都投統一票──一致投某位對他們有利的候選人，這樣少數就可以支配多數。（唯一沒有這麼做的少數民族是華裔：投民主黨的和共和黨的約各半。現在華裔的圈子中有一個 80/20 運動，希望能把華裔的選票集中起來，對華裔最有益的候選人投統一票。）這種選舉已經演變到，選舉的結果取決於候選人是否具有說服少數舉棋不定的選民（稱為搖擺票〔swing votes〕，即還沒有決定要選哪一黨的選民）的口才的能力。傳統的選舉格言，說不能永遠欺騙所有的人民（林肯總統語）已經實際上演變成，只要能在某一段時間內，成功的欺騙少數的選民，就能當選。所謂的某一段時間，指從三個月到一星期。這樣的選舉已經失去了民主選舉的原意。至於是否代表選民的利益──如藥價是否降低，則不在選舉討論範疇之內。

雖然美國總統的任期限制為兩任，但對於上下院議員並沒有這種限制。事實上，大多數議員都連任，而且連任率高達 98%。這樣的連任，固然可以稱讚為保持美國民主的傳統。可是這種的連任方式如同雙面刃，能把所有的「壞」傳統（如工商業界的獻金制度）一代一代的持續下去。而在這種兩黨選舉制度下所提出的法案，都以自己政黨的利益為著想。提出一個方案，要先問：「對我自己下次競選是否有益？對我的黨是否有益？」因此，每提一個方案，就進行一次的黨爭 (partisan issue)。如果某種問題變成非常緊急，非提出不可時（如醫療制度），當一個黨提出一個方案後，另一個黨一定提出類似而稍有不同的方案，然後互相攻擊，把對手的法案中不同的地方找出破綻加以猛烈的攻擊。在這種黨爭之下，要通過一個重要的法案非常不容易。偶而，因為問題太嚴重，或雙方都無法使自己政黨提出的法案通過，這兩黨的領導人物只好提出兩黨共同合作方案 (bipartisan bill)，才得以順利通過。不幸這種的例子不太多。中國政治人物的格言是：「修身、齊家、治國、平天下[99]。」利害關係的優先順序是

---

[98] 稱為 Gerrymandering，即為自己黨的利益所作的選區改劃，成不規則形狀。於 1812 年美國麻省州長艾有烈治·蓋瑞 (Elbridge Gerry) 為了圖利自己的政黨而擅自更改選區，使得選區呈蠑螈 (salamander) 的形狀，因此把他的名字和蠑螈合成一字來描述這種作為。

[99] 美國的「平天下」的意義和中國的不同。中國平天下的意義是能和鄰近的國家和睦，不會交戰。美國的「平天下」是把自己的主義原則（如以民主的籍口）強制

自己、家、國，然後和鄰國和平，愈到後面，優先愈小。實行兩黨制的美國，在齊家和治國之間又加上「黨益」，治國的優先在黨益之後，更小了。這麼一來，政黨存在的原因不是為了國家的好處，而是為了黨的本身利益和生存。

美國政治和傳統及現在的中國政治不同的地方，還有一點。雖然美國是民主國家，可是總統的權力極大，尤其在國家政策的方向上。在制定國策方面，美國總統權力比中國皇帝的要大許多。如果不討論壞皇帝，一個典型的中國朝廷（相當美國的內閣）的組成是多元性的。皇帝的任命權並沒有想像中那麼大。所有官員都要通過科舉考試，因此官員的組成具多元性。所有重要的決定都在朝會中討論，反對和贊成的意見都可以提出。需達到共識才會執行。經常皇帝被迫放棄自己心愛的計畫。例如，唐太宗要造宮殿的計畫屢遭魏徵反對，唐太宗還想要把魏徵處死或免職。一位妃子說服唐太宗不要這麼做。後來，唐太宗了解魏徵為國的立場，還稱讚魏徵是自己的明鏡，可以看出自己的缺點。

而美國總統有權任命所有的內閣閣員。雖然要經過國會同意，可是如果執政黨佔多數，那麼總統提出的人選一定會通過。實質上，他可以也只任命同意他政策的人。反對者要不是不被任命，或很快辭職或被辭退。換句話說，在他四周圍的人都是阿諛者，即蒼蠅族成員。事實上，有的閣員的任命是循私或償還選舉債，因此許多閣員的資格都有問題。最近在路易西安那州發生颱風所引起的水災，管理聯邦救災局的局長的資格是一位在選舉總統時出力很大的養阿拉伯賽馬專家，因此把救災事搞得一塌糊塗。雷根任上，任命反對環保的宗教極端分子主管環保局。幸運的是，任期最多兩任，八年，因此損害也限於八年。可是不幸的也是任期最多只有八年。美國換總統有如中國換皇帝－一朝天子一朝臣，一套新政策。可是在中國，有些好皇帝做得久，把政策貫澈始終地執行。（中國盛世的天子－如唐太宗、清乾隆帝－的統治期都很長，三十年上下。唐太宗在位 23 年，清乾隆在位 60 年），因此可以把政策貫徹始終的執行下去。）當然，美國的總統制度比中國的世襲帝位好得不知道多少。可是，換了總統，通常連政策都換了。就是說，國家的政策幾乎沒有連續性。美國的政策因而每隔數年，就從一個方向轉到另一個方向，好像方向不定的船。而八年的時間往

其他國家執行。以前是以反共攻打其他國家（如越南）。於 21 世紀初進兵攻打伊拉克，表而上是去消滅殺傷力大的武器及標榜民主，如其實骨子裡的原因是要想搶奪石油資源。

往不夠讓有些政策可以貫徹執行。平衡國家預算的問題就是其一。柯林頓總統把預算平衡了，是美國史上極少有的事。如果他再做四年或八年，美國最大的危機—像脫韁之馬一樣，不停超過預算的赤字財政—就能解決了。事實上，在 20 世紀中可以論證為最好的美國總統，把美國從經濟不景氣救回的羅斯福 (Franklin D. Roosvelt)，任期有十五年之久（連任三次，最後一任死在任上）。如果他不做這麼久，是否能貫徹執行他的新經濟政策，則很有疑問。這項新經濟政策非但讓美國的經濟復甦，還將美國帶到現在我們所看到的，世界超級強國的地位。

## 中國人民對政府的滿意程度

接著要來談談中國目前的政治制度了。自毛澤東去世，鄧小平上台後，中國的政治制度在實質上改變不少。可是現在的西方，一提到中國的政治制度，就只聽到「極權、壓抑自由、應加以譴責、不民主……」等字眼。許多反中國的口號中包括了「中國人渴望自由……」等字眼，我們不禁要問：中國現在的情形是否真的像這些口號所說的？

在我嘗試回答這問題之前，我要首先指出，1980 年之前，中國共產政府加諸於人民的控制的有效程度遠低於前蘇聯。冷戰期間，前蘇聯的綽號是鐵幕國家，而中國的綽號是竹幕國家。不去管這綽號的諷刺意味，它指出的是，中國的控制並沒有前蘇聯的那麼嚴厲。要公平的回答以上提出的中國現況的問題，就要找一些客觀的資料。當然，中國政府的資料靠不大住，可是自從 80 年代中國開放以後，有不少的西方團體研究和調查了中國的情形。

其中有兩個值得一看的調查：一個是《經濟學人》半學術期刊的情報部門所做的。這期刊的情報部門發展出一種方法理論，能將各國人民主觀對於生活滿意程度和客觀的決定生活品質的因素聯繫起來。用的是客觀的數據。經濟學家發現國家國民總收入 (GDP) 往往不能代表人民的滿意程度，因為有許多非市場活動及社會病態。這項調查於 2005 年進行。共用了九個因素，如下：(1) 物質上的生活，以 (GDP) 來量度。(2) 健康狀態，如出生時的預期壽命的長短。(3) 政治的穩定度及安全感。(4) 家庭生活，包括離婚率。(5) 社區生活，是否去教堂或參加工會。(6) 氣候和地理環境。(7) 職業的安全感，如失業率。(8) 政治自由，及 (9) 性別自由（男女的薪金比例）。這個調查把意見以 1 到 10 的指數來表示，1 最差，10 最好。按這個調查，在總分數上，愛爾蘭佔首席，指數為 8.33。美國第 13，指數為

7.62。日本第 17，指數為 7.39。台灣第 21，指數為 7.26。法國、德國分別為第 25、26，指數為 7.08 和 7.05。中國第 60，指數為 6.08。而俄羅斯第 105，倒數第 6 名，指數為 4.8。最後一名是辛巴威 (Zimbabwe)，指數為 3.892。值得注意的是，俄羅斯聽從了西方的宣傳，執行民主之後，在客觀滿意程度上，還淪為倒數第 6 名。最重要的低指數原因大約是經濟。當然，這項調查有嚴重的西方偏差，因為第 5 項（去不去教堂或工會）已經設定了西方宗教傳統（和工會組織）的重要性。而如上一章所說，這種以去不去教堂的標準不適用於中國。（中國民間有句成語：「無事不登三〔儒、佛、道〕寶殿」。即沒有事就不去廟中拜神。因此中國沒有定期去教堂或廟的觀念。）即使如此，中國的名次還夾在當中，比號稱已經接受了西方民主的俄國要高許多。

華盛頓的皮尤研究中心 (Pew Research Center) 做了全球心態調查 (Pew Global Study Project)。自 2002 年起，他們在中國就進行了不少調查。2005 年，這個中心在中國六大城市（北京、成都、廣州、上海、瀋陽及武漢）及其郊區進行調查；從地理上來說，從南到北到東及西（中國人口約有 50%集中在所有大城市及這些城市的郊區）。皮尤中心的 2005 年的報告中這麼寫，「……廣泛的自由市場改革把中國經濟改頭換面，及創造出從來沒有過的成長。儘管中國人民的政治自由受了限制，在這六座城市及其附近的郊區對他們的前途感到樂觀，認為他們已經體驗到了在不斷成長中的機遇，而在未來這些機遇會繼續的擴大中。」

這項調查的重點是看人民的樂觀程度，用下列六項來測試：(1) 個人自認在社會上的階梯地位。(2) 在過去五年中，個人的進展（生活及其他）。(3) 在未來五年後，個人在社會階層的展望。(4) 個人的樂觀程度。(5) 中國人按收入及教育對於生活的滿意程度。(6) 中國人按教育、收入及年齡對未來的展望。這報告中列出六個國家的比較，其結果摘要如下：

第 1 項：個人自認在社會上的地位。美國第 1，有 59% 認為自己在社會的階層很高。印度第 2，34%（2002 年的數字是 17%）。中國第 3，29%（2002 年：23%）。而俄國則為第 6，16%（2002 年：19%，1991 年：7%。前蘇聯在 1991 年開始垮台）。

令人驚奇的是第 2 項：過去五年中個人的進展。中國被列為第 1，有 50%的人民認為比過去五年個人的生活及其他都要更進步（2002 年：42%）。美國屈居第 2，47%（2002 年：51%）。俄國第 4，38%（2002 年：36%）。

在第 3 項對未來五年後在社會階層的展望上，印度佔首席，75%。美國第 2，70%。中國第 3，69%（2002 年：55%）。在第 4 項（個人的樂觀程度），中國又佔首席，76%（2002 年：65%）。美國第 3，48%（2002 年：61%）。

第 5、6 項只在中國進行調查。發現高收入的人對目前生活滿意的人最多，佔 36%，低收入的只有 21%，按教育程度的調查的結果差不多。而第 6 項 （年輕人對未來的展望）中，最高收入的滿意程度佔 77%，可是最低收入者還有 61%感到滿意。按教育程度及年齡的滿意程度都差不多，都在 61%以上。總體說來，對國家的滿意程度最高的是中國，為 72%，最低的是波蘭，為 13%。美國 （39%）居中，在印度 （41%）之下，俄國為 23%，法國及德國各為 28%及 25%。

2009 年，皮尤基金會又做了一次調查，發現滿意的程度高達 87%。

皮尤的研究的報告中提出的結論中有以下這一項。「最驚人的是，這調查發現在所有一般說來，對現狀滿意的國家中，中國佔了首席的地位。十個人中，不止有七個人 (72%) 對他們的國家的現狀感到滿意[100]，而少於五分之一 (19%) 感到不滿意。這些數字代表，自 2002 年的調查後，有明顯的增加：那一年，有 48%的人滿意，有 33%的不滿意。」可是中國的確是一黨專政國家，只有一個政黨。怎樣回答那些在西方喊得響亮的口號：「極權、壓抑自由、應加以譴責、不民主……」以及「中國人渴望自由……」呢？最合理的解釋是，人民重視生活的品質程度要遠超過那些抽象的西式民主。

## 對中國目前政治制度的評論

從皮尤的民意調查來看，中國人民對國家狀況的滿意程度，比其他國家對自己國家狀況的滿意程度高。可以下斷語，即和其他國家人民一樣，中國人民對於自己生活狀況的重要性比政治更重要。即使在美國，總統大選時的選舉率（有資格選舉而真正參加選舉的比率）已逐漸降低到 50%。古希臘的雅典，人民有直接參政的權利，而在參政大會中的參加率也只有數千人（有資格的人數達 3 萬人）。在中國悠長的歷史裡，人民大都只想過豐衣足食的富裕日子，對政治不感興趣。對於政治有興趣的人，也有參

---

[100] 這調查不包括生活水平低的鄉區，按中國政府本身的統計，在鄉區有兩億人口還生活在貧窮中。皮尤的網站是 http://pewresearch.org。

政的機會，不過這些參政的機會是基於能力，不是大都和能力無關的眾望（即受不受人歡迎）。這是一種菁英主義 (elitism)，參政的機會建立在科舉制度上。

目前中國的政治是一黨制，沒有我們所知的西方選舉制度。可是中國的政治不是所謂的寡頭政治（oligarchy，前蘇聯或德國的希特勒掌權的第三帝國〔Third Reich〕），或少數統治的元老政治 (patriarchal rule)。歷史告訴我們，真正的寡頭政治或元老政治都不能持久，最多幾個世代。而中國的君主專制制度卻相當持久，許多朝代都能維持數百年，甚至比美國的歷史要長。君主專制制度持續了兩千年，比現在的歐美民主制度要長許多倍，為什麼？我想其中一個原因是，即使在名義上，所有的大權都集中在皇帝一人手中，可是有許多限制皇權的約束，也有能讓平民參政的管道。

首先要說，中國很早就有一種的民主方式。民主的定義應當是，每個人都有參政的權利。（民選只是其中一種。）按這樣的定義，從第 7 世紀起，人民都有參政的機會。（直到 20 世紀之前，只有男性才有參政的權利。即使是自稱最先進的民主國家，如歐美，也是到了 20 世紀以後，女性才有參政的權利。最遲的是瑞士，20 世紀末，女性才有選舉權。）

在歐美，這種參政的權利來自人民的普選。在這種制度下，最受歡迎的人物（按現在的說法，經常出現在媒體上的人物）當選。在中國，這種的權利和候選者的菁英程度有關。這種參政權利來自三級的公平科舉考試（本書第十章討論到這制度），因此只有高度的智識分子才能參政，只有最有能力的人才有資格參政。從最低的縣級官員到宰相，大都從這個制度選出。因此，中國很早就有讓平民參政的權利；人民不覺得被排斥在統治階級之外。當然，中國和歐美的制度都有其利弊。

從統治管理國事方面來說，所有皇帝的決策都在朝廷的會議中討論過。重要的官員（大臣）都能表達贊成或反對的意見。皇帝衡量所有的意見後，再作決定。（不顧大臣意見的皇帝往往就是末代皇帝。）因此，從這方面說來，中國古代的政治不是寡頭政治或元老政治。再者，歐美的帝王政治的接位人要按出生的順序來安排。在中國，繼承皇位的太子往往不是長子，往往都由大臣仔細觀察後，向皇帝推薦。例如，威望最高的漢武帝選的接位太子是他的第九子。

還有一點為什麼中國朝代能持續很久的原因，這就是中國對歷史的重視；這種的重視是幾乎在世界各國中是獨一無二的。（歐洲記載歷史傳統到了 18、19 世紀才建立起來；古代羅馬及希臘的歷史都要從斷簡殘編中

編出。）中國對歷史的研究偏重於各朝代失敗的原因。自從「君權神授」的觀念在周朝以前被否定之後，所有帶領革命者都以《尚書·康誥》（推翻紂王的軍令）的最後一段「惟命不于常」（天命不只幫助一家）為口號；周公強調「天命靡常，唯德是依」（天命無常，唯一可以依賴的是品德），及皇位「有德者居之」的口號。即使在唐朝最盛的唐太宗時代，他常常引用老子「水能載舟，亦能覆舟」來警惕自己。許多皇帝都微服出巡，視察民隱。朝廷中設有御史一職，以報告皇帝不當之處。每位皇帝在接位之前，都要熟讀歷史，因為隨時都可能被推翻。因此可以說，中國一向都有民主精神，只是不很明顯而已。把皇帝去除之後，這種政治可以稱為菁英政治。

自 1950 年人民國建國以來，歷經三十年的混亂時期，以文化大革命作結束。目前的中國政治逐漸移轉到中國專制時代盛世時的制度，即有一個強有力的中央政府，其官員選自人民（可是要先成為共產黨黨員，這和美國要成為共和黨員或民主黨黨員類似），以能力（菁英制度）為主，沒有民選。根本上和專制時代不同之處是，沒有皇帝了。

在不久的過去，想要參政（即中國人所謂的作官）唯一的管道似乎是黨的推薦。最近開始了類似科舉的考試制度。此一制度是孫中山原計畫中的一部分，在台灣已實行多年。最近舉行的考試，有 100 萬人應考，錄取 1 萬 5,000 千名，競爭相當激烈。過去對中國官員的批評是知識水平不足，希望藉由這樣的考試，可以增加官員的水平。但這僅是參政的入門而已。君主時代，即使通過了科舉考試，選拔官員時，往往會牽涉到一種甄選。當指派官員到某一重要空缺任職時，皇帝會詢問其他朝廷官員對此人的意見。這位候選官員便會去遊說同僚，即「選民」，希望得到他們的支持。換句話說，選擇官員到某職位時，牽涉到同僚的推薦和多數的同意。這種非正式的甄選制度看起來很不民主，依賴個人的關係。可是，即使在最現代的民主（民選）國家中，仍舊不可能避免同僚們非正式的甄選。英國國會政治中類似的甄選制度 (selectorate) 有很大的作用；美國國會政治中，也牽涉到甄選。可是在美國，即使在今日，個人的財富及出生背景特權[101] 仍舊有重要的影響。（中古歐洲就不然，一定要出身貴族，即使在現代美國，許多政治人物都來自或富或貴的大家族。）

---

[101] 出生背景特權 (birthright based on heritage) 不是人權，是人為的「特權」，即和出生背景（家世，種族，宗教等）有關的人為所賦與的與生而來的特別權利，類似中國的門閥制度（武則天以後才逐漸廢除）。

現代的中國和專制時代還有一點不同的地方。雖然古代中國，自西元前第 5 世紀，知識就已經普及到民間。從前，政府的官職幾乎是唯一最好的職業選擇。科舉考試能選出的人才數量也有限（三年一考，所選最高等級的進士人數也不過數百人）。就知識分子的職業而言，唯一的出路幾乎就是在政府機關（朝廷）任職。現在西方及許多第三世界國家都推廣教育，中國當然也不例外。在現代中國，一直到高中都是義務或者甚至是強迫教育，連大學–相當於訓練進士級人才的學校–都很普遍。而學成以後，職業選擇很多，不一定要進政府機關任職。要進政府機關任職且想在政界升遷，大都必須透過非正式的甄選，而主管這這種非正式甄選的機關就是共產黨。每一個要想參政的人先要經過小學→中學→大學，甚至研究所這一段學習的階段（相當於「現代化的科舉考試」），然後要加入共產黨，依賴黨裡的甄選制度再向上升遷：從地方級升到省級，然後最優秀的就送到中央，最成功的可以做到總理的職位。因此，雖然現在的中國沒有像美國的普選，可是管理人才仍舊是從人民中甄選出的。這種甄選，不依賴口才，不依賴對選民的允諾，不依賴家財的富有，不依賴對工商界的承諾，而依賴同儕的甄選評估和在黨裡的工作的表現[102]。這種的升遷制度，類似中國古代君主專制政治體系中的制度。透過這樣的制度，平民也能獲得參政的機會。

## 中國政治和商業公司的比較

以上說的這種制度看起來很獨裁，可是類似的制度在美國已經實行多年，頗見成效。雖有弊病，可是一般來說，成果還不錯，而且沒有人批評，說這制度不民主。實行這制度的當然不是政界，而是工商界。

美國的大公司清一色幾乎都是私有的。其形成的過程如下：有某人非常聰明能幹，想出一門新企業，如藥廠、汽車廠。成立後，大部分的廠商都需要資金來擴充，而最普通籌資金的管道是賣股票。到公司極大的時候，如通用汽車公司，最大的股東的股份也只有 9%，而股東的數目可達上千萬，財富和股東人數能和一個相當大的國家相比。理論上說來，一賣出股票，這公司就變成公眾的產業，理論上每一股東都有選舉權，其份量看持多少股份而定。可是在執行上卻不是這麼一回事。每一個公司都設有一個董事會 (Board of Directors)。最初的董事會是在賣股票成為公眾公司之前，由創辦人組成的，因此不是選出來的。一旦賣出股票，成為公眾的財產之

---

[102] 不幸的是，在中國現在的政府中，高級官員的子弟仍享有這類影響升遷的出生背景特權。

後，不會由股東另選出新的董事會，而是由最原始的董事會連任。理論上股東可以選出董事，可是很少有大公司這麼做。公司每年開董事會之前，候選董事會的人選早已內定，然後把選票寄給股東，選票上有一項可以讓股東填上要選的人。然而股東分散四處，又沒有選舉的組織，因此幾乎可以保證，股東填上的候選人等於白填。要選出的董事早已內定了[103]．只要公司存在，董事會就一直存在：它自己（即現任的董事）選出以後要繼承的董事。因此董事會等於是一個自我推進的永久管理機構。董事會可以決定公司的商業戰略，選出總裁，可是總裁沒有一定的任期，而是由董事會決定。

因為在實質上股東無法選出新董事，因此股東幾乎沒有過問或參與公司決策的權利，更不能直接選出總裁，可以說，連說話的餘地都沒有。公司每年開股東大會，參加的股東人數往往不少，大都只是捧場而已，因為所有的公司決策早已由董事會決定好。股東只有霍伯孫式的選擇：點頭或者把股票賣掉。這制度能實行的原因是，絕大多數的股東對參與公司的業務沒有興趣，最有興趣的就是股票的市場價格或股息的多少。而公司最重要的目的乃是賺錢。如果賺錢，總裁就可以一直做下去。如果虧本，就要辭職或被免職。普通的人也可以參與公司的行政，可是必須先在公司裡任職，然後一步一步升遷。如果真的有能力，如以前在福特汽車公司做過總裁的愛歐柯卡 (Lee A. Iocacca)，也能從繪圖的小職員晉升成為總裁。

如果將以上描述中的公司改成中國，公司組織改成共產黨指派任職的政府，董事會改成共產黨的最高組織－中央政治局，總裁變成主席，股東變成人民，人民代表大會變成每年召開的股東會議，就大致說對了中國的政治體系。人民代表的確是由人民按所住的區域直接選出的，共有三千餘代表，只有在開人民大會時才會真正聚會。不像美國的下議院議員（有四百位左右），選上後要經常駐在華盛頓，幾乎天天開會。當然四百人一起參加討論，非但不易維持秩序，而且還不易討論出一個具體的結果。因此這四百餘位議員都分成小組，每一小組有專門討論的問題。討論後，提出

---

[103] 因為大部分股東的股票都交給股票經紀人，經紀人就寄選票委託書 (proxy vote) 給股東，由股東委託經紀人去選。可是通常候選人的數目和職位一樣多（即可以投票選某人，或不投，沒有其他選擇），而在決策方面只能選贊成或反對，這等於霍伯孫的選擇。在極稀有的情形下，有財團想要想爭奪公司管理權，因為這就要花大本錢，去找有足夠票數的財團來合作，重選董事會，稱為委託權之戰 (proxy war)。在美國公司歷史中，只有很稀少的幾次，鬧到要做到委託戰的階段。

結論，交給大會選舉。當然這種制度有弊病，因為有些小組的權限很大，往往為了黨的利益式商業競選獻金的影響，不肯把某些提案放在議程中，這些提案就永遠不會在大會中討論。這是最大的弊端。

而在中國呢？中國的三千餘名人民代表平時大都不見面，只在人民代表大會中才一起討論。從實際觀點來看，人民代表大會像是股東會議，人民代表就是股東的代表。理論上人民大會有權可以決定一切，可是政策及人選早已由「董事會」（中央政治局）擬定好，幾乎只有拍手通過的選擇。因此在執行方面，就如以前所說過的，「黨（中央政治局）『揮手』，政府『動手』，人民代表的常務委員會『舉手』，人民代表大會『拍手』。」

說中國的這個政治體系不民主，的確不民主。可是要說民主，也民主，因為管理人才都來自人民，而且是一步一步甄選出的人才。如前所說，事實上這也是在君主時代實行了數千年的政治體系。這體系非但把中國文化一直持續下去，而且在歷史上有好幾個時期，中國成為世界上最強有力的超級強權。這制度之能順利執行的原因是，大多數的人民（股東）對國家的行政（公司組織）都沒有興趣，只要日子過得好，有前途就行了（即股票上漲，股息多）。在這種制度下，人民還是有參政的權利，可是對行政有興趣的必須加入共產黨（公司組織），然後一步一步升遷，江澤民就是這麼升遷上去的，胡錦濤亦然。

還有一個能維持中國興旺和穩定的因素。就是現代工商業活動的激增。以前，一個朝代建立以後，除了恢復秩序，讓人民安居樂業之後，也許最重要的，也最受人民支持的政策就是恢復科舉考試。此一考試制度提供有才能的人進入政治舞台的機會。用當時的觀點來看，還有比用公平的考試來選拔人才更公平的方法嗎？除了對於職業有所限制外，這考試不歧視種族、宗教或身世。在許多朝代中，造反的都是那些考不取的而有才能的人。本書第十三章提到的洪秀全是其中之一。另一位是唐朝末年的黃巢。他屢試不中，因為他的反叛，使得唐朝的國力大為減弱。雖然這叛亂被平定了，可是過了二十年後，唐朝就滅亡了。在目前的中國，要感謝現代的科技，在工商業中，有無限的黃金機會，不一定要在政府中任職才有前途。

在這樣的分析之下，不難看出，為什麼中國能在不到一個世代（三十年）的時間，從世界平均每人年收入為倒數第三名的地位，晉升到目前的繁榮，以及為什麼皮尤的調查認為大多數的中國人都滿意現狀。在 1950–1980 年間的中國，很像 1789 年大革命後的法國。大革命後，不問良莠，否定了許多舊的價值觀，造成混亂。革命後有很長一段時間，法國在許多

方面都失敗了。直到現在，還可以感覺到大革命的餘波。1980 年後，中國執行了人民共和國建國時的方針，把所有的意識形態都從國家政策中趕出。中國所做的就是保留兩千年以來所用的（類似美國的公司）政治體系，加以現代化，以集體的方式領導。這種方式使中國人民能發展出潛能，重蹈歷史上大動亂後，社會秩序恢復，就能很快變成繁榮的舊轍。

## 中國政府對誰負責？

中國和西方政治制度還有一點不同的地方，就是執政者該對誰負責？在中國，因為沒有普選，（共產）黨無需直接對人民負責任。雖然黨聲稱它的政策代表人民的意願，可是沒有一個民選出來的機構以法律的方式進形評論和監督黨的作為。反之，在西方民主國家，人民可以在下一次普選時把不滿意的執政者換掉。

在中國，也有類似國會的機構–人民代表大會，然而並未產生什麼作用；只有開會時候才集會，其的功能也被黨所控制，所做的事只停留在「拍手」的程度。

即使如此，黨還是不時審視自己的作為。一般領導都了解「水能載舟，亦能覆舟」的歷史格言。但這僅是自制而已，不能保證有效。有另外一種的權力制衡，無形，卻有相當大的作用。

在中國政府中，即使在最高層，和其他各國政府一樣，也有許多權力鬥爭，但中國的情況不同。中國最高官員–例如政治局的委員們，沒有一定的任期，因此理論上隨時可以被免職。即使是最高領導–如胡錦濤，也受到不時可能被免除職務的威脅。因此，主席一定要能盡職，其他高官，如政治局的成員，也要有好的表現，好的表現是以後升遷的本錢。（在西方的公司中，同樣的競爭一樣存在。）當然，地位愈高，競爭愈激烈。特別情形是，如果主席軟弱（如毛澤東指派的繼承人華國鋒），或老化（如年邁的晚年鄧小平），競爭會變成非常劇烈。

中國的高層政治制度類似已垮台的前蘇聯，黨的最高權力機構是中央政治局，有 22 位委員。理論上所有決策都在會議中決定，不過許多決策其實都在幕後先決定好，再在會議中討論。這和美國國會，總統和國會的幕後討論類似。當在幕後決定時，一些聲望高的成員的意見總會受到重視，雖然主席對決策有很大的影響力，但往往主席也要尊重這些聲望高的成員的意見，因此不能保證主席一定可以做最後的決定。例如，以鄧小平的聲望，也無法說服委員把朱榕基提升為中央委員。

　　由於這種現實，最高領導–主席–經常要注意自己的作為及成就，否則就有被除職的可能。（很明顯，毛澤東及史達林時代的整肅鬥爭已經成為歷史。）因此，在最高的統治階層，很少有貪污及腐化現象。（在下文討論到中國及美國貪污的現象時會再討論。）一旦被發現，除了極重的處罰之外，過去多年在政治上的努力都將付諸流水。

　　當然，中國有許多不公平的地方，可是在過去三十年裡，已經改革了不少，當然還有許多要改革的地方。最重要的一點是，雖然大部分的中國已經在享受繁榮的果實，卻仍有一部分的人民（二到三億，人口的五分之一到四分之一）仍舊生活在一窮二白中。中國有不少因極窮的農民不滿所發動的暴動（中國稱為鬧事），有人估計每年約有二、三萬起。除非中國的繁榮能滲透到這些窮苦的人民，否則這些暴動或鬧事將會持續下去。古代中國君主專制，如果「公司」的管理無能，使人民受苦，就進行革命，把公司（朝代）「解散」，再重新組織一個公司及「董事會」（即換一個朝代）。因為這種「解散」（革命）的可能，政府（公司）在管理方面一定要讓人民（股東）滿意；古代英明君主和大臣都深知此理。現在的中國的「董事會」（政治局）也很了解這一點。最近地方政府貪污，受了賄賂，強硬徵收農民的土地，農民暴動鬧事。人民政府一方面鎮壓，一方面修改法律，把地方政府的徵用土地權力大加削減，儘量減少人民的不滿。把這個道理說得最露骨的是胡錦濤在 2006 年 6 月 30 日，於中國共產黨建黨 85 週年紀念日發表的演說。他針對當時廣東的鬧事，那次鬧得很厲害。他的演講詞不長，和這問題有關的一段如下：

　　　　「民心向背，是檢驗一個政黨是否具有先進性的試金石。一個政黨，如果不能保持同人民群眾的血肉聯繫，如果得不到人民群眾的支持和擁護，就會失去生命力，更談不上先進性。我們黨的根基在人民、血脈在人民、力量在人民。保持黨同人民群眾的血肉聯繫，是我們黨無往而不勝的法寶，也是我們黨始終保持先進性的法寶。」

　　如果把這幾句話中的「政黨」改成「董事會」，「人民」改成「股東」，這些話也可以放在任何大公司總裁的演講中。這幾句話的真正意思和古代英明君主的左右銘：「水能載舟，亦能覆舟」幾乎一模一樣。現在已經沒有君主了，可是道理沒有變。中國現在似乎處於一個緊鑼密鼓的競賽中：把繁榮推到窮苦的人民去和鬧事的擴大之間的競賽。這是一個只許成功不許失敗的競賽。

## 中國和西方民主的比較

現在做一個也許有許多人不喜歡的結論：中國的民主方式和西方的大不相同，沒有西方的普選。可是不能因為沒有普選，就斷言中國沒有民主。在現代的一黨專政和中國君主專制時代，人民一直都有參政權，只是管道和民主國家的不同。

在民主國家，想要參政，必須有充足的經濟力量作為開始（自己有錢或者有人在經濟方面的支持），有黨（共和或民主）的支持，有能力找到願意獻金的工商業界，有天花亂墜的口才本領說服選民。因此，幾乎清一色的，所有西方政治人物（總統及國會）議員的家境都很好，都有地方連繫，大都出身商科或法律，很少有理工出身。出身商科及法律的好處是懂得法律，壞處是知道如何鑽法律之間的漏洞；更壞的是，能在「一時」(some of the times)（以口才）欺騙所有或大多數的選民（改述林肯總統語）。（如果競選總統，所謂的「一時」就是四年。能圓滿「欺騙」選民四年，就能選上第二任。）

現代的中國，要做重要的政治人物，在通過「新科舉考試」（即有適當教育程度及共產黨的黨籍）之外，還要依賴同儕的甄選，這就要看個人的能力、工作上的表現了。（當然，不能說沒有人事關係；現在的不正常現象是，除了有能力之外，一定要有「太子黨」的「出生背景權」，才能進入最高政治階層，見註 102）。按才能甄選，「候選人」不一定要出生於富裕的家庭，不需要工商界或個人經濟的支持，而不必以花言巧語說服人民，也不必學法律或商科。最近的兩位中國總理，江澤民和胡錦濤，都是工程出身。至於選民有沒有選擇的問題，端看你的觀點，都是霍伯孫式選擇。一個是只有接受「董事會」指定的馬的選擇，另一個是從兩匹極相似的馬─都受了工商業界獻金影響的「馬」中選出一個，也等於沒有選擇。原因是，兩個黨的候選人的相同之處比不相同之處要多得多。事實上，想要吸引那些舉棋不定的選民 (swing votes)，兩黨政治給候選人要儘量和對方相似。因此，現在的競選已經演變成儘量曝光及攻擊對方的缺點（稱為負形象競選〔negative campaigning〕）。因此，有些偏激的美國人說，美國的選舉，連霍伯孫式選擇都談不上。霍伯孫式選擇是在「有」和「無」之間作一個選擇，而美國選舉的選擇是在兩個「無」之中選一個。唯一的選擇似乎和政治、經濟無關的，個人的意識形態方面的喜惡（如接不接受宗教在政治方面的影響）。民主政府，特別是經常需要競選的議會，容易出現由多數者決定的暴政 (tyranny of the majority) 的怪招。「多數」的想法不見得都是最好的，也不是最公平的。

　　還有一點不同的地方，政治學上有一個稱為甄選的理論 (The Selectorate Theory)。以前提過，現在加以說明。（這理論在本章結尾所列的參考書有詳細的討論。）政治學牽涉到似乎無限數目的不同政府體制。即使這些名詞，如民主、君主政治、獨裁政治 (autocracy)、執政團 (junta)、寡頭政治 (oligarchy)、神權政治 (theocracy)、暴民政治（Ochlocracy，又稱為 mobocracy，或 majoritarianism）等等，也不足以描述所有可能發生或能想像到的政治體系，因為沒有兩個政府體系是一模一樣的。政治學家因此把這些體系發展成兩維體系，其中一維體是甄選團 (The Selectorate)，另一維體是贏者同盟 (The Winning Coalition)。甄選團是能參加選舉的人，為人民總體的一個次團體（subset，即總體的一部分）。贏者同盟是甄選團的一個次團體，有權指派及支持在政府執政的同盟成員。在美國，甄選團是有資格選舉的選民（資格是年齡超過 18 歲），贏者同盟由甄選團的子集所組成（如共和或民主黨），顧名思議，贏者同盟是在選舉中獲勝的那一黨。（美國總統大選時的「選舉人團」類似「甄選團」，可是選舉團只是代表人民投票，不是真正的甄選。）

　　可以將甄選團的觀念應用到公司體系裡，可是在公司組織中有多層的甄選團，上一層有權管理下一層等等。最高的甄選團就是董事會，而成功的選出總裁的那些董事就是贏者同盟，董事會這個甄選團只是人民（股東）中的一個極小次級團體。公司管理階層形成的次級團體又是一個甄選團。（在任何階層中，只有少數的人員能決策這階層的事務，他們就是這一階層的甄選團。）這甄選團可以在自己階層中選舉，能選出所要的領導階級，贏的哪一個派系就是贏者同盟。（只要有組織，就會有類似黨的派系。）可是每一階層的甄選團都要聽命於上一層的甄選團，即上一層的管理階層，當然，每一階層的甄選團也要兼任公司各種職務。

　　中國的政治結構也有一個多層甄選團的組織。幾乎每一政府的階層都可以看成一個甄選團。中央政治局是最高的甄選團，贏者同盟就是能成功的合作選出總理的那些政治局委員。在過去君主時代，最基層的甄選團的資格是教育程度和共產黨員。（現在黨員在黨中地位的重要性也包括教育程度。）這些最基本的甄選團成員（所謂的草根甄選團員，即普通黨員）選出最基層的領導階級，這些最基層的領導階級再被選拔為上一層的甄選團，然後一級一級的甄選上去，一直選拔到中央政治局的委員。雖然上一層的甄選團的成員來自下面的甄選團，可是下一層的甄選團要聽命於上一層的甄選團，贏者同盟選出的執行領導級（最可能上一層的甄選團成員的候選人）的條件大都基於做事的能力兼人事關係。中國的甄選團和公司組

織不同的地方是，公司一開始時，組織很小。公司成功後，開始有下層的組織，由董事會甄選出下層甄選團的人選及組織等等。而在中國，草根甄選團甄選出上一層，一直甄選上去。

因此可以說，中國政治體系和美國不同的地方是，理論上來說，美國的甄選團只有一層，團員的資格是年齡超過 18 歲。中國卻是多層的，而且分布到各區，而這些區分部於全國。在美國，甄選團的成員是選民，可是在這團之上有非正式的甄選團。在中國，情形較複雜，可是要成為甄選團成員，必須先加入共產黨。另一個不同的地方是，中國共產黨的黨員人數是人口的極小部分。目前中國的甄選制度之所以能實行的原因是，對政治真正有興趣的人究竟屬於極少數。即使在美國，有資格選舉的選民的投票率經常少於 50%，在政黨中熱心工作的人數更少。大部分的人民只要日子過得好就行了。這又回到「水能載舟，亦能覆舟」話題了。

*

中國的公司董事模式的政治裡，存在著一個最大的隱憂或缺點。在西方式的民主政治，有一個內存的審核機構–如果選出的政府不好，下回就可以不選這政府。中國的政治模式中就沒有這麼一個類似的機構。事實上，連美國的公司都沒有。在剛剛建立的時候，朝氣蓬勃，發展很快。可是這種制度最大的弱點是「董事會」的成員的老化，而且老化的過程可以傳給下一任的董事，因為每次換新的時候，只進來少數的一批人。因此，許多很大的公司到最後必須採取革命性的決策，把所有的成員（或大部分的董事）都換掉，否則公司就會因老化而萎縮。這現象在中國的朝代都可以看出。一個朝代大都只有興旺一、兩百年，就開始衰微下去。唐朝之所以能有很長一段興旺的時期，要歸功於武則天能繼承唐太宗的政策；她使得唐太宗的傳統能延續百多年，繼續成為世界上的超級強權。其他朝代的興旺時期都沒有這麼長。一兩百年後，政治體系老化，政治人物的心態也跟著老化，然後就走上衰亡的道路。現在的中國的「董事」都相當年輕，而且都在政府中做過事，升遷都以能力為準繩。現在政府的蓬勃現象，來自1980 年代的改革，時間還太短，不知道現在這種的朝氣的氣魄是否能繼續綿延下去。

三十年內，在「公司董事會模式」的政治體系下，中國從極度的窮困（平均年收入為世界 232 個國家中倒數第三）到現在的繁榮（現在是第118 位），而且年成長在 10% 上下，是否要其他的第三世界國家來學習呢？

　　中國的「獨裁公司」制度能成功，有另一個很重要的因素。如前所說，這制度已經實行了兩千多年，但這不是真正的原因。真正的原因是，傳統上中國對參政的人才的選拔的標準，在於他們的學識、對書本知識了解的程度[104]及在工作上的表現。在他們的學識中，對中國歷史的認識和了解是很重要的一部分。因此每位參政者都熟讀歷史，深知中國以往各朝代興亡之道。連皇帝和皇后都受到嚴格的歷史教育。事實上，幾乎所有的皇帝都是學識非常高的學者。優秀的參政者如履薄冰，小心行政。最有名的良相之一，宋朝的范仲淹的左右銘是「先天下之憂而憂，後天下之樂而樂。」因此，許多中國的朝代都很長，有些甚至比美國的歷史還長。即使是清朝，以人口佔少數的異族統治中國，但清朝開國的行政者都相當徹底的研究了中國的歷史，接受歷史的教訓，因此在最初兩百年，把中國統治得好好的。（後來失敗的主要原因之一是在於制度的過時及老化。）在其他國家中，還沒有看到這類的傳統。

　　民主國家也有同樣老化的問題，任何制度都有漏洞。政客（從事政治的大都是政客）以後就會找出制度的漏洞，加以利用。現在美國民主政治的一個大問題是，理論上很民主的民選制度，已經被遊說客 (lobbyists) 以選舉獻金制度所控制。可以把阿羅原則–沒有一個絕對公平的選舉–稍改一下，變成「沒有一個十全十美的政治體系」。幾乎所有的政治體系都有不公平的地方。事實上，可能這種理想的體制根本就不存在。每一個政治體制都有其怪誕的特性及不公平的地方。這問題在下文還會再討論。

　　代議制度的民主政治中，如果一個人能以選舉去控制多數，把自己所想要的代議代表選為立法的議員來控制議會，他就能控制所有的人，因為一旦以「民主方式」選出他屬意的議員，他就能叫這議會通過所有他想要的法律。這就是 1930 年代德國的希特勒的手法。現在，美國有一個基本教義派的運動，想要以選舉方式把宗教–特別是基督教某些支派–的教義以種種方式（包括偽裝）放在政策中。這種運動代表的也是「多數統治的暴政」精神。令人不解的是，中國在 1980 年代之後花了全國的力量，竭力將馬克思的意識形態從國家政策中趕出去；而現在美國卻以民主之名，走反方向，要把宗教的意識形態加諸於人民。

　　如前所說，沒有兩個國家有一模一樣的政治體系；不同的地方要比相同的地方要多。把一個國家的政治體系移植到另一個國家去，就和把一個

---

[104] 當然，所有的君王也都熟讀歷史，可是君王的權力太大了，所遭遇的誘惑也非常大，因此很易入歧途。即使如此，令人驚奇的是，還是有不少的賢明君王。

宗教移植到另一個國家去一樣；如果土壤不對，就會結出惡果。在過去兩千年中，中國的政治體系歷經摸索 (trial and error)，才建立出公司模式的體制。在現在的中國，這個體制還在不斷變更中。這個體制可能不合西方的民主觀念，可是在中國目前還行得通。引用一句美國佬關於能運轉機器的土話，「如果沒壞，就不要去修。」(If it is not broken, do not fix it.) 因此，要認為中國的體制或西方的體制一定可以應用在任何一個國家，頭腦似乎太簡單。

## 自由（言論及其他）的幅度

先討論西方文化最自傲的和珍惜的觀念－自由。事實上，自由是極不可捉摸的觀念。讓我提出兩個言論自由的極端。第一個極端是漢武帝時代，在兩位大臣顏異和張湯的權術鬥爭時，定出「腹誹」（表面上不說，內心中反對）的罪名，可以處死刑，即言論不自由到連心中反抗的思想都要禁止。而另一個極端是美國憲法修正案第 1 條，對於言論自由幾乎有絕對的保障。這條修正案關於言論自由的一段如下：

> 「國會不得立法……縮減人民言論的自由。」

這種的憲法的措辭，等於是一張已簽了名，可以自由填寫的空白支票。當然，「腹誹」絕對行不通，在君主時代已經將這罪名視為獨裁到不合理的暴政。但極端言論自由也行不通。例如，在擠得滿滿的戲院中，突然有人謊報，大叫「戲院著火了」，造成秩序大亂，大家急忙逃命，有人被踐踏而死。理論上說來，這謊報的人可以聲稱他有美國憲法規定言論的自由，可是這種的「自由」已被美國最高法院裁定為非法。如果宣揚有刺殺總統的自由，也會被判刑。因此，理論上說來，最高法院的裁定已經把憲法中的言論自由縮減了。美國已經把這類的放蕩的「言論自由」再三縮減到可以稱為「壓抑」的程度。可以認為這種的縮減是違憲，可是為了公眾安全，這種裁減是必需的[105]。隨著時代變遷，這種縮減一而再，再而三，即使有

---

[105] 最近一位評論家說，美國的憲法是在 18 世紀寫的，當時的社會比現在的要簡單得多，因此這套憲法早已過時，現在只好以最高法院的九位大法官的裁定來符合 21 世紀的環境。可是每位大法官都是在民主或共和黨當政時指派的，因此在裁定時就有黨派的因素在內。再者，言論自由及第二條款，允許人民可以擁有槍支，已經有很大的後遺症；言論自由已經變成保障不合理的言論，如公司的廣告幾乎可以隨意用來推銷產品，包括有害於健康的菸草（香煙），而槍支的氾濫，使得美國成為世界上犯罪及謀殺的國家。

「基本自由主義」派[106]（同基本教義派）在意識形態上的反對，也不能減少這種的縮減。現在，在美國機場安全檢查的地方，連開安全檢查的玩笑都被嚴格的禁止。還有，在反恐的前提下，有不許搭乘飛機的黑名單。因為在國際旅行上，飛機幾乎是唯一可用的交通工具，因此將憲法裡保障的人民行動自由也限制了。

因此，言論自由是不可捉摸的東西，不能以一兩句話就下籠統、一概而論的定義，這類一概而論的廣義定義行不通。所有國家裡，言論自由都有某種的限制，可是限制要放在哪裡，是一個極有爭論性及無法下一般定義的地方。對於民主亦然。

還有一點，民主和平等不能一概而論。以美國為例，理論上一切法令都由人民或人民選出的代表決定。這句話沒有人能提出異議，可是在「人民」的定義上就有很大的爭論了。1776 年美國獨立時，黑人大都是奴隸，連身體自由、戀愛自由都沒有[107]，更不必談選舉權或社會地位了。甚至連最開通的美國革命元勳都聲稱，「黑人只能算 3/5 個人。」非但黑人如此，連女人都沒有許多權利。美國的《獨立宣言》的開場白，聲稱「所有的人一生出來都平等」為立國之本。可是，這些高尚的話說了以後的 144 年中，女人的權利還受到極大的限制，如財產權、選舉權，甚至連大學都不能上。直到 19 世紀末，甚至到了 20 世紀初，女人才能進大學。要到 20 世紀初，女人才有選舉權。對於黑人及其他少數民族，要等到 20 世紀中葉以後，自 70 年代起，他們才爭到和白人相等的民權。在這些時代以前，非但認為在民權方面對性別及種族的歧視沒有不對，而且參院及議會還立法來支持。這就是多數統治的暴政。一位 19 世紀的法國政治思想家及歷史學家托克維爾（全名甚長，Alexis-Charles-Henri Clérel de Tocqueville, 1805–1859）這麼寫[108]：

---

[106] 美國有一政派，自稱為自由意志派 (liberatarian)，認為政府不能立法限制人民的自由，任何自由，包括種族歧視的自由。這派中有不少極端分子，認為政府沒有權去抽稅等。

[107] 黑奴時代，黑人不許結婚，只能雜交，甚至奴主還把相愛的黑人男女拆開，賣到不同的地方。這種的強制雜交的行為滲透到他們的風俗裡。到現在，黑人男女不結婚生子女的很多，甚至於父親不負擔兒女的生活，造成許多社會問題。這是黑奴制度的後遺症。

[108] 本段的引用語句來自他最有名的著作《民主在美國》(Democracy in America)。

在倫理上多數人的權威基於這個觀念，認為許多人集體的智慧要比一個單一的人的智慧更有知性，而議員的數量要比他們的質量更為重要。

這句話的意思是，「多數人的利益可以比少數人的要更優先。」這種的思想很容易產生多數暴政，即多數的人可以立法剝奪少數人的權利。從西方的歷史來看，到處都是例子。這句話中的「少數人」就是「低等」的人，即沒有白人「出生背景權(birthright)」的人[109]。所謂「低等」的特徵包括種族、膚色、原國裔、宗教、性別及其他。這些問題在後記中會再討論到。

## 即時民主是否可行？

所謂的即時民主就是，在隔夜之內實行西方式的選舉制度。西方大致說來，都一致同意自由選舉是所有民主的基礎。可是在實行方面，並沒有立刻做。再以美國為例。美國的選舉權是累進的。在開國兩個世紀以後，才把選舉權開放到所有年齡超過 18 歲的人。一方面可以控訴美國以多數者的暴政來欺壓少數及女性，可是從一方面說來，可以把這個累進或漸進性的民主的實施，看成是將選舉權開放給所有的人的學習曲線。我們現在不去質問這問題，是否這段的學習曲線有必要。真相是，在許多國家中，以自由選舉來建立民主的效果實在遠不能讓人滿意。1950 年代，當西方的殖民主義國家從非洲退出時，所有以前的屬地都紛紛獨立，都在聯合國和退出的國家的監督之下，成立共和國，實行民主普選，由人民選出他們的政府。沒有多久時間，這些國家都淪為獨裁國家，分裂為部落政治，軍閥橫行，把非洲捲入無法解決的混亂局面。因此，至少在第三世界國家中，西方普選的民主制度的成功率幾乎為零。自由選舉不是真正的萬靈丹。它像是江湖郎中賣的，號稱能治百病的仙丹。

有一個從民主到暴政的例子，就是二次大戰前的德國。一次大戰後，1918 年 11 月，威廉大帝二世 (Wilhelm II) 遜位，成立了只有脆弱基礎的共和國。不久這共和國的政權就在普選中被希特勒以三寸不爛之舌在選舉中奪去，代之以納粹獨裁政府。二次大戰後，歷經美國等戰勝國的努力和支持，重寫德國憲法，才變成我們現在所知的德國。而德國從 19 世紀起，還是世界上教育程度最高的國家中的佼佼者。想一下，在部落文化習俗還

---

[109] 在早期，這些有白人出生背景權的人指所謂〔WASP〕族的白人，即 White Anglo – Saxon Protestants，白種盎格羅 - 撒克遜〔英國民族〕新教徒。

在盛行的非洲，又如何呢？那些急於在隔夜，就以自由普選來建立民主政治的好心人的幼稚程度，有如那些在 1920 年代，急於要在隔夜把中國改革的先進分子一樣。目前西方的一般思維是，非要有普選，就不能談民主。可是有一位評論家這麼說過，美國比其他國家有普選，因為一般人的心態是，普選出來的政府一定會走美國路線，這是一廂情願的想法。普選會有想像不到的後果。美國要巴勒斯坦以普選選出的政府來替代阿拉法 (Arafat) 的「專制」政府。可是沒有想到的是，選出的政府不是美國想要的，而是美國列為恐怖分子，和以色列誓不兩立的哈馬斯 (Hamas)。這並不是說自由普選不對，而是說選舉制度並不是萬靈丹，甚至連民主的第一步都可能不是。要談民主，必須具有先天及後天的條件，不能只依賴自由選舉。至於什麼是先天和後天的條件，至今提出的政治學家還沒有看到幾個。

# 第十五章 中國對西方所加壓力的反應

## 楔子

### 祖父，孫兒及驢子

一個祖父帶了孫兒到市場去賣一頭驢子。祖父左手拿了柺杖，右手牽了孫兒及牽了驢子，一路有說有笑．一位行人看到了，就大聲批評，說：「瞧，這兩個人真笨。有驢子不騎，走路去市場。」於是祖父騎上驢子，孫兒拿了柺杖，跟在後面，驢子走得快些，孫兒要半跑的跟著，學祖父的樣用柺杖走。另一位行人來，看到了，就批評說：「你們看這殘忍的人，自己騎著驢子，讓孫兒走得上氣不接下氣。」於是祖父下驢，讓孫兒去騎。不久，另一個行人來了，批評：「你看這小孩真不懂事，年輕力壯，自己騎驢，叫老祖父用柺杖一拐一拐的走。」於是祖父和孫兒一起騎在驢子上。不久，這驢子吃不消，倒地而死。祖父就沒有驢子可賣。

寓意：不要輕聽每個人的意見（阿拉伯寓言）

### 《哈姆雷特》警語

聽每個人的意見，可是要做自己的判斷。

–莎士比亞著的《哈姆雷特》中波隆尼而領主警言–

### 你們想要從我們身上得到什麼？

當我們是東亞病夫時，
我們被稱為黃禍。
當我們被標明為下一個超級強權時，我們被稱為威脅。
當我們閉關自守時，你們發動鴉片戰爭來打開我們的市場。
當我們擁護自由貿易之際，
你們歸咎於我們，說我們偷走你們的工作。
當我們四分五裂時，
你們送軍隊過來，要搶走你們認為應得的一份。
當我們把我們四分五裂的局面統一之際，
你們大聲呼叫：讓西藏獨立！侵略者。

我們嘗試共產主義時，你們恨我們因為我們是共產黨。

我們擁護資本主義時，你們恨我們，因為我們是資本主義者。

當我們有十億人口之際，你們抨擊我們在毀滅世界。

當我們限制我們的人口時，你們譴責我們違反人權。

當我們貧窮時，你們罵我們是狗。

當我們借錢給你們時，你們把你們的國債歸咎於我們。

我們在建設我們的工業時，你譴責我們在污染世界。

當我們把貨物賣給你們時，你把全球變暖歸罪於我們。

當我們去買石油時，你們說我們在剝削及滅絕其他種族。

當你們發動戰爭去搶石油時，你們稱自己去解放人民。

當我們失落於無法無天之際，你們要求我們有法治。

當我們開始以法治國來消除暴力行為時，你們說我們違反人權。

當我們不聲不響時，你們要我們有言論自由。

當我們不再沉默之際，你說我們是被洗腦後的排外主義者。

你們為什麼這麼恨我們？我們問。

「沒有，」你們回答。「我們不恨你們。」

我們也不恨你們。

可是你了不了解我們？

「當然，我們了解。」你們說。

「我們有 AFP，CNN，還有 BBC。」[110]

你們倒底要從我們身上得到些什麼？

仔仔細細想一下，用些腦筋，再回答……

因為你們只有不多的機會。

適可而止。在這個世界中已經有太多的虛偽，假仁假義了。

我們要一個和諧的世界，同一的夢想，世界和平。

這個藍色的大地球，足夠容納所有的我們。

（這首詩以英文出現於 2008 年 5 月 18 日的《華盛頓郵報》，作者佚名。）

## 人權是不可捉摸的議題

---

[110] 這些都是新聞網。這句詩表示一般美國人對中國根本不了解，只依賴媒體的報導，而媒體往往有立場。

自從中國復興以來，中國遭遇到許多非難，大都集中在（西方式的）人權方面。中國對這些的非難一直保持沉默，最近中國在這方面做了一些的澄清。本章要討論這些西方來的壓力的背景及中國的反應。

和上一章所提到的言論自由一樣，人權也是不可捉摸的議題。一個文化認可的基本人權，在另一個文化中，可能被認為是很嚴重的罪行。例如，在多數的伊斯蘭國家中，伊斯蘭教徒不能改信另一種宗教，教徒也不能變成無神論者。違反者可處以死刑。這個限制是這個宗教本身的一部分。如果要談到自由，那麼這個原則－西方認為絕對違反自由的原則－本身也是一種的自由：任何文化都可以自由制定它所謂的自由的內容及原則，包括這文化對於人權的定義。

設立諾貝爾和平獎的原意是很高尚的－促進和平和繁榮。二次大戰後，喬治·馬歇爾 (George Marshall) 在國務卿任內，提出使戰後的歐洲復興的大計畫，（馬歇爾計畫）。這計畫並不歧視挑釁造成二戰的兩個國家－德國和義大利，使遭受戰火毀成廢墟的歐洲的經濟很快復原。喬治·馬歇爾當之無愧獲得 1953 年和平獎。

近年來，諾貝爾和平獎變了質。不可思議的是，有些獎頒發給挑釁戰爭的人。達賴喇嘛應用了古老的西藏神權政治體系，組織了一場為神權而戰的暴力戰爭，最後慘敗，數千人因而送命，而他卻獲得了諾貝爾和平獎。最近，和平獎頒給了中國的劉曉波。他參加了 1989 年 6 月 4 日的天安門事件，自此和中國人民政府誓不兩立，堅決反對中國政府及中國政府的制度及體系。他對和平這兩字毫無貢獻，而 2010 年和平獎卻頒給了他，原因是他堅決反對中國政府，要把現在的體制用他理想的體制來改變。從西方觀點來看，他可以算是一位鼓吹革命者，一位革命家。他已被中國政府囚禁數次，最近被判刑的原因是，中國認為他是擾亂社會安寧的罪犯，擾亂現在中國政府所建立的社會體制。我對這事不作任何評論，我要討論的是諾貝爾和平獎的現況。

現在頒獎的原則和邏輯相當模糊不清。諾貝爾和平獎的頒獎委員會是否對某些「革命者」偏愛？是否可以不顧和平這二字？是否可以忽略對全民經濟改善的功績？鄧小平是否有資格獲獎？他領導的改革，讓十多億的中國人的生活獲得大幅改善，這十多億的人口要比從馬歇爾計畫獲益的歐洲人口要多上好幾倍。頒獎委員會從來沒有考慮過他，大約因為他和委員會的政治思路相悖。

看來，諾貝爾和平獎似乎已經變成對中國及其它歐美不認可的國家施加壓力，成為要這些國家接受西方價值觀可的工具之一。在這裡，我不討論這些問題，或者西方的價值觀。我要討論的是，這些相當強烈的做法對中國政府的反應是否有效，或者是否能有實際的成果。

## 時間和忍耐：社會改革的重要因素

不久以前，我遇見一個堅決反對中國政府的人，特別反對的是中國在人權方面的立場及政治的體系。他提出不少的方針來宣揚他對中國人權問題的改革，大都基於西方的意識形態。我一看之下，就立刻可以斷言，他所提出的方針既不實際，也不可能在他有生之年做到（他比我年輕許多）。我問他這個問題：假如他有權使用核子彈，他是否會用來威迫中國政府以執行他的理想？他愣了一下，開始了解我的觀點－不可能用威脅或壓力來強制執行急促的改革。他承認，自從毛澤東時期到現在，中國已經向前走了許多步，雖然還有許多步要走。這就是我以前強調過，現在還要再強調的一點：時間的因素。社會的問題或改革不可能隔夜就做好，連一兩世代可能都不夠。在某些情形，甚至一兩個世紀都不夠。

我在以前幾章裡寫了，從歷史觀點來看，要好幾個世代才能促成社會上的改革。在第十章中，我提到在第 5 世紀時，魏孝文帝要把胡人說的胡語廢掉。他的大臣咸陽王禧說不可能立即廢掉，他建議先在朝廷裡規定不許說胡語，這個法令就會逐漸影響民間。果然，幾世代之後，就沒有人說胡語。以操生死大權的皇帝，也不能立即做到這麼簡單的社會改革。而把胡姓改成漢姓，也花了近百年的時間，經過好幾位皇帝的提倡才做到。

最近，人權問題又扯進了其他的議題，如中國的匯率及貨幣政策與美國的工作機會外流的問題。可是，匯率及貨幣政策僅是一條紅鯡魚－用來引開注意的論點。美國工作機會外流的問題牽涉甚廣，豈止於匯率的問題！

## 中國和美國地位平等，並非附庸國

許多經濟學家認為美國工作機會外流，造成大量失業的問題，和匯率沒有密切的關係。日本的日元 ¥ 就是一個典型的案例。1970 年代早期，日元的匯率仍和剛剛戰後一樣，360¥ 對 1 元美金，而日本的工業已經起步到開始大量出口的地步。在美國壓力下，日元先升值到 300¥ 對 1 元美金，然後到 220¥ 對 1 元美金。1985 年，美國、法國、西德、英國及日本在紐約廣場 (Plaza) 旅館開會，決定讓美元貶值。（稱為廣場 Plaza 協

議。）日元升到 128¥ 對 1 元美金。可是，由於日本的工業政策，一時日本向美國的出口有增無減，而美國的工業仍舊開始萎縮，關門的關門，或者把工廠搬到國外去。到了東亞四小龍開始出口時，日元才真正受到威脅。可是日元仍舊不斷升值，輕重工業如電子及汽車都自日本朝外遷出，甚至還在美國開廠造車；目前，在美國出售的日本汽車大都在美國製造。而在其他方面，美國的工作機會不斷的外移到以往認為第三世界的國家，最大的外移地是中國。大多數經濟學家認為這些已經外移的工作不可能再回到美國了。這是很可悲的現實。

大部分經濟學家認為中國的匯率要比真值小 20 − 30%，即 1 元美元約值 4 元人民幣（現在的匯率是 6.6 比 1）。中國一直受到國際（西方，尤其是美國）的壓力升值。人民幣已經升值過，西方卻認為還不夠。中國認為升值對中國沒有任何好處[111]，即使壓力很大，中國似乎不想讓人民幣做霹靂式的升值。讓我們看一下原因。

中國和南韓及日本不同。二次大戰後，從某種意識來看，日本已淪為美國的附庸國了。首先，被佔領了五年，現在還在美國的核保護傘下生存，美國在日本駐了大量的軍隊。從實際觀點來看，日本沒有太多的獨立的聲音。南韓也在同一地位。1950 年代，如果沒有美國的干預，它早已不存在了。在它的北部和北韓的邊界上，還駐了不少美軍。可是，南韓的人民到底還有些反抗的勇氣，他們用了一些微妙而強硬的方法來抗拒美國的主導地位。舉例：以狂牛症為籍口，到現在南韓還禁止進口美國牛肉，雖然至少有四年多美國沒有這種病例了。（按：牛從出生養到屠宰，只要四年。）

中國的情形完全不同。自從人民政府成立之後，有很長一段時間美國對這個共產國家採取敵對態度。中國同美國打了兩個間接的戰爭，第一個是 1950 年代的韓戰，另一個是 60 年代末的越戰。1972 年尼克森總統採取了容忍的態度，主動拜訪中國，打破了僵局。自 1978 年就建立了正常的外交關係。可是無論當時這兩個國家在經濟及軍力上有多大的不同，這個關係正常化的舉動只把中國放在和美國同等的地位。中國不覺得有必要聽從美國的話，而美國更不會聽從中國的話，亦即這兩個國家是以平等地位交往。

---

[111] 大多數採取浮動匯率的國家，如南韓、日本及巴西，其浮動匯率都超過貨幣真值。

在這個平等交往的框架裡，有一個錯綜複雜，交織在一起的相互依存關係，這關係不斷在演變中。現在的情形是：美國需要從中國進口價廉的商品以壓抑通貨膨脹，而中國需要這樣的出口來發展經濟。美國需要向中國借錢來維持財政赤字纏身的預算，而中國也需要一個地方來存放這宗外匯存底。這張相互依存關係的單子長而又長，而相互指責也不斷的在進行。美國每年發表文件控訴中國的人權問題，中國也還報（從中國觀點的）類似的控訴美國違反人權的行為。如可以隨意擁有槍枝，因而產生許多暴力行為，種族歧視，世界上以人口計最高的在監牢內服刑的囚犯百分比，安全機關的不公開及違反憲法的對人民的監視，婦女及兒童受到的暴力行為，食物不夠糊口的飢餓人口的高比例等等。美國罵中國不民主,，中國則諷刺美國的民主為金錢政治，而不是真正的民主。每一方都基於不同的觀點而提出批評。這種互相指責，已經到了勝負難分的局面，或者可以說是每年的例行儀式。

## 黃皮書–中國對外面來的干預的反應

在過去，只能猜測中國政府對於外方界批評的官方態度。2010 年 3 月 1 日，中國社會科學院世界社會主義研究中心、社會科學文獻出版社在北京聯合舉辦「《居安思危–蘇共亡黨二十年的思考》、《2010－2011 世界社會主義黃皮書》發布暨世界格局的演進與世界思潮的變化學術研討會」，參加的都是高級官員、知名社會學者、其他專家等等。因為社會科學院是中國的智囊團，可以說，這份黃皮書的意見代表了中國官方的意見。

這次會議當然強調馬克思主義的重要性。開場白中指出最終垮台的蘇共，並不是原本意義上的馬克思主義無產階級先鋒隊的蘇共垮台，而是逐漸脫離、背離乃至最終背叛馬克思主義、社會主義和人民群眾根本利益的蘇共垮台，或者說是已經逐漸蛻變為社會民主黨性質，亦即資產階級性質政黨的垮台。可是這些都是例行的官樣文章，不是最重要的內容。最重要的乃是聲明中國對西方壓力的立場。下面是這本黃皮書所述的主要的大致內容。

在《世界社會主義黃皮書》中，作者明確的指出，中國拒絕外來干預，中國也不會向外輸出自己的發展模式，也不會把自己的價值強加於人。中國相信，具有同等智慧的世界人民都能找到適合自己的發展道路。（這幾句話針對美國對中國及其他許多國家的干預，美國堅持把自己的民主意識形態輸出給其他國家，把西方基於基督教的價值觀認為是天下第一真理。）

作者們更指出，中華人民共和國成立六十多年後，特別是改革開放三十多年後所取得的成就，已超過了工業革命時期的英國和 19 世紀美國的崛起。2010 年中國的經濟總量已超越日本，居世界第 2 位，綜合國力、國際地位和影響力空前提高。黃皮書認為，這得益於自己發展出的「中國模式」。

黃皮書引用一位美國學者的話說，「二戰後崛起的大國包括蘇聯和日本，但這兩個國家都是單一強國，蘇聯是一個軍事強國，而日本只是在經濟上稱雄。但中國不僅僅是在軍事和經濟領域突飛猛進，而且在國際舞臺上的軟實力[112]也大大增強」。

黃皮書說，中國道路的成功在於中國自己選擇出的發展道路：一邊堅決拒絕外來干預，一邊主動學習世界上所有的先進經驗；根據本國國情，提出自己的經濟體制改革乃至政治體制改革的方案，堅持根據自己的特點決定自己的制度，從而使世界上出現了非西方的發展成功經驗。

中國模式的比較優勢得到了國際社會越來越多的政治家和學者的共識，但不見得可以在世界各國普遍適用。黃皮書說，中國既不搞西方的完全的私有化，也不搞純粹的公有制[113]；及以爭取和平的國際環境來發展自己，又以自己的發展促進世界和平，中國不走「國強必霸」的路線。

這就是中國對西方壓力的明確回答。

## 阿拉伯國家的動盪和中國蜉蝣式的茉莉花運動

最近人民對政府的不滿，橫掃了阿拉伯國家，如埃及、突尼西亞、敘利亞等。一位不知名的煽動者或團體借這個機會在網路上發動一個稱為茉莉花的運動（大約想用茉莉花作為代號來避免中國的審查），希望可以煽動對西方式民主憧憬的人們奮起示威，造成類似阿拉伯國家的動盪。很快的，這運動在網路上傳播很廣，似乎產生出對這個運動的某些熱情。中國政府大為緊張，西方媒體雀躍的等待動盪的出現，而西方國家熱誠的等待這種動盪（也許認為這種動盪造成的混亂局面可以讓中國的急速發展停

---

[112] 所謂的「軟實力」，就是用有吸引力的條件及增加相互認可的選擇來吸引其他國家追隨；而「硬實力」則是用武力威迫或金錢，要求其他國家就範。

[113] 這幾句話實際上代表的就是孔子的中庸的原則。完全私有化是資本主義的構想；政府要讓人民得到百分之一百的利益（造成唯利是圖的美國式資本主義），而完全公有化是失敗了的共產主義的政策及制度。中國採取二者兼容的中間路線，造成了中國現在的繁榮。

步）。發動這運動的人疾呼，2011 年 2 月 20 及 27 日在十三個大城市中的人民一起出來示威。結果是，在這兩天，中國的安全人員及準備看熱鬧的西方媒體的人數要比出來示威的人多很多。這個茉莉花運動就像蜉蝣一樣的，曇花一現，無疾而終。

阿拉伯動盪的實際情況，與想要發起茉莉花運動所聲稱的動機完全不同。在突尼西亞、埃及、敘利亞等地，失業率在 20%以上；在上位者盜用公款，作為私用，生活奢侈；修改法律，讓他們的政權可以永久持續下去，不顧人民的福利。到最後，一個小火花就能激起一大批群眾示威；這批人沒有工作，沒有前途，沒有財產，就是中國以前走頭無路的人所說的：「要錢沒有，有命一條。」即使在槍林彈雨之下，也毫不恐懼。這些大規模的群眾暴動，和在 1989 年推翻羅馬尼亞的共產黨獨裁者尼古拉·齊奧塞斯庫 (Nicolae Ceausescu) 的情形幾乎一式一樣；當時羅馬尼亞食物奇缺，群眾暴動的時機已經成熟。二千多年前，中國的周厲王也被不滿的人民所推翻（見本書第一章）。推動這類大規模群眾暴動的動機就是人民生活品質很差，民不聊生，而不是茉莉花運動煽動者所想像的：對西方式民主的意識形態的憧憬。

這個觀點為一些民意調查所支持。有一個非常右派，接受美國政府AID（國際發展機構）的經濟支持，擁護西方民主的美國民間組織「國際共和黨學院」。人民把美國支持的埃及獨裁者穆巴拉克推翻之後，這機構到埃及調查民意。《華盛頓郵報》對這項調查作以下的報告：「三分之二的人民支持這些暴動的原因是，生活條件差或缺少工作機會，只有 19%的人認為缺乏民主。」換句話說，暴動的原因不是如西方的理想主義者所認為的－對西方民主的憧憬，而是為了對於差勁的生活情況的不滿。《華盛頓郵報》繼續作以下的報導：「這個調查發現，三分之二的民眾想要向美國靠攏，可是這個民意測驗結果並未反應出人民對美國的既喜又恨的心理，因為在一方面美國能協助埃及，可是在另一方面又大力支持獨裁者穆巴拉克。在早一些時候，皮尤研究中心做了全球心態調查，關於埃及的部分，發現只有 20%的埃及人對美國有好感。」由此可看出美國在政策上的自相矛盾：一方面要在全球提倡西方民主，另一方面，又支持可怕的獨裁者。

在中國，吶喊舉行茉莉花群眾示威運動的人，其動機幾乎單純是為了鼓吹西方式民主意識形態，而不是普遍性的低生活水準和大量失業。這些鼓吹者有動機，可是沒有詳細的藍圖，只有許多虛無縹緲的夢想。（其實

主要的目的大約是要推翻目前的政府，由他們來接收。）可是如前所說，中國沒有群眾大量示威的條件（生活條件差、大量失業）：第一，大部分的中國人民生活都很不錯，每年都看到些進步；第二，中國的人民和全世界的人民一樣，90%對政治沒有興趣，因此不會為了意識形態，而肯犧牲已經擁有的財產、家庭及事業的意願。

當然，中國有不少窮人：世界組織和中國自己的估計幾乎一樣：15%的人民生活在貧窮中，即平均收入在貧窮線之下。可是這個比例和美國生活在貧窮線之下的人所差無幾：最近美國做的調查結果是，按全美國人口計，每七人之中有一個人依賴政府發的糧票過日子，（在貧窮線下的人可以領政府補助款。這補助款只能買生活必需的食物，稱為糧票。）比例為14.3%，在許多州，比例高達 20%。中國也有反貧窮政策，將貧窮線定在全國平均收入的一半，這和美國的定義類似。（當然，從絕對數字來看，有很大的差距，可是要拿當地的收支來比較，不能以絕對數字來看。）

換句話說，要群眾以意識形態為原動力來做國家性的示威的條件，在中國根本不存在。（為了宗教信仰及其他民族問題的不滿等，在西藏及新疆西部存在著小型的示威。）大多數中國人民所關心的是自己的生活－家庭、工作、在社會階層上的升級、財產的累積等等，他們對於意識形態形態的關懷的優先程度要低許多，或者根本沒有。從實際觀點來看，絕大部分要推動西方民主意識的理想主義者，都是生活在上層的階級。這些理想主義者的群眾基礎相當狹窄和有限。

對於這些理想主義者，中國採取的對策和以前朝代對付宗教組織的一樣：在他們變成恫嚇之前，就把他們制服或消滅。過去的因宗教所引起的起義，主要目的是奪取政權。畢竟，這些理想主義者認為，把目前的政府推翻（或體制改變）之後，他們可以接收政權，創造一個「更好」的中國；這種動機和以前以宗教之名起義的動機並無不同，這也就是 1950 年所發生的事。那時中國共產黨（目前的中國政府）以理想出發，基於當時貧窮和不穩的社會狀況，推翻當時的國民政府而獲得政權，獲得政權後做了三十年的共產主義社會實驗，在這期間人民受苦受難。如果這批理想主義者真的來執政，又要進行一個新的社會實驗，倒霉的是人民。美國人有句經驗話，如果東西能運行，就不要去碰它。

# 第七部　後記

# 中西文化不能妥協的地方

本書討論到不少關於中西文化差異的命題，可是大部分都和中西文化的發展、內容和發展有關。這些差異產生了不同的文化特質、展望及觀點，而這些不同往往產生矛盾。在正文中找不到適當的地方討論，因此在這裡闡述。

## 西方宗教及傳統導出的歧視及自大行為

每種文化都有自己的中心思想。例如，中國文化的中心思想是孔學，而西方的是基督教的教義。實際上，除了中國以外，其他文化的中心思想都建立在宗教的教義上。如前所說，中國文化似乎傾向屬於理性的不可知論者(agnosticism)，孔子是以清淅的語氣提出這論調的第一人。即使在今日，中國也只有 25-30% 的人口認為宗教重要，而有確實宗教信仰的只有 14% 的人口（2009 年美國皮尤民意調查中心數據〔Pew Research Center〕），其他的人都認為宗教是可有可無 (irrelevant)，即一種的不可知論的論調。採取不可知論立場的原因之一如下：世界上有許多宗教，而有些宗教聲稱，如果不信它的教義，就會進它的地獄。因為有許多不同採取這種立場的宗教，這些宗教又摒除了同時皈依其他不同宗教的可能，因此可以推論出這個結論，無論信不信教，所有的人都會進地獄（不進這個宗教的地獄，就進另一個的）。唯一公平處理這個弔詭問題 (paradox) 的態度，就是將這問題歸於不可知，即採取不可知論的立場。

幾乎所有的宗教一聽見不可知論就起反感，其實大可不必。許多人信教不是為了一些超自然的許諾–如死後的歸宿，而是心靈上的需要。可是宗教的力量大到可以影響到文化及左右政治上的決策，甚至引起戰爭。在歷史上這類的戰爭，尤其在中東及歐洲，自第 3 世紀起，幾乎司空見慣。最後一次在歐洲發生的是三十年戰爭（1618 – 1648），最近中東的問題也是一種宗教戰爭。這些戰爭大都發生在各宗教派別區域的分界線，可稱為斷層線(fault line) [114]。（見最近去世的哈佛大學政治學家杭廷頓〔Samuel P. Huntington〕在他的暢銷書《文化間的衝突及世界秩序的重

---

[114] 這是地質上的名詞。地球表面由許多平板 (plate) 組成，平板之間以斷層線 (fault line) 來分界。地震的原因是地球表面的地質平板在斷層上的移動，產生地震。這裡用來比喻文化的衝突分界線。

整》〔*The Clash of Civilizations and the Remaking of World Order*〕的討論。）

在這裡，我的討論只限於中國和西方之間文化的斷層，因為這是本書的主要題材。有兩個命題：出生背景權及全球性的廣義傳教運動。「廣義傳教」(global evangelism)不僅涵包傳播宗教的意識，還包括其他的意識形態。

要再度提起宗教問題的原因是，中西文化有兩種原則上完全相反的習俗，這兩種習俗大致直接或間接來自宗教。第一種西方的習俗是，西方往往強迫其他不同文化的民族接受他們的意識形態。這種習俗可以認為是廣義傳教主義。第二種是西方對與生具來特性或權利（出生背景權，或生繼權〔preperogative, birthright, heritage from birth〕，如所屬的種族、宗教、民族等等）的重視及歧視。前者在早期引起宗教戰爭，現在演變成以民主之名發動不必要的戰爭；後者造成西方特有的對於種族、宗教、語言等的歧視，及對於基於身世的特權的重視。

## 由於生繼特權所引的歧視行為

西方有一種文化上的包袱，就是出生背景權，或生繼特權，即生下來就有從家庭及其它背景帶來的特權遺產 (heritage from birth)，這是生具權 (birthright) 的延伸。生具權是生來具有的權利，如人權等。而生繼特權是與生具來的種族及文化等特性。（我造了一個簡稱的新英文字〔birthtage〕，中文暫譯為「生繼特權」。）生繼特權可以分成兩類：先天和後天。先天的生繼特權是生來就有，不可更改的，包括性別、種族、民族、家世（包括西方殘存的爵位）、實際財產的繼承權等。後天的生繼特權來自生長的環境；理論上可以更改，可是實際上很困難。後天的生繼特權中有：宗教信仰、文字、語言、教育、風俗、習性等。而西方文化中最大的一個特性，就是用生繼特權來決定一個人在社會上的地位。所有西方特別突顯的對於種族、宗教及性別的歧視，都來自對生繼特權的重視。也許這是一個很敏感的問題，因此沒有聽到對於生繼特權的研究。

也許美國在開國前就有了黑奴制度，美國對種族歧視一直很重視，尤其是基於膚色的歧視。其次是基於宗教的歧視（排斥非基督教的宗教甚至於天主教）。還制定了特別法令來維持這些基於種族及膚色的歧視。1882年還特別制定了「排華法案」，不許中國人移民到美國。（二戰期間，1943 年宋美齡代表中國到美國演講後，才正式取消。）現在民權抬頭，

認為這類的法令錯誤，和現代的政治思路相悖 (politically incorrect)。雖然不能明目張膽，可是依稀還可以看到許多人有這些基於生繼權的歧視。

漢武帝起，用「推恩令」把遺產法改了（見本書第二章）。自那個時代起，一個家族的財產不斷的分割，實際上等於廢除了封建制度的封土制度。而自唐朝以來，又把門閥主義大加減縮。因此中國傳統文化對於種族、民族及宗教等，並不重視西方所認為在社會地位上很重要的生繼特權（因而造成西方歧視的基礎理由）。因此，除了財產之外，對其他的生繼特權較為陌生。中國古代–唐朝以前，有過基於出生的家世的歧視，而且非常流行，稱為「門閥」。第 4、5 世紀的晉朝，如果不是出生「名門」的家族，就無法做高官。大力去除這種陋習的是武則天，她重新編過家譜，大為減低了門閥的影響。（她也不免隨俗，將武姓成為家譜中的第一姓。）到了宋朝以後，由於廣開科舉及「富不過三代」的實際社會情況，門閥更無意義。實際上，中國人最欽佩的不是出生名門望族的人，而是「十載寒窗無人知，一朝成名天下聞」，靠自己努力成功的窮書生（或窮小子）。非但如此，對於一個成功的人的稱讚往往是「光宗耀祖」。扛了成功的祖先的招牌來做幌子，自己卻一無成就的人，往往被稱為「破落戶」。

一直到現在，傳統的西方文化對生繼特權仍舊看得很重。（由於婦女運動，生繼特權中最重要的一項–性別，已逐漸被迫廢除。）這種基於生繼特權的歧視，和西方民主的和基督教的博愛精神相悖。西方的民族性在這一方呈極度的矛盾性。一方面宣揚民主及基督教的博愛，另一方面又以基於生繼特權的理由來而歧視。雖然現在的工業國家都制定了反歧視的法律，可是在許多人的心中仍舊保持了深深的歧視意識，在不注意的時候會露出馬腳，有些則抱著陽奉陰違的心態，以種種的藉口繼續他們的歧視。這種的傳統有很長的歷史背景。我在這裡要做一些推測，為什麼在一方面聲稱博愛等，另一方面卻又繼續實行和博愛相悖的歧視。

所有的人類文明中都有過奴隸制度，很可能是人類社會發展過程中必要的一環，在這裡不加以討論。（中國的正式奴隸制度於周朝後開始衰微，可是人口的販賣持續到 20 世紀中葉。）古希臘的奴隸制度延伸到基督教開始興起後才廢止，時當第 5 世紀末。這時西方基於等級的社會階級的結構已經相當完整，其分等的程度遠超過中國的晉朝。最低等級的是奴隸。一旦為奴，世代子孫終身為奴（除非被除掉奴籍）。古希臘的大哲學家如亞里斯多德、柏拉圖等，都認為奴隸制度及社會分等階級結構是他們心目中的理想政治體系所必需。在柏拉圖的《法律》(Law)一書裡的所描述的

313

理想社會中有四分之一的人口為奴隸。我們不去質問在當時社會裡，階級結構及奴隸制度是否有存在的必要，而是要指出這些結構及後來演變出的家世等級這一類生繼特權在以後西方社會中的重要性。西方在查里曼大帝去世後建立的貴族體系，更把基於家世的生繼特權的重要性更為加強。而西方的主要宗教基督教的主要磐石之一－「原罪」，就建立在生繼特權的觀念上。原罪（一生下來就繼承了祖先冒犯了上帝所犯的罪）的觀念在《舊約·創世記》第三章中就已闡明。西方認為的人類始祖，亞當和夏娃，犯了天條偷吃禁果，因此被逐出天堂。之後，所有後代子孫都要「汗流滿面才得糊口」。而在保羅的《新約·羅馬書》（第五章，第 12－19 節）中，再次提到及強調原罪的觀念。這種原罪的觀念被早期基督教中最有影響的神學家奧古斯丁 (Augustine of Hippo, 354－430) 加以擴充，變成基督教的中心思想，即人一生下來就有罪，非要信耶穌基督才能「得救」。

可是在中國，對於種族特徵的生繼權的看法和西方的完全不同。中國文化一直都基於《詩經》裡的「溥天之下，莫非王土，率土之濱，莫非王民」的世界觀：國家裡的人民，不論種族及膚色，都是「王民」，只要服從效忠君主，就一概平等對待。對於不同的「夷族」的觀念及處理方法，就是班固在《漢書》中寫的，「聖王（好君主）能制住外族，入侵者就以軍力懲罰，如果退了以後，就充分準備防禦，如果慕仰中國文化而有所貢獻者，就以禮相接，這樣不停的攏絡控制下去。」因此，中國傳統對待夷人的態度，一向都採用利誘及攏絡，不加歧視。明朝把蒙古王朝擊敗趕走，把蒙古的土地（現在的內蒙古）變成中國的一部分以後，並不歧視蒙古人。在科舉考試上給留下的蒙古人優待，有保障名額。對以前蒙古人將近百年的惡行，在《元史》中一字不提（原因大約是不要激起種族仇恨）。一般說來，各朝代都以利來誘使異族人（如蒙古人）同化為中國人（美其名為「以德服人」）。自古代以來，中國受了不少外族的侵略，可是對歸順為中國人的異族人（即使容貌和膚色都不同）沒有加以歧視。對於宗教，更採取容忍的態度。清朝尚喇嘛教（佛教的一支），可是每當新年祭祀之際，皇帝到所有宗教的廟宇祭拜這些宗教的神祇，一點不歧視。

西方卻不然。社會的階層組織中，把門第、種族、宗教，甚至語言和文字這一類及其他有關的生繼特權看得非常重要。（因此有千年以上的歧視猶太人及反猶太人的行為。）過去，貴族只同貴族通婚；偶而和平民通婚，就是大新聞（現在開通一些）。當然，這種在狹窄圈子裡的通婚，會造成許多遺傳上的問題（例如英國皇家裡有許多和遺傳有關的病態問題）。而西方人民對貴族的崇拜，甚至到了迷信的程度。例如，英國的旅遊業中，

最吸引人的景點之一，是每日在白金漢宮前穿載鮮紅制服，頭戴大黑氈帽的守衛換班時的行列。在大革命時代，法國殺了不少貴族，沒有被殺的逃亡到國外。可是現在還有一個非官方的組織，仍舊保持了貴族的封號，不時還封一個名義上的貴族。幾乎所有留下的銅像，或博物館中的展示物，都和貴族有關。當然，這些貴族當年支持文藝，因此幾乎所有值得留下的古物都和貴族有關，不過仍然可以看出歐洲人對貴族的崇拜。

這種對生繼特權的重視，最明顯的後果就是基於種族（包括膚色）及宗教上的歧視。一直到 20 世紀末，甚至現在，歐洲社會仍舊非常階級化。主要以家世及種族、祖籍等來區別，在這些階級的最低層的就是所謂的有色人種。美國的黑人民權成功後，歐洲也跟進，然而一直到現在－21 世紀，也只是名義或表面上的跟進。歐洲開放移民給有色人種，或宗教不同的人種，可是他們大都住在和其他居民隔離的居住區 (ghetto) 中，和歐洲本土的原居民很少有社交上的來往，因此也很難融入歐洲社會。這種隔離，已經造成不少的動亂和恐怖事件。要改革，必須要能在社交（包括通婚）和社會其他方面接受這些不同的人種。可是歐洲的社會階層組織和種族歧視已執行多年，更改不易。如前所說，連基督教的磐石都和生繼特權有著不可分的關係。因此，要能真正達到所謂「色盲」（不論膚色，一律平等）的理想社會，恐怕要再等好幾個世代。

美國自開國以來就否定了貴族階級。可是這並不是說美國沒有以貴族式的家世為階層性質的社會組織。革命成功以後，發明出一種新貴族家世制度。一直到二、三十年前，最囂張的這類組織是「美國革命家女兒協會」(Daughter of American Revolution)。當然，美國革命時已經有奴隸制度，因此一定也有黑人參加（或被迫參加）革命，也一定有不少黑人為了美國革命犧牲。可是這個協會一直不接受黑人的會員。這個組織的成員大都是以前所說過的 WASP，即 White Anglo－Saxon Protestants，白種盎格羅－撒克遜〔英國民族〕新教徒，非常保守（即反動分子〔reactionary〕）。以前大力反對有色人種的移民，原因大約是「江山是我們的祖先打出來的，因此屬於我們」的這種想法[115]。在選舉政策上竭力反對黑人民權。最著名的反黑人的事件是，這協會擁有一個處於華盛頓的公眾集合廳，稱為「憲法廳」(Constitution Hall)。有一位天份及造詣極高的黑人女高音，瑪莉安·安德生 (Marian Anderson, 1897–1993)。20 世紀

---

[115] 近年來一些主持正義的人認為，真正的「美國」人是所稱的印第安人原居民，因此其他的美國人都是後來移民來的，不能說美國是他們祖先打出來的江山。

裡，幾乎公認為當代最偉大的交響樂指揮托斯卡尼尼 (Arturo Toscanini, 1867–1957) 曾經譽她為，一世紀只出一個的最美麗的歌喉。於 1939 年她在華盛頓開音樂會。基於種族歧視原則，這協會不肯出租這廳給她。這時引起了公憤，於是瑪莉安就在紀念解放黑奴的林肯的紀念堂台階上開音樂會。所有華盛頓的高官和總統全來捧場。羅斯福總統夫人親自主持。之後，媒體不斷攻擊這協會。到了 1952 年以後，這個協會才把憲法廳開放給所有的表演者，不論膚色。

中國人對祖先表示尊敬的方法是做出一些能光祖耀宗的事。西方似乎拿了祖宗的成就來做幌子，表示自己在社會地位比其他的人高一級。如果中國人自稱祖先多顯赫，邊上的人就會譏諷一句，「有沒有做過任何『光祖耀宗』的事？」現代中國相當於「革命家女兒」身分的婦女，大概是「二萬五千里長征」參與者的女性後代。可是從來沒有聽到過有中國婦女出面組織「長征女兒協會」。（如果有，也許會讓中國人笑掉大牙。）還不止於此。連美國內戰時被打敗的南部聯邦 (Confederate States) 的軍隊的男性後裔們也不干示弱，組織了「南部聯邦兒孫協會」(Sons of Confederates)，性質也和革命家女兒協會差不多，也是極端保守（即「反動」）的協會。相應的中國現代組織大約應當是「國民黨兒孫協會」，可是也沒有聽說有人出來組織過。當然，中國人不流行這一類倚靠老祖宗的功績來向其他人神氣的組織。如果要，中國可以有的多的是，如「開國皇帝後裔協會」（趙、李、劉……），或「末代皇帝後裔協會」（也是趙、李、劉……）。（如果有這類的協會，大約是諧星的發明。）

## 美國特有的歧視及窠臼（套模）

除了 1860–1865 年的內戰，以及偶而發生的暴動之外，美國本土內沒有再次爆發戰爭，卻有不少其他類似斷層線的現象，這就是歧視及窠臼（套模，stereotyping），這兩者之間往往沒有太大的區別。窠臼就是把所有一族人套在一個通常帶有歧視的模子裡。例如，在美國，看見打扮成伊斯蘭教徒（或稱穆斯林）的男人－長鬍，中東面孔，下意識立刻就把他歸屬為恐怖分子。（當然，不必多說，在美國絕大多數的伊斯蘭教徒〔或稱穆斯林〕都守法，與鄰居和平相處。）看見年輕黑人，就把他歸類於犯罪搶犯。（也不必多說，絕大多數的黑人非但守法，而有許多在社會上的貢獻極大。）可是歧視及套模的窠臼心態仍然存在一般人的腦海中。多年前，我和一位白人女律師提及這問題。她用一個法文名詞來解釋，如何把這種的歧視及窠臼心態去除：*café au lait*, 即咖啡加奶。咖啡是近黑的深

褐色，牛奶是白色的，兩者一混就變成淺棕色。她的意見，只有黑白通婚才能解決這問題。說這話的時候，連黑白通婚都是不能提的話題。可是現在黑白通婚已經不少了。同樣的，不同宗教信仰之間的通婚也開始增加。希望這種咖啡加奶的情形，最後可以將種族歧視和宗教之間的敵意，及其他和文化種族有關的憎恨、仇恨去除。

美國有一種把現在中國套模的心態，即每一位中國人都在暴權下痛苦的生活著。然而本書提及的皮尤民意測驗（Pew Studies，第十二章）證明這種想法的荒謬。這測驗發現，中國人一般對未來的期望都很高，甚至高過美國，而不是如西方從事民主運動人士所說的，「中國人渴望自由。」中國的確是一黨政治，可是所有中國各階層的官員，是不斷從廣大的民眾中選出來的，選擇的方式與美國及西方的不同。中國選擇的方式是注重這些候選者的管理能力，如何去做他們應當做的事。實際上，自 18 世紀中葉到 20 世紀後期，中國人在世界上的地位很低。現在中國強盛了，中國人可以在世界上抬頭高昂闊步走路，因此大部分中國人民都擁護現在的政府。舉例來說，北京舉辦奧運期間，許多人民志願組織糾察隊來應付他們所說的「壞人」，即大多來自國外，他們認為是來興風作浪，破壞秩序的人。西方對從事（西方式）民主運動的中國人大捧特捧，可是他們在中國並未受到一般人民的支持[116]。許多在美國居住的華人也認為他們是搗亂分子。

## 廣義傳教主義−是否成功？

自第 3 世紀天主教會成立後，西方（包括第 6 世紀成立的伊斯蘭教）經常用強制的方法來傳教，用武力逼迫其他民族接受他們主觀的意識形態。一開始，僅限於宗教意識，後來逐漸推廣到其他的意識形態。這種心態和習性淵源長久，無法推溯其起源，我只能做一些揣摩和臆測。西方和中國有兩條很相似的「金律」。中國的金律來自孔子：「己所不欲，勿施於人。」在《論語》中提過三次。西方相對應的金律來自基督教《新約聖經》記載的耶穌的話：「所以無論何事，你們願意人怎樣對待你們，你們也要怎樣待人。」（〈馬太福音〉7 章 12，〈路加福音〉6 章 31 節）若將這金律重寫成類似孔子所說的，以資比較：「己所欲，施於人。」這樣的寫

---

[116] 這些中國的民主運動人士大多數想把西方的民主方式，不加以本土化，就立刻原封不動的輸入中國。聽起來這種運動很高尚，可是不適用的程度和 20 世紀初的中國積極分子，想要「全盤西化」及廢除中文，代之以西方語言一樣的不切實際。

法，在文法上說來，這兩條金律幾乎完全一樣；西方使用肯定語氣，而孔子用的是否定口氣。兩種語法卻產生了完全不同的後果。

先說西方。如果只有「己所欲，施於人」，也就罷了。可是在另一章中耶穌以傳教的口吻說，「跟隨我。」（〈馬太〉8 章 22 節，9 章 9 節）許多基督徒因此認為非要傳教說服他人信基督教，才能做到一個好的基督徒。因此，在 19 到 20 世紀中，有許多教徒到別的文化，以西方的優越軍事及經濟能力去傳教，形成軍事之外的文化侵略。非但如此，許多人還認為，用這種優勢去強迫或利誘其他文化接受自己的宗教和其他的意識，乃上帝賦予他們的神聖任務。在這一段時期，西方在軍事、商業、工技方面的優越，造成了自大的心態，將這種「己所欲，施於人」的觀念，從宗教的傳播擴大到其他的領域。西方往往用一種類似傳教的心態，把自己認為好的主見（主觀意識）強制傳播到其他文化，即有這樣的心態：如果我認為對我是好的，對你也一定好，因此你非接受不可。因此，往往施加壓力強迫其他國家、民族、文化接受他們的觀點。諸凡普選式民主、男女平等、西方式的宗教自由到人工流產，甚至對死刑的不分青紅皂白的廢除，莫不帶有主觀的西方意識。當然，其中有許多是沒有爭論性的，如男女平等。可是在其他方面，如完全不考慮歷史背景和文化因素，就要其他文化無條件接受歷經演變而形成的西方形式的普選民主、死刑的完全廢除、婦女人工流產的權利，甚至動物的「物權」(animal rights) 等，許多這一類的主觀意識有爭執性，本書第十四章已經提到許多單純化的普選民主制度失敗的例子。在宗教自由意識上，西方自以為是，根本沒有考慮到其他國家的歷史及其文化背景的因素。

中國則按孔子說法的字面意義來執行，因此中國很少把自己的意識形態加諸於其他文明或民族。中國在最強盛時（如唐朝），也沒有派兵攻打其他國家，強迫他們接受儒家思想。相反的，是這些附近的「蠻族」國家看見中國強盛，覺得儒家思想對治國有助，因此紛紛學習。甚至入侵中國的五胡統治者，覺得中國文化好，便接受了，以後被中國人同化。現在中國派出不少人到非洲尚在發展中的國家協助他們發展，但並未以傳教的精神，威迫利誘這些國家追隨中國文化。

## 世界的新潮流：輸入文化的本土化－中學為體，西學為用

我的書強調中國近年的復興及中西文化間基礎性的的衝突，之前提到的書《文化間的衝突及世界秩序的重整》(*The Clash of Civilizations and the Remaking of World Order*），著者則討論到一個更為廣泛的命題：世界各文化之間的衝突。杭亭頓的一個命題和我的共鳴：輸入文化的本土化。他舉了一個現代的例子：土耳其。30 年代，將土耳其於亡國前夕拯救出來，使土耳其現代化，被封為土耳其之父的凱末爾（Mustafa Kemal Atatürk，Atatürk 的意思是國父），曾經想要把土耳其的文字廢除，代之以歐洲文字的一種（如德文、法文或英文）。這種嘗試類似 20 世紀初葉要廢除中國文字的建議。不必多說，這兩種嘗試都一敗塗地。

當然，不可否認，許多歐美文化都深深的銘刻於其他文化裡，包括那些和西方（特別是美國）成為死敵的國家。被接受的西方文化其實都是表面的，可以實用的，甚至有娛樂性的。杭亭頓很靈巧的舉出下面的例子。

> 「在中東某處，有六、七位年輕人聚在一起，身穿牛仔褲，西方名牌 T 恤，喝可樂，聽饒舌（rap）或搖滾（rock and roll）音樂，可是向麥加跪拜祈禱之間，熱烈討論如何在美國民航機上放一枚炸彈。」
> （我要加一句，連炸彈的工技都很可能來自美國。）

在這些地方的城市，人民的服裝、建築及街道，從每一個角度來看，都和歐美的幾乎相同，然而沒有改變的是這些人民的想法、信仰、信念，及其他固有的文化等等。換句話說，這些國家或民族已經把有實用價值的西方物質文明本土化了，卻沒有接受其他精神文明。（我想在中國亦然。）19 世紀末，20 世紀初，喊「全盤西化」口號之際，一位有遠見的前清總督張之洞提出一個政治理論：「中學為體，西學為用。」認為不要過分強調西方文化的優點，當時受到不少攻擊。21 世紀初，中國現代化之際，仔細審視一下，可以看出，所有接受的文化都是有實用價值的，如科學（包括經濟學等）及工技，而所有輸入的西方文化都已經適度的中國化了。實際上中國官方和民間執行的現代化工作都按這個理論的原則。如果這理論的「中」字改為其他文化的代名（如伊斯蘭、土耳其等等），把「中國」這兩個字改成其他國家，如伊斯蘭國家，這個「只接受西學的實用部份」的政治理論可以幾乎普遍的應用在世界其他文化裡。每一個國家都有自己的傳統，都想要堅持自己的傳統，除非有能令他們信服的理由去更改。只有在需要的時候，才會改變，而且改變起來非常慢。無論這些廣義傳教主義者多麼努力，施加多少壓力，要想將西方文化移植到其他文化的土壤裡，他們得到的只是反感。這個議論，可以應用在西方形式的人權、人口政策、民主及其他一切違背這些民族的傳統或需要的國家。事實上可以公的說，除了表面上的西化，如肯德基炸雞、麥當勞漢堡、牛仔褲、饒舌（rap）或

搖滾 (rock and roll) 音樂等之外，簡直可以說自從廣義傳教主義興起之後，輸出的西方文化沒有任何的實質。

這些廣義傳教主義者所冀望的是有一個霹靂式西化，立即要執行，就算不能立即，也要在他們有生之年內能做到；當然會有改變的，可是最可能的是，需要數個世代甚至數個世紀的時間，而改變後的情況也許不是他們所設想的。從另一個以前提過的角度來看，自美國於兩百餘年前開國以來，才把「平等」這個開國時「獨立宣言」提到過的，憲法上明文規定的人權，擴展到少數族裔和女性。直到現在，實施過程中仍然不太完整。因此，急什麼？

有些人建議，外加的壓力，如禁運經濟制裁等，可以用來促使其他國家接受西方的價值觀；可是，很少成功，而且可能造成反效果。現在的世界已經糾纏在一個巨大而複雜的經濟網絡中，經濟對財富之外的事物都盲目。在這樣的複雜的經濟網絡中，經濟制裁不能有效的運行。軍事的干涉，有其危險性。毫無疑問的，核子武器會擴散到許多國家去；從技術觀點來看，沒什麼了不起。而且一隻具廣義傳教信念的大獅，可能遇到一隻能在怒吼中噴出帶有核子氣息的小鼠。

這等於說，幾乎沒有可能，在未來所有的文化都會融合在一起；世界級的文化大熔爐的理想大約就和烏托邦一樣的虛幻。非但如此，依據杭亭頓的意見，以後的衝突只會加劇。他提及，各文化可以所篤信的宗教（如猶太教、天主教、新教、東正教、伊斯蘭教－這教中又有分支）來分類；按這種分類，各文化之間有斷層線，而這些斷層線大都發生在不同的宗教信仰的地區的分界線上。（因為中國沒有主要的宗教，他將中國歸屬於孔學或儒學。這種分類法不太理想，可是我想不出一個不需要長篇大論解釋的更好名詞。）戰爭通常爆發於這類的斷層線上。

## 能不能把西方民主在隔夜之間移植到中國？

在中國和美國之間有一個斷層線。許多美國人和西方人，包括對時局應該更清楚的知識分子，認為中國人生活在令他們恐懼下的極權制度之下，並沒有政治自由，因此，中國人一定要接受美式民主。可是最近的皮尤研究中心（美國最大也是最公正的民意調查機構）在中國所做的調查，發現的卻是完全相反的結論。中國人對中國政府的擁護及贊同的程度遠超過美國。例如，2008 年奧運在中國舉行之前，北京的街坊志願組織糾察隊，目的是要找到那些來「搗亂」的人（實際上指明的是來自西方國家的「唯

恐天下不亂」的西方活動分子）。那些自命要推廣民主的中國人，想把西方的民主，幾乎一字不改的「霹靂」式的應用到中國。這是一種理想主義，這是一個理想主義的運動，天真高貴，卻不切實際。其不切實際的程度，有如在第十二章中提到的，五四運動時的理想主義者，甚至提出更換中國語言，代之以英語或其他西方語言！

現在舉一個實例來看為什麼要以「霹靂」式（即時，現在就要做到）的社會改革的不可能，再次討論美國的平等問題，「獨立宣言」中聲稱人人平等。原則上，很容易做到：只要每一個人都能改變主觀的意識，不顧膚色，宗教信仰，種族或其他文化上的不同，只要敲一下「急板」（或念一聲咒「太上老君急急如律令」），不就能做到了嗎？也不必去改變社會結構，唯一要做的事是，要求人民立刻改變他們的意識及心態。還有比這個更簡單的事嗎？可是，美國要花上兩百餘年才把平等推廣到所有民族，不分宗教、膚色或種族等等，非但花了不少金錢，還犧牲了不少人民，而且到現在，這個平等的實施尚未完成！

將西方民主移植到中國是一件更為複雜錯綜的工作。牽涉到在政府制度、社會體系及人民心態（中國的民族性有很多毛病，在此不能一一指出）的改變。真的能冀望隔夜就做到？一年做不到，十年也做不到，甚至在一兩個世代內也做不到。再者，現在的中國政治體系運行相當好；在一世代內把一貧如洗的中國提升到能借大量的錢給最富有的美國。在這個體系內，人人都能參政，但必須證明有能力（民主國家的選舉靠能說出天花亂墜的選舉諾言的三寸不爛之舌，在中國這種能力不算），而且要從最低層做起，證明有能力。是否應當把已經可以運行的體系換到一個成果不確定的不同體系，蹈俄羅斯的覆轍呢？

## 中國自己走向民主的步驟

雖然中國明顯的拒絕西方現在的民主型式，特別是霹靂式的即時民主，但中國相當清楚民主的需要。（孫中山在 1920 年代的總體計畫中也包括了民主。） 1987 年，鄧小平說過，五十年後中國會有國家級的選舉。這當然不能滿足那些想要即時民主的人士，可是長時期的演變可以保證有一個平穩的過渡時期。

最近一個加拿大的報紙的記者司蒂芬·希爾 (Steven Hill) 在 2010 年 9 月報導了中國走向民主的步驟。他認為，中國的領導如胡錦濤、溫家寶都清醒的認識到民主的現代趨勢，但他們要用中國傳統的小心翼翼的步子去

找下一個牢靠的落腳石。2010 年 9 月，胡錦濤在香港發表了講話，他說：「中國有必要實行基於 （中國）法律的民主選舉......按民主方式來做決策，用民主式的管理及監督，要維護人民的知情權，參與權，表達權和監督權。」在此之前，溫家寶在廣東的深圳也發表了類似的講話。深圳是二十年前建立的經濟特區，成為中國當前的經濟繁榮的先鋒。成功以後，深圳模式蔓延到中國其他地方。他說，政治改革，包括公民批評和監督政府的機會，為維持中國的經濟高速增長所必需，否則以後這些經濟高速增長將會失落。事實上，這些言論使得深圳成為一個「政治特區」。下一步就是要擴大深圳附近直接選舉的地區。

按中國的鄉村管理委員會的組織法（中國有一百萬鄉村，共有六億人口，其中大部分都有參加選舉的資格），鄉村中每三年舉行一次選舉。開始的時候，人民不相信。隨著時間的過去，競選的人愈來愈多，競選也愈來愈激烈，逐漸採取祕密投票的方式。而人民參政已在某些地區執行。浙江溫嶺市澤國鎮召開民主懇談會，對成為浙江省首批小城市試點鎮後的三年行動計畫以及 2011 年度公共財政預算的重點項目進行初審。澤國鎮 200 多名普通群眾受邀作為民意代表參加，他們的評議結果將提交到鎮人大，作為人大審議鎮財政預算的重要參考。

有一位學者花了十六年的時間去調查四十個鄉村實行選舉後的成果。他發現自從有了選舉後，花在公共措施的經費增加了 20%，而「管理費用」（往往涉管理員的福利及津貼，本質上是一種貪污）減少了 18%.

事實上，中國官員甚至聘請了美國史丹佛大學教授詹姆斯·菲許金(James Fishkin)，起草一個計畫，從澤國城選出代表性公民，形成一個集團，使用鍵盤輪詢設備和手持式電腦，來決定 600 萬美元的預算，如何花在公共措施和工程上。這個實驗被認為非常成功，並已在其他地方依樣執行。

毫無疑問，中國在可預見的未來仍將是一黨制國家。但是，中國共產黨也有 7 千 3 百萬黨員（6%的人口）。正如史蒂芬·希爾所報導，如果共產黨內部選舉會變成普選，可能更清晰的把黨內精英人士的思想分歧暴露出來，這可能會進一步刺激要求去設立代表的體制及結構。

似乎中國要把西方民主先中國化，以資應用於中國的環境。中國要選擇自己的時間表，篤信的遵守「小心翼翼的找一個牢靠的落腳石」的原則，不會貿貿然的受了西方的壓力去照抄西方式的民主，而不先把這些民主原則中國化。

## 其他的差異：對政府的信任程度，恐稅感及債務

再者，西方文化（特別是美國文化）和中國文化之間還有一個很大的區別。中國人一般說來都對政府相當信任（如果政府做到不能讓人民置信的地步，這政府就不會持久），而佔相當可觀百分比的美國人卻不信任他們的政府，有些極端分子甚至用恐怖手段來做抗議（例如二十餘年前奧克拉荷馬州的爆炸案，死了百餘政府工作人員）。還有一個影響力相當大的黨，稱為自由意志黨（Libertarian），主張將政府權力削減到極少，人民可以自由做任何事（包括歧視）。傳統上，在中國人心目中，就希望有一個強而有力的政府抵擋外敵，保護他們，同時又能讓他們安居樂業。南宋時，北方已被金人所佔，人民不堪忍受（當時的）異族統治之苦。愛國詩人陸游的詩句「遺民淚盡胡塵裡，南望王師又一年」，充分表達了人民盼望政府保護他們的心態。如前所述，目前的中國政府似乎類似這種人民心目中的政府，只是沒有皇帝。目前統治中國仍舊是一批從人民中，按能力銓選出的「朝臣」，和以前幾乎一樣。當人民看到自己的生活品質每天都向上提升，通常就會不埋怨了。實際上，目前的政府經常靈巧的用補貼的方式來討好人民。以大眾交通為例：在中國，大眾交通–公車及捷運–的費用少到荒謬的地步，每次乘車的車資只有幾元人民幣，對老年人和學生有很好的優待，且交通網密布。然以美國國都為例，每日捷運車資加上停車費、汽油、汽車的折舊等，高達二十元（平均除稅後的月薪約二、三千元）。再者，所有各級政府–從聯邦到州級到縣或市級–都設法避免補貼大眾交通的問題。而在其他地方，尤其軍費，則一擲億金，毫不吝惜。

還有一個不同。美國人一聽見稅就頭痛，怕到似乎有一種的「恐稅病」的程度。如果要我去臆測原因，大約可以推溯到美國的革命歷史。當時美國是英國的殖民地，英國要抽千分之一不到的茶稅，引起公憤。當然還有其他獨立的原因，然而抽茶稅是美國獨立運動的導火線。美國的兩大黨之一，共和黨，就以減稅來做標榜（如第十四章所說，減稅後佔便宜的是有錢人）。當然，減稅是討好大眾的戰術。可是人民在一方面不肯多付稅，在另一方面又要政府多做些事，多給他們一些福利。這等於中國的諺語：又要馬兒好，又要馬兒不吃草。

和恐稅症一起的又有一種奇特的怪現象：許多美國人－佔的百分比相當可觀，包括了許多高薪的人–沒有儲蓄，稱為「從一張薪金資票活到下一張的人」（「月光」族）。當然其中有許多社會及經濟的原因，可是對一位普通的中國人來說，這是不可思議的。在一個最富有的國家裡，居然

有這麼多沒有儲蓄的家庭，而且負債累累（大都是信用卡債，可以稱為卡奴）。當然，美國政府帶頭負債－如在第十四章中所述，負債額相當於一年國民所得的 60%。因此，可以借用孟子的口氣說，「上下交爭『負債』，其國『窮』矣」。相比之下，在中國，儲蓄的習慣相當普遍。除了兩億生活在貧窮邊緣的貧戶以外，大多數的人都有相當的儲蓄－估計的儲蓄率在收入的 20%、30%上下。當然，中國的經濟、社會特性和美國的不同。從表面來看，中國人民直接看不到付了多少稅。這和歐洲類似－歐洲的貨物稅大都是增值稅，出廠時已經收了，因此看不到。西方有一句諺語：看不到的就不會感受到。只要拿回家的錢不再交稅，普通中國人就高高興興的把其中一部分存在銀行裡或做投資。

實際上，非但中國人儲蓄，大多數的亞洲國家或行政單位－如日本、台灣、新加坡、印尼、馬來西亞等國家都有同樣的習性。

## 人權問題

這是一個西方文化和其他文化（包括中國）對峙的問題。雖然這問題的嚴重性已經減輕，畢竟還是存在。在前蘇聯垮台之後，一種錯誤而天真的想法瀰漫了整個西方，特別在美國，認為西方式的民主不久將會橫掃全球。這種的天真的想法大約在 90 年代中期達到最高峰。杭亭頓很靈巧的把這種嘗試做了一個簡報。以下的材料大都出自他的書。1993 年 6 月，在維也納召開了聯合國主辦的世界人權會議。然而在這會議之前兩個月，亞洲及伊斯蘭國家在曼谷也召開會議，針對維也納會議即將討論的議程。曼谷會議結束時，發表了一份論述，強調這些命題：人權問題必須考慮每個國家民族的個別及特別的社會環境，要把這些背景合併一起來討論；貿然監視其他國家的人權問題，會牽涉到觸犯其他國家的主權的問題；利用人權問題來決定經援的政策，違反了每個國家可以自由發展的原則。不必多說，維也納會議大為失敗，幾乎沒有通過任何有實質的提案。最有實質的決定是女性平等。這會議的斷層線把兩個陣營分界：一個陣營是歐美國家，另一個陣營是將近五十幾個的非西方國家，包括古巴、緬甸、新加坡、北韓、中國，及幾乎所有的伊斯蘭國家，帶頭的是中國、敘利亞及伊朗。事實上，一個對西方在人權方面的立場的評語是：「1945 年定出的國際人權標準已經不存在了。美國的霸權已經遭到侵蝕。歐洲……比一個半島大不了多少。」另一位亞洲評論家甚至露骨的指出：「自 1948 年提出普遍性的人權宣言後，這是第一次，那些不屬於根深蒂固的猶太－基督教及認為有必然性的自然律法傳統體系的文化背景的國家，已經晉升為第一流。

這種從來沒有過的局面將會決定新的國際人權問題的政局。這種局面將會增加未來衝突的可能性。」

回顧一下，美國前總統尼克森 (Richard Nixon) 縱然因水門事件而遭批評指責，可是他仍舊是一位偉大的政治家，有許多高明的遠見和洞察。許多美國人及海外的中國人認為，在他的時代，只有他才能打破二十餘年來，美國和中國之間的對敵僵局。1994 年，在無實際成就的維也納人權會議之後，他作了以下的評語：「今日的中國的經濟威力，使得美國不斷對中國人權問題作訓令，成為不慎重的行為。在十年內，這種的訓令會變成不切題，而在另一個十年後，會覺得這種的訓令非常可笑。」果然，2008 年 3 月，在奧運前五個月，美國的國務院已經將中國從他們定出的最違反人權的國家的名單中除名；從某方面說來，這正呼應了尼克森當年說的，對中國作人權問題的訓令是不切題的預言。

每年中國和美國都做違反人權的互相指責。美國指責中國懲罰那些自命民主人士及要把西方式民主及宗教自由帶到中國的人士，中國則指責美國在世界和美國國土上違反人權的實例（在第十五章也討論過），可是指責的「明星」事件是被拘留在美國古巴島上的廣塌那姆 (Guantanamo) 軍事基地的集中營的俘虜，大都是在阿富汗被俘的。其中有不少是恐怖分子疑犯，美國將他們加以嚴刑審訊，包括公認違反人權的水刑、其他肉刑及利用宗教上的禁忌等。事實上，當國家安全受到威脅時，自稱為世界上維護人權至上的冠軍 – 美國，也會使用違反基本人權的刑訊來獲得資訊。如果美國認為這些刑訊是維護本國安全所需，其他面臨更大威脅的國家當然認為違反人權是必需的，甚至這認為和自己國家的生存有關。

## 西方的衰落及展望

現在還不知道尼克森的預言，美國對中國人權的訓令，會不會到「可笑」的地步。可是到了那時候，也許這個預言本身也會變成沒有必要。這裡我要再次強調我以前提過的命題：在言論自由的兩個極端之間，從腹誹到允許任何言論的美國憲法第一條修正案之間，有很大的幅度，可以讓每個文化選擇把言論自由放在哪裡。這種看法，可以推廣到其他的「人權」上，如參政權、宗教自由、宗教組織自由等等。從某種意義來說，將這些「人權」再次定出規範也是重整世界制度及秩序的一部分工作。現在的世界局面已經和上兩個世紀的不同，而在未來將會更為不同。西方也許不是真正的在衰落中，可是其他文化已經興起，從相對角度來看，這些其他文

化的興起，使得西方文化的習俗不再像以前那麼有威力，影響力也沒有那麼大，甚至沒有那麼切題。總結就是西方文化看起來在衰落中。除非西方能對自己的自大懸崖勒馬，若是繼續目空一切，自以為是的心態（以往由於他們的優勢，可以不受牽制），則與其他文化在未來的衝突只會有增無減。現在美國及其他西方國家在大力推行對種族、宗教等不同文化的容忍。我的意見是，我們應當把這類的容忍擴大到能容忍其他文化做事的方式。只有了解其他文化，才能培養出這種容忍。

世界是不斷往前走的，在我來到美國之後的五十年之中，世界局勢已經變了不少。1950 年代是關鍵性的一個年代，世界局勢大變。首先英法聯軍進軍佔領蘇伊士 (Suez) 運河，被迫退軍；法國在越南的滇邊府大敗，及 1962 年被迫從前殖民地阿爾及利亞退出等。這些事件後，歐洲的「列強」變成普通的國家，而西方世界實際的領導轉到美國。其他國家如日本開始興起，而前蘇聯被經濟及其他因素所迫而解體。中國自放棄馬列史毛的意識形態之後，突然如旭日東升。最近《時代雜誌》(Time Magazine)討論到中國強盛的問題。編者們認為中國替代美國成為世界超級強權的時代指日可待。可是中國作風和美國不同。中國仍舊沿用自古以來的政策：「尊王攘夷」。當然，這句話的語氣帶有自大的意味。可是真正意義是保衛國家主權的完整。如果把國家主權替代「王」，「外國」替代帶了貶意的「夷」，基本上這句話所提出的政策仍舊正確，即維護中國的主權，阻擋侵略中國的外國。美國則不然。2006 年白宮的科學技術處發表的白皮書「國家太空政策」中明顯提出，「對美國而言，在太空能隨意出入的自由的重要性就如制空權和制海權一樣的重要。」接著說，美國可以阻止「其他有敵意的國家有類似的自由。」（就差沒有說要把其他有這種能力的國家毀滅。）這兩句話近於中國描述侵略者的「窮兵黷武」政策。2007年初中國成功以導彈擊毀落中國於五年前放出的一枚已經達退役年限的人造衛星。美國現在的軍事依賴衛星的成分很大，因此覺得受了很大的威脅。可是中國已經承認，沒有花鉅資參加不切實際的武器競賽的經濟能力及必要。中國現在的政策和戰後的日本政策一樣，認為只在商業上面下功夫，保持和其他國家的良好關係，就可以達到國家富強的目的（這就是在第十五章中提到的中國軟實力）。現在伊朗和美國已經到了水火不相容的地步，可是美國無力開闢另一個戰場。中國則乘機和伊朗建立良好的關係，因而可以獲得未來愈來愈稀少的資源－石油。在這種競爭上，再好的武器也英雄無用武之地。如果將來美國退為世界第二超級強權，失敗的因素不在軍事，而在商業上的競爭。

# 參考資料

## 一般參考資料

　　大部分資料都取自中國的文獻。許多資料來自《二十四史》（後來又加入《新元史》及《清史稿》，成為《二十六史》）。整套歷史有四千萬字，所包涵的從傳說時代（西元前 2700 年黃帝開國）到 1911 清朝滅亡為止。這部歷史在數年前全部譯成白話文，美國國會圖書館有一套。

　　其他參考資料：

《中華兩千年史》，鄧之誠著，約於 1930。

《中國通史》，范文瀾等著，人民出版社，1954。

《近代中國史綱》，郭廷以著，台北：曉園出版社，

ISBN 957-12-0484-6，1994。

　　鄧之誠的書只寫到 1920 年，范文瀾等的十大冊到 1950 年為止，可是染上馬列史的意識形態，有時加入不必要的政治評語。郭廷以的書則按中國傳統，不偏不倚按實事寫出。這幾位作者都是中國史學名家。

　　西方關於中國歷史及其他資料的書中，對中國最了解的是李約瑟 (Joseph Needham) 的七大巨冊《中國之科學及文明》(*Science and Civilization of China*)，已譯成中文，陳立夫主編，台北：台灣商務印書館，1976 初版，1985 四版。

## 第一章

(1)　老子是中國第一位真正的哲學家，說他和古希臘最早的科學家並立，並有類似的科學構思，一點不為過。可是一般研究老子的學者（大都沒有科學背景）沒有了解他的「無」的觀念及對宇宙起源的構思。本文儘量以現代物理的立場來審視老子在科學方面的貢獻，如數學上「零」，物理上「真空」，及「宇宙創於無」的科學觀念。他在宇宙起源的構思和現化宇宙學的理論不相悖。關於老子的生平，記載極少。本文有關他的哲學就他出函谷關的傳說編出關令尹喜的討論中。

(2)　周初農人都在諸侯封地裡生活，除了從正史（即《史記》）的片斷記載之外，材料大都取自《詩經》裡一篇相當長的詩〈豳（音「賓」風·七月〉。敘述農人一年辛勞的工作，在年終應邀到皇宮參加宴會，飲酒吃肉。

(3) 《易經》是中國最古老的經書之一，其思想深深影響了老子和孔子，以及中國人的思路。《易經》在〈大壯〉卦中闡明了無為的思想，為老子「無為」思想的先驅。關於《易經》的來源，有許多神話及傳說。這裡所引用的是《十三經今注今譯》的《周易》編的前言（宋祚胤寫）中的推論。（長沙：岳麓書社，1994，ISBN 7－80520－459－4。）前言中給了許多引證，闡明該書寫於西周末年，在昭王之後（《左傳·僖公二年》〔約西元前 630 年〕，昭王南征而不復），宣王〔約西元前 830 年〕之前。一個論證是，《易經》中充滿了陰陽的觀念，可是沒有明白說出「陰陽」這二字。一直到宣王時代，大臣虢文公才說：「陰陽分布，震雷出滯。」（《國書·周語》）因此最可能的是，《易經》的寫作在宣王之前。而《易經》的語言和春秋時代的書寫語言接近。文字中有許多希望厲王復位和建議改革政治的地方，因此最可能的是跟了厲王出走的學者所寫出（西元前 841 到前 827 年）。這是比較可靠的說法。

(4) 關於現代的宇宙誕生理論，坊間有不少這類的科普書籍，如《宇宙的六個神奇數字》(Just Six Numbers)，芮斯 (Martin Rees) 著，台北：天下文化公司。

(5) 關於零的故事，《抓時間的人》(The Calendar) 第四章有較通俗的敘述。鄧肯 (David Duncan) 著，雙月書屋，ISBN 957－98034－8－x。

## 第二章

(1) 對叔孫通制定漢代禮儀，《史記》第 99 卷〈列傳第三十九〉記載甚詳。這是本書故事的根據。

(2) 關於君士坦丁一世尼西亞召開的第一次大公會議，有不少西方的文獻，只能舉出一兩個作為例子。《最後的異教徒列傳》(A Chronicle of the Last Pagans)，Pierre Chuvin 著，（B. A. Archer 譯成英文）Harvard，1990，ISBN 0－674－12970－9。《君士坦丁及歐洲的改宗》(Constantine and the Conversion of Europe)，Jones A.H.M 著，Macmillan，1949。《抓時間的人》(The Calendar) 第四章有較通俗的敘述。

(3) 關於新發現的基督教《聖經》章次，見《諾斯底福音》(Gnostic Gospels)，Elaine Pagel，Random House，2003，ISBN－10 0394502787，ISBN－13 978－0394502786。

(4) 本文中引用的《論語》，來自多種版本的白話語譯。有一本最近出版的是《論語》，傅佩榮解讀，台北：立緒出版社，ISBN 957 – 8453 – 58 – 2(121)。

(5) 關於古希臘的文化，在沙根著的《宇宙，宇宙》(The Cosmos) 中有相當詳細的敘述。台北：聯經出版公司，ISBN 957 – 32 – 5253 – 8。

(6) 對於中國古代史，當然可以查二十四史的原始資料。但兩套以西方史觀來審視中國歷史的名著，一部是《中華兩千年史》，另一部是《中國通史》。本文引用了不少這兩部鉅著內容。

## 第三章

(1) 關於中國洪水的故事大都來自《尚書》的〈堯典〉。其他資料來自〈舜典〉、〈大禹漠〉及《史記》。許多解釋來自《中華兩千年史》和《中國通史》。

(2) 關於「五星聚」及仲康日蝕的日期，來自中國夏商周斷代工程的研究結果，這工程已經發表了數百份論文。有一本簡本報導最重要的結果，《夏商周斷代工程 1996 – 2000 年階段成果報告》，夏商周斷代工程專家組發表，世界圖書出版公司，ISBN 7 – 5062 – 4138 – 2。

(3) 關於諾亞洪水的地質報告和對此洪水神話來源的推測，請見 Noah's Flood, William Ryan 及 Walter Pitman 著, Touchstone, 1998, ISBN 0 – 684 – 85920 – 3。

## 第四章

(1) 關於盤古的神話，《前漢書》中有一章關於中國不同民族創世的神話。本書用的故事來自第 4 世紀徐整著的《三五行記》。

(2) 關於五行的理論，首先提到的是《尚書》裡的〈甘誓〉（大禹的兒子啟和同父異母兄弟有扈氏爭奪王位時所下的軍令。

(3) 《詩經》（實際是人民的歌聲）裡有許多對「天」既敬又恨的詩，表達出中國人對「天」的矛盾心理。

## 第五章

(1) 關於佛教史，坊間有不少。我參照的是：《簡明中國佛教史》，鎌田茂雄著，鄭彭年譯，上海：譯文出版社，ISBN 7 – 5327 – 0986 – 8/B –

060。

(2) 利瑪竇在中國，人人皆知，在西方則鮮有人知。以下是關於利瑪竇的網站：

http://www.faculty.fairfield.edu/jmac/sj/scientists/ricci.htm

http://www.newadvent.org/cathen/13034a.htm

(3) 西方對歐美各國在 19 世紀中葉到 20 世紀初，利用宗教欺凌侵略中國的歷史幾乎一字不提。郭延以所著的《近代中國史綱》敘述甚詳。

(4) 關於近百年中國的宗教，請參照《中國宗教的百年回顧與前瞻》，葉小文著，2002年。網址：http://www.china.org.cn/chinese/2002/Sep/211815.htm

(5) 關於現在中國的宗教概況，請參照《論 1958－1960 年中國宗教制度的民主改革》，陳金龍著，原載《世界宗教研究》，2002 年第 3 期。網址：http://www.usc.cuhk.edu.hk/wk_wzdetails.asp?id=1942

## 第六章

(1) 關於北京人的事蹟，傳播甚廣，可到上網搜尋：

http://baike.baidu.com/view/13974.htm

(2) 關於山頂洞人，可查網站：

http://zh.wikipedia.org/wiki/%E5%B1%B1%E9%A1%B6%E6%B4%9E%E4%BA%BA

## 第七章

仰韶文化的代表遺址是西安附近的半坡村的博物館，參照以下網址：

http://zh.wikipedia.org/wiki/%E4%BB%B0%E9%9F%B6%E6%96%87%E5%8C%96

## 第八章

(1) 關於黃帝建國的歷史，取自《史記》。司馬遷按當時的傳說把這段歷史寫出，儘量避免神話。《尚書》中有關於黃帝的敘述，因為原書可能有上百章，然而在秦末項羽一把火燒了皇家圖書館，波及《尚書》。現存的二十八章是在秦朝禁書後，偷偷藏起來的殘本。最早的是堯帝。

## 第九章

(1) 二十四史的《前漢史》的〈藝文篇〉關於中國的哲學發展所敘頗詳，包括商鞅的南門立木。

(2) 商鞅的改革使中國的政治結構成為世界獨一無二的中央集權，非但統一了中國，也使得中國的文化能隨著中國在政治上的完整而能綿延至今。

(3) 關於韓非子的理論，有許多的版本，我參照《韓非子全譯》，張覺譯註，貴州：人民出版社，ISBN 7 - 221 - 02652 - 1。

## 第十章

(1) 關於北魏孝文帝下令廢除胡語，在二十四史中《魏書》有兩處提到，其一在卷七〈高祖孝文帝紀下〉，其二在卷二十一〈咸陽王禧傳〉。改姓在〈官氏志〉中敘述甚詳，並列了一個把胡族賜姓的對照表。

(2) 科舉制度有不少缺點，可是功大於過。中國之能把異族融入，及保持語言的完整性，其功不可沒。有不少書，我參照的是《中國科舉制度史》，李新達著，台北：文津出版社，1995，ISBN 957 - 668 - 319 - X。

(3) 政治上的甄選制度 (Selectorate system) 首先在這本書《政治上能繼續生存的邏輯》(The Logic of Political Survival)中討論，Bruce Bueno de Mesquita, Alastair Smith, Randolph Silverson 及 James D. Morrow 著，MIT Press，2005，ISBN - 10 0262524406，ISBN - 13: 978 - 0262524407。這觀念已在政治學中廣用。

## 第十一章

(1) 對於中國和蘇聯解體後的俄國的強烈對比及其他中國改革的經過，在 Susan Shirk 的書《中國經濟改革的政治邏輯》(The Political Logic of Economic Reform in China) 討論到，University of California Press 1993，ISBN 0 - 520 - 07706 - 7，0 - 520 - 07707 - 5。

(2) 關於本書中提到的中國近代史，最好的參考書是郭廷以所著的《近代中國史綱》。

(3) 關於對五四運動的批判，請見《五四新論–既非文藝復興，亦非啟蒙運動》，多人執筆。台北聯經出版公司，1999，ISBN 957 - 08 - 1955 - 3。一般評論認為最有價值的是白話文運動。

## 第十二章

(1) 一本重要的參考書是第十一章中提到的 Susan Shirk 的書《中國經濟改革的政治邏輯》。

(2) 關於財產完全平等的不可行性（佩爾土原則）於 1906 年提出，原始資料是佩爾土在該年寫出的書，《政治經濟學手冊》(*Manual of Political Economy*)，1906，Vilfredo Pareto 著，Augustus M. Kelley，ISBN – 10 0678008817，ISBN13 978 – 0678008812。

(3) 久蘭 (Joseph Juran) 在二次大戰後應邀去日本改進日本產品的品質問題，發現佩爾土原則也可以應用在品質管理上。日本工業界自採納久蘭的建議後，產品的品質大增，現在日本產品以品質優良為名。他所著一書《品質管理控制手冊》(*Quality Control Handbook*)，1951，已經成為品質管理學的經典作品。請參照 *Manual of Political Economy*。

(4) 關於中國的經濟復甦，請參照《中國奇蹟：發展的戰略及經濟改革》(The China Miracle: Development Strategy and Economic Reform) （英文寫），Justin Yifu Lin（林毅夫），Fang Cai（蔡昉），and Zhou Li （李周）著，香港中文大學出版社，1996，**ISBN – 10:** 962 – 2019854。林毅夫參與中國的復興計畫，現任世界銀行副總裁。

(5) 中國經濟發展的統計數字：《中國統計年表》(China Statistics Year Book)，網站：http://www.stats.gov.cn/tjsj/ndsj/。

(6) 美國中央情報局所列出的世界平均個人年收入的網路為：

https://www.cia.gov/cia/publications/factbook/rankorder/2004rank.html.

## 第十三章

(1) 《論 1958 – 1960 年中國宗教制度的民主改革》，陳金龍著，原載《世界宗教研究》，2002 年第 3 期，網址：

http://www.usc.cuhk.edu.hk/wk_wzdetails.asp?id=1942

(2) 《中國宗教的百年回顧與前瞻》，葉小文著，2002。網址：

http://www.china.org.cn/chinese/2002/Sep/211815.htm

(3) 《家產官僚制國家及其宗教–馬克斯·韋伯 (Max Weber) 論中國鄉村的社會學》，歐陽旻著，2006。網址：

http://www.snzg.net/shownews.asp?newsid=9981

(4) 關於西藏的歷史，西方大都只引用達賴喇嘛的顧問范普拉赫 (Michael C. van Walt van Praag) 和一位西藏貴族夏格巴汪秋德丹 (Xagabba Wangqug Dedain) 所著的《西藏之地位，歷史，權利及國際法的展望》(*The Status of Tibet: History, Rights, and Prospects in International Law*)，（出版公司：Westview Pr，1990，**ISBN** 081330394X）一書片面之辭。這書中把歷史歪曲，並有許多不實的報導。中國的反應是一本書《中國西藏》(China's Tibet)，1998。可在網路下載，網址：http://www.tibet-china.org/indexE.html。有中英文版。

(5) 關於洪秀全的太平天國，中國出版的書籍甚多。網路上有一篇較短的報導：〈洪秀全〉，網址：

http://www.hubce.edu.cn/mrwc/show.php?lm=article&id=1140150645 。另外《近代中國史綱》中對洪秀全極權宗教統治報導甚詳（第三章），郭廷以著，台北曉園出版，ISBN 957 – 12 – 0483 – 8(627)。

(6) 法國反邪教法 (Anti – Cult Law) 可在網路上看到。網址：

http://www.cesnur.org/2001/fr_law_en.htm。

(7) 皮尤研究中心對宗教意識的調查可在網路上找到。網址：http://people – press.org/reports/display.php3?ReportID=167

(8) 「沙門不敬王者論」是佛教史上很重要的一篇有系統的論文。到現在還有不少人在研究。台大周伯戡教授論文，說這篇文章論證，把在家的居士與出家的僧侶分開。根據佛教對居士的看法，慧遠同意桓玄的說法，在家居士應向君王敬拜。但他認為出家的沙門不是屬世之人，不應該向君王敬拜，從第三節至第五節，慧遠從理論上分析他這個觀點。整篇論文的主旨是在尊重王權消弭桓玄對佛教的猜忌之下，同時保存了僧伽的自主性。周伯戡，〈慧遠「沙門不敬王者論」的理論基礎〉，《國立台灣大學歷史學系學報》第 9 期，1982 年 12 月出版，頁 67 – 92。關於《沙門不敬王者論》的原文，可在網路上找到。網路：

http://www.heshang.com/archive/index.php?t – 14811.html。對這文章的討論甚多，一篇中國大陸上的典型的討論是〈神聖與世俗之間": 「沙門不敬王者」的再考察〉，武正強著。網路：

http://www.51zhishi.com/SoftView107054_2.htm。關於在 2007，上海華東師範大學的童世駿及劉仲宇兩位教授所做的中國宗教信仰調查，請見：http://www.chinadaily.com.cn/china/2007 – 02/07/content_802994.htm

## 第十四章

(1)　關於青蛙和朱比特的伊索寓言故事，可以在網路上找到 http://www.pacificnet.net/~johnr/cgi/aesop1.cgi?2&TheFrogsAskingforKing。

(2)　關於泰勒民主評語及可疑之處，見

http://www.snopes.com/politics/quotes/tyler.asp。

(3)　關於莊子在〈齊物論〉所說的朝三暮四、朝四暮三的寓言，現在已被誤解為成語。指變化多端，反覆無常，特別是男人不鍾情。可是這寓言的原意指的是，實質不變，改用另一種名目，誘人上當。

(4)　關於霍伯孫的典故，請見
http://en.wikipedia.org/wiki/Hobson's_choice。

(5)　關於哲斐遜和梅迪孫所說的話的來源，請見
http://mwhodges.home.att.net/quotes.htm。

(6)　關於美國憲法修正案及歷史，請見
http://www.usconstitution.net/constam.html。

(7)　關於美國赤字財政，請見 http://www.brillig.com/debt_clock/。

(8)　關於美國預算，請見
http://www.gpoaccess.gov/usbudget/fy07/browse.html。

(9)　關於《經濟學家》(The Economist) 對於全球各國家生活品質的報告，請見：

http://www.economist.com/theworldin/international/displayStory.cfm?story_id=3372495&d=2005。

(10)　關於皮尤研究中心 (Pew Research Center) 做的全球心態報告中的中國及其他國家的樂觀程度，請見
http://pewglobal.org/reports/display.php?ReportID=249。

(11)　有一本關於美國及西方民主的未來的書：《自由的未來》(The Future of Freedom)，Fareed Zakaria 著，W. W. Norton 出版，2004，ISBN：0－393－04764－4。它討論了許多本書討論到的命題，見解也大略相同。

(12) 鄧小平最具關鍵性的演講是在 1980 年 8 月 18 日提出，標題為《黨和國家領導制度的改革》。網路：
http://www.ccyl.org.cn/theory/dspws/page2.htm。

(13) 胡錦濤在中國共產黨建黨 85 週年的演講可以在下面的網路找到：
http://news.xinhuanet.com/newscenter/2006 – 06/30/content_4772463.htm。

(14) 關於甄選的理論請參見《政治上能繼續生存的邏輯》。

(15) 「腹誹」的來源請見《史記‧平準書》。

(16) 托克維爾 (Alexis – Charles – Henri Clérel de Tocqueville, 1805 – 1859) 寫的《民主在美國》(Democracy in America) 是民主政治的經典名作。他雖然提倡民權，可是仍舊脫離不了白人生得權 (birthright) 的思想，主張把所有美國的黑人及原居民印第安人逐出美國。

(17) 世界銀行收集的 2008 年各國個人收入可在下面網站找到：
http://web.worldbank.org/WBSITE/EXTERNAL/DATASTATISTICS/0,,contentMDK:20399244~menuPK:1504474~pagePK:64133150~piPK:64133175~theSitePK:239419,00.html¡¡。

## 第十五章

(1) 黃皮書可以在下面的網站找到：
http://www.ssap.com.cn/WebSites/ChinaInternet/ChannelManager/ShouYe/XinWenZhongXin/ZuiXinDongTai/vTIL3O+T52nkVNqLxmjxz0vG70i6RRpU7VLb%20wbhcmsbhcms.htm。

(2)華盛頓郵報關於「國際共和黨學院」的埃及民意調查，請見
http://media.washingtonpost.com/wp – srv/world/documents/IRI_Egypt_Index_April_14 – 27_2011.pdf。

## 後記 – 中西文化不能妥協的地方

(1) 關於世界上不同文化的衝突及問題，請見《不同文化之間的衝突及世界秩序的重塑》(*The Clash of Civilizations and the Remaking of World Order*)，Samuel P. Huntington 著，Simon and Schuster 出版，1998，**ISBN – 10** 0684844419，**ISBN – 13** 978 – 0684844411.

(2)　強國不一定能戰勝弱國。請見《弱國如何打贏強國》(*How the Weak Win Wars: A Theory of Asymmetric Conflict*)，劍橋國際關係研究 (Cambridge Studies in International Relations)，Ivan Arreguín－Toft 著，Cambridge University Press, 2006, **ISBN**－10　0521839769, **ISBN**－**13**　978－0521839761。

(3)　中國在民主方面的進展，請見 Steven Hill 寫的《中國走向民主的一小步》(*China's Democratic Baby Steps*)，《多倫多星報》(*Toronto Star*)，Monday，January 31, 2011，Toronto，Canada。

(4)　關於"Zeguo" pilot program can be found in the following Chinese site：http://www.cnr.cn/allnews/201101/t20110125_507618951.html。

# 和本書相關重要事件及朝代表

# 重要事件時間表

時間以年計算。M = 1 百萬年， 西元前 = BCE (BC)， 西元=CE (AD)。注意：沒有 0 西元（0 AD）。理由見第一章。

| 時間 | 事件 | 特性 |
|---|---|---|
| **西元前** | | |
| 1.8 M | 元謀人 | 在雲南元謀發現史前原人. 會用火。 |
| 200,000 | 北京人 | 在北京南面周口店發現史前原人，用火，漁獵，團居生活，新石器時代。 |
| 18,000 | 山頂洞人 | 北京附近，最可能中國人的祖先. 埋葬制度，有美感及宗教信仰跡象。 |
| 5650 | 黑海的氾濫–可能演變出挪亞洪水神話。 | 冰河時代結束，海平面上升。把博斯普魯斯海峽淤塞的天然土壩沖走，地中海的海水直灌入入黑海，造成史前黑海的氾濫。黑海週邊的居民只好逃走，他們分散世界各處，把洪水的故事帶到各處，逐漸演變成洪水神話，其中之一很可能變成猶太教及基督教的挪亞洪水神話。 |
| 5,500 | 仰韶文化 | 廣佈全中國，漁獵，採集，農業社會。團居生活，建立婚姻制度，有最早文字及天文的記錄及相當先進的彩陶技術。 |
| 2,700 | 中國建國 | 黃帝征服其它小族，統一中國建立疏鬆的聯邦制度，建立「史」（記錄人事及自然現象）的傳統，代替宗教。把宗教推到文化的後座。 |
| 2,300-2200 | 洪水時代的堯帝和舜帝 | 這是和西方挪亞洪水相應的中國洪水。可是中國對這些洪水並沒有加以宗教的意味。反之，大禹統率中國人民把洪水治好。這時期 |

|  |  | 中國自漁獵社會轉型為農業及畜牧社會。進入商業社會。 |
|---|---|---|
| 2,071 | 第一個朝代：夏 | 舜帝禪讓王位給大禹。經濟狀況進步，私人財產制度取代原始共產主義的公社制度。大禹的兒子啟繼承王位，建立了中國的第一個朝代。天象記錄開始發展。建立第一個太陰曆（夏曆），現在仍舊採用。繼續把其它小族合併，中央權力增加，中國從疏鬆的聯邦漸成為一個真正的國家。青銅時代開始。 |
| 1,600 | 夏被周滅 | 夏朝末代王桀不仁，被推翻，商朝成立。商的特徵是貴族（諸侯）及奴隸制度，盛行以巫卜為主的迷信，以龜殼及牛骨來卜卦。記載禁酒令。建立社會階梯制度。 |
| 1,046 | 商被周滅 | 商末代王紂不仁，被諸侯中的武王推翻。取消奴隸制度，代之以農奴制度。建立以封地為中心的封土制。恢復史的統。在革命時推翻了「君權神授」的思想。設了教育貴族的「官學」。 |
| 814 | 周厲王逃亡，途中隨著逃亡的學者隨員著作《易經》 | 第一次的群眾自發革命。把暴君厲王從宮中逐出，匆匆逃亡。途中隨從逃亡的學者著《易經》，以卜卦的方式暗藏希望厲王復位的希望。為影響中國後人如老子及孔子思路的一本偉大著作。 |
| 770 | 周朝開始衰弱。 | 幽王為女色廢皇后，皇后的父親和犬戎族結盟，攻打幽王，因失信於諸侯，諸侯不發兵來救。幽王戰死，周朝遷都，自此中央政府失去威信，分封的諸侯變成形式上獨立的國家，中國失去統一局面，進入春秋戰國時代。 |

| | | |
|---|---|---|
| 770-<br>221 | 春秋戰國時代 | 諸侯之間不斷爭戰，在西元前 770–到 443 年間，130 封土國家互相吞併，最後剩下七大國，稱戰國時代。戰敗的諸侯及貴族只好在民間求生，把官府壟斷的「官學」的知識散播到民間去，成為中國學術的黃金時代，百花齊放。大部份的哲學都是要解決政治及社會問題的。第一次為了要維護歷史真情而犧牲生命的例子，建立了中國歷史求真的傳統。自銅器時代轉成鐵器時代。 |
| 565-<br>486 | 釋迦牟尼創佛教 | 印度王子釋迦 Siddhartha Gautama 在菩提樹下悟道，放棄世界榮華，創佛教。 |
| 約 575 | 老子 | 中國最早留名的哲學家。深受《易經》影響。把人類的福祉放在鬼神之上（人本主義，無神論）。他深深地影響了後人如孔子等的哲學思路。認為世界由「無」中造出，「無」即數學上的「零」或「零集」。從「無」中創世的理論和現代宇宙學不抵觸。創「無為」哲學思想。 |
| 551-<br>479 | 孔子 | 對中國最具影響力的哲學家。主張人本主義，以人的福祉為本，對宗教採取懷疑論。創「有教無類」的教育平等思想。後代尊為萬世師表。於西元前 134 年他的思想被採用為中國官方思想的典範。他的人本主義思想主宰中國至今。 |
| 361 | 商鞅被任命為秦國宰相 | 自周朝衰弱起，列國的社會組織開始破損，政府無信無義。商鞅變法，重整秦國社會秩序，以法治國，建立一個中央集權的政府階梯組織。這中央集權的模式沿用至今。自變法後，秦國漸強，為以後秦國統一中國的大 |

業鋪路。

| | | |
|---|---|---|
| 221 | 秦國統一中國，建立秦朝。 | 秦始皇帝統一中國，把已分岐的書寫語言，度量衡及其它制度也統一（書同文，車同軌）。除此之外，為一暴君。把全國的書籍集中在他宮中的圖書館，其它下令焚毀（實用如醫學及卜卦者除外）。把以前列國造的長城連給起來。 |
| 207 | 秦朝被推翻。中華文化頻臨滅亡 | 秦始皇帝死後二年，革命軍興起。其中一位，無知的項羽把秦宮燒了，波及圖書館，中華文化頻臨滅亡。中國陷於混亂中數年。 |
| 206 | 劉邦建立漢朝 | 劉邦統一中國。孔學家叔孫通把宮廷制度恢復，深得劉邦信任。大臣蕭何以法家精神治國，用老子「無為」的政策，國家經濟逐漸恢復。在這期間中國發明煉鋼術。 |
| 193 | 劉邦死，惠帝立，恢復中華文化 | 接受叔孫通建議，懸賞把民間私藏的書交出。大部份被禁的書都收復。下 70 年中，繼續老子的「無為」政策，經濟繁榮，為漢武帝的大業鋪路。 |
| 134 | 武帝罷黜 百家，尊孔 | 為了便利治國，武帝召開全國會議，選擇治國的方向。選定孔子之後各學者改進的孔學（儒學），選擇官員的準繩以此學為主（「罷黜」百家）。更改遺產法，使基於封土的封建制度逐漸衰微。 |
| 8 BCE – 24 CE | 短期叛漢 | 漢朝日漸腐敗，王莽推翻漢朝，引入改革，因為改革過猛，太嚴，不久被另一位漢室宗親推翻，重建漢朝，史稱東漢或後漢。 |
| 西元 | 申稱耶穌出生 | 實際上，耶穌在四年前或更早出生。 |

| | | |
|---|---|---|
| 67 | （後）漢明帝正式引入佛教. | 漢明帝在夢中看見金色神人。大臣告知可能是創立佛教的釋迦牟尼。明帝派遣使節去大月氏國(India-scythia，今 烏茲別克斯坦 Uzbekistan)，帶回兩位佛教傳教士他們的名字是迦葉摩騰和竺法蘭，在都城造白馬寺，認為是第一次把佛教引入中國。其實在前數百年，佛教已非正式地傳入中國。 |
| 100? | 中國學者把老子和黃帝聯繫一起，抗拒佛教日增的流行 | 擁護老子的學者把傳說白日升天的黃帝和老子聯繫一起，成為黃老派（能長生不死）。後來這派演變成中國土生土長的道教。 |
| 140 | 道教的前驅 | 儒學學者襄楷開始傳播一個謠言，說「老子入胡化為佛」，替黃老學造勢。 |
| 130-215 | 張陵在四川創道教 | 張陵創五斗米教，是在亂世中自救的組織。以道教的太平經為教義，後稱為道教。建政教一的政權。軍閥曹操入四川，張陵之孫張魯出降，曹操把張魯封侯，在政府中設一職位，掌管道教。曹操此舉開歷代政府設宗教職位之先例。宗教進入政府，可是居後座。 |
| 184 | 黃巾黨以宗教為名組織農民叛漢，開利用宗教反叛政府的先例 | 西元 184 年三兄弟張角、張寶、以神祕主義廣收教徒，以符水治病，以讖語「蒼天當死，黃天當立」帶領農民革命。事未成，可是漢朝變成地方軍閥割據的局面，漢亡於西元 221 年，可是割據的局面到 265 年晉朝成立才結束 |
| 304-435 | 北方胡人入侵 | 五胡族入侵，史稱「五胡亂華」。晉朝於316 年被迫南遷長江之南。中國分裂為南北對峙局面。北方到 386 年才由北魏開始統一。在五胡亂華期間，北方成為人間地獄，佛教大盛。 |

| 325 | 歐洲第一次宗教大公會 | 在歐洲，基督教日盛。羅馬皇帝君士坦丁召開第一次大公會，統一基督教為天主教。其它基督教支派被列為異端。 |
| 約 350 | 佛教中國化 | 中國佛教徒放棄印度宗教至上傳統，遵守中國法度。佛教中國化後，被中國官民接受。 |
| 386–534 | 北魏 | 胡族鮮卑開始統一中國，逐漸吞併其它胡族建立的小國，把北魏建立為一個強盛的大國。佛教盛行，造佛教神像石窟。 |
| 386–534 | 北魏強迫胡人漢化 | 約於 480 年北魏孝文帝在朝廷中禁說胡語。不久這禁令為全國接受。在孝文帝之前的皇帝鼓勵用漢姓，而後來則下令所有胡姓改成漢姓。此後胡漢一家不分 |
| 464–534 | 經濟原因，壓抑佛教。政策不連貫，同時大造宣揚佛教的石窟 | 佛教寺廟過多，僧侶過多，耗費國家資源，北魏皇帝下令整肅，把不虔誠的寺廟關閉，廟產充公，年輕的男僧征募為兵. 佛教勢力大減。可是一面「滅佛」，一面大造可以和西方大教堂媲美的，宣揚佛教的石窟。 |
| ca. 530 | 南梁武帝蕭衍篤信佛教，創佛教清規 | 梁武帝創類似西方基督教「本篤會會憲」的清規律。 |
| 589–618 | 楊堅統一中國建立隋朝 | 楊堅把中國的政治體系大加改革，可是仍舊以商鞅的中央集權為藍圖。繼承的楊廣為花花公子，把隋朝國庫蕩空，於 618 年隋亡。 |
| 618 | 李淵建立唐朝 | 隋朝末年，群雄崛起，最後李淵稱霸，建立唐朝。李淵最小兒子李世民在革命中建功最大，和其兄等爭權，殺其兄而繼承皇位。 |
| 618–626 | 伊斯蘭教第一次遣使到中國 | 約於 1300 年，四位伊斯蘭教的阿訇（相當於基督教的牧師）來到中國。這傳統一直延 |

續下去。在中國伊斯蘭教仍是主要宗教之一，雖然只佔次要地位。其它宗教如波斯的祆教（又稱拜火教），景教（早期基督教的一支），甚至於猶太教都來過中國。雖然中國不排斥，由於其它原因都衰微了。

| | | |
|---|---|---|
| 626 | 大幅擴充隋朝創立的科舉考試制度 | 幾乎大多數官員，自地方官到宰相，都由一個三梯次的考試制度中選出。對人民普遍開放（只有少數職業被摒棄在外）。這是一種民主的選賢與能的方式，雖然有流弊，一般來說，相當公平。最後制度老化，於 1905 年被西方學校制度替代。 |
| 845<br><br>907 | 最大的滅佛，稱為惠昌滅佛<br><br>最後一次滅佛在唐亡後五代十國的周 | 由於經濟原因（佛教寺廟過多，大量耗了國家人力物力資源），唐高宗下令滅佛，全國四萬寺廟被拆毀，僧侶尼姑被迫還俗，留下寺廟尚有四千餘座。虔誠的僧尼可以留下繼續修行。 |
| 約 1300 | 天主教和中國第一次接觸 | 喬瓦尼. 達維諾 Giovannida Montecovino (1247–1348)（聖芳濟 Franciscan) 來到中國為第一任主教。 |
| 約 1200-1300 | 伊斯蘭教徒遷居中國 | 因成吉思汗的侵略，大批伊斯蘭教徒移居中國避難，變成中國居民，被政府安置為屯兵，平時務農，戰時征召入伍，為「探馬赤軍」。 |
| 約 1370 | 明朝指定狹義的孔學為國學 | 明朝開國皇帝朱元璋認為宋朝朱熹等宗派對孔學已經闡明，不煩後人再續紹。因此科舉考試題目限於朱派的解釋，因而把孔學演變成類似歐洲中古時代不切實際的煩瑣學派的學術。這種態度一直延續到二十世紀初，使中國學術衰微。 |

| 1410 | 「海軍上將」鄭和遠征大洋 | 明成祖派鄭和率領數百艘千噸級的船隊遠征向西方海洋，凡七次之多。遠達非洲東岸，此壯舉比西方哥倫布早將近一百年。 |
| --- | --- | --- |
| 1577 | 天主教再次進入中國 | 意大利神父利瑪竇和羅明堅進入中國，受到歡迎。他們把科學帶到中國。 |
| 約 1700 | 梵諦岡挑釁，演變成禮儀之爭 | 梵諦岡內部爭執，造成在中國神職人員禁止中國信徒祀祖及祀孔，並把康熙親題的「敬天」篇拿下，康熙帝的反應是把不遵守中國傳統的神職人員，以干涉中國主權的理由，逐出中國。 |
| 1842 | 英國挑釁，鴉片戰爭，中國大敗， | 英國把鴉片輸入中國，中國禁煙，英國派軍艦去中國，中國大敗，訂不平等條約，割讓香港，允許輸入鴉片，基督教再次進入中國，變成侵略中國的武器。 |
| 1850– 1864 | 拜上帝教洪秀全亂 | 洪秀全假借基督教名義，自創拜上帝教，作亂十四年，終告平定，可是清朝元氣大傷。 |
| 1898 | 義和拳之亂 | 由於傳教人士包庇犯罪的中國罪犯，及傳教士無理侵佔土地，以宗教為名，肆意侮蔑中國文化，一個民間武術組織義和團，在忍無可忍的情形下，又在慈禧太后支持慫恿之下，奮起殺擊外國傳教人士。歐洲及日本共八國聯軍攻擊中國，中國大敗。簽定更多不平等條約。 |
| 1905 | 廢除科舉，代之以西方學校制度 | 千餘年的科舉制度已經落伍，被取消，代之以西方的教育及選賢與能的方法。 |
| 1911 | 推翻滿清政權 | 孫中山領導的革命軍，以少敵眾，十次失敗後於 10 月 10 日佔領戰略要地武漢。清朝有如被白蟻蛀空的房屋，輕輕一碰就立即垮 |

台. 各省紛紛宣佈「獨立」，脫離清朝的管轄。孫中山在 1912 年正月成立中華民國。

| 1912 | 隆裕太后代宣統帝發退位詔，清亡 | 在 2 月 12 日隆裕太后代六歲的宣統帝頒發退位詔，清亡，可是政權不久被在北京的軍閥執政團奪去。 |

| 1914– 1918 | 一戰及其後果 | 一戰於 1918 年結束。中國是戰勝國的盟國，可是歐洲列強要把戰敗國德國在 19 世紀逼中國給德國在山東的權益交給日本。日本和中國軍閥執政團政府秘密協商，以中國的權益交換日本的貸款。 |

| 1919 | 五四運動 | 執政團答應這些喪權辱國的條款，又準備和日本訂二十一條賣國條約。在北京的學生知道後，於 5 月 4 日在北京大鬧，全國支持。執政團政府只好不在巴黎和約上簽字. 可是學生運動不止於此，開始一系列自我檢討中國未來何向何從的運動。這運動喚醒中國人的意志，開始一系列的自覺運動。 |

| 1928 | 北伐統一中國 | 在蔣介石領導下,, 國民黨興軍北伐，剷除軍閥勢力，統一中國。雖然這統一不能算完整。 |

| 1937 | 日本侵略中國 | 日本入侵中國，在蔣介石領導之下，中國展開全面抗戰。戰爭變成膠著狀況，日本進入泥沼. 各國對日本禁運戰略物品，日本只好進軍東南亞，因而向英美開戰，於 1941 年 12 月 7 日偷襲珍珠港美國海軍基地，美國向日本宣戰。 |

| 1938- 1945 | 二戰 | 在歐洲及亞!洲全面戰爭展開。德國首先戰敗，日本於美國投二枚核子彈後投降。所有日本侵占中國的領土全部歸還中國。其它不 |

| | | 平等條約在 1943 年由英美法全部自動廢除。 |
|---|---|---|
| 1950 | 共產黨奪得政權，成立中華人民共和國。國民政府撤退台灣至今。 | 中華民國無法處理戰後龐大經濟問題，被毛澤東領導的共產黨推翻，撤退台灣。可是自此後台灣進行改革，興興向榮至今。 |
| 1957–1978 | 毛澤東興起各種運動，使中國處於混亂中，到毛死後中國才得安定。 | 所有西方傳教士都被迫離開中國，結束傳教士的囂張時代。<br>毛澤東要總攬大權，利用種種「運動」打擊其它革命份子，以摧殘中國文化的「文化大革命」結束。毛死於這「革命」的末期（1976 年）。此時，中國為世界最貧窮的國家，於 1977 年人均年所得為世界倒數第三位。 |
| 1978 | 1978 年鄧小平接任，大肆改革 | 實質上放棄共產主義，實行市場經濟。中國開始復興重建。 |
| 1978-2011 | 中國一躍為世界第二經濟大國 | 每年成長 10%。成為世界第二經濟大國. 和西方仍有種種異議，國內仍有種種問題，中國的未來要看如何能解決這些國內的問題。 |

# 中國朝代表

(有些朝代時間重疊, 有些不重要小朝代不列)

| 時間 | 傳說中的朝化 |
|---|---|
| 約西元前 2700? | 黃帝統一中國, 第一位中國帝皇 |
| 約西元前 2597-2300? | 傳說中有六, 七位帝皇, 無法確實 |
| 約西元前 2356? | 堯帝 – 洪水問題 |
| 約西元前 2255? | 舜帝 –洪水問題 |

| | 確實的朝代 |
|---|---|
| 西元前 2071 →1600 | 夏朝– 大禹治洪水 |
| 1600 → 1046 | 殷商 |
| 1046 → 770 | 周 (到西元前 256 年才正式滅亡) |
| 770 → 221 | 春秋戰國時代 |
| 221 → 207 | 秦 |
| 206 → 西元 8 | 前漢 (西漢) |
| 西元 8 → 24 | 新莽 |
| 25 → 221 | 後漢 (東漢) |
| 221 → 265 | 三國 |
| 265 → 316 | 西晉 |
| 317 → 420 | 東晉 (漢族朝代, 大致長江以南) |

| | |
|---|---|
| 386 → 534 | 北魏 (鮮卑朝代, 大致長江以北) |
| 317 → 589 | 五胡十六國, 國名不列 |
| 589 → 618 | 隋 |
| 618 → 907 | 唐 |
| 907 → 960 | 五代十國 (不列) |
| 960 → 1127 | 北宋 |
| 1127 → 1279 | 長江以北：遼, 金；長江以南：南宋 |
| 1279 → 1368 | 元(蒙古族) |
| 1368 → 1644 | 明 |
| 1644 → 1912 | 清 (滿州族) |
| 1911 →1950→現在 | 中華民國, 1950 年撤往台灣至今 |
| 1950 →現在 | 中華人民共和國 (中國大陸) |

專業的多國語言網路出版商

您有學術論文要出版嗎？

您有家譜歷史要發表嗎？

您有個人的研究願與天下人分享嗎？

EHGBooks 網路出版社可讓您的智慧財產於

Amazon 網路書店生產、發行、銷售

實踐您的理想

*http://www.EHGBooks.com*

www.ingramcontent.com/pod-product-compliance
Lightning Source LLC
Chambersburg PA
CBHW061334280526
45784CB00001B/12